Sabine Gilcher

Gotland & Fårö

Schwedens Perle in der Ostsee

50 ausgewählte Touren

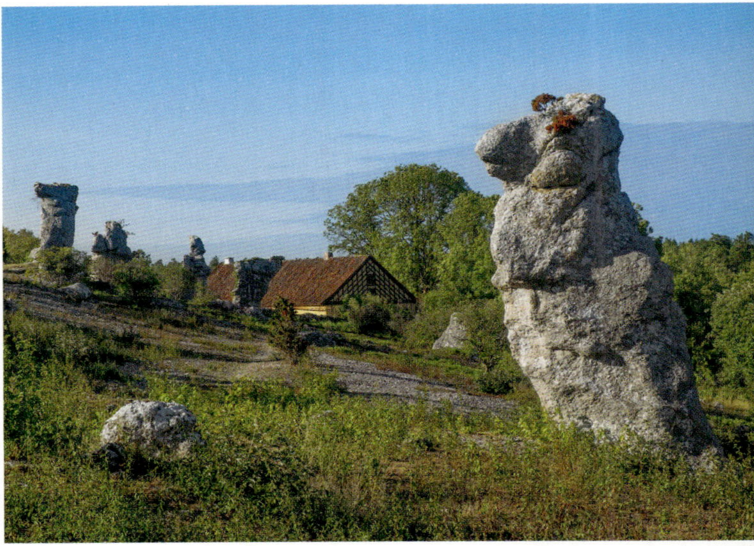

ROTHER BERGVERLAG

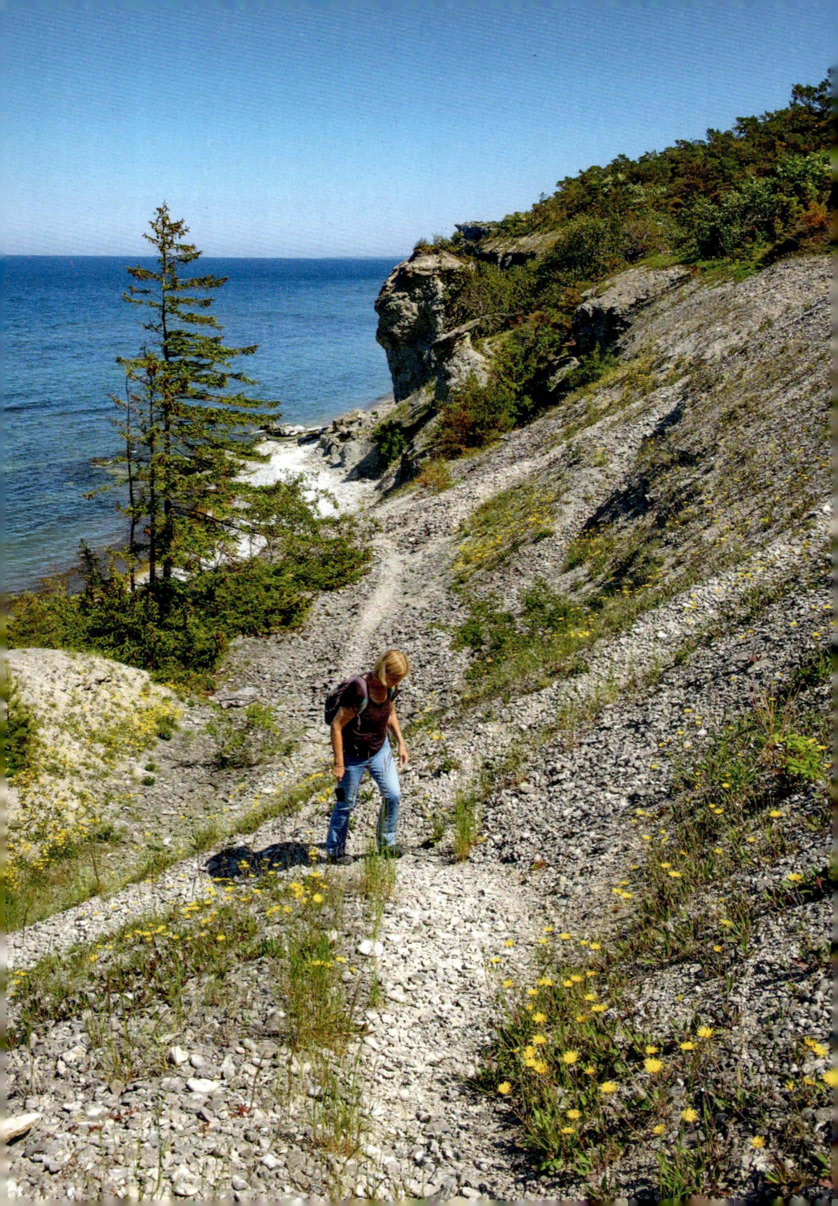

VORWORT

Gotland ist schon lange das beliebteste Sommer-Ferienziel der Schweden im eigenen Land. Zunehmend entdecken jedoch auch mitteleuropäische Touristen das außergewöhnliche Flair dieser Insel, die ein großes Potenzial für Wandernde birgt.
Die lange Küstenlinie mit Felsklippen, flachen Buchten und Sandstränden ist bereits »an sich« überaus attraktiv, aber es gibt auch noch faszinierende Besonderheiten: nämlich die großen Raukvorkommen, d. h. bizarre Überreste von Riffbildungen früherer geologischer Zeitalter, die in diesem Ausmaß ein Alleinstellungsmerkmal dieser Insel sind. Im Landesinneren erstrecken sich Kulturlandschaften, Wälder, Heiden, Moore und Seen, die durch kleine Siedlungen und Bauernhöfe interpunktiert werden. Fårö im Norden, die Insel Ingmar Bergmans, steuert karge Kalksteppenlandschaften sowie ausgedehnte Strände und Dünen bei.
Viele spannende und interessante Sehenswürdigkeiten liegen oft unmittelbar am Weg: Bronze- und eisenzeitliche Schiffssetzungen und Hügelgräber, Bildsteine und Verteidigungsanlagen aus der Wikingerzeit sowie malerische Landkirchen tragen entscheidend zum hohen Erlebniswert bei. Natürlich stehen auch pittoreske Fischerhütten, urige Windmühlen, kleine Häfen sowie das überaus sehenswerte Visby auf dem Programm.
Dies alles sind ideale Voraussetzungen für abwechslungsreiche Spaziergänge und Wanderungen, die ohne größere Höhenunterschiede auskommen. Ein zusätzlicher und keineswegs zu unterschätzender Vorteil besteht darin, dass man in den Frühlings- und Sommermonaten mit stabilen Hochdruck-Wetterlagen und einer hohen Sonnenscheindauer rechnen kann.
Mit den vorgestellten Touren sollen sowohl diejenigen angesprochen werden, die längere Wanderungen planen, als auch solche, die eher kürzere Runden bevorzugen. Die Anforderungen reichen daher vom einfachen Spaziergang für die ganze Familie bis zur ausgedehnten Tagestour. Viele der Wanderungen lassen sich zudem – den individuellen Vorlieben entsprechend – anpassen, d. h. verlängern oder verkürzen.

Viel Freude beim Wandern, viel Spaß beim Entdecken!

Freiburg, im Winter 2022/2023 — Sabine Gilcher

Steile Schotterhänge und Steilküste auf dem Weg zu Högklint (Tour 1).

INHALTSVERZEICHNIS

Bild Seite 7: Visbys romantische »Rosengasse« Fiskargränd.

Frühsommerliche Blütenpracht auf einem Magerrasen (Tour 36).

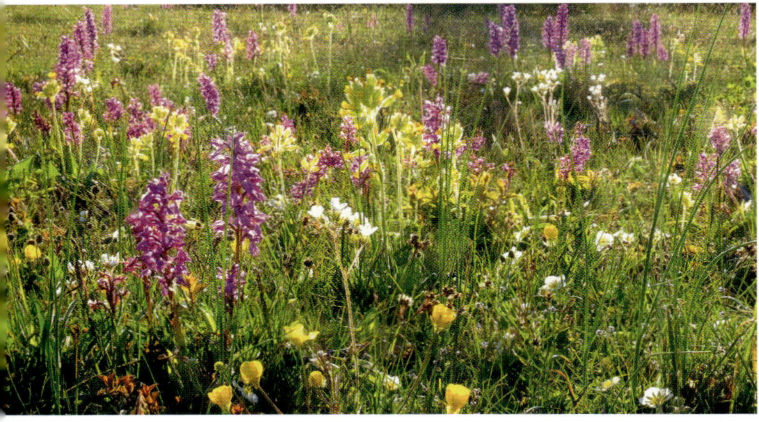

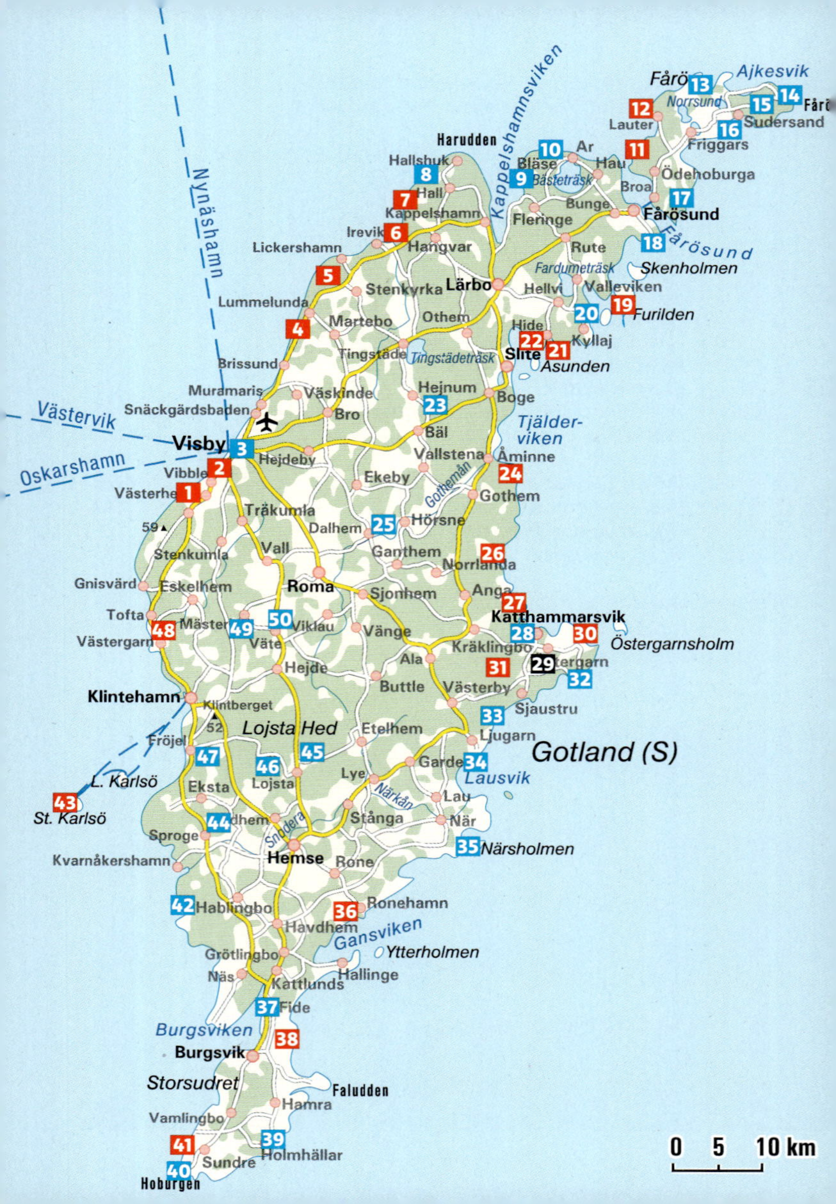

Gotland (S)
Nynäshamn
Västervik
Oskarshamn
Kappelshamnsviken
Fårö
Ajkesvik
Norrsund
Lauter
Sudersand
Friggars
Ödehoburga
Harudden
Hallshuk
Ar
Bläse
Hau
Bästeträsk
Broa
Hall
Kappelshamn
Bunge
Fleringe
Fårösund
Irevik
Hangvar
Rute
Lickershamn
Fardumeträsk
Skenholmen
Lärbo
Stenkyrka
Hellvi
Valleviken
Lummelunda
Furilden
Martebo
Othem
Hide
Kyllaj
Tingstäde
Tingstädeträsk
Slite
Asunden
Brissund
Hejnum
Boge
Muramaris
Väskinde
Snäckgårdsbaden
Bro
Tjälder-
viken
Bäl
Visby
Hejdeby
Vallstena
Åminne
Vibble
Västerhejde
Ekeby
Gothemån
Gothem
Träkumla
59
Hörsne
Dalhem
Stenkumla
Vall
Ganthem
Norrlanda
Gnisvärd
Eskelhem
Roma
Sjonhem
Anga
Tofta
Katthammarsvik
Mästerby
Viklau
Vänge
Västergarn
Östergarnsholm
Väte
Kräklingbo
Ala
Östergarn
Hejde
Buttle
Västerby
Klintehamn
Klintberget
Sjaustru
52
Lojsta Hed
Etelhem
Ljugarn
Fröjel
Garde
Lausvik
L. Karlsö
Lye
Lojsta
Lau
Närkån
St. Karlsö
Eksta
Stånga
När
Levide
Snoderå
Sproge
Hemse
Närsholmen
Kvarnåkershamn
Rone
Ronehamn
Hablingbo
Havdhem
Gansviken
Ytterholmen
Grötlingbo
Hallinge
Näs
Kattlunds
Fide
Burgsviken
Burgsvik
Storsudret
Faludden
Hamra
Vamlingbo
Holmhällar
Sundre
Hoburgen
0 5 10 km
1 2 3 4 5 6 7 8 9 10 11 12 13 14 15 16 17 18 19 20 21 22 23 24 25 26 27 28 29 30 31 32 33 34 35 36 37 38 39 40 41 42 43 44 45 46 47 48 49 50

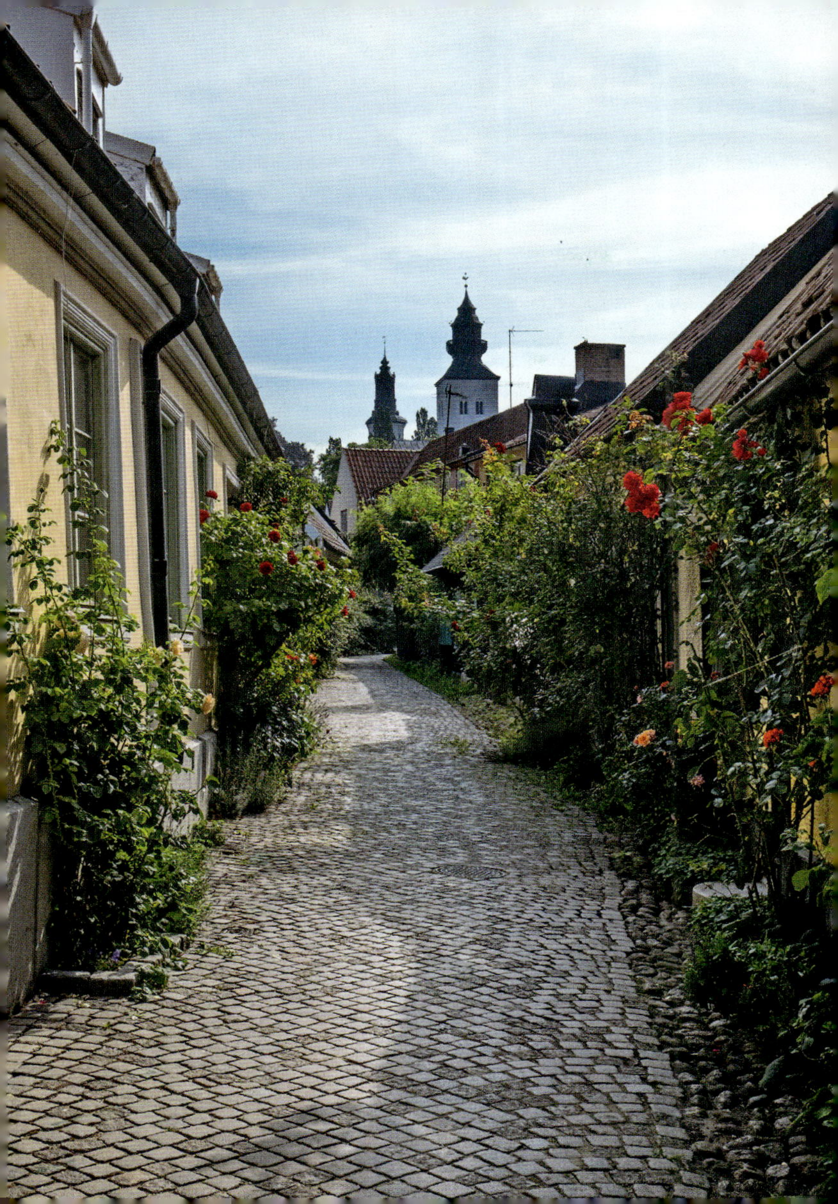

TOP-TOUREN

Ireån und Svarthäll mit Sigsarve und Häftingsklint
Die wilden Steilküsten der nordwestlichen Küste sind die prägenden Elemente der Tour. Zusätzlich wird der Bach Ireån erforscht, eines der wenigen Fließgewässer Gotlands mit naturbelassenem Unterlauf und intakter Auenlandschaft (Touren 6 und 7, 4.30 h).

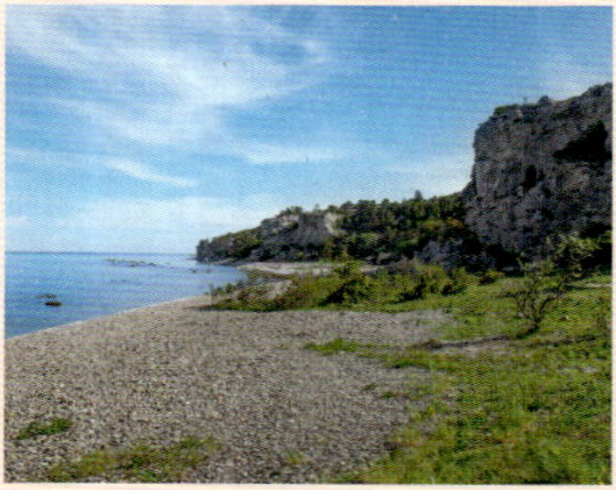

Bondans und Langhammarshammaren
Diese Tour hat eines der bekanntesten Ausflugsziele Fårös, die hohen und schlanken Rauksäulen im äußersten Nordwesten der Insel, zum Ziel. Darüber hinaus gibt es ausgeprägte Strandwälle und – im Binnenland – weitläufige Steppenheiden zu erkunden (Tour 13, 2.30 h).

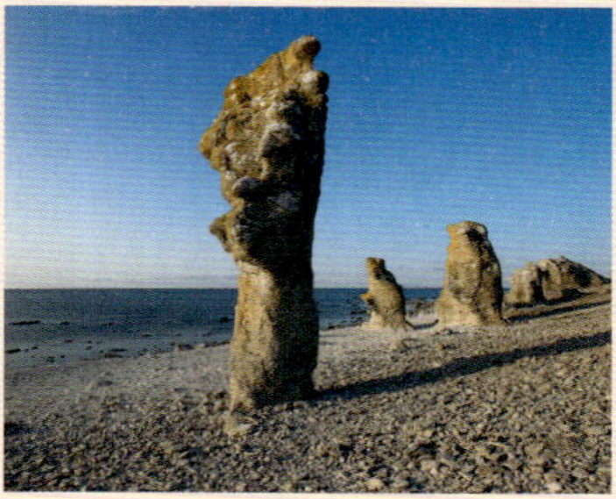

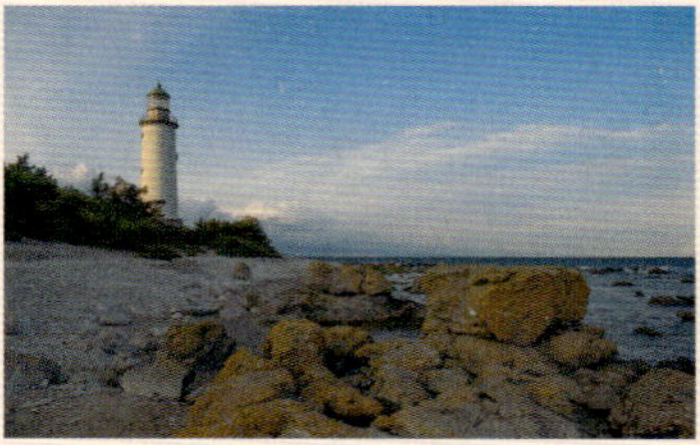

Fårofyr und Norsta Auren
Beginnend beim Leuchtturm Fåröfyr bietet diese Wanderung unbeschwerte Sand- und Stranderlebnisse auf mehreren Kilometern Länge im äußersten Nordosten Fårös. Im Landesinneren schlängeln sich hübsche Wege durch ausgedehnte Sand-Kiefernwälder (Tour 14, 3.00 h).

Furilden
Kargheit ist Trumpf auf der kleinen Insel Furilden. Strandwälle und lückige Kiefernbestände prägen das Bild der Halbinsel; dabei ist das Meer fast immer in Sichtweite. Die alten Industrieanlagen und Steinbruchhalden an der Westküste sind heute beliebte Foto-Locations (Tour 19, 3.45 h).

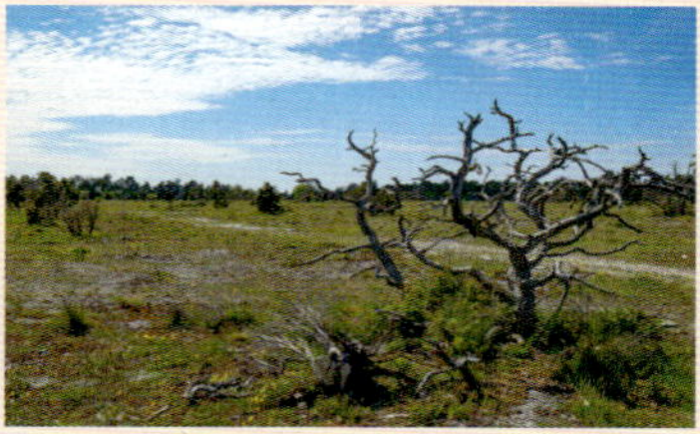

Hejnum Hällar, Rövätar und Kallgate
Felsheiden auf der einen sowie Kalk-Flachmoore auf der anderen Seite eines flachen Höhenrückens bilden die standörtlichen Extreme dieser Tour. Beide bilden Lebensräume für eine spezialisierte Tier- und eine blüten- und artenreiche Pflanzenwelt (Tour 23, 3.00 h).

Grogarnsberget und Kuppen

Der Grogarnsberg beweist, dass auf einer überwiegend flachen Insel bereits wenige Höhenmeter einen bedeutenden Unterschied in Sachen Aussichtsqualität machen können. Dazu gibt es prähistorische Wallanlagen und den kleinen Fischerhafen Herrvik zu entdecken (Tour 30, 2.45 h).

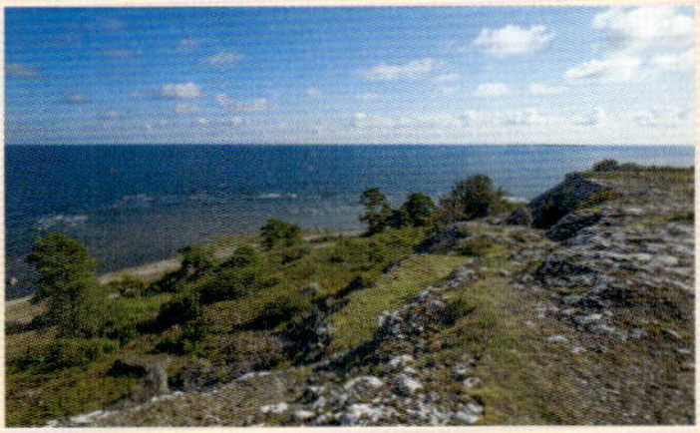

Danbo

Zwischen den felsigen Halbinseln ganz im Osten und im Westen der Tour erstreckt sich ein wunderschöner Sandstrand und im Hinterland sehenswerter Kiefernwald. Das i-Tüpfelchen aber sind zwei ganz unterschiedliche Fischersiedlungen, nämlich Grynge und Sjaustru (Tour 32, 1.30 h).

Austre Strand, Holmhällar und Vändburgsviken

Sandstrand, Raukfelder und Flachufer, gegliedert in Buchten und Halbinseln, bieten einen großen Abwechslungsreichtum in Sachen Küstenformen. Dazu säumen Sandheiden und (!) Kalkmagerrasen sowie Kiefernwälder den Weg (Tour 39, 3.15 h).

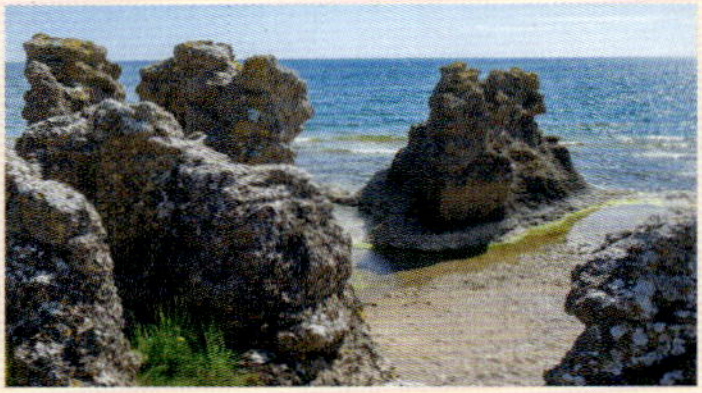

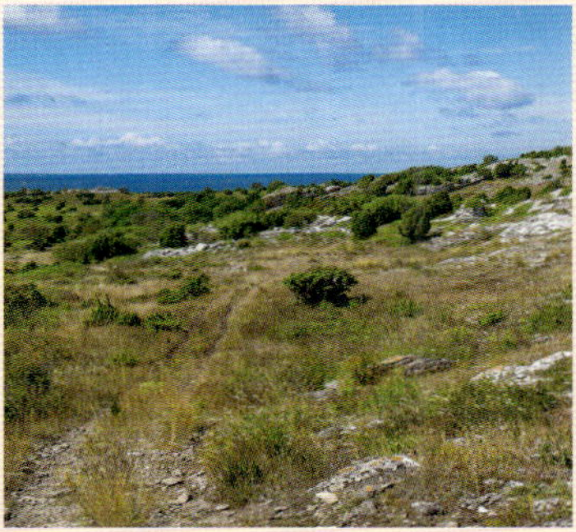

Stora Karlsö

Aufgrund der großen Kolonien von Felsbrütern ist die unter Naturschutz stehende Insel Stora Karlsö Vogelfreunden ein fester Begriff. Doch auch alle übrigen Besucher kommen durch die schroffen Felsen, Brandungstore, Höhlen und idyllischen Buchten auf ihre Kosten (Tour 43, 1.30 h).

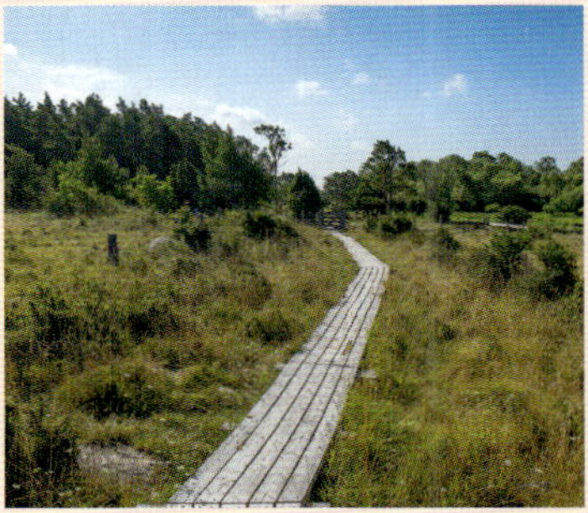

Västergarn und Paviken

Wo einst die Wikinger eine Meeresbucht als sicheren Hafen nutzten, erstreckt sich heute ein schilfgesäumter Flachwassersee mit reichem Vogelleben, das man von zwei Aussichtstürmen aus beobachten kann. Auch ein hübscher Küstenabschnitt ist mit von der Partie (Tour 48, 1.45 h).

WICHTIGE HINWEISE FÜR UNTERWEGS

Tourenauswahl und -planung

Die vorgestellten Wanderungen reichen vom Spaziergang mit Highlights für die ganze Familie bis zur tagesfüllenden Unternehmung. Jede dieser Touren hat ihren Reiz, aber nicht für jeden in gleichem Maß und nicht zu jedem Zeitpunkt. Als Entscheidungshilfen dienen eine Tabelle mit besonderen Tourmerkmalen und Sehenswürdigkeiten (siehe S. 24/25) sowie Tourensteckbriefe und Höhenprofile in der Tourbeschreibung. Aus ihnen lassen sich sowohl die wesentlichen Elemente und Besonderheiten der jeweiligen Wanderung als auch die Anforderungen entnehmen.

- **Gehzeit**: Da Kondition, Wetter und Zustand des Wegs erheblich auf die Gehgeschwindigkeit Einfluss nehmen können, sind die Gehzeiten nur als grober Anhaltspunkt zu verstehen. Um die Gesamt-Tourdauer abschätzen zu können, müssen zur angegebenen reinen Gehzeit individuelle Pausen und Fotostopps (erfahrungsgemäß ca. 10–25 % zzgl. zur reinen Gehzeit) sowie idealerweise eine Reserve addiert werden.
- **Höhenunterschied**: Bei den Höhenmetern im Auf- und Abstieg ist die Brutto-Differenz – also die tatsächlich zu bewältigenden Höhenmeter – aufgeführt.
- **Schwierigkeit**: Steilheit, Exponiertheit und Wegbeschaffenheit bestimmen die Schwierigkeit einer Wanderung. Steiniges Gelände stellt höhere Anforderungen an die Trittsicherheit, Pfade oberhalb von Steilküsten an die Schwindelfreiheit.
- **Orientierung**: Die Erkennbarkeit und Verfolgbarkeit von Wegen im Gelände sowie die Dichte und Qualität von Wegweisern und Markierungen sind Faktoren, die sich darauf auswirken, welche Anforderungen an das Orientierungsvermögen gestellt werden bzw. welcher Aufwand bezüglich der Orientierung betrieben werden muss.

Steilküsten und Schotterstrände erfordern etwas Trittsicherheit (Tour 7).

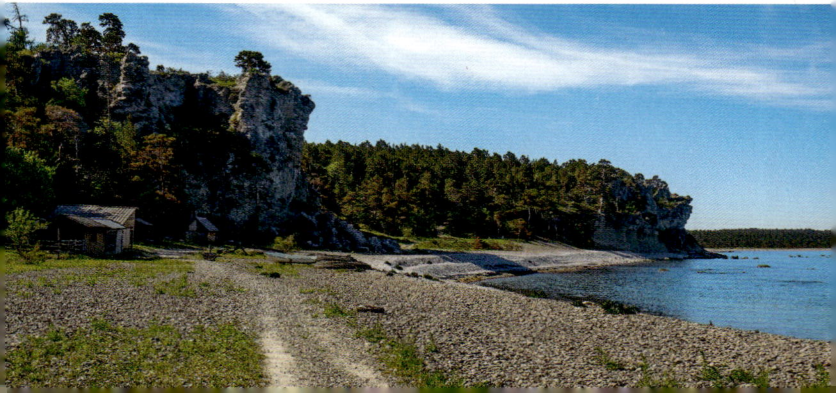

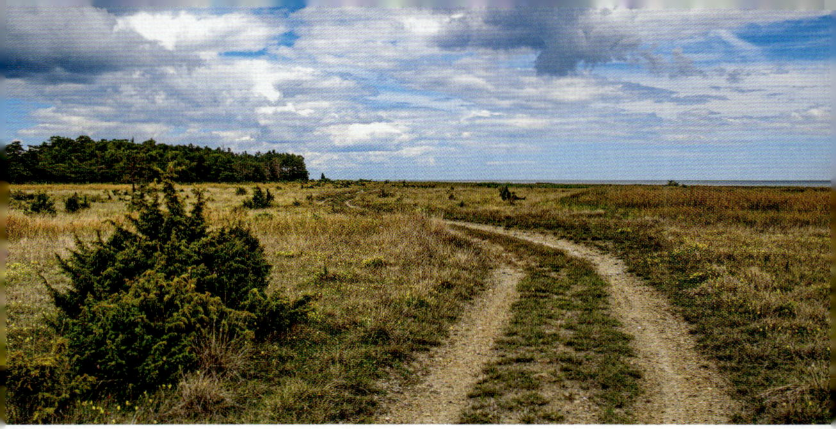

An flachen Küstenabschnitten ist das Fortkommen einfach (Tour 24).

Die genannten Aspekte führen zu einer »Gesamtcharakteristik«, die sich in drei Wegkategorien niederschlägt. Bitte bedenken Sie, dass dieser Einstufung nur diejenigen Merkmale zugrunde liegen, die den Weg in einer »durchschnittlichen« Situation charakterisieren. Ungünstige Bedingungen können dazu führen, dass sich der Schwierigkeitsgrad erhöht.

SCHWIERIGKEITSKATEGORIEN

■ = Leicht

Wanderungen mit geringen Höhenunterschieden auf Teersträßchen, Feldwegen oder Trampelpfaden mit nur einzelnen steinigen oder überwachsenen Abschnitten. Überwiegend einfach zu folgender Wegverlauf mit allenfalls kurzen Abschnitten mit nur schwach sichtbarer Wegspur.

■ = Mittel

Wanderungen auf mitunter schmalen Wegen und Pfaden, die steinige oder geröll- und schotterreiche Abschnitte aufweisen oder entlang ungesicherter Steilabstürze verlaufen können, sodass etwas Trittsicherheit erforderlich ist. Auch nasse Verhältnisse können vorkommen. Da einzelne Abschnitte durch wegloses und unmarkiertes Gelände führen können, setzen die Touren ein gewisses Maß an Orientierungsvermögen voraus.

■ = Schwierig

Touren mit Passagen auf unwegsamem, d. h. felsigem und verkarstetem Gelände, auf dem sich der Weg auf längeren Strecken nicht oder nur wenig abzeichnet. Trittsicherheit und gutes Orientierungsvermögen sind erforderlich.

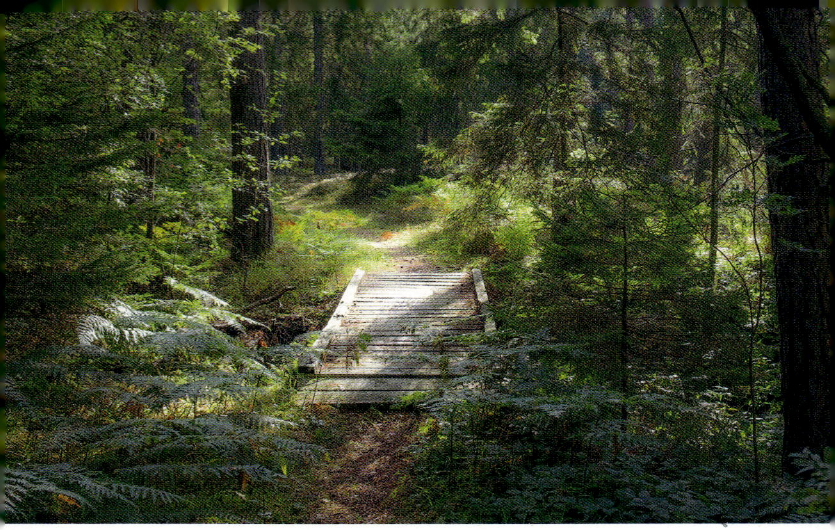

Viele Wälder werden von attraktiven Pfaden durchzogen (Tour 33).

Viele Touren können durch eine alternative Wegwahl verlängert oder verkürzt werden, sodass ein individueller Zuschnitt der Wanderungen möglich ist. Für individuell verkürzte oder verlängerte Touren kann die jeweilige Gesamtcharakteristik abweichen.

SYMBOLE

Symbole im Tourenkopf

- mit ÖPNV erreichbar
- Einkehrmöglichkeit unterwegs
- für Kinder geeignet

Symbole im Höhenprofil

- Ort mit Einkehrmöglichkeit
- Einkehrmöglichkeit
- Privat-, Wirtschaftsgebäude
- Parkplatz
- Bushaltestelle
- Hafen, Fischermole
- Aussichtsplatz
- Rastplatz
- Kirche, Kapelle
- historisches Bauwerk, Ruine
- (Aussichts-)Turm
- Leuchtturm
- archäologische Stätte
- Höhle
- Brücke, Steg
- Trittleiter
- Abzweigung
- Wasserfall
- Quelle, Brunnen

Wege

Wegtypen und -beschaffenheit: Bei den Tourenbeschreibungen werden folgende Wegtypen anhand ihrer Breite und ihres Ausbauzustands unterschieden:

- Unter den Oberbegriff Fahrweg fallen nicht-asphaltierte Straßen, Feldwege (im Offenland) und Forstwege (im Wald), die allgemein fahrzeugtauglich sind und einen befestigten Unterbau sowie eine Deckschicht aus Kies oder Schotter aufweisen.
- Fahr- oder Traktorspuren besitzen keinen befestigten Unterbau. Sie haben oft einen ausgeprägten grünen »Mittelstreifen« oder sind durchgängig bewachsen; sie können meist nur von geländegängigen Fahrzeugen benutzt werden. Der Übergang zu Fahrwegen (s. o.) ist fließend.
- Fußweg ist der Überbegriff für schmalere Wege. Mehrheitlich verlaufen sie über unbefestigten Untergrund. Sie können je nach Breite und Intensität der Nutzung als (Trampel-) Pfade oder Wegspuren angesprochen werden. Wenig benutzte Fußwege werden als Gras- oder Wiesenwege bezeichnet.
- Ein Steig ist ein schmaler Pfad, der eine Höhendifferenz überwindet.

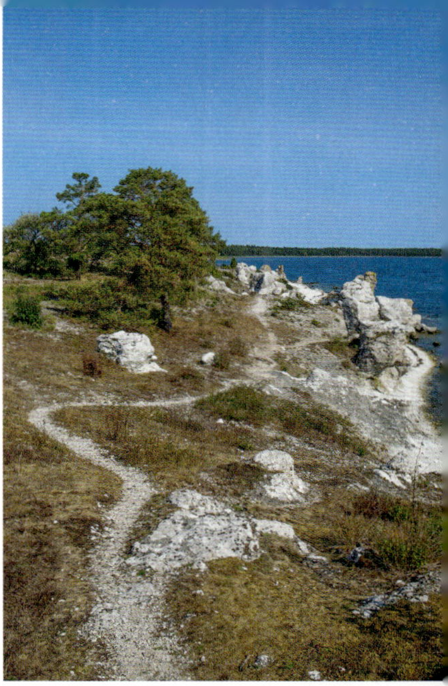

Schmale Pfade an einer Raukküste (Tour 21).

Bei allen unbefestigten Wegen und Pfaden durch Wälder und über Weiden ist davon auszugehen, dass sie nach Regen durchnässt sind, Pfützen aufweisen, matschig und schmierig sein können. Eingang in die Wegbeschreibung finden diese Eigenschaften aber nur dann, wenn sie das erwartbare Maß deutlich übersteigen. Flechtenbewachsene Felsen sind in feuchtem Zustand sehr schlüpfrig und sollten bei Nässe entweder gemieden oder mit der gebotenen Vorsicht betreten werden. Mitunter können die Pfade überwachsen sein, worauf in den Toursteckbriefen hingewiesen wird. Dabei handelt es sich überwiegend um hochwüchsigen Grasbewuchs, doch können auch Disteln oder dornige Ranken beteiligt sein. Von offenem Schuhwerk und kurzen Hosen ist in solchen Fällen abzuraten. Mitunter führen die Touren an Stränden entlang, wobei Sandstrände ebenso vorkommen wie Kieselstrände und Strände aus losem Kalkschotter.

Wegweiser und Markierungen: Auf Gotland gibt es verhältnismäßig wenige beschilderte und markierte Wanderwege:

- Regionale Weitwanderwege wie St. Olofsleden, Östkustleden und Klintkustleden (siehe »Weitwanderwege« S. 47) besitzen durchgängig Markierungen.
- In manchen Bereichen haben Heimatvereine kleine Rundtouren oder Streckenwanderungen ausgewiesen und beschildert (z. B. rund um Visby, im Östergarnslandet oder bei Fröjel).
- Pfade durch Naturschutzgebiete (schw.: naturreservat) besitzen meist an ihrem Startpunkt Informationstafeln auf Schwedisch und Englisch (seltener auch auf Deutsch). Manchmal existieren Boxen, aus denen man Informationsbroschüren entnehmen kann. Sie erläutern wesentliche Aspekte und Besonderheiten – meistens allerdings nur auf Schwedisch (bitte nach Gebrauch wieder zurücklegen). Die Dichte der Markierungen im Gelände kann variieren.

Fast alle der im vorliegenden Wanderführer vorgestellten Touren sind unmarkiert. Die Beschreibung orientiert sich daher überwiegend an landschaftlichen Merkmalen, bisweilen werden aber auch Himmelsrichtungen herangezogen.

Gatter und Tore: Weidegatter und Tore hinterlässt man so, wie man sie vorfindet, außer das Hinweisschild »stäng grinden« (Tor schließen) fordert ausdrücklich zum Schließen auf. An den Toren findet man eine Vielzahl individueller Schließ- bzw. Sicherungsmechanismen, die in Einzelfällen etwas Bastelei erfordern können. Bitte stellen Sie sicher, dass vorher geschlossene Tore nach der Durchquerung wieder sicher zu sind. Nichts bringt einen Bauern mehr auf die Palme, als wenn er sein ausgebüxtes Vieh wieder einfangen muss!

Trittleitern, Zäune und Mauern: Bei vielen Wanderwegen können Mauern und Zäune auf gut ausgebauten Trittleitern (schw.: stätta) überquert werden. Bei einigen Touren jedoch müssen Zäune und Mauern ohne Hilfsmittel überstiegen werden; bei

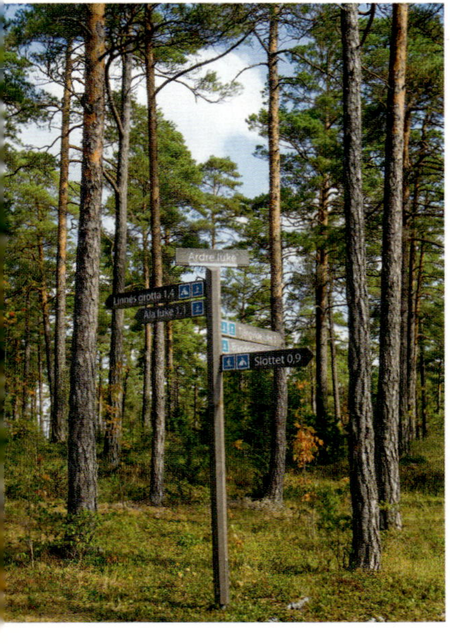

Wegweiser sind eher selten.

den Zäunen handelt es sich meist nur um einen einzelnen Draht, dessen Überwindung kaum Akrobatik erfordert. Bei den Mauern wurde darauf geachtet, dass im beschriebenen Querungsbereich niedrigere Abschnitte vorhanden sind, die etwas Geschicklichkeit, jedoch keine Kletterpartie erfordern (Anmerkung: Im nicht kultivierten Außenbereich – utmark, s. u. – darf man generell Tore, Zäune und Mauern übersteigen, wenn dabei nichts beschädigt wird).

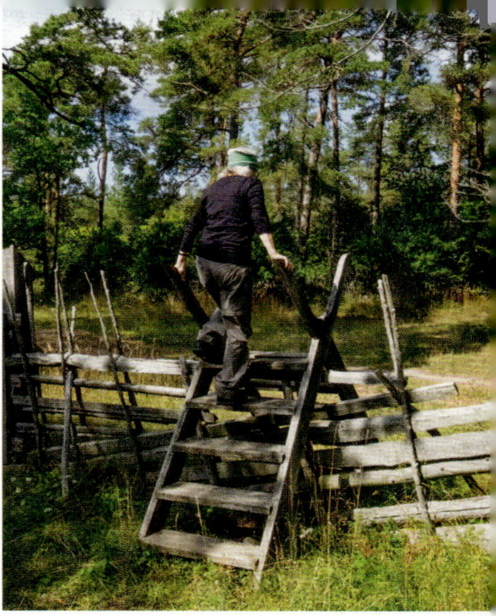

Bequemer Zaunüberstieg per Trittleiter.

Begegnung mit Weidevieh: Die beschriebenen Wege führen häufig quer über Weideland. Es ist daher die Regel, nicht die Ausnahme, dass man dem darauf grasenden Vieh begegnet. Diese aus mitteleuropäischer Sicht jenseits der alpinen Almgebiete ungewohnten Verhältnisse sind typisch für Wanderungen auf Gotland und kein Mangel in der Konzeption der Touren. Im Spektrum möglicher Begegnungen können neben schreckhaften Schafen und neugierigen Jungrindern u. U. auch Rinderherden einschließlich Stier auftauchen. Es werden zwar keine aggressiven Rinderrassen gehalten, dennoch empfiehlt sich ein gewisses Maß an Vorsicht. Achten Sie unbedingt darauf, nicht zwischen Kühe und ihre Kälber zu geraten und versuchen Sie nicht, die Tiere zu streicheln oder aus allzu großer Nähe zu fotografieren.

Watstellen, Plankenstege: Führen ausgewiesene Wanderwege über Moore oder Sümpfe, sind meist Bohlenstege (schw.: spång) vorhanden. Es muss damit gerechnet werden, dass sie bei hohem Wasserstand, z. B. im Frühjahr infolge der noch vorhandenen Winternässe oder nach Regenfällen, überstaut und schlüpfrig sein können oder dass der Weg unter diesen Bedingungen nicht passierbar ist. Bei einigen Touren müssen wasserführende Senken gequert werden. Da die Bäche nur ein geringes Gefälle besitzen, ist das Waten – abgesehen von der Zeit der Schneeschmelze – nicht mit strömungsbedingten Risiken verbunden, doch sollte man sich auf rutschigen Untergrund einstellen.

Plankenweg durch Feuchtgebiet.

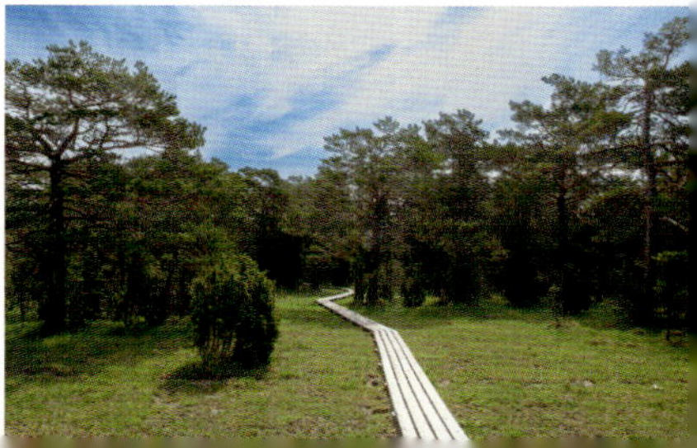

Jedermannsrecht und sonstige Regelungen

Jedermannsrecht / Allemansrätt: Das Jedermannsrecht (schw.: Allemansrätt) gilt den Schweden als hochrangiges Kulturgut. Es regelt die Rechte, aber auch die Pflichten in freier Natur bzw. unkultiviertem Gelände (schw.: utmark). Es umfasst folgende Kernpunkte:

- Man darf sich (als Wanderer, Radfahrer oder zu Pferd) über fremden Grund und Boden bewegen, wenn dadurch kein Schaden entsteht. Dies gilt nicht für motorbetriebene Fahrzeuge aller Art.
- Man darf ein einzelnes Zelt im Außenbereich für eine (!) Nacht aufstellen, wenn dadurch kein Schaden entsteht und wenn es hinreichend diskret, also außerhalb der Sichtbereiche von Wohnhäusern und Straßen, geschieht (wichtig: dies gilt nur für Zelte, nicht für Wohnmobile o. ä.). Wer länger zelten will, braucht das Einverständnis des Grundbesitzers.
- Natur und Landschaft sind so zu hinterlassen, wie man sie vorgefunden hat. Es darf kein Müll zurückbleiben; er darf auch nicht vergraben werden. Gewässer dürfen nicht verschmutzt werden.
- Bäume dürfen nicht gefällt oder beschädigt werden, z. B. indem Äste, Zweige oder Rinde abgesägt oder abgerissen werden.
- Pilze und Früchte dürfen für den Eigenbedarf gesammelt werden; das Ausgraben von Pflanzen ist hingegen grundsätzlich unzulässig.
- Es ist nicht erlaubt, Wildtiere zu beunruhigen, zu stören oder zu vertreiben (z. B. durch unnötigen Lärm) sowie Tierbauten oder Nester zu zerstören.

Das Gegenteil der »utmark« ist das kultivierte Land (schw.: inägomark). Dazu gehören neben Äckern z. B. auch Mähwiesen, Laubwiesen (siehe S. 17), Aufforstungsflächen sowie Hof- und Gartenflächen; sie sind nicht Gegenstand des Jedermannsrechts und dürfen nicht betreten werden. Das liest sich alles ganz überschaubar, ist im Detail aber wesentlich kniffliger, v. a. wenn man die Art der Flächennutzung nicht sicher beurteilen kann. Außerdem kann das Jedermannsrecht eingeschränkt sein, z. B. in Naturschutzgebieten (s. u. »Betretungsverbote«). Daher gilt: Falls man sich nicht sicher ist, ob das Allemansrätt anwendbar ist oder nicht, sollte man sich vor Ort nach dem Gebietsstatus sowie den aktuell gültigen Beschränkungen erkundigen und – wenn das nicht durchführbar ist – sich für die sichere Seite des »Oder nicht« entscheiden, um Konfliktsituationen oder Fettnäpfchen zu vermeiden.

Betretungsverbot.

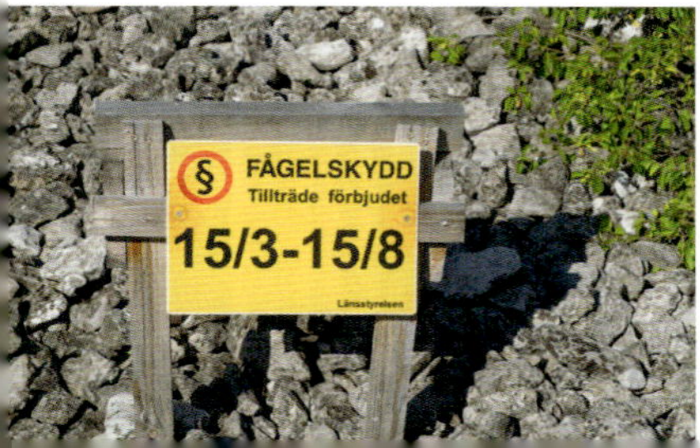

Gerade als Tourist sollte man eher weniger als mehr Rechte in Anspruch nehmen, da ein unsensibles Verhalten die (durchaus vorhandenen) Bestrebungen weiter befeuern könnte, sie für ausländische Besucher zu beschneiden.

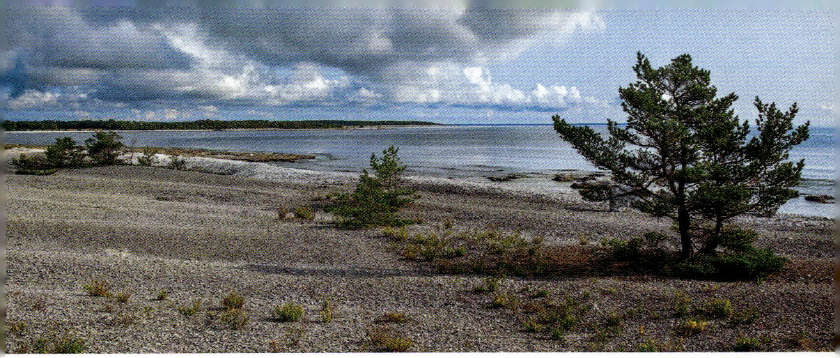

Schotterfelder und Strandwälle im Süden von Fårö (Tour 17).

Betretungsverbote und sonstige Einschränkungen in Naturreservaten: In vielen Vogelschutzgebieten herrschen Betretungsverbote während der Brutzeit; meistens handelt es sich dabei um den Zeitraum zwischen 15.03. und 15.08. In Naturschutzgebieten sind darüber hinaus das Zelten, das Pflücken von Pflanzen und das Feuermachen generell verboten. Über weitere Einschränkungen informieren Informationstafeln – meist auch auf Englisch oder Deutsch – an den wichtigsten Zugangspunkten.

BESONDERE HINWEISE

Für die **Laubwiesen** Gotlands (schw.: löväng, s. auch S. 32) ist das Allemansrätt nicht anwendbar, denn sie gehören nicht der »utmark« (s. o.) an. Dennoch sind viele Laubwiesen für Besucher zugänglich. Das heißt aber nicht, dass man dort kreuz und quer durchs Gelände laufen darf; vielmehr hält man sich an die meist existierenden Trampelpfade oder markierten Rundwege, um den Aufwuchs zu schonen. Da die Trampelpfade sowieso zu den interessantesten Teilflächen führen, ist man auf ihnen gut aufgehoben und verpasst nichts. Dies gilt sinngemäß auch für **Laubwälder**.
In der Brutzeit zwischen März und Ende Juni können **Schotterfelder, Strandwälle** und **Strände** Bruthabitat für Vogelarten wie Austernfischer und Seeschwalben sein, die ihre gut getarnten Eier häufig direkt auf den Kies- und Schotteruntergrund ablegen. Zwar vermeiden die im Wanderführer vorgestellten Touren die ausgewiesenen Vogelschutzgebiete, doch können brütende Vögel auch außerhalb der Schutzzonen anzutreffen sein. Soweit vorhanden, sollte man daher vorhandene Trampelpfade nutzen und nicht querfeldein gehen, damit man nicht aus Versehen Gelege zerstört. Falls sich Vögel aufgeregt verhalten, scheinbar verletzt zu entkommen versuchen (Ablenkmanöver) oder gar Angriffe fliegen, sollte man vorsichtig aus dem Bereich »herausrangieren« und ihn möglichst weiträumig umgehen.

Brandgefahr und Feuerverbote: Aufgrund der meist starken Trockenheit im Sommer kann die Brandgefahr erhöht sein. Das Entzünden offener Feuer wird unter diesen Umständen von behördlicher Seite per Verordnung verboten (schw.: eldningsförbud). Dies bezieht sich i. d. R. nicht auf angelegte Grillplätze und auf Campingkocher, sofern sie verantwortlich verwendet werden. D. h. sie dürfen nur auf einem nicht-brennbaren Untergrund betrieben werden und es müssen Löschutensilien in Reichweite sein. Bei einem verschärften Verbot (schw.: skärpt eldningsförbud) ist auch die Nutzung von angelegten Grillplätzen und von Campingkochern untersagt. Als weitere Vorsichtsmaßnahme sollte man darauf achten, keine Glasflaschen oder Glasscherben im Gelände zu hinterlassen (Brennglaseffekt) und nicht auf hochwüchsigem, trockenem Gras zu parken (es könnte am erhitzten Katalysator Feuer fangen).

Wandern mit Hunden: Zwischen 1. März und 20. August herrscht für Hunde auf der gesamten Insel ein striktes Leinengebot. Es gibt zudem einige Areale – insbesondere in Naturschutzgebieten – wo auch angeleinte Hunde nicht zugelassen sind; wo dies der Fall ist, wird es im Toursteckbrief erwähnt. Wo darüber hinaus Wanderungen dicht an Brutplätzen von Wiesenbrütern vorbeiführen, wird – auch ohne dass es ein offizielles Verbot gibt – im Steckbrief die Empfehlung ausgesprochen, während der Brutperiode (01.03.–20.08.) auf die Mitnahme von Hunden zu verzichten.

Angeln: Angeln in Binnenseen und Flüssen ist nicht Bestandteil des allgemeinen Nutzungsrechts, sondern nur mit Angelkarte zulässig, die vor Ort erworben werden kann. Für das Angeln im Meer gelten verschiedene Einschränkungen, die vor Ort erfragt werden können; es kann in Küstenschutzgebieten völlig untersagt sein.

Sammeln von Fossilien: Das Sammeln von Fossilien unterliegt gesetzlichen Regelungen. Außerhalb von Naturschutzgebieten darf loses Gestein in geringen Mengen für die private, nicht-kommerzielle Verwendung gesammelt werden. Wichtig: Es darf nur aufgelesen, nicht jedoch aus dem gewachsenen Fels herausgebrochen oder unter Einsatz von Werkzeugen – z. B. eines Geologenhammers – herausgeschlagen werden. In Naturschutzgebieten sind die Regelungen strenger: Dort besteht ein grundsätzliches Fossilien-Sammelverbot; auch loses Gestein darf dort nicht aufgelesen werden. Wer in einem Steinbruch nach Fossilien suchen möchte, braucht die Erlaubnis des Besitzers.

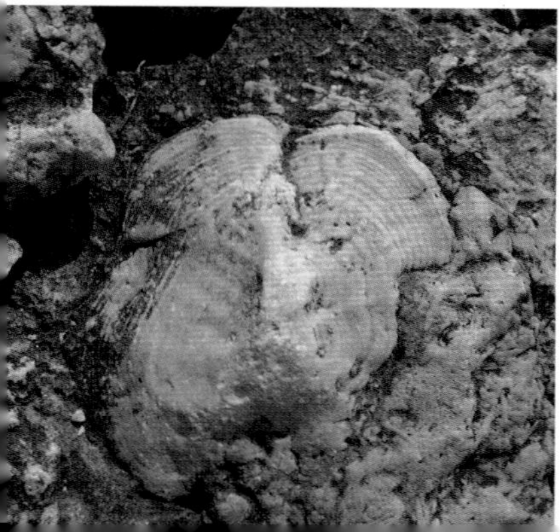

Fossilierte Schwammkoralle.

Ausrüstung

Schuhe: Für die meisten Wanderungen sind sowohl knöchelstabilisierende Leichtbergstiefel bzw. Trekkingstiefel als auch andere Multifunktionsschuhe mit profilierter Sohle geeignet. Von offenen Schuhen sollte man Abstand nehmen, da spitzer Kalkschotter, dornige Ranken oder scharfkantige Gräser den Wandergenuss sonst erheblich beeinträchtigen können.

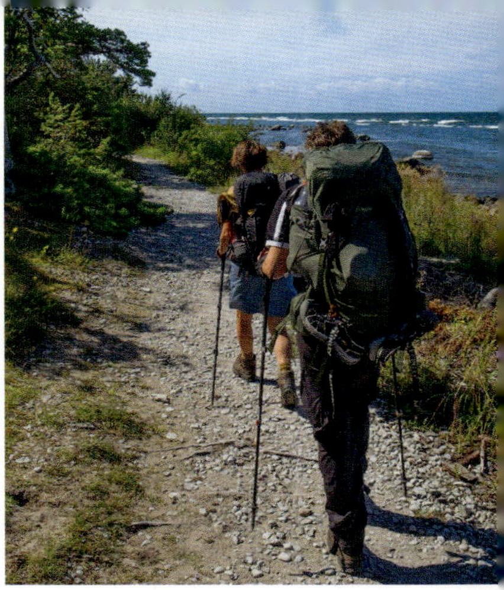

Unterwegs auf dem Klintkustleden.

Kleidung: Gotland hat im Sommer besseres Wetter und geringere Niederschläge als Mitteleuropa, aber niedrigere maximale Tagestemperaturen. Eine wärmende äußere Schicht – mindestens im Rucksack – ist daher sinnvoll. Bei hoher Sonneneinstrahlung tut eine Kopfbedeckung gute Dienste. Darüber hinaus können die in Mitteleuropa zum Wandern eingesetzte Bekleidung und Ausrüstung – und insbesondere das »Zwiebelprinzip« – auch auf Gotland zum Einsatz kommen.

Sonstiges: Folgende Ergänzung der Ausrüstung ist sinnvoll:

- Mückenmittel (vor allem bei Wanderungen im Wald erforderlich)
- Sonnencreme mit hohem Lichtschutzfaktor
- Erste-Hilfe-Set (u. a. mit Blasenpflaster)
- Fernglas

Wandersaison

Was der einzelne als »beste Wanderzeit« empfindet, ist abhängig von den persönlichen Vorlieben und Interessen. Die nachfolgenden Ausführungen bieten dafür eine Entscheidungshilfe:

- Die Wandersaison beginnt Mitte Mai und geht bis in die erste Oktoberhälfte.
- Zur Vogelbeobachtung ist vor allem die Zeit der Vogelzüge, d. h. April und Mai bzw. September und Oktober interessant.
- Orchideenliebhaber kommen v. a. zwischen Mitte Mai und Ende Juni auf ihre Kosten, für nicht auf Orchideen festgelegte Pflanzenfreundinnen und -freunde ist aber auch der Juli noch gut geeignet.
- Die geringsten Niederschlagsmengen fallen – statistisch gesehen – zwischen März und Mai. In den Sommermonaten sind die durchschnittlichen Niederschläge zwar geringfügig höher, liegen aber immer noch unter den mitteleuropäischen Verhältnissen.

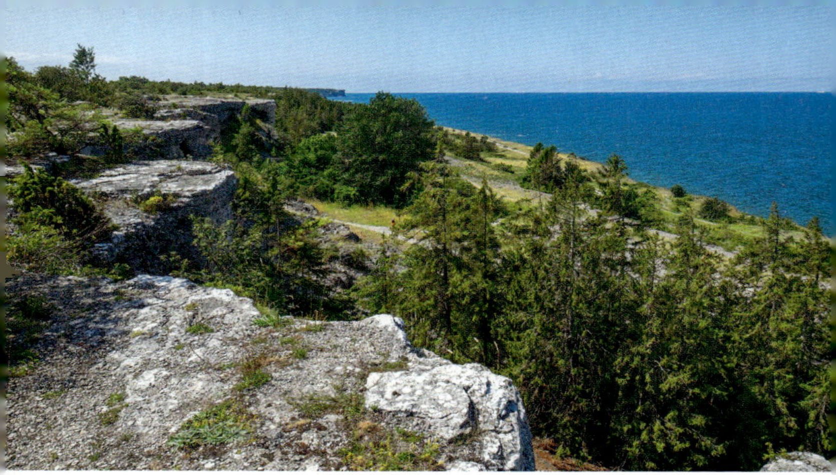

Steilküsten sind in der Regel ungesichert (Tour 2).

- Die höchste Zahl von Sonnenstunden summiert sich von Mai bis Juli.
- Wer Wert auf den Besuch von Museen und anderen kulturellen Sehenswürdigkeiten legt, reist zwischen Mittsommer und Ende August.
- Zwischen Mittsommer und zweiter Augustwoche finden viele kulturelle Aktivitäten und spektakuläre Feste statt (z. B. Mittelalterwoche in Visby), doch ist dies gleichzeitig der Zeitraum, in dem die Schweden Urlaub machen, d. h. die Insel ist dann regelrecht überlaufen.

Gefahren

Die folgenden Risiken sind unspezifisch und können auf Gotland ebenso vorkommen wie in jedem beliebigen anderen Wandergebiet:

- **Absturz und Abrutschen:** Steilküsten sind i. d. R. ungesichert. Sie bergen die Gefahr, abzustürzen oder abzurutschen. Wählen Sie daher Ihre Schritte überlegt und vermeiden Sie Risiken. Falls Kinder mit von der Partie sind, müssen sie in diesem Umfeld adäquat beaufsichtigt werden.
- **Erschöpfung:** Viele Unfälle und Verletzungen haben ihre Ursache in Erschöpfung. Beugen Sie deshalb vor: Schätzen Sie Ihre Kondition realistisch ein und überfordern Sie sich nicht. Planen Sie bei allen Touren immer Reservezeiten ein. Unterwegs gilt: trinken, bevor man durstig ist; essen, bevor man hungrig ist; rasten, bevor man müde ist!

Neben den o. g. Risiken finden sich einige spezifische Gefahrensituationen:

- **Erdrutsche und Felsstürze:** An den Steilküsten Gotlands ist die Erosion mäßig stark bis stark ausgeprägt; Steilküsten sollten daher (sowohl unter- als auch oberhalb) nur mit Vorsicht und unter Abwägung der Risiken betreten werden.

■ **Tiere mit Gefahren- und Belästigungspotenzial:**

- Während der Brutzeit im Frühjahr und Frühsommer reagieren einige Vogelarten, zuvorderst Seeschwalben, äußerst aggressiv, wenn man sich ihren Nestern nähert. Spätestens nach dem ersten Angriff sollte man den Rückzug antreten (Seeschwalben greifen immer den höchsten Punkt an, daher im akuten Angriffsfall als Ablenkung den Rucksack oder einen Wanderstock über Kopfhöhe nach oben heben). Die vorgestellten Touren führten zum Zeitpunkt ihrer Begehung (2019–2022) nicht zentral durch Brutareale aggressiver Vogelarten; es kann aber nicht ausgeschlossen werden, dass sich die ein oder andere Seeschwalbe durch Wanderer im Randbereich des Brutareals belästigt fühlt. Bei Küstenwanderungen in potenzieller Seeschwalbennähe wurde darauf geachtet, dass landeinwärts Ausweichmöglichkeiten existieren.
- Die Kreuzotter ist sehr selten und flüchtet i. d. R., wenn man sich ihr nähert. Wer vorsorgen möchte, ist mit knöchelhohem, festem Schuhwerk und langen Hosen gut beraten. (Achtung: Nicht jede Schlange ist eine Kreuzotter! Die ebenfalls vorkommenden Schling- und Ringelnattern sind ungiftig).
- Die Tiere, auf die man zum allgemeinen Leidwesen am häufigsten stoßen wird, sind Stechmücken (schw.: mygg). Üblicherweise sind feuchte und windgeschützte Bereiche im Binnenland – z. B. Wälder und Sümpfe – davon stärker betroffen als windausgesetzte Küsten oder offene Landschaften. Ein wirksames (!) Mückenschutzmittel gehört unbedingt zur Ausrüstung.

Notfall

Die in ganz Schweden – so auch in Gotland – gültige Nummer für Notfälle lautet **112** (Euronotruf).

Karte, Kompass, GPS

Als Straßenkarte eignet sich die Karte »Gotland« im Maßstab 1:100.000 vom Verlag Norstedts (beidseitig bedruckt). Für die Wanderungen ist dieser Maßstab jedoch zu klein.

Für die Touren auf Gotland empfiehlt sich die flächendeckende analoge Kartenreihe »Sverigeserien – Topo50« vom Verlag Norstedts (auf Basis der Karten des Staatlichen Vermessungsamtes Lantmäteriet) im Maßstab 1:50.000. Dabei handelt es sich um beidseitig bedruckte Kartenblätter. Die Angaben in diesem Wanderführer beziehen sich auf dieses Kartenwerk, die nachstehenden Kartenblätter decken Gotland und Fårö vollständig ab:

■ Blad 011: Södra Gotland

■ Blad 012: Mellersta Gotland

■ Blad 013: Norra Gotland

Lantmäteriet bietet die gleichen Informationen in digitaler Form an (siehe »Nützliche Informationen und Links« S. 64).

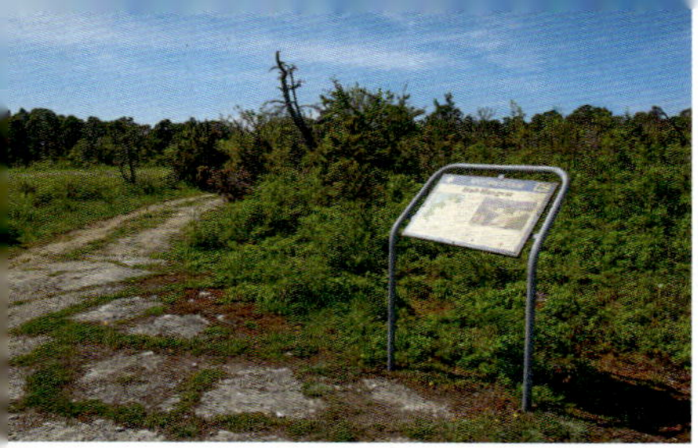

Naturreservat-Infotafel (Tour 7).

Außerdem sind Karten des Calazo-Verlags im Maßstab 1:60.000 erhältlich, bei dem zwei beidseitig bedruckte Blätter den Nord- und Südteil der Insel abdecken. Beide Kartenwerke sind vor Ort in der Touristinfo und in Buchläden erhältlich und können in Deutschland über den spezialisierten Buchhandel bezogen werden. Speziell für Fårö gibt es die »Turistkarta Fårö« im Maßstab 1:40.000, die in einigen Geschäften in Fårösund, am Kiosk am Fähranleger in Broa sowie im Fårö Museum erhältlich ist. Sie ist detailreicher, hinsichtlich der Wegführung präziser und somit für die Wanderungen besser geeignet als die erstgenannten Karten.

Ortsnamen

Die Schreibweisen von Ortsbezeichnungen sind mitunter variabel (z. B. Furillen/Furilden, Närsholmen/Närkholmen), was u.a. auf Differenzen zwischen dem Schwedischen und dem gutnischen Dialekt zurückzuführen ist. Die Bezeichnungen im Wanderführer orientieren sich im Zweifel an Straßenschildern vor Ort oder an den aktuellen topografischen Karten.
Gotland ist geradezu berüchtigt dafür, dass zahlreiche Ortsnamen vielfach vorkommen: Hammars, Stenstugu, Skogs, Smiss, Olajvs, Bjärs, Gannarve und zahlreiche andere finden sich dutzendfach auf der Landkarte! Auch ähnlich lautende Ortsnamen wie z. B. Bondarve, Bodarve oder Botarve verlangen eine erhöhte Aufmerksamkeit. Nicht nur Benutzer eines Navigationsgerätes sollten daher sicherstellen, dass sie das richtige Ziel ansteuern.

GPS-TRACKS UND KOORDINATEN DER AUSGANGSPUNKTE

Auf **gps.rother.de** stehen zu diesem Wanderführer GPS-Tracks und die Koordinaten der Ausgangspunkte zum kostenlosen Download bereit. Dieser QR-Code führt direkt zum Download.
1. Auflage, Passwort: **461901csg**
Die GPS-Tracks können in die **Rother App** importiert werden. In der App kann man unterwegs stets sehen, wo man gerade ist und wo es langgeht. **Anleitungen dazu: rother.de/gps**
Trotz sorgfältiger Prüfung können wir Fehler und zwischenzeitliche Veränderungen nicht ausschließen. Verlassen Sie sich für die Orientierung niemals einzig und allein auf die GPS-Daten, sondern beurteilen Sie die Verhältnisse vor Ort.

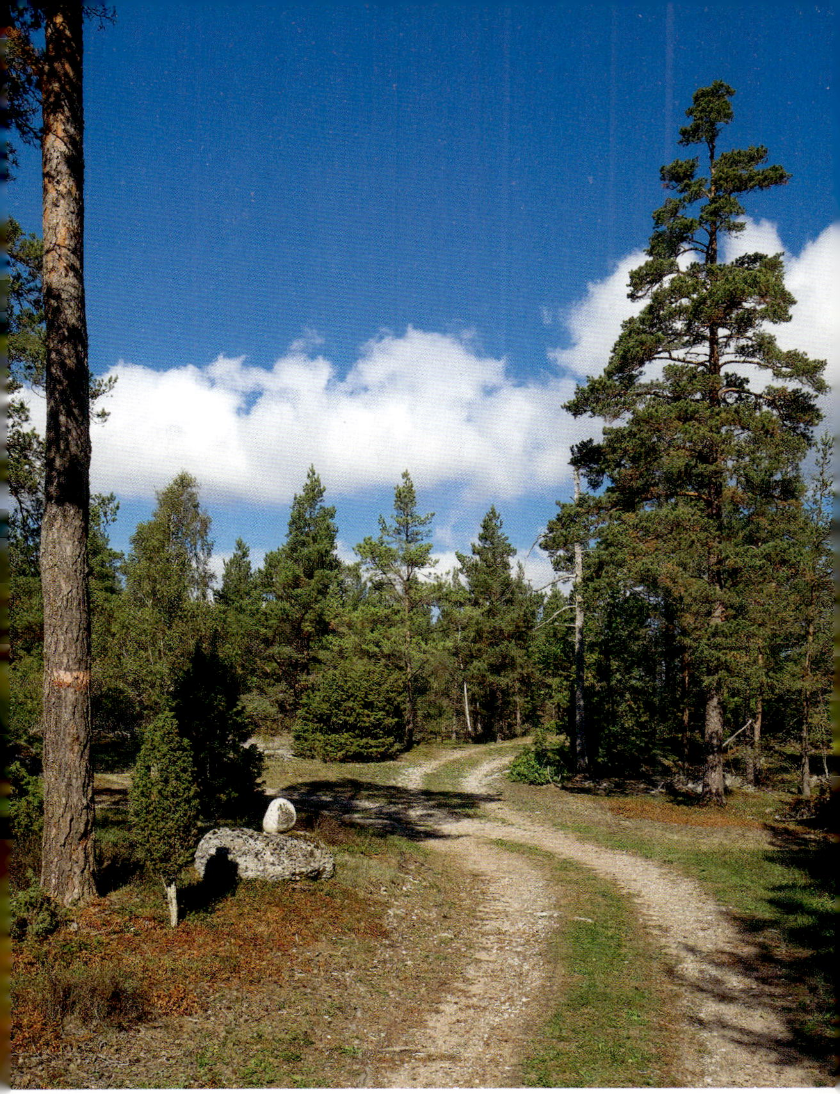

Kiefernwald ist der vorherrschende Waldtyp auf Gotland (Tour 33).

BESONDERE TOURENMERKMALE UND ATTRAKTIONEN

Nr.	Tour	🚌	🍴	👪
1	Ygne und Högklint		x	x
2	Södra Hällarna	x	(x)	x
3	Visby	x	x	(x)
4	Själsö, Lummelundagrottan und Nyhamn	x	x	(x)
5	Jungfru-Rauk und Lickershamn	x	x	x
6	Ireån und Svarthäll	(x)		x
7	Sigsarve und Häftingsklint			x
8	Halls Kust			x
9	Bläse und nördliche Stenkust			x
10	Blå Lagunen und Grostäde			x
11	Lansa, Marviken und »Hunde-Rauk«			(x)
12	Lauterhorn, Digerhuvud und Helgumannen		x	
13	Bondans und Langhammarshammaren			x
14	Fåröfyr und Norsta Auren			(x)
15	Ullahau	(x)		x
16	Ringvide und Sudersand	x	x	x
17	Dämba und Ryssnäs			x
18	Bungenäs		x	x
19	Furilden			(x)
20	Kyllaj und Lörgeudd			x
21	Sankt Olofsholm			x
22	Hide, Asunden und Hammarsänget			(x)
23	Hejnum Hällar, Rövätar und Kallgate			(x)
24	Botvaldevik, Gothemhammar und Åminne		x	(x)
25	Dalhem und Dunbodi	x	x	x
26	Trullhalsar und Liste Ängar			x
27	Skarnvik, Baju und Bendes Strandänge			(x)
28	Uppstajg			x
29	Östergarnsberget	x	x	
30	Grogarnsberget, Herrvik und Kuppen	x	x	(x)
31	Russvätar, Torsburg und Herrgårdsklint			(x)
32	Danbo			x
33	Mullvalds Strandskog, Kungens Sal, Folhammar			(x)
34	Lausvik und Lausbackar			x
35	Närsholmen			x
36	Ålarve und Uggarde Rojr			(x)
37	Fide, Tubod und Burgsviken	x		x
38	Öja, Unghanseskär und Austerrum			x
39	Austre Strand, Holmhällar und Vändburgsviken	(x)	(x)	
40	Rivviken und Hoburgs Fyr		x	x
41	Kättelvik, Husrygg und Hoburgen		x	(x)
42	Petesvik und Sandskallen		x	x
43	Stora Karlsö	x	x	x
44	Braidfloar, Solsänget und Bosarve Lövskog	x		x
45	Lojsta Slott und Lojsta Söarna	x		
46	Russpark			x
47	Fröjel, Gannarve und Vallhagar	x		(x)
48	Västergarn und Paviken	x		x
49	Mästerby und Mästerby Änge			x
50	Norrbys i Väte	(x)	x	x

1	2	3	4	5	6	7	8
x		x	x			x	
x		x	x				
x	x	x			x	x	x
x		x			x		x
x		x	x				x
x	x	x	x	x			
x		x	x		x	x	
x				x			
x	x		x		x	x	
x	x		x			x	x
x	x		x	x		x	x
x			x			x	x
x	x		x				
x			x	x		x	
			x	x			
x			x				
x	x						
x	x				x	x	
x	x		x	x	x		
x			x		x	x	x
x		x	x	x		x	
x			x	x	x		
		x	x	x			
x	x			x			
	x				x	x	
x				x	x		
x				x		x	
x				x			
		x	x	x	x		
x		x	x	x	x		x
		x	x	x	x		
x						x	x
x			x	x		x	x
x		x					
x				x		x	
x				x	x		
x						x	
x				x		x	
x			x	x			
x		x	x			x	
x		x	x			x	
x				x		x	
x		x	x	x		x	
				x	x		
	x			x	x	x	
				x			
x					x	x	x
x	x	x	x	x			
				x		x	
	x				x	x	

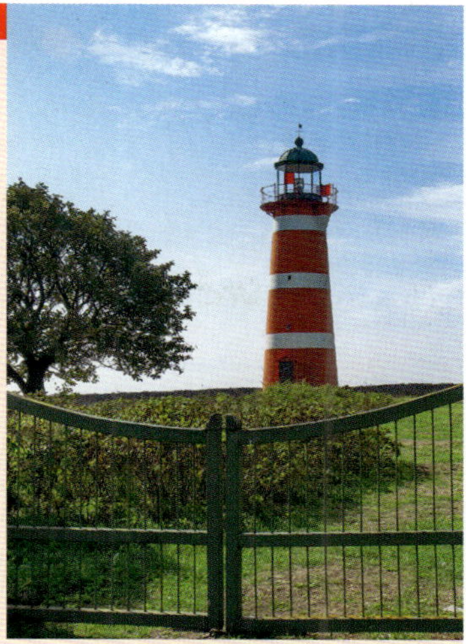

Erreichbarkeit mit ÖPNV
x direkt
(x) mit zusätzlicher Anmarschstrecke (hin/zurück bis 4 km)

✕ Einkehrmöglichkeit
(in der Hauptsaison)
x direkt am Weg
(x) abseits des Wegs (bis 500 m)

Eignung für Kinder
x Tour für Kinder geeignet
(x) für Kinder geeignete Tourvariante vorhanden

Merkmale
1 Küste (Strand, Dünen, Meer)
2 Binnengewässer (Flüsse, Seen)
3 Aussicht, Aussichtsturm
4 besondere Geologie oder Geomorphologie
5 besondere Pflanzen- oder Tierwelt
6 archäologische oder Industrie-Denkmäler, historische Stätten
7 bemerkenswerte Gebäude(-ruinen) oder Bauwerke
8 sehenswerte Städte, Dörfer und Siedlungen (auch Fiskeläge)

NATUR UND LANDSCHAFT – EIN ÜBERBLICK

Geologie und Entstehung

Entstehung: Die Gesteine Gotlands entstanden im Erdaltertum und zwar im Silur (vor 444–416 Mio. Jahren). Während dieses Zeitraums stellte sich der Bereich, der heute Gotland bildet, als Flachmeer dar, das sich am Rand eines Kontinents befand, der infolge der Plattentektonik von der südlichen Erdhalbkugel langsam in Richtung Äquator driftete. Das Flachmeer war lichtdurchflutet und bot unter tropischen Klimabedingungen ideale Voraussetzungen für kalkschalenbildende Kleinstorganismen, deren Schalen nach deren Absterben auf den Boden sanken und Ausgangsmaterial für die Kalksteinbildung wurden. Auch für die Entstehung von Riffen waren die Verhältnisse entlang der damaligen Küstenlinien gut geeignet; dabei verbacken die kalkhaltigen Schalen riffbildender Organismen zu einem immer größer werdenden Kern, auf dem immer neue Generationen siedeln. Unabhängig davon transportierten Flüsse von der benachbarten Landmasse über Millionen von Jahren hinweg große Mengen an Feinmaterial ins Meer, das küstennah sedimentiert wurde. Allmählich wurden dadurch auch die – inzwischen abgestorbenen – Riffe zugedeckt.

All diese Sedimente formten durch ihr Eigengewicht im Lauf der Jahrmillionen mächtige Kalkstein- und Mergelschichten mit gelegentlich darin enthaltenen Riffkalken, die heute den Untergrund Gotlands darstellen. Durch die Landhebung infolge der kaledonischen Gebirgsbildung wurde im Lauf des folgenden Erdzeitalters aus dem Meeresboden Festland. Diese Verhältnisse blieben über mehr als 400 Mio. Jahre stabil, sodass keine weiteren Sedimentablagerungen stattfanden und Gotland heute einen der weltweit seltenen Bereiche darstellt, in dem silurische Gesteine großflächig ohne Überdeckung anzutreffen sind. Erst das Eiszeitalter, das vor 1,8 Mio. Jahren begann, brachte wieder Dynamik ins geologische Bild. Skandinavien wurde mehrfach von Gletschern überfahren und wieder freigegeben. Die letzte Vereisung begann vor etwa 80.000 Jahren und erreichte vor ca. 22.000 Jahren ihre größte Aus-

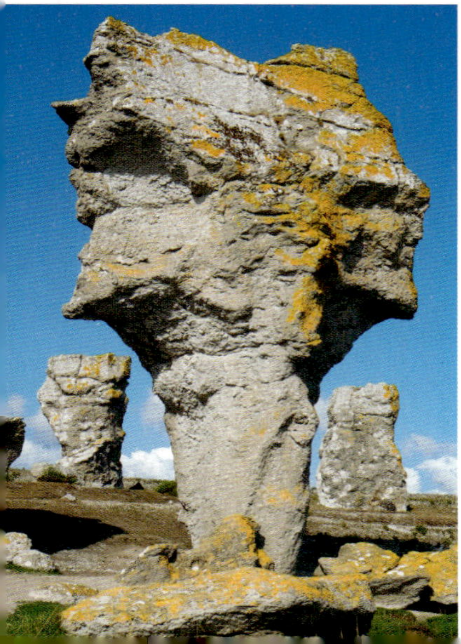

Raukformationen (Tour 22).

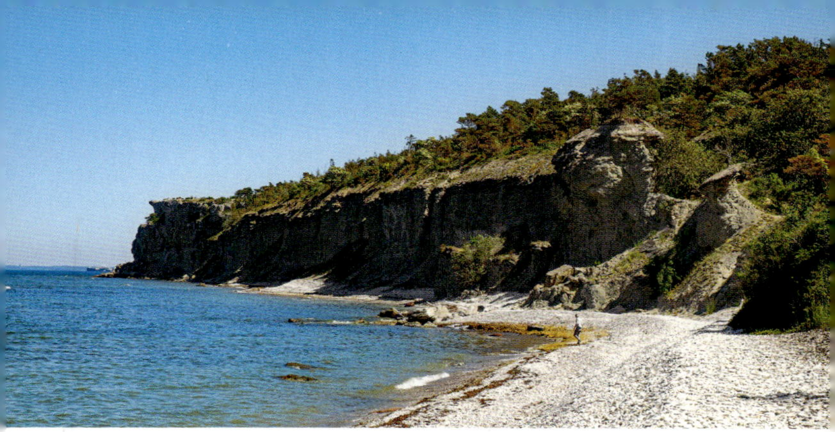

Die Steilküsten im Nordwesten bestehen aus silurischem Kalkstein (Tour 1).

dehnung. Die Gletscher transportierten große Mengen an losen Gesteinsmassen oft über viele Hundert Kilometer und ließen sie bei Abschmelzvorgängen als flache Hügel (Moränen) oder einzelne Blöcke (Findlinge) zurück. Etwa 13.000 Jahre vor unserer Zeit war der Rückzug der Gletscher so weit fortgeschritten, dass Südschweden eisfrei war und sich ein großes Binnenmeer an der Stelle der heutigen Ostsee erstreckte. Gotland trat aber zu diesem Zeitpunkt noch nicht als Insel in Erscheinung. Die Insel tauchte erst im Zuge der folgenden Jahrtausende aus dem Wasser auf. Ausschlaggebend dafür war die Landhebung, die einsetzte, nachdem die Auflast der oft mehrere Kilometer mächtigen Gletscher nicht länger vorhanden war. Diese isostatische Hebung geschah mit bis zu 1 cm pro Jahr und setzt sich auch gegenwärtig – allerdings mit geringerer Hebungsrate – weiter fort. Diese Vorgänge resultierten darin, dass sich vor ca. 12.000 Jahren die höchsten Erhebungen Gotlands über Wasser zeigten, niedriger gelegene Teile folgten im Lauf weiterer Jahrtausende. Da die Hebung anhält, wird dies auch in Zukunft zu einer Vergrößerung der Landfläche führen.

Durch die Zunahme des Wasservolumens infolge des Abtauens des Eises und die Hebungsvorgänge änderten sich auch die Verhältnisse des umgebenden Wasserkörpers. So war die Wasserfläche zeitweise an die Nordsee angebunden, zeitweise als großer Süßwassersee (Ancylus-See) davon abgeschnitten. Dies ging mit starken Wasserspiegelschwankungen einher; zeitweise stieg der Wasserspiegel in einem stärkeren Maß an, als die Landhebung vor sich ging, was bedeutete, dass Teile des sich hebenden Landes wieder überflutet wurden. Erst zu einem späteren Zeitpunkt – nämlich 2500 Jahre vor unserer Zeit – stellten sich die Verhältnisse etwa so ein, wie wir sie heute kennen: nämlich durch die Ausbildung der Ostsee als Brackwassermeer.

Eine Besonderheit sind die sog. Raukfelder, die die silurischen Flachwasserzonen nachzeichnen, in denen sie als tropische Riffe entstanden und später durch Sedimente überschüttet wurden (s. o). Erst infolge der nacheiszeitlichen Landhebung und der dadurch einsetzenden Abtragung wurden die umgebenden weicheren Gesteine erodiert und die harten Riffkalkformationen wieder herausmodelliert. Im Schwedischen werden diese häufig skurrilen Felsbildungen als Rauk (Ez.) bzw. Raukar (Mz.) bezeichnet.

Gesteine: Von der im Westen und Norden erfolgenden Gebirgsbildung (der skandinavische Gebirgszug wurde aufgefaltet) wurde Gotland nicht direkt erfasst, aber im Nordwesten leicht angehoben, d. h. die vorhandenen Schichten wurden leicht nach Osten bzw. Südosten gekippt. Es finden sich daher die Aufschlüsse der ältesten Gesteine in einem schmalen Band im Nordwesten der Insel. Daran schließen sich in Richtung Südosten jüngere Gesteinsschichten an. Dabei wechseln sich Kalksteine und Mergelsteine ab, wobei Erstere aufgrund ihrer größeren Härte vor allem Steilküsten und Geländerücken bilden, während die weicheren Mergelsteine leichter erodieren und Beckenlandschaften und flache Küsten formen. Im Süden – rund um Burgsvik – treten auch Sandsteine zutage, deren Abbau und Verarbeitung (oft für bildhauerische Zwecke) noch bis ins frühe 19. Jh. einen wichtigen Wirtschaftsfaktor darstellten.

Im Raukfeld von Lergrav mit der passend »Elefant« genannten Felsformation.

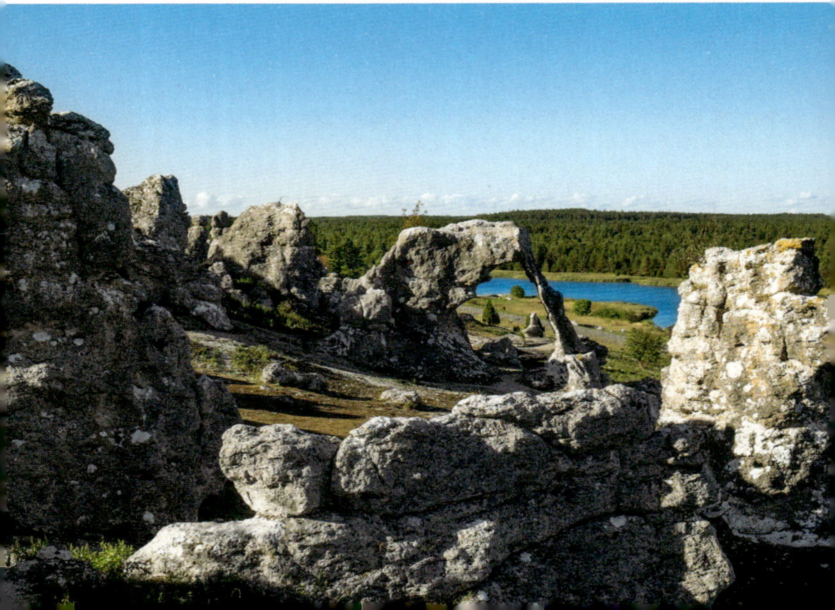

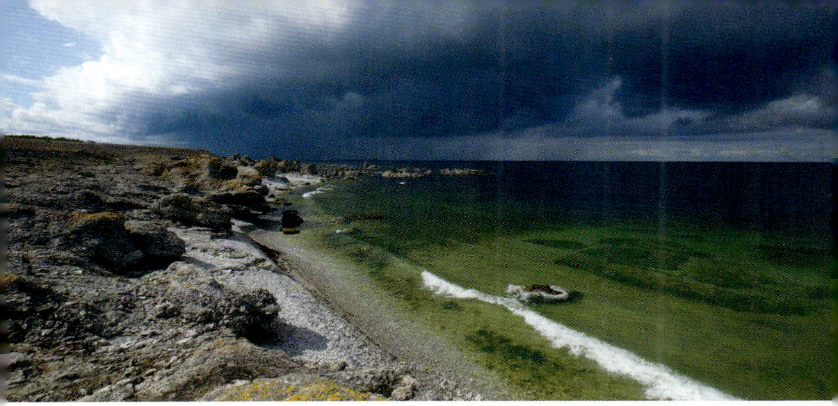

Regenwolken über dem Raukfeld bei Digerhuvud (Tour 12).

Klima

Gotland liegt im Windschatten der Landmasse Skandinaviens und wird von dieser vor den Feuchtigkeit heranführenden Westwinden abgeschirmt. Daher werden hier die niedrigsten durchschnittlichen Niederschlagsmengen Schwedens gemessen, nämlich nur 500 bis 600 mm (zum Vergleich: Frankfurt a. M.: 660 mm). Es findet sich ein deutlich ausgeprägtes Niederschlagsminimum in den Monaten März bis Juni, etwas höhere monatliche Niederschlagsmengen in den Monaten Juli und August und ein Niederschlagsmaximum zwischen September und Januar (wobei die dabei auftretenden durchschnittlichen Niederschlagsmengen nicht höher sind als diejenigen, die im gleichen Zeitraum in Mitteleuropa fallen).
Die umgebende Ostsee wirkt als ausgleichendes Element hinsichtlich der Temperaturen. Dies bedeutet, dass die Winter verhältnismäßig mild sind, das Frühjahr jedoch spät einsetzt. Es heißt auch, dass die größte Sommerwärme erst mit Verzögerung, d. h. im Juli und August, erreicht wird und auch der September – sowohl, was die Luft-, als auch die Wassertemperaturen angeht – noch angenehm warm sein kann.
Gotland ist – neben Öland – diejenige Region Schwedens, die am meisten Sonnenstunden aufweist. Zwischen Mai und August ist ihre Zahl am höchsten.

KLIMATABELLE VISBY

	Jan	Feb	März	April	Mai	Juni	Juli	Aug	Sept	Okt	Nov	Dez	Ø
Ø Temperatur (°C)	–0,3	–0,9	0,8	4,3	9,8	14,0	16,6	16,2	12,0	7,9	3,9	1,1	7,1
Ø Niederschlag (mm)	51	30	32	31	30	35	52	55	54	47	52	51	43
Ø Tage mit Regen	10	7	8	6	5	6	6	7	9	9	11	11	8
Ø Sonnenstunden/Tag	1	2	5	6	9	9	8	7	5	3	1	1	5

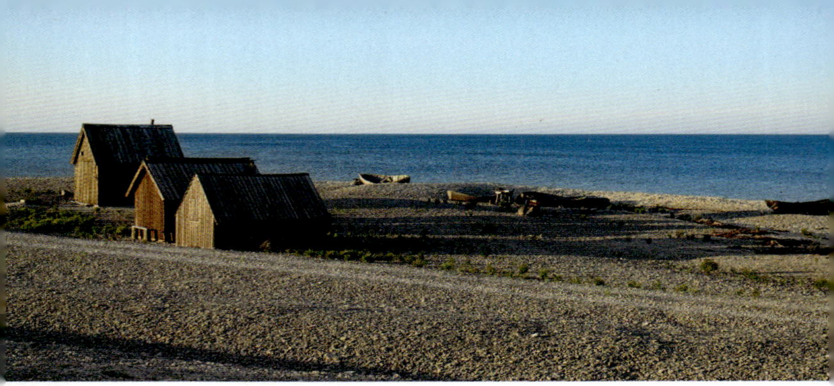

Küste aus Kalkschotter im Norden Gotlands (Tour 10).

Landschaft und Naturräume

Auf Gotland

■ **Nördliche Steppenheide-, Quellmoor- und Kiefernwald-Landschaft** (Touren 8–10, 19–23): Im nordöstlichen Gotland (nördlich und nordöstlich von Hejnum) existiert auf flachwelligem Gelände ein Mosaik aus Wald und landwirtschaftlich genutzten Flächen. Kiefernwald dominiert, wobei auf unterschiedlichen Standorten unterschiedliche Kiefernwaldtypen vertreten sind – vom kräftig wachsenden und dichten, bewirtschafteten Kiefernforst bis zum schwachwüchsigen lückigen Naturwald auf flachgründigen oder feuchten Standorten. Eingelagert finden sich Steppenheiden (schw.: alvar, haid, hajd), offene Felsen (schw.: hällar, hällmark) und Kalk-Quellmoore (schw.: kärr). Letztere kommen hier, im Norden Gotlands, in einer für Schweden einmaligen Häufung und Flächenausdehnung vor. Eine Besonderheit sind zudem sog. Wechselmoore (schw.: vät) auf undurchlässigem Felsuntergrund, die im Winter und Frühjahr überstaut sind und im Sommer austrocknen. Häufig finden sich flache Seen, die – wie der Bästeträsk – eine beträchtliche Ausdehnung haben können. Die Küsten bestehen weit überwiegend aus Kalkschotter (schw.: klappersten), der häufig hintereinander gestaffelte Terrassen bildet. Ein besonderes Highlight sind die Raukfelder: Besonders sehenswerte Raukbildungen findet man an der Ostküste (von Nord nach Süd) in Lergrav, Kyllaj, Lörge, Asunden und Bogeklint.

■ **Nordwestliche Steilküste und ihr Hinterland** (Touren 1, 2 und 4–7): Zwischen Häftingsklint im Norden über Visby bis fast nach Gnisvärd im Süden erstreckt sich eine nur an wenigen Stellen unterbrochene Steilküste. Sie besteht sowohl aus geschichteten als auch aus biogenen Kalksteinen, ist bis zu 56 m hoch und bildet an vielen Stellen senkrechte Abstürze. Am bekanntesten sind Högklint, Södra Hällarna (beide südlich von Visby) und die Steilküste von Hangvar (nördlich von Ire). An manchen Stellen wird die Küste von sandigen Buchten unterbrochen (z. B. Ireviken, Lickershamn). In einigen Bereichen sind die Felsen stärker erodiert oder besitzen unterhalb ein Vorland aus weicheren Mergelsteinen (z. B. in Visby, bei Själsö und Brissund).

■ **Kalkmergel-Beckenlandschaften** (Touren 25, 44, 49, 50): Zwischen der aus härteren Kalksteinen aufgebauten, nordwestlichen Küstenlandschaft (s. o.) und dem zentralen Höhenrücken (s. u.) befindet sich ein Becken aus weicheren Mergelsteinen (von Tofta über Roma und Dalhem nach Bäl). Auch südlich des zentralen Höhenzugs schließt sich – zwischen Eksta, Ljugarn und Fide – eine aus Mergelsteinen gebildete Landschaft an, die nur geringe Höhenunterschiede aufweist. Beide Bereiche werden überwiegend landwirtschaftlich genutzt. Im 18. und 19. Jh. wurden die dort noch großflächig vorhandenen Feuchtflächen entwässert und die Bäche begradigt. Vereinzelt finden sich noch Reste von ehemals weiter verbreiteten Laubwäldern mit Eiche, Ulme, Esche, Linde und Hasel (u.a. Bosarve Lövskog, Eichenwald bei Änggårde). Sie haben eine meist dichte Strauch- und Krautschicht und zeichnen sich durch das Vorkommen zahlreicher Frühjahrsblüher aus, darunter Buschwindröschen, Gelbes Windröschen, Leberblümchen und Bärlauch. In manchen Bereichen sind auch noch sog. Laubwiesen (schw.: löväng) erhalten. Dabei handelt es sich um eine historische Landnutzungsform (s. Kasten S. 32).

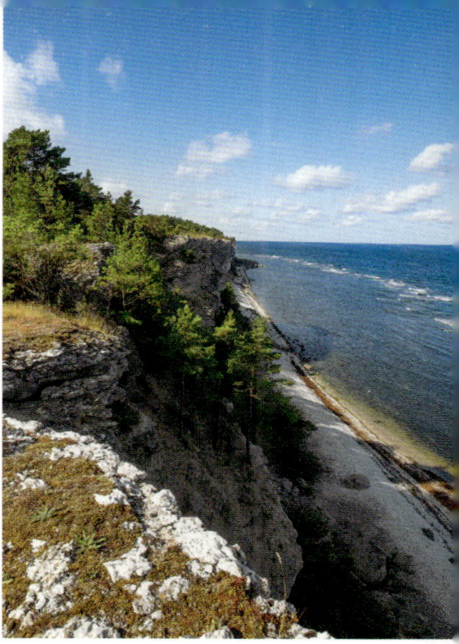

Nordwestliche Steilküste (Tour 5).

Kalkmergel-Beckenlandschaft mit landwirtschaftlicher Nutzung (Tour 50).

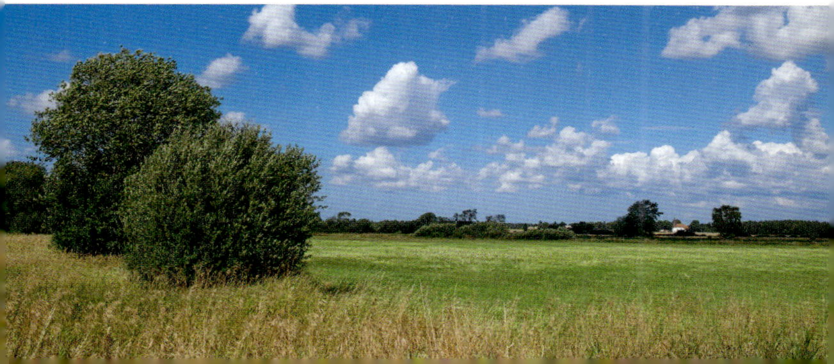

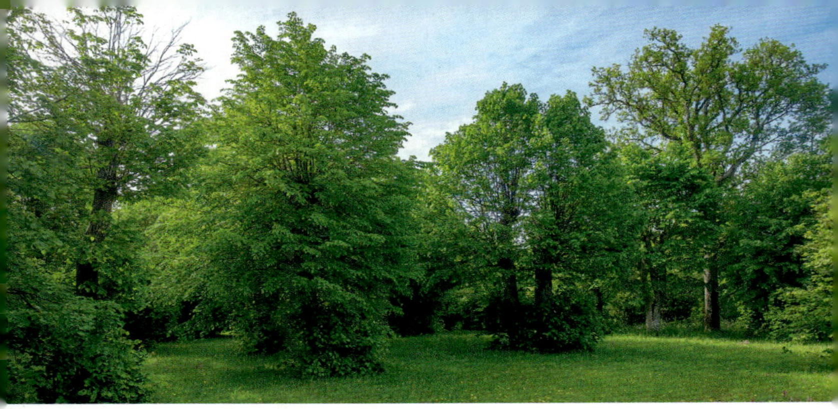

Die Laubwiese Alvena Lindaräng – heute ein Naturreservat.

LAUBWIESEN AUF GOTLAND

Laubwiesen (schw.: löväng, abgekürzt oft äng oder änge) waren in den sommertrockenen Gebieten Schwedens früher weit verbreitet. Man vermutet, dass sich diese Landnutzungsform während der mittelalterlichen »kleinen Eiszeit« herausbildete, als das Vieh winters nicht mehr draußen grasen konnte, sondern aufgestallt werden musste. Um das Vieh im Winter füttern zu können, musste lagerfähiges Trockenfutter gewonnen werden. Um von einer Nutzfläche möglichst viel Winterfutter für das Vieh zu erhalten, wurde eine »Zweischichtnutzung« praktiziert: Im Unterwuchs befand sich eine Wiese, die einmal pro Jahr gemäht wurde (eine höhere Schnitthäufigkeit war wegen der Trockenheit nicht möglich), während die zweite Schicht aus locker verteilt stehenden Laubbäumen bestand, die geschneitelt wurden. D. h. die belaubten Zweige wurden im Sommer geschnitten, getrocknet und – wie Heu – für den Winter eingelagert.
Auf Gotland sind – im Gegensatz zum Festland – noch zahlreiche Laubwiesen erhalten, wenn sie auch manchmal nicht mehr gemäht, sondern beweidet werden. In der Baumschicht finden sich v. a. Eichen, Eschen und Ulmen, gelegentlich auch Linden. Häufige Arten in der Krautschicht sind – neben den Gräsern – u.a. Knöllchen-Steinbrech, Blut-Storchschnabel, Teufelsabbiss, Pfirsichblättrige Glockenblume, Männliches Knabenkraut und Mücken-Händelwurz.
Besonders sehenswert sind (von Nord nach Süd) u.a. Hammarsänget bei Vägume (Tour 22), Alvena Lindaräng bei Vallstena, Hörsne Prästänget (bei Hörsne), Salmbärshagen bei Stenkyrka, Allkvie Änge nördlich von Follingbo, Halla Klosteränge bei Roma, Mästerbyänget (Tour 49), Anga Prästänge, Lojsta Prästänge (Tour 45), Etelhems Kyrkänge, Grötlingbo Prästänge, Fide Prästänge (Tour 37).

■ **Östliche Flachküste mit Hinterland** (Touren 24–28): Zwischen Åminne im Norden und Katthammarsvik im Süden erstreckt sich eine flache Küstenlandschaft, die zahlreiche kleine Buchten und Halbinseln aufweist. Kiefernwälder nehmen die bei Weitem größten Flächenanteile ein, auf tiefgründigeren Böden sind zudem auch Fichtenbestände anzutreffen. Entlang der Küste wird auf Magerrasen und Kalkheiden extensivste Weidewirtschaft betrieben. Dieser Landstrich ist sehr spärlich besiedelt. Nur im Landesinneren trifft man auf kleine Dörfer; direkt an der Küste existiert zwischen den o.g. Orten hingegen keine einzige nennenswerte Siedlung.

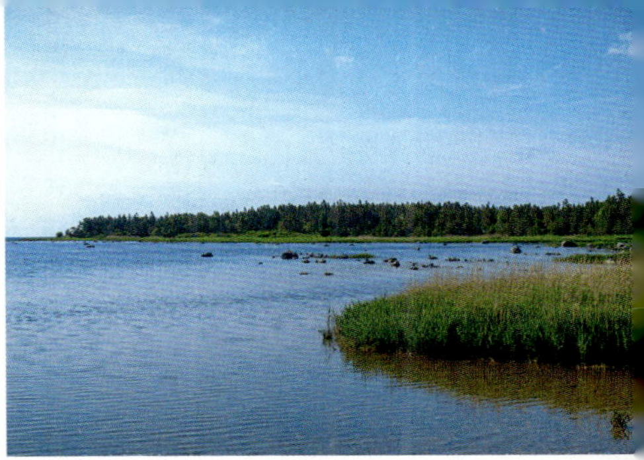

Östliche Flachküste südlich von Slite.

■ **Zentraler Höhenzug** (Touren 29–31, 43, 45, 46): Die Insel wird von einem flachen Höhenzug aus härterem Kalkgestein durchzogen. Er erstreckt sich zwischen Fröjel im Westen und dem Östergarnslandet im Osten und besitzt als vorgelagerte Ausläufer im Westen die Karlsinseln (Karlsöarna). Seine höchste Erhebung mit 82 m ü. M. liegt westlich von Lojsta. Auf diesem Höhenzug dominiert Wald, unterbrochen von Rodungsinseln, auf denen Landwirtschaft betrieben wird. Auf flachgründigen Böden stocken Kalk-Kiefernwälder, doch sind auf mit Sand überdeckten Arealen auch Kiefernwälder bodensaurer Standorte anzutreffen. Häufig finden sich Quellmoore und mitunter kleine Seen (z. B. bei Lojsta und Etelhem), die sich malerisch in die umgebende Waldlandschaft einfügen. Das Kalkgestein bildet an einigen Stellen ausgeprägte Kalkplateaus mit Steilabbrüchen (u.a. Klinteberget, Grogarnsberget, Lindeberget), sogenannte Inlandsklippen. Auch Strandwälle aus Kalkschotter (schw.: klappersten) gehören zur Formensprache der härteren Kalkgesteine: Man begegnet ihnen zum Beispiel am Grogarnsberget.

Zentraler Höhenzug (Tour 31).

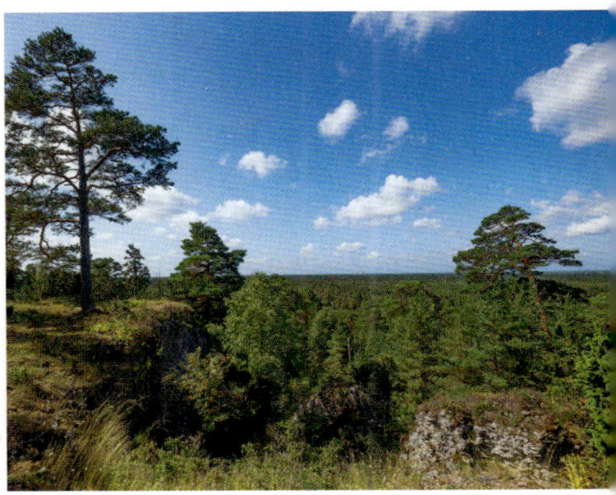

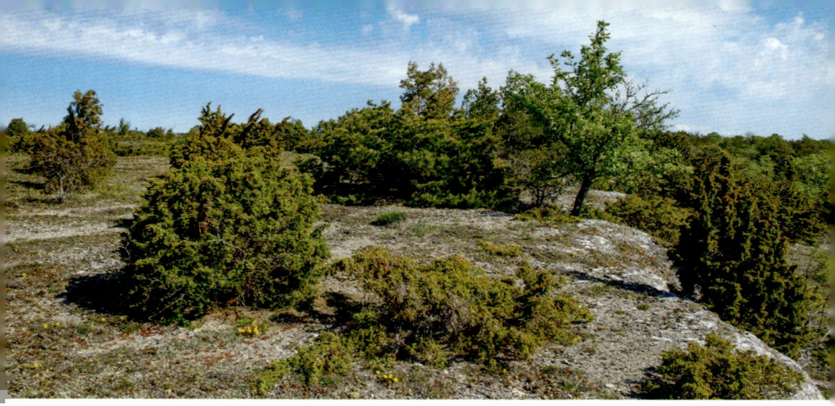

Felssteppe im Storsudret (Tour 41).

■ **Südliche Steppen- und Sandheide-Kiefernwald-Landschaft** (Touren 32–41): Der Süden Gotlands, Storsudret genannt, weist nur geringe Höhenunterschiede auf. Neben landwirtschaftlich intensiver genutzten Bereichen fallen auf flachgründigem Boden die extensiv beweideten, offenen bis halboffenen Kalksteppen und Kalkmagerrasen ins Auge. Auf sandigem Untergrund – z. B. in der Umgebung von Vändburg und Vamlingbo – existieren Sandmagerrasen. Einige tiefgründigere Bereiche bieten Voraussetzungen für die Existenz von Waldweideflächen oder Laubwiesen (z. B. Fide Prästänge, Öja Prästänge). In den Senken finden sich flache Seen, Verlandungs- und Niedermoore, z. B. Mjölhatteträsk und Muskmyr. Im Landesinneren stocken Kiefernwälder. Die Küste zeigt ein breites Spektrum an Landschaftsformen, angefangen von Flachufern und Sandstränden über ausgeprägte Strandwälle bis hin zu Raukfeldern, von denen Holmhällar und Hoburgen besonders hervorzuheben sind.

Auf Fårö

■ **Dünenlandschaften** (Touren 14 und 15): Der Nordosten Fårös wurde bis weit ins 18. Jh. von Wanderdünen geprägt. Auch heute noch ist im Bereich Ullahau die Parabelform einer der größten Wanderdünen erkennbar. Auf ihren z. T. noch offenen Sandflächen finden sich Bestände des Silbergrases. Erst im Lauf des 18. und 19. Jh. wurde der systematische Versuch unternommen, sie festzulegen, wobei dies v. a. durch Anpflanzung von Strandhafer und Kiefern geschah. Auf den trockensten Standorten sind heute lückige Flechten-Kiefernwälder mit einem Unterwuchs aus blassgrünen Flechten anzutreffen. Bei etwas günstigeren Bodenverhältnissen wird die Krautschicht von Besenheide sowie Zwergsträuchern wie Preiselbeere und Heidelbeere gebildet. Auf feuchteren Böden tritt in der Baumschicht die Fichte dazu und es sind auch Farne und der hübsche Siebenstern vorhanden.

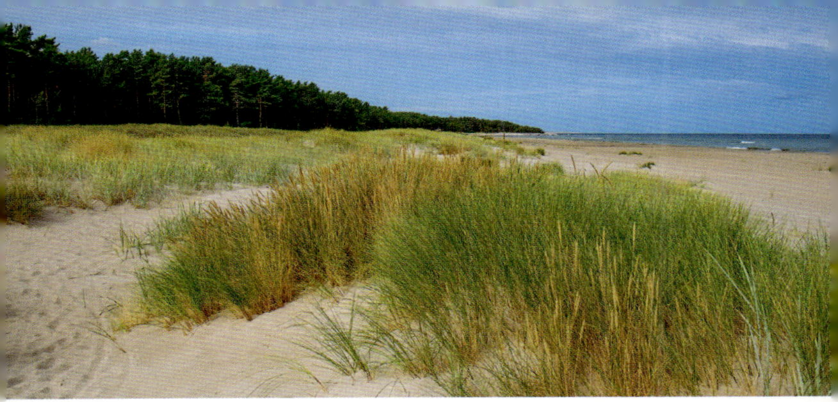

Dünenlandschaft Norsta Auren (Tour 14).

■ **Steppenheide-Mosaik mit Strandwall- und Raukküsten** (Touren 11–13, 16, 17): Ein Großteil Fårös besteht aus harten Kalkgesteinen. Im Landesinneren existieren karge Landschaften mit einem Wechsel von ausgedehnten Kalk- bzw. Steppenheiden, die extensiv beweidet werden, und schwachwüchsigen Kiefernwäldern. Eingelagert sind Quell- und Wechselmoore, flache Seen sowie gelegentlich Ackernutzung. An der Küste trifft man auf Schotterfelder, Strandwälle und Raukareale. Die parallel zum Ufer verlaufenden und aufsteigend hintereinander gestaffelten Konturlinien der Strandwälle zeichnen die Landhebung nach. Ihre Entstehung verdanken sie der Meeresbrandung zu Zeiten, als die Landhebung noch nicht so weit fortgeschritten war und höhere Teile des Ufers noch vom Meer überspült werden konnten. Vor allem im Nordwesten der Insel treten harte Riffkalkgesteine zutage, die bizarre Felsformationen, sog. Raukareale, bilden. Zwischen Lauterhorn und Helgumannen zieht sich das größte der Raukareale in einer Breite von 20 bis 100 m über 3,5 km an der Küste entlang, doch auch südlich und nördlich davon sind weitere Raukfelder vorhanden, z. B. südlich von Jauvika und nördlich von Langhammars, wobei bei Letzterem die Felsbildungen Höhen von knapp 10 m erreichen.

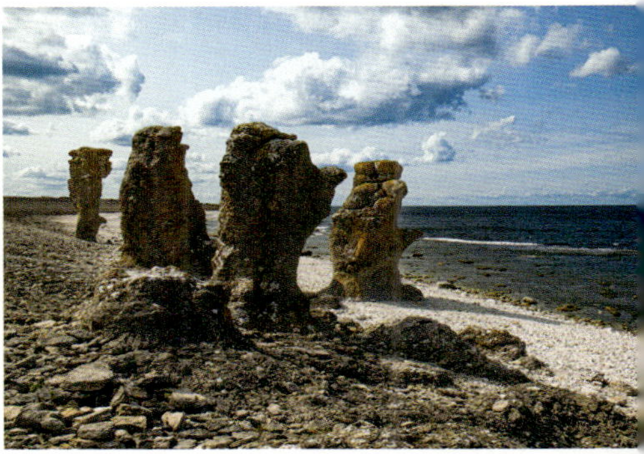

Raukformationen an Fårös Nordküste (Tour 13).

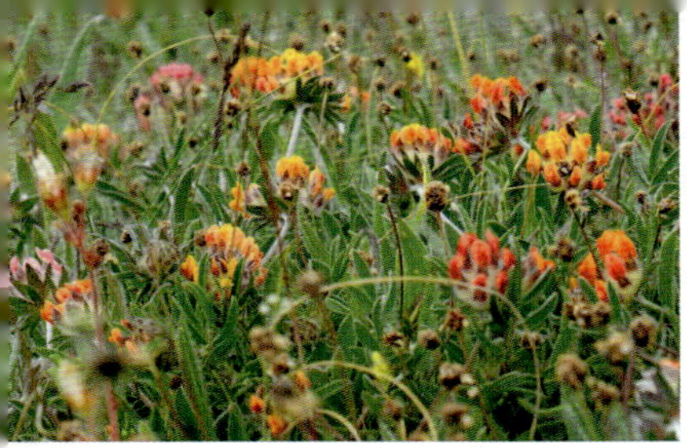

Wundklee.

Flora

Gotland ist – nach Öland – die im Verhältnis zur Flächengröße artenreichste Region Schwedens. Mit etwa 1700 Arten an Großpilzen und 1100 Arten an Gefäßpflanzen ist es ein »Hotspot« des Artenreichtums der kühl-gemäßigten Klimazone. Bei den Gefäßpflanzen, Großpilzen und Moosen kommen etwa 50 % der in Schweden bekannten Arten auf der Insel vor. Besonders hervorzuheben ist außerdem der Artenreichtum der Orchideen, von denen – je nach Zählweise – zwischen 32 und 35 vertreten sind. Gotland besitzt sogar – was für eine »junge« Insel ungewöhnlich ist – einige Endemiten (also Arten, die weltweit nur dort vorkommen). Beispiele sind Gotlands-Küchenschelle und Gotlands-Lerchensporn.

Ursache für den Artenreichtum sind zum einen die basenreichen Böden, die Vielzahl unterschiedlicher Lebensräume (darunter Extremstandorte) und die Lage bzw. das heutige Klima und die Klimahistorie. Basenreiche Böden beherbergen aufgrund der höheren Verfügbarkeit an Nährstoffen eine höhere Artenzahl und verschaffen der Insel bereits dadurch einen Artenzahl-Vorsprung« gegenüber der Vegetation auf den basenarmen Böden, die auf dem schwedischen Festland (mit Ausnahme der Provinz Schonen) vorherrschen. Durch die Lage und das Klima der Insel finden sich zudem Arten ein, deren Hauptverbreitung in anderen Klimaregionen liegt. So kommen Arten mit mediterranem Schwerpunkt vor, die sich als Relikte einer wärmeren Klimaperiode behaupten konnten, z. B. Strauchwicke (Coronilla emerus), Goldaster (Aster linosyris), Nadel-Röschen (Fumana procumbens) und Frühlings-Adonisröschen (Adonis vernalis). Aber auch Arten mit Verbreitung in Osteuropa und Asien sind zu finden, z. B. Felsen-Wermut (Artemisia rupestris) und Illyrischer Hahnenfuß

Knabenkraut.

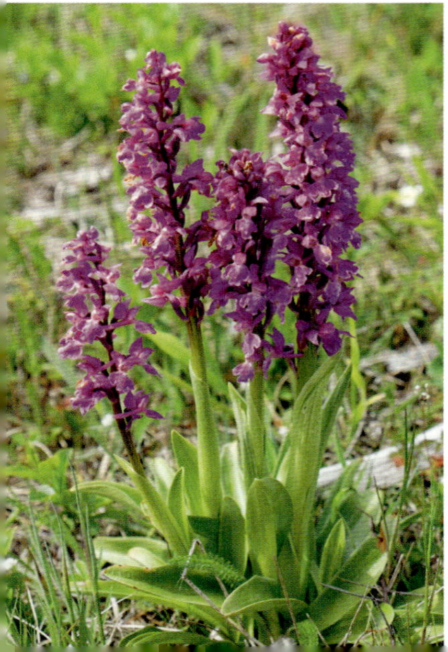

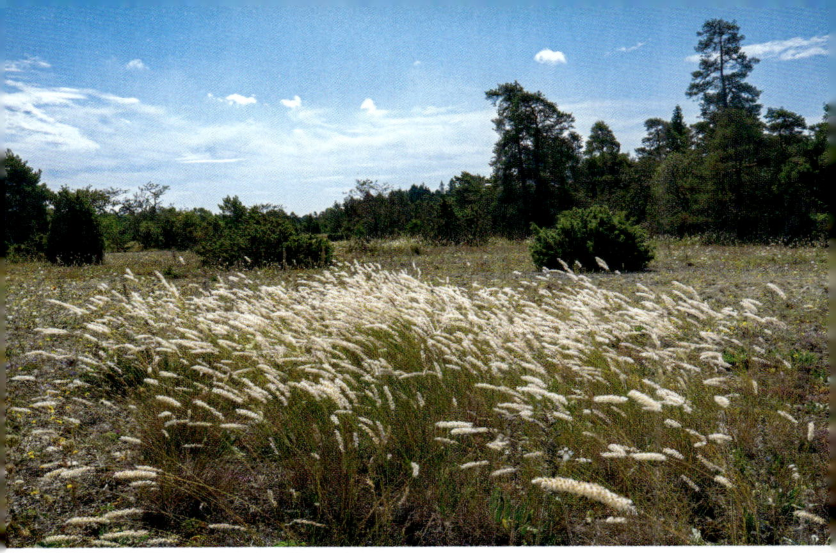

Das Wimper-Perlgras besiedelt Kalk-Rohböden.

(Ranunculus illyricus). Zudem sind Reliktarten der Kaltzeiten vorhanden, die heutzutage ihre Hauptverbreitung in alpinem Gelände oder in nördlicheren Breitengraden haben, z. B. Berg-Rispengras (Poa alpina), Alpenhelm (Bartsia alpina) und Alpen-Fettkraut (Pinguicula alpina).

Eine besondere Bedeutung für den Artenreichtum kommt der Tatsache zu, dass auf der Insel sehr viele unterschiedliche Standortbedingungen vertreten und dadurch Wuchsmöglichkeiten für ein breites Spektrum an Pflanzen vorhanden sind, die völlig unterschiedliche Ansprüche haben. Oft nur wenige Meter voneinander entfernt, fühlen sich Arten trocken-warmer Standorte in den stark besonnten Arealen der Heidelandschaft ebenso wohl wie Arten wechselfeuchter Standorte in zeitweise überstauten Bereichen. Daneben existieren extensiv genutzte, artenreiche Wiesen und Weiden auf unterschiedlichen Bodenarten, die von Sand zu Lehm und Schluff reichen. Die Ackerwildkrautflora sowie die Vegetation an Ackerrainen und Wegrändern entfalten im Sommer ein wahres Farbenfeuerwerk, wobei Klatschmohn, Natternkopf und Färberkamille die Farben rot, blau und gelb beisteuern. Unterschiedliche Typen von Moor- und Sumpfvegetation und abwechslungsreicher Bewuchs an den Ufern der Binnenseen und entlang der Küste tun ein Übriges für den Artenreichtum. Auch die verschiedenen Waldtypen (Eichenwald, Edellaubholzbestände, Kiefernwald) und Waldnutzungsformen (Niederwald, Laubwiesen, Hochwald) tragen dazu bei, dass sich zahlreiche Arten ansiedeln.

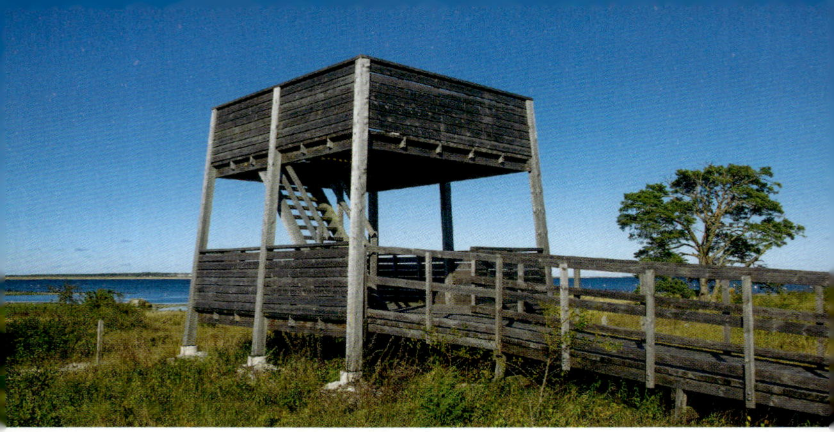

Aussichtstürme und -plattformen bieten gute Beobachtungsmöglichkeiten.

Fauna

Säugetiere: Die Zahl der einheimischen größeren Säugetierarten Gotlands ist überschaubar: Fuchs, Dachs, Marder, Rehe, Feld- und Schneehasen, Kaninchen, Igel und Eichhörnchen sind weit verbreitet. An der Küste tummeln sich Seehunde und Kegelrobben.

Vögel: Die Vogelwelt ist ausgesprochen artenreich, was auf die große Vielfalt unterschiedlicher Binnen- und Küstenlebensräume zurückzuführen ist.

- Auf den westlich vorgelagerten Felsinseln Stora Karlsö und Lilla Karlsö lassen sich die einzigen Klippenbrüter Gotlands beobachten, nämlich Tordalken, Trottellummen und felsbrütende Möwenarten.
- An der Küste tummelt sich ein Heer von Wat- und Wasservögeln. Austernfischer, Rotschenkel und Seeschwalben (an manchen Küstenabschnitten alle fünf Arten!) sind häufig zu beobachten. Kormorane und verschiedene Wildgänse (z. B. Nonnen- und Brandgänse) sind nicht selten in großen Mengen anzutreffen. An einigen Stellen finden sich Großer Brachvogel und Goldregenpfeifer. Seltener bekommt man Säbelschnäbler und Kampfläufer zu sehen. Schnatterente, Löffelente, Krickente und Knäkente sind – ebenso wie Eiderente – in den flachen Buchten anzutreffen. Ein besonderer, aber keinesfalls seltener Anblick sind Stein- und Seeadler, die an den Küsten patrouillieren.
- Die flachen und meist von einem Röhricht umgebenen Binnenseen sind u.a. Lebensraum für Rohrammer, Teichrohrsänger, Bekassine, Wasserralle und Bartmeise. Haubentaucher und Zwergtaucher gehören zu den regelmäßig anzutreffenden Arten. Auch Kraniche brüten an den Binnenseen und sind – mit ihrem trompetenden Ruf – nicht zu überhören. Ein wesentlich heimlicheres Leben führen Rohrdommel und Wachtelkönig. Am Himmel kann man mitunter die Rohrweihe erspähen.

- Auf Wiesen, Weiden und im Bereich der offenen Felssteppen ist die Feldlerche der am häufigsten anzutreffende Vogel. Kiebitz, Austernfischer, Rotschenkel, Alpen-Strandläufer und Großer Brachvogel sind auf Wiesen und Weiden in Küstennähe zu beobachten.
- Auf felsigem Gelände und Kalkschotter sind Steinschmätzer und Bachstelze typische Vogelarten. Auch Bluthänfling und Heidelerche haben dort ihren Verbreitungsschwerpunkt.
- Im Bereich von Hecken und Gebüschen kann man Neuntöter und Goldammer beobachten und gelegentlich den Gesang des Sprossers, einem engen Verwandten der Nachtigall, vernehmen.
- In den Laubwäldern und baumbestandenen Laubwiesen findet sich eine der Charakterarten Gotlands, der Halsbandschnäpper. Dem Schwarzspecht kann man ebenso begegnen wie dem Kleinspecht, während man die Hohltaube meist nicht zu Gesicht bekommt, sondern nur an ihrem Ruf identifizieren kann. Darüber hinaus sind neben verbreiteteren Arten auch Waldkauz, Wendehals, Waldlaubsänger, Fliegenschnäpper und gelegentlich Waldschnepfe anzutreffen.
- Nadelwälder mit Lichtungen sind die Lebensräume des Ziegenmelkers und des Birkhuhns. Auch der Fichtenkreuzschnabel, Kiefernkreuzschnabel und Tannenhäher kommen vor.

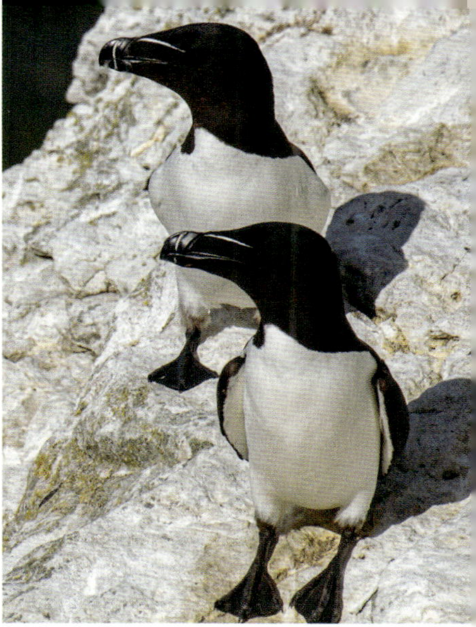

Tordalke auf Stora Karlsö.

Kraniche im Norden Gotlands.

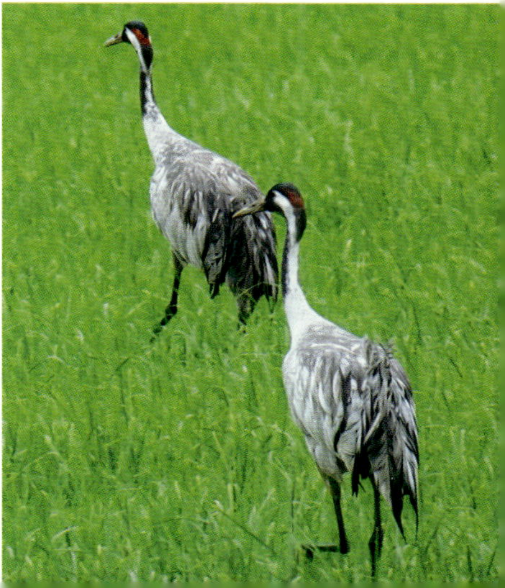

INFORMATIONEN UND ADRESSEN

Anreise und Verkehr

Anreise nach Gotland

Gotland lässt sich entweder per Zug bzw. per Auto, jeweils in Kombination mit einer Fähre, oder mit dem Flugzeug erreichen.

- Die streckenmäßig kürzeste Anfahrt von Mitteleuropa per Bahn oder Kfz erfolgt über Oskarshamn, von wo aus die Fähren nach Visby ablegen. Weitere Fährverbindungen gibt es von Nynäshamn und Västervik (Letztere sind Personenfähren und fahren nur in der Hauptsaison). Während in der Haupturlaubszeit täglich bis zu sieben Abfahrten von Nynäshamn und bis zu drei von Oskarshamn erfolgen, ist die Frequenz außerhalb der Urlaubssaison deutlich niedriger. Eine frühzeitige Reservierung ist in der Hochsaison unerlässlich und in der Nebensaison sinnvoll.
- In der Sommersaison verkehrt einmal pro Woche eine Fähre zwischen Rostock und Visby.
- Visby verfügt über einen Flughafen mit Linienverkehr nach Stockholm-Arlanda und Bromma, Göteborg und Malmö sowie in den Sommermonaten auch zu anderen schwedischen Flughäfen.

Wer zu einer der bekannten Veranstaltungswochen an- oder abreist, insbesondere zur Almedalswoche (schw.: Almedalsvecka) Ende Juni/Anfang Juli oder zur Mittelalterwoche (schw.: Medeltidsvecka) Anfang August, sollte – egal welches Verkehrsmittel genutzt wird – mindestens sechs Monate vorher buchen.

Schmale, ungeteerte Straßen erfordern eine defensive Fahrweise.

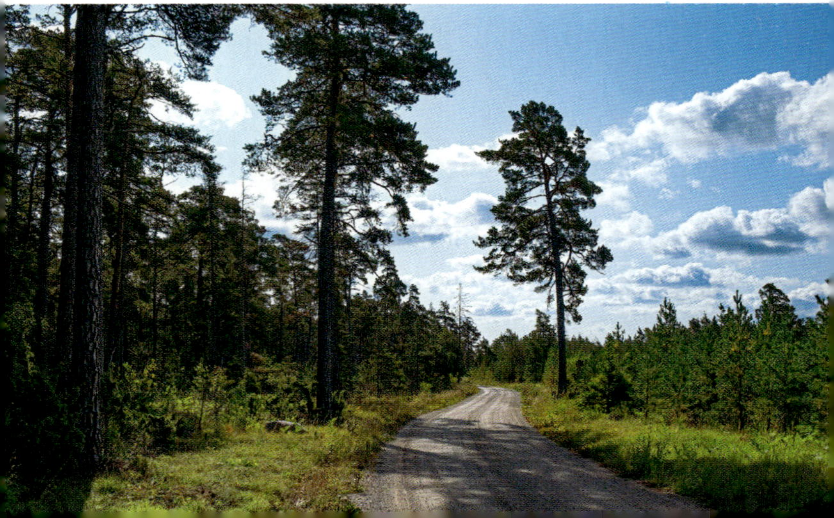

Unterwegs auf Gotland

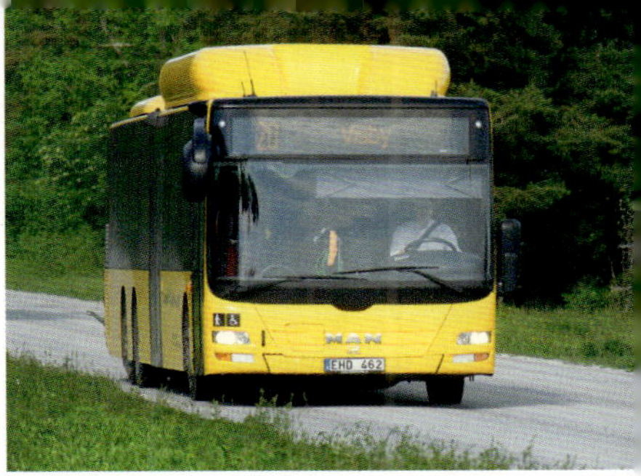

Linienbus – alle Wege führen nach Visby.

Straßenverhältnisse: Überörtliche Straßen sind sehr gut ausgebaut, auf örtlicher Ebene finden sich jedoch auch schmale, ungeteerte Sträßchen mit Ausweichstellen und unterschiedlichem Ausbau- und Erhaltungszustand, die eine vorsichtige und defensive Fahrweise erfordern. Auf Fårö, vereinzelt aber auch auf der Hauptinsel, führen Nebenstraßen durch Weidegebiete, d.h. dass dort damit zu rechnen ist, dass sich Weidetiere am Fahrbahnrand aufhalten oder die Fahrbahn kreuzen. Die Verkehrsschilder »Färist« weisen dort auf Viehgitter hin, die quer zur Fahrtrichtung liegen. Da sie manchmal nicht niveaugleich zur Straße verlegt sind, sollten sie im eigenen Interesse nur langsam überquert werden. Falls man auf eine in »mil« angegebene Entfernung stößt, ist damit die in Skandinavien gebräuchliche »Meile« gemeint, nämlich 10 km.

Erreichbarkeit der Touren und Parkmöglichkeiten: Mit Ausnahme von Tour 43 (Stora Karlsö) sind alle Ausgangspunkte mit dem privaten Kraftfahrzeug zu erreichen. Die Anfahrt zur jeweiligen Tour wird entweder von der nächstgelegenen klassifizierten Straße (schw.: väg) oder einer eindeutig identifizierbaren Siedlung aus beschrieben.

In den allermeisten Fällen ist es möglich, gebührenfrei zu parken. Die meisten für eine Wanderung anzufahrenden Parkplätze sind auch mit dem Wohnmobil nutzbar. Wo dies nicht der Fall ist, sind Ausweich-Parkplätze angegeben. Wenn am Straßenrand geparkt wird, darf dies keinesfalls auf ausgewiesenen Ausweichstellen passieren, die mit einem »M« (schw.: mötesplats) beschildert sind.

Öffentlicher Personennahverkehr (ÖPNV): Zwar sind viele Ortschaften Gotlands an das ÖPNV-Netz angebunden, doch sind die Abfahrtszeiten v.a. auf die Bedürfnisse von Schülern zugeschnitten. Nur einige der Buslinien weisen Abfahrtszeiten und Frequenzen auf, die für die Erfordernisse der Wanderer geeignet sind. Dabei handelt es sich v.a. um die Strecken Visby–Kapellshamn, Visby–Fårösund, Visby–Hemse und Visby–Klintehamn.

Selbst wenn es möglich ist, mit dem Bus anzureisen, sollte man sich darauf einstellen, dass zusätzliche Anmarschstrecken erforderlich sind oder die Touren von einem anderen als dem angegebenen Ausgangspunkt gestartet werden müssen. Da sich Buslinien und Haltestellen ändern können, empfiehlt es sich, zeitnah vor einer Wanderung zu recherchieren, ob die bei den einzelnen Touren angegebenen Verbindungen noch aktuell sind. Tickets können vorab im Internet oder bei Reiseantritt beim Busfahrer gekauft werden. Im Bus wird nur Kartenzahlung akzeptiert.

Fahrrad: Gotland ist ein gutes Revier für Radfahrer und besitzt viele ausgewiesene Radwege und zahlreiche Fahrradrouten abseits der Hauptstraßen, die auch dazu genutzt werden können, die Ausgangspunkte der Wanderungen zu erreichen.
Sowohl in Visby als auch in verschiedenen Kleinstädten und auf einigen der größeren Campingplätze gibt es die Möglichkeit, Fahrräder auszuleihen.

Reisen mit Kindern

Schweden ist nicht nur »an sich« sehr kinderfreundlich, Gotland gilt darüber hinaus selbst bei den diesbezüglich verwöhnten Schweden als ideales Familien-Urlaubsziel. Dafür sind zunächst einmal die äußeren Bedingungen verantwortlich, d. h. das meist gute Wetter, die flachen Strände, der einfache Zugang zum Wasser und die geringen Höhenunterschiede, die Kinder weder beim Wandern noch beim Radfahren überfordern. Auch der Straßenverkehr ist aufgrund der rücksichtsvollen Fahrweise der Schweden ein nur geringer Risikofaktor. Wesentlich trägt aber auch dazu bei, dass Kinder überall gern gesehen sind und ihre Bedürfnisse selbstverständlich berücksichtigt werden.
Das Angebot an Ferienwohnungen und -häusern, Wanderheimen und Campingplätzen macht – insbesondere in der Nebensaison – den Urlaub für Familien erschwinglich (s. u.).
Bei den meisten Museen und sonstigen Attraktionen zahlen Kinder unter 10 Jahren keinen Eintritt, manchmal ist der Eintritt sogar bis zu einem Alter von 15 Jahren frei oder zumindest stark reduziert. Häufig werden auch günstige Familientarife angeboten. Bei öffentlichen Verkehrsmitteln stehen Familienkarten, Kinder- oder Jugendtarife zur Verfügung.

Unterkunft

Hotels, Pensionen, Bed and Breakfast: Hotels und Pensionen finden sich konzentriert in Visby und darüber hinaus in geringerer Dichte verstreut auf der ganzen Insel. Ihr Preisniveau liegt deutlich über dem vergleichbarer mitteleuropäischer Beherbergungsbetriebe. Bed-and-Breakfast-Anbieter (B & B, schw.: rum & frukost) sind ebenfalls – wenn auch nicht in hoher Zahl – vorhanden, wobei die Preise stark variieren können.
Jugendherbergen und Wanderheime: Auf Gotland gibt es neun Jugendherbergen (schw.: vandrarhem) des offiziellen schwedischen Wander- und Jugendherbergsverbands (STF – Svenska Turistföreningen). Diese Häuser

BESONDERER HINWEIS

Aufgrund der sommerlichen Trockenheit kommt es auf Gotland häufig zu Wasserknappheit (schw.: vattenbrist). Sparsamer Umgang mit dem kostbaren Nass gehört daher – unabhängig von der gewählten Unterkunft – zum guten Ton.

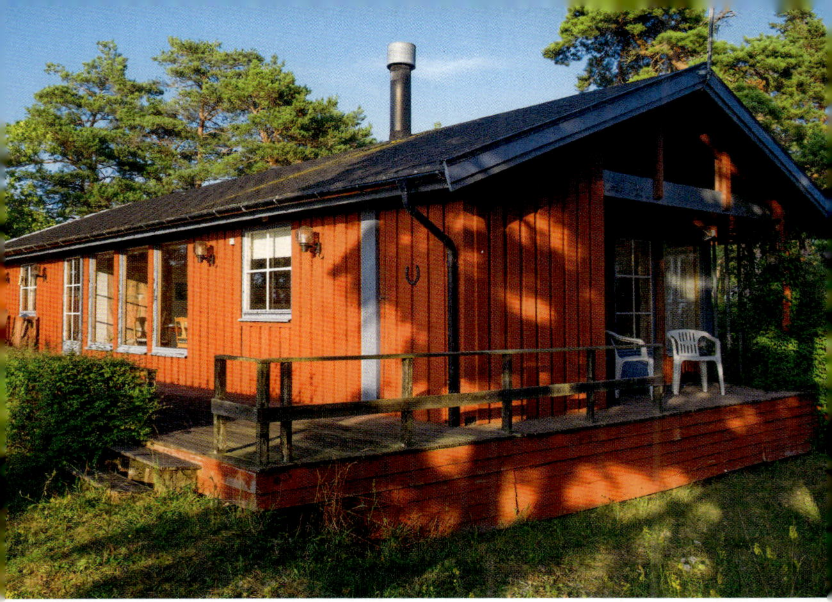

Ferienhaus in typisch schwedischem Stil.

stehen nicht nur Jugendlichen, sondern auch budgetbewussten Wanderern offen. Standard sind Mehrbett-Zimmer mit Stockbetten sowie Selbstversorger-Küchen, doch werden meistens auch Doppel- und Familienzimmer angeboten. Neben den Häusern des offiziellen Jugendherbergsverbands gibt es auch mehrere private Wanderheime. In der Haupt-Urlaubszeit ist eine rechtzeitige Reservierung sinnvoll. Manche Herbergen haben nur in der Hochsaison geöffnet.

Ferienhäuser und -wohnungen: Das Angebot an Ferienhäusern und -wohnungen ist außerordentlich umfangreich. Es gibt sie in allen Variationen: von historisch bis modern, von urig bis mondän. Eine Sonderform ist das Feriendorf (schw.: semesterby, stugby), wo sich kleine, speziell für den Bedarf von Urlaubern erstellte Häuschen in identischer Bauweise aneinanderreihen. Ferienhäuser werden über regional oder international aufgestellte Agenturen oder Portale angeboten (siehe nützliche Links). Die international agierenden Agenturen greifen i. d. R. auf einen gemeinsamen Pool an Objekten zurück, während regionale schwedische Anbieter oder Vermieterportale eine breitere Spanne an Ferienhäusern im Programm haben. Es lohnt sich daher, auch dort zu browsen. Einige schwedische Portale bieten eine englische oder deutsche Kurzfassung der Beschreibung, doch auch mit rein schwedischen Erläuterungen kommt man – selbst wenn man mit

dem Schwedischen nicht vertraut ist – einigermaßen zurecht, denn man kann sich viele Inhalte mit geringem Aufwand erschließen.
Das kleine Ferienhaus-Wörterbuch (s. u.) gibt dafür zusätzliche Orientierungs- und Übersetzungshilfen. Häufig bieten die schwedischen Portale die Möglichkeit, die Vermieter direkt anzuschreiben, wobei Englisch fast immer verstanden wird.

KLEINES FERIENHAUS-WÖRTERBUCH

allergivänlig(t)	für Allergiker geeignet
allrum	Gemeinschaftsraum, Wohnzimmer
annex	Anbau
bädd, bäddar	Bett, Betten
barnvänlig(t)	für Kinder geeignet
bostad	Wohnung
bo(stad)yta	Wohnfläche
barnvänlig(t)	kinderfreundlich
bolhus, bulhus	Blockhaus, Holzhaus
brant	steil
byggnad	Gebäude
bytesdag	Wechseltag (bei wochenweiser Vermietung meist Sa/So, z. T. auch Mo)
charmig(t)	bezaubernd, reizend
diskmaskin	Spülmaschine
dubbelsäng	Doppelbett
dusch	Dusche
el ingår	Stromkosten im Mietpreis inbegriffen
enkel(t)	einfach (Ausstattung)
enkelsäng	Einzelbett
enskild	privat
fastighet	Grundstück
flygel	Nebengebäude, Anbau
fräsch(t)	neu
friggebod	kleines Nebengebäude
frys	Gefrierschrank, -truhe
gård	(Bauern-)Hof
gårdshus	Hofgebäude, Nebengebäude eines Bauernhofs
granne, -(ar)	Nachbar(n)
grill(utensilier)	Grill(utensilien)
handfat	Handwaschbecken
havsnära	meernah
havsutsikt	Meerblick
högsäsong	Hochsaison
hyresvilkor	Mietbedingungen
i två plan	auf zwei Ebenen/Stockwerken
innan muren	in Visby: innerhalb der Ringmauer gelegen (mittelalterl. Stadt)
kalklada	wörtl. Kalk(stein)scheune, i. d. R. umgebaute Scheune in trad. Steinbauweise
kalkstenshus	wörtl. Kalksteinhaus, i. d. R. Haus in gotländischer Steinbauweise
kamin	Ofen
kudde	Kissen
kök	Küche
kyl(skåp)	Kühlschrank
lägenhet	Wohnung
lågsäsong	Nebensaison
ledig(t)	frei, verfügbar
loft	Loft, offener Dachboden
lugn(t)	ruhig
mangård	Bauernhaus
mellansäsong	Zwischensaison
mikro (Abk. für mikrovågsugn)	Mikrowelle
mysig(t)	gemütlich
nedervåning	Erdgeschoss
omgivning, område	Umgebung
öppen planlösning	Atelier-, Studiowohnung
övervåning	Obergeschoss, 1. Stock
r o k (Abk. für rum och kök)	Zimmer + Küche (z. B. 3 rok = 3 Zi. + Küche)
rum	Raum, Zimmer

Bei der Miete von schwedischen Ferienhäusern oder Ferienwohnungen muss man ein paar Besonderheiten beachten:

- In Schweden ist es üblich, jede wie auch immer geartete Schlafmöglichkeit bei der Berechnung der Bettenzahl mitzuzählen, also auch die ausziehbare Couch im Wohnzimmer oder die Matratze im Dachspitz. Wer keine Überraschung erleben will, sollte also gezielt auf die Anzahl der (Schlaf-) Zimmer achten und ggf. nachfragen, wie Betten und Zimmer aufgeteilt sind.
- Schwedische Ferienhäuser sind i. d. R. nicht mit Bettwäsche und Handtüchern ausgestattet; diese müssen von den Gästen mitgebracht oder gegen Aufpreis gemietet werden.
- Üblicherweise wird erwartet, dass die Gäste die Endreinigung (schw.: städning) selbst durchführen, es sei denn, dass sie bereits im Preis inbegriffen ist (»städning ingår«). Wenn dies nicht der Fall ist und man nicht putzen möchte, kann man die Endreinigung oft auch als Extraleistung buchen.

Wer eine Reise in der Hochsaison (zwischen 3. Juniwoche und 1. Augustwoche) plant und ein bestimmtes Areal im Sinn hat, sollte mindestens (!) ein halbes Jahr im Voraus buchen. Wer sich für die Nebensaison (Mai bis 2. Juniwoche, 2. Augustwoche bis September) entscheidet und räumlich flexibel ist, kann oft noch wenige Wochen vorher ein geeignetes Objekt finden. Die Preise sind in der Nebensaison erwartungsgemäß sehr viel günstiger als in der Hauptsaison.

Campingplätze: Für Camper/Zelttouristen stehen Campingplätze zur Verfügung, die meistens meernah und landschaftlich besonders reizvoll liegen. Auch Wohnmobile sind dort willkommen. Häufig gibt es

rymlig(t)	geräumig
säng	Bett
sänglinne	Bettbezug, Bettzeug
semesterby	Feriendorf
sovloft	Balustrade, Schlafboden mit Betten oder Matratzen
sovrum	Schlafzimmer
spis	Herd
stenlada	Steinscheune (s. kalklada)
strandnära	strandnah
stuga	Hütte, Ferienhaus
stugby	Feriendorf
toa	Toilette
tomt	Grundstück
trädgård	Garten
trappa	Treppe
trevlig(t)	hübsch, nett
trivsam(t)	angenehm
tvättmaskin	Waschmaschine
(ute)dass	Trockentoilette (u. U. außerhalb der Hütte)
utemöbler	Gartenmöbel
uteplats	Terrasse, Veranda
uthyres	zu vermieten
utsikt	Aussicht
vacker(t)	schön
vardagsrum	Wohnzimmer
våning	Etage, Stockwerk
våningssäng	Stockbett
vedkamin	Holzofen
villa	freistehendes Haus, Einfamilienhaus
yta	Fläche

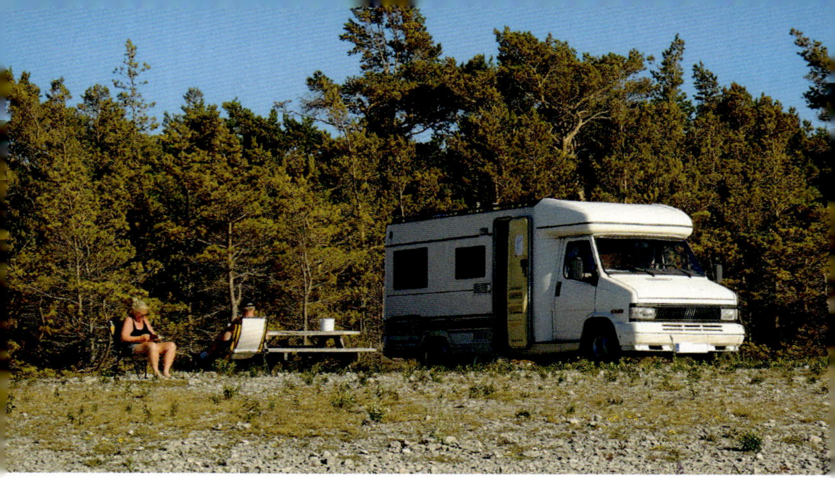

Wohnmobilreisende finden auf Gotland viele attraktive Stellplätze.

dort auch kleine, einfache Campinghütten zu mieten (nicht verwechseln mit »echten« Ferienhäusern). In der Nebensaison sind i. d. R. keine Reservierungen erforderlich, in der Hauptsaison hingegen unerlässlich.

Wohnmobilstellplätze: Gotland bietet hervorragende Möglichkeiten für Wohnmobilreisende: An vielen Stellen ist es zulässig, den Camper über Nacht zu parken. Oft sind die Aufstellflächen kostenfrei, in einigen Fällen erheben die Grundbesitzer bzw. die jeweilige Gemeinde ein geringes Entgelt. Es gibt aber keine Geheimtipps mehr – daher ist man dort, wo es schön ist, selten allein und man muss sich darauf einstellen, abends mit anderen Wohnmobilisten kleine, temporäre Kolonien zu bilden. Es gibt allerdings auch Bereiche, in denen Wohnmobile nicht abgestellt werden dürfen. Diese Einschränkungen sind unbedingt zu respektieren! Zudem ist es nicht erlaubt, abseits von Straßen und Wegen durchs Gelände zu fahren.

Einkehr

Vielerorts haben Ausflugsgaststätten, Cafés und Kioske erst von Mittsommer (der »Mittsommertag« fällt auf den Samstag, der zwischen dem 20.06. und 26.06 liegt) bis Ende August täglich geöffnet und beschränken den Betrieb in der Nebensaison (wenn überhaupt) auf die Wochenenden. Es empfiehlt sich daher, vor einer Wanderung zu recherchieren, ob die bei den einzelnen Touren angegebenen Einkehrmöglichkeiten zum jeweiligen Zeitpunkt tatsächlich zur Verfügung stehen. Hilfreich ist dafür die App »Öppet Gotland« (oppetgotland.se), die über Öffnungszeiten informiert. Es ist aber sicher kein Fehler, für alle Fälle immer einen kleinen Vorrat an Proviant und Getränken im Rucksack zu haben.

Bezahlung

Die bargeldlose Bezahlung ist in Schweden sehr viel verbreiteter als in Mitteleuropa. Selbst die Bezahlung kleiner Beträge wird i. d. R. bargeldlos abgewickelt, darunter auch in Cafés. In manchen öffentlichen Einrichtungen und im öffentlichen Nahverkehr sind überhaupt keine Barzahlungen mehr vorgesehen, sodass es unbedingt ratsam ist, sich darauf einzustellen.

Weitwanderwege

Gotland bietet mehrere Weitwanderwege:

- **Östkustleden** (ca. 80 km): 2020 neu ausgewiesener Streckenwanderweg von Anga über Katthammarsvik, Herrvik und Ljugarn bis nach Närsholmen, zu kleinen Häfen und Fischerhütten, zu Sandstränden, Raukfeldern und exponierten Kliffen; überwiegend auf Feldwegen und schmalen Pfaden, tw. aber auch auf schmalen Sträßchen.
- **Klintkustleden und Erweiterung** (ca. 70 km): Der Klintkustleden (auch: Klintkustlinien) erschließt als Streckenwanderweg die Nordwestküste Gotlands zwischen Hallshuk und Burge (zwischen diesen beiden Orten markiert). Bei einem Beginn in Kappelshamn und einer Fortsetzung nach Visby (gegenwärtig noch unmarkiert, aber gut zu verfolgen) wird er darüber hinaus zur Drei-Tages-Tour. Er führt fast immer auf Feldwegen oder schmalen Pfaden in unmittelbarer Nähe zum Meer, abwechselnd am Fuß oder an der Oberkante fossilienreicher Steilküsten, entlang sandiger Buchten und vorbei an Gotlands größtem Rauk, der »Jungfru«, und der Lummelunda-Höhle.
- **St. Olafsleden** (45 km): Streckenwanderweg von Visby durch das Landesinnere nach St. Olofsholm an der Ostküste; der Weg ist an strategisch wichtigen Stellen mit Markierungen versehen.

Biergarten auf Schwedisch und mit Meerblick.

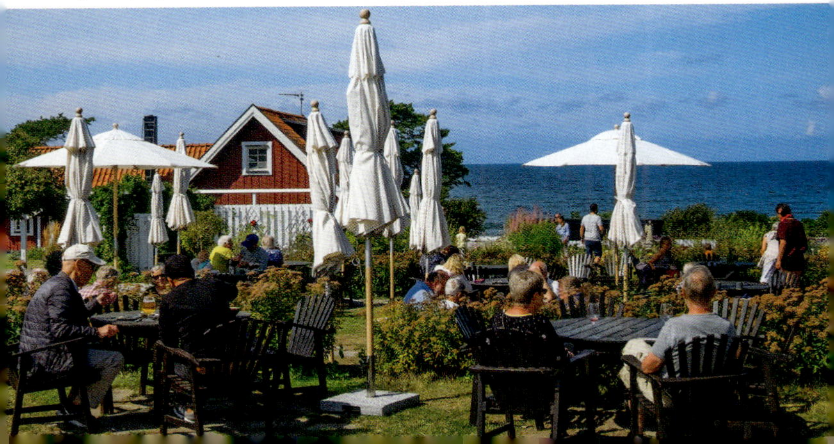

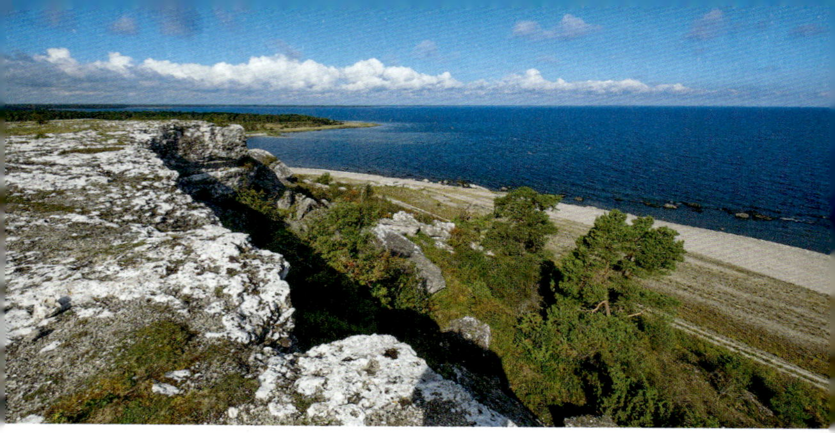

Östkustleden und Östergarn-Runde verlaufen über den Östergarnsberget (Tour 30).

Darüber hinaus sind lohnende Mehrtages-Rundtouren möglich, die zwar z. T. nicht markiert sind, aber mit einer geeigneten topografischen Karte in Eigenregie erwandert werden können:

- **Rund um Fårö** (ca. 90 km): Rundwandermöglichkeit um die Insel Fårö, fast immer in unmittelbarer Nähe zum Meer, über Strandwälle und auf Sandstränden, gelegentlich auf Tuchfühlung zu spektakulären Raukfeldern. Überwiegend auf Feldwegen und schmalen Pfaden, auch auf Kalkschotter, Sand und auf Straßen. Teilabschnitte (umgehbar) können aus Vogelschutzgründen in der Brutzeit gesperrt sein.
- **Östergarn-Runde** (ca. 75 km): Rundwandermöglichkeit von Kräklingbo entlang der Ostküste über Katthammarsvik und Herrvik nach Ljugarn entlang des Östkustleden (s. S. 45); von Ljugarn durch das Landesinnere via Torsburg zurück nach Kräklingbo. Überwiegend auf Feldwegen und schmalen Pfaden, teilweise aber auch auf schmalen Sträßchen.

Lohnende Ziele

Gotland beherbergt eine Reihe von Sehenswürdigkeiten, von denen ein subjektiv ausgewählter Teil nachfolgend – definitiv nicht abschließend – vorgestellt wird (für die Qualität und das Preis-Leistungs-Verhältnis wird keine Verantwortung übernommen). Eine individuelle Recherche sei jedem empfohlen, denn es gibt auch darüber hinaus inspirierende Örtlichkeiten und originelle Veranstaltungen zu entdecken.
Die in Klammern gesetzte Tournummer gibt an, mit welcher der im Wanderführer beschriebenen Tour die Attraktion eingebunden werden kann. Die Öffnungszeiten geben den Stand von 2022 wieder. Da sie sich ändern können, empfiehlt es sich, zeitnah vor einem Besuch oder vor Ort zu recherchieren, ob sie noch aktuell sind.

Der im Folgenden häufig gebrauchte Begriff »Mittsommer« bezeichnet nicht den 21.06., sondern bezieht sich auf das in Schweden gefeierte, bewegliche Fest: Der »Mittsommertag« fällt auf den Samstag, der zwischen dem 20.06. und 26.06 liegt, der feierintensive »Mittsommarafton« auf den Freitag davor. Üblicherweise haben Attraktionen an diesem Tag geschlossen; danach beginnt die Hauptsaison.

Visby

Mit einer vollständig erhaltenen Stadtmauer, einem beeindruckenden mittelalterlichen Stadtensemble und der großen historischen Bedeutung als Keimzelle der Hanse und mittelalterliches Handelszentrum ist es kein Wunder, dass die Altstadt von Visby (Tour 3) den Weltkulturerbestatus besitzt. Die wichtigsten Sehenswürdigkeiten sind im Folgenden aufgeführt:

- Stadtmauer: Drei Haupttore, zahlreiche kleinere Durchlässe und 27 Türme gliedern die im 13. Jh. erbaute Stadtmauer, die ursprünglich nicht nur als Schutz vor ausländischen Armeen konzipiert war, sondern die in Visby ansässigen Hanse-Kaufleute vor den Übergriffen der mächtigen gotländischen »Händlerbauern« (schw.: farmannabönder) und ihrer Gefolge schützen sollte, mit denen sie im Dauerclinch lagen. Die Stadtmauer ist 3,6 km lang und umschließt die Altstadt fast vollständig. Einige der Türme (z. B. Kajsartornet mit einer Gefängnisausstellung oder Snäckgårdstornet) können besichtigt bzw. bestiegen werden.
- Mittelalterliche Gebäude und Straßenzüge: Mit über 100 erhaltenen mittelalterlichen Häusern übertrifft Visby jede andere Stadt Skandinaviens. Das eindrücklichste Ensemble findet man in der Strandgatan und am Donnerska Plats. Hier – im Mittelalter hafennah – standen die 5- bis 8-stöckigen (!) Lagerhäuser mit ihren charakteristischen Treppengiebeln und geräumigen Gewölbekellern. Gamla Apoteket, das Häggsche und das Langesche Haus, das Clematishaus und das Liljehornsche Haus sind typische Beispiele für die mittelalterliche Architektur.

Visbys Stadtmauer gehört auf jede Bucket List.

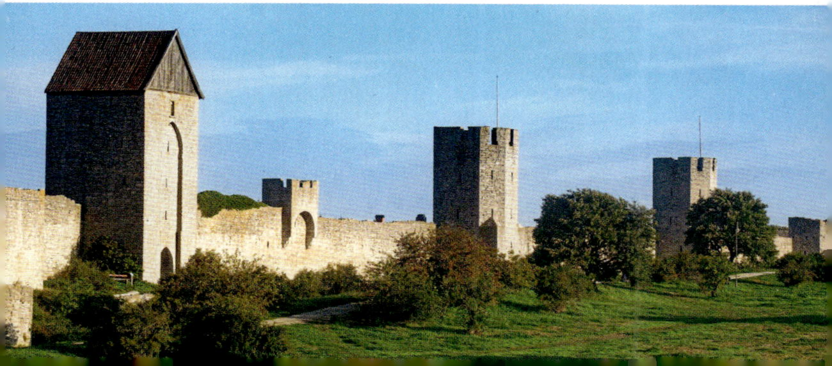

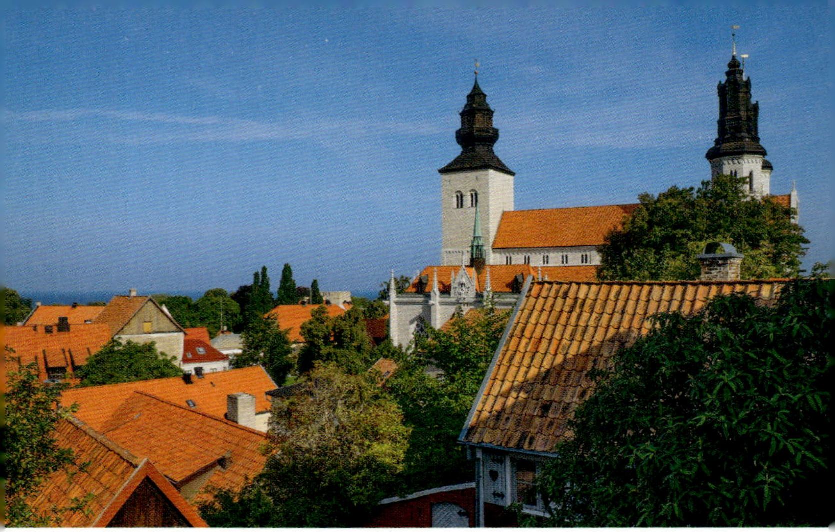

Visbys Altstadt von oben, überragt vom Dom.

- Kirchen und Kirchenruinen: Mit der Etablierung der deutschen Gotlandfahrer in Visby begann eine ökonomische Blütezeit als Drehscheibe des Osteehandels, die im 13. und 14. Jh. kulminierte und sich im Bau zahlreicher Kirchen äußerte. Bauherren waren dabei entweder Mönchsorden oder landsmannschaftlich organisierte Kaufmannsgilden, die aus ihren Ursprungsländern unterschiedliche architektonische Einflüsse nach Visby brachten. Fast alle Kirchen wurden im Zuge kriegerischer Handlungen zerstört, prägen aber bis heute als Ruinen das Stadtbild. Zu erwähnen sind St. Marien (Domkirche, als einzige Kirche mittelalterlichen Ursprungs unversehrt erhalten) sowie die Ruinen von St. Katarina, Helge And (Heilig-Geist-Kirche), St. Nicolai, St. Clemens, Drotten, St. Lars, die ehemalige Doppelkirche St. Hans und St. Per und St. Göran (Letztere nördlich der Altstadt).
- Trojaburg: In einiger Entfernung nördlich vor den Toren von Visbys Altstadt (was wörtlich zu nehmen ist) befindet sich eine sog. Trojaburg. Dabei handelt es sich um Steinsetzungen mit Labyrinthcharakter, deren Vorkommen im Wesentlichen auf Skandinavien beschränkt sind und die bezüglich ihrer Bedeutung nach wie vor Rätsel aufgeben. Das Alter der Trojaburg von Visby ist ungeklärt, wobei die Mehrheit der Experten zu einem prähistorischen Ursprung tendiert. Mit einem Durchmesser von 18 m und klar sichtbaren »Läufen« und Steinreihen gilt sie als idealtypisch für derartige Steinsetzungen.
- Museen: Gotlands Museum und Gotlands Konstmuseum (s. rechte Seite).

Museen und Ausstellungen

Gotland bietet eine Reihe interessanter Museen zu Natur- und Kulturgeschichte, Kunst und Kultur (ab Visby im Uhrzeigersinn):

- Gotlands Museum (ehem. Gotlands Fornsal, Visby): Gotlands Regionalmuseum mit Schwerpunkt auf Kultur- und Kunstgeschichte, daneben auch Naturgeschichte. Ausgestellt und erläutert sind u.a. bronze- und eisenzeitliche Funde und Bildsteine, mittelalterliche Skulpturen, die Architektur Visbys und nicht zuletzt Gold- und Silberpreziosen in der »Schatzkammer«, darunter der größte Silberschatz der Wikingerzeit. Ganzjährig tgl. 9–18 Uhr (Tour 3).
- Gotlands Konstmuseum (Visby): Das Museum widmet sich der Kunst Gotlands in Vergangenheit und Gegenwart, stellt zeitgenössisches Design aus und bietet wechselnde Ausstellungen. Ganzjährig tgl. 10–18 Uhr (Tour 3).
- Bläse Kalkbruksmuseum (Bläse): Das Kalkindustriemuseum beschäftigt sich mit dem über Jahrhunderte wichtigsten Industriezweig Gotlands, der Branntkalkherstellung, einschl. geologischer Voraussetzung, Abbau, Weiterverarbeitung und Arbeitsbedingungen. Die ursprünglich zum Kalksteintransport eingesetzte Feldbahn ist heute eine Touristenattraktion. Mitte Juni bis 15. Aug. tgl. 11–17 Uhr (Tour 9).
- Bungemuseet (Bunge): Das großzügig angelegte Freilichtmuseum präsentiert authentische und rekonstruierte Bauernhöfe und Gebäude aus unterschiedlichen Jahrhunderten, historische Einrichtungen und Arbeitsgeräte sowie originale Bildsteine. Ende Juni bis Mitte August tgl. 11–18 Uhr, Mitte Mai bis Ende Juni und Mitte August bis 1. Septemberwoche: tgl. 11–16 Uhr.
- Bergmancenter (Fårö): Das Zentrum widmet sich dem Werk und Schaffen Ingmar Bergmans, einschl. Ausrichtung einer jährlichen »Bergman-

Hof aus dem 17. Jh. im Freilichtmuseum Bunge.

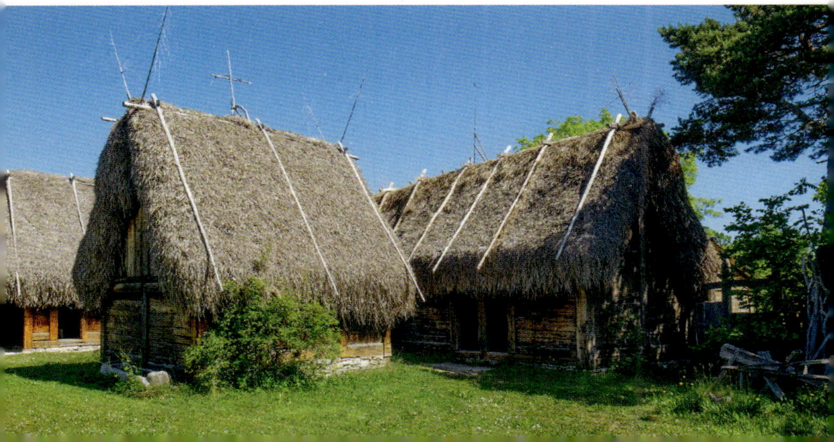

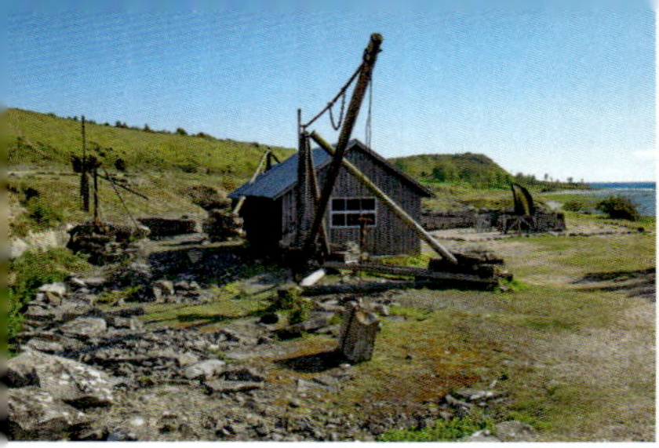

Steinmuseum Kettelvik.

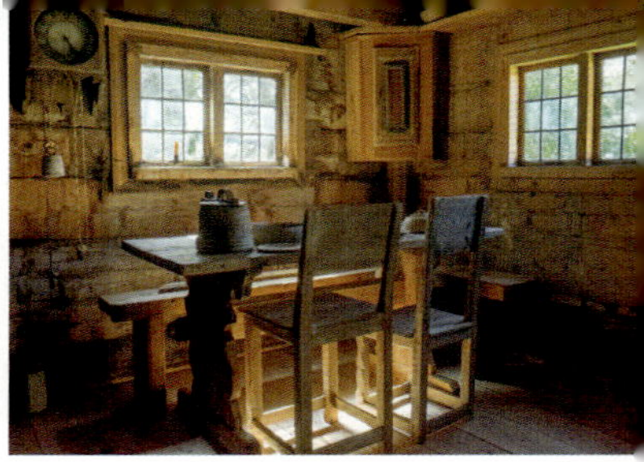

Im Museumshof Petesgård.

Woche« (in der 2. Junihälfte). Gleich benachbart: das Fårö Museum (s. u.). Anfang Juni bis Ende Aug. tgl. 11–17 Uhr, Mai u. Sept. Do–So 12–16 Uhr.

- Fårö Museum (Fårö): (Sehr) Kleines Museum mit Ausstellungsstücken und Informationstafeln zur Natur- und Besiedlungsgeschichte Fårös (Infoblatt auf Deutsch erhältlich). Anfang Juni bis Ende Aug. tgl. 11–17 Uhr, Mai u. Sept. Do–So 12–16 Uhr.
- Dunbodi (2 km nordöstlich von Dalhem): Privat geführtes Museum in originalen Räumlichkeiten eines »Landhandels«, mit liebevoll arrangierter Ausstattung im Stil des frühen 20. Jh. Mittsommer bis Ende August Mi–So 12–17 Uhr.
- Jernvägsmuseet (Dalhem): Kleines Museum der Schmalspurbahn am Endbahnhof der Museumseisenbahn in Hässelby. Auch die Lokschuppen sind meistens zugänglich (Tour 25).
- Norrlanda Fornstuga (Burs): Kleines Bauernhofmuseum mit restauriertem Hof, Nebengebäuden und Inventar aus dem 18. Jh. Mittsommer bis Ende Aug. tgl. 10–18 Uhr.
- Vanges Museigård (5 km nördl. von Ronehamn): Vanges Museumsbauernhof beinhaltet Gotlands größte Sammlung von historischen Landmaschinen und Haushaltsgeräten. Letzte Juniwoche bis Ende Aug. Mi–So 13–17 Uhr.
- Gotlands Landbruksmuseum Spenarve (Havdhem): Gotlands Landwirtschaftsmuseum zeigt eine Sammlung von Landmaschinen einschließlich voll ausgestatteter historischer Wäscherei, Schuhmacherei und Schreinerei. Letzte Juniwoche bis 2. Augustwoche Mi–So 12–17 Uhr.
- Naturum Gotland und Forum Östersjön (bei Vamlingbos Kirche): Vielfältige Aspekte zur Naturgeschichte und Natur Gotlands, einschl. Spezialausstellung »Forum Östersjön« (Forum Ostsee) und wechselnden Ausstellungen. Audioguide auch auf Deutsch. Anfang Mai bis Mitte Sept. tgl. 12–16 Uhr, in der Hochsaison bis 17 Uhr.
- Museum Lars Jonsson (Alter Pfarrhof Vamlingbo): Ausstellung von Bildern des bekannten schwedischen Malers Lars Jonsson mit Schwerpunkt auf Vogeldarstellungen und Landschaftsthemen. Anfang Mai bis Mitte Sept. tgl. 12–16 Uhr, in der Hochsaison bis 17 Uhr.

- Kattlunds Gård (2 km südl. von Grötlingbo): Kattlunds Bauernhof besitzt eine teilweise mittelalterliche Bausubstanz aus dem 13. Jh., der Glanzzeit der »Farmannabönder« (Händlerbauern) und der kulturellen Blüte Gotlands. Mitte Mai bis Ende Aug. Sa–Do 11–16 Uhr; Führungen jeweils 11.15 Uhr und 14.15 Uhr.
- Bottarvegården (5 km südl. von Burgsvik): Historischer Bauernhof in südgotländischer Steinbauweise aus dem frühen 19. Jh. Im Mai Sa, So 11–17 Uhr, Anfang Juni bis Ende Aug. tgl. 11–17 Uhr.
- Kettelvik Stenmuseum Sundre (2 km westl. von Sundre): Das kleine Museum beschäftigt sich mit Abbau, Bearbeitungstechnik und wirtschaftlicher Bedeutung des Sandsteins an Gotlands Südwestküste; das Museum bietet dabei auch die Gelegenheit, selbst »Hand anzulegen«. Anfang Juli bis 10. Aug. Di–So 12–16 Uhr, dazu einzelne Wochenenden im Juni und Ende August (Tour 41).
- Museigården Petes (5 km westl. von Hablingbo): Kleines Bauernhofmuseum. Anfang Juni bis Mittsommer und letzte Augustwoche: Do–So 12–16 Uhr, Mittsommer bis Mitte Aug. Di–So 12–18 Uhr (Tour 42).
- Koviks Fiskerimuseum (Kovik): Historische Fischersiedlung (schw.: fiskeläge) als kleines Freilichtmuseum, das Gotlands Küstenfischerei zum Thema hat. Öffentlich zugänglich.
- Norrbys Museigård Väte (0,5 km östlich der Kirche von Väte): Kleines Freilichtmuseum mit Bauernhof, Nebengebäuden (u.a. eine Wassermühle) und umgebender Kulturlandschaft, erhalten im Stil der 1940er-Jahre. Letzte Juniwoche bis 2. Augustwoche tgl. 11–17 Uhr (Tour 50).
- Gotlands Veteranbilsmuseum (Vibble): Das Oldtimermuseum präsentiert eine Sammlung von Oldtimerautos, -traktoren und -motorrädern sowie von historischen Fahrrädern. Mittsommer bis Ende Aug. tgl. 11–18 Uhr.

Abendstimmung am Fischerdorf-(Fiskeläge-)Museum Kovik.

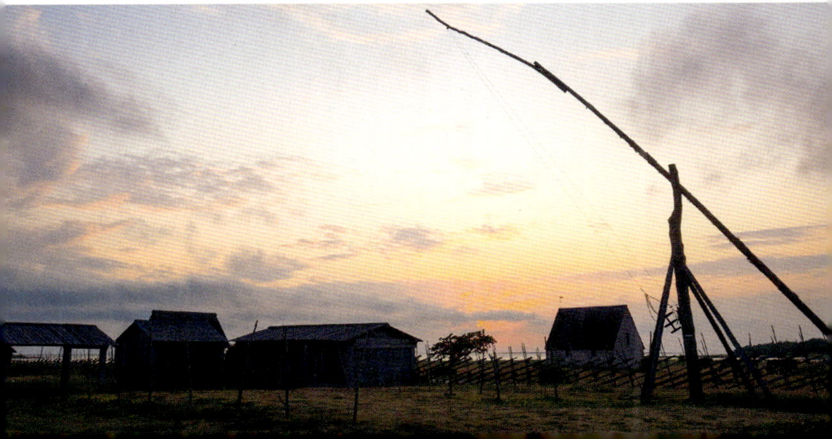

Prähistorische Stätten und mittelalterliche Ruinen

Mit 1300 bronzezeitlichen Grabhügeln, 350 Schiffssetzungen und mehr als 1000 eisenzeitlichen Fundstellen beherbergt Gotland eine fast unübersehbare Fülle prähistorischer Zeugnisse, aus der im Folgenden nur eine kleine Auswahl besonders beeindruckender und typischer Vertreter präsentiert wird (außerhalb von Visby, ab dort im Uhrzeigersinn):

- Stora Hästnäs (Väskinde, 6 km nordöstlich von Visby, direkt am Hof Stora Hästnäs): Vierstöckige Ruine eines Wohn- und Lagerhauses aus dem 14. Jh. mit Treppengiebel, Rund- und Spitzbogenfenstern.
- Lilla Bjärs (Stenkyrka): Gotlands größtes Gräberfeld mit mehr als 1000 Einzelobjekten, v. a. Steinsetzungen und Bildsteinrelikten (ca. 0,8 km südöstlich der Kirche von Stenkyrka) sowie großem, rekonstruiertem Radkreuzgrab (ca. 0,3 km nordwestlich der Kirche).
- Hammars Bildstein (heute im Bungemuseum, siehe S. 51): Beeindruckender, ca. 3 m hoher Bildstein aus dem 8. Jh. – ursprünglich aus Stora Hammars bei Vägume stammend – mit spannender Bilderfolge und zahlreichen Figurendarstellungen.
- Lilla Ire (2 nordwestlich von Hellvi): Großes Gräberfeld mit mehr als 600 Gräbern aus der frühen bis späten Eisenzeit.
- Tjelvars Grav (2,5 km nordwestlich Åminne): Sehr gut erhaltene Schiffssetzung, die der Sage nach dem ersten Gotländer, Tjelvar, als letzte Ruhestätte dient (wissenschaftliche Erkenntnisse verorten das Grab hingegen deutlich später, nämlich in der Bronzezeit).

Hammars Bildstein (8. Jh.).

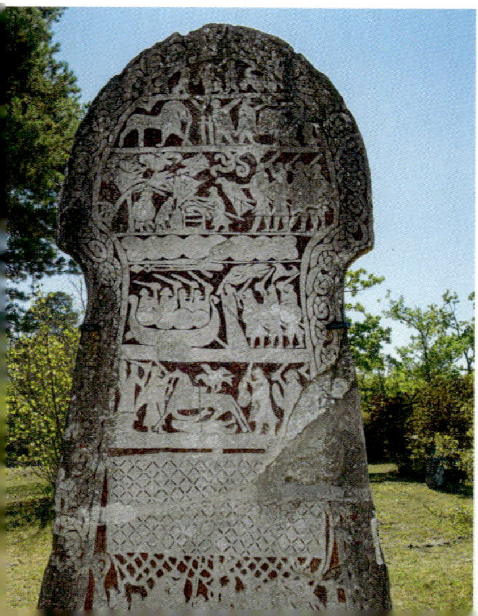

Mittelalterliches Gebäude in Stora Hästnäs.

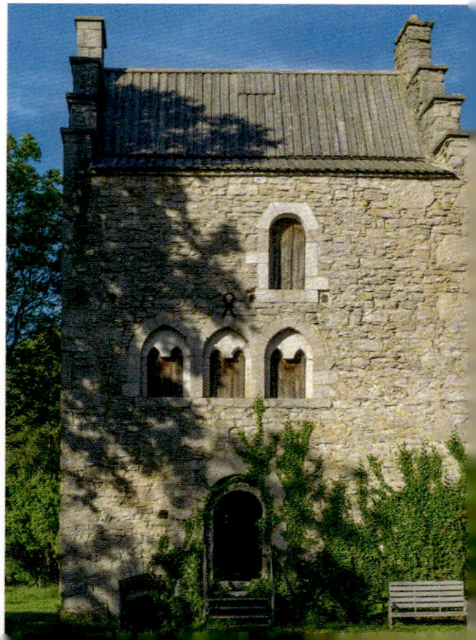

- Trullhalsar (2 km nordöstlich Fjäle): Großes Gräberfeld aus der Eisenzeit mit mehr als 300 Objekten, darunter zahlreiche Grabhügel und Steinsetzungen (Tour 26).
- Torsburg (3,5 km südlich Kräklingbo): Mit mehr als 100 ha Fläche eine der größten Hügelfestungen Skandinaviens. Auf drei Seiten von Felsabstürzen und auf der vierten Seite durch einen 2 km langen Wall gesichert, der heute noch eine Breite von bis zu 20 m und eine Höhe von bis zu 7 m aufweist (Tour 31).

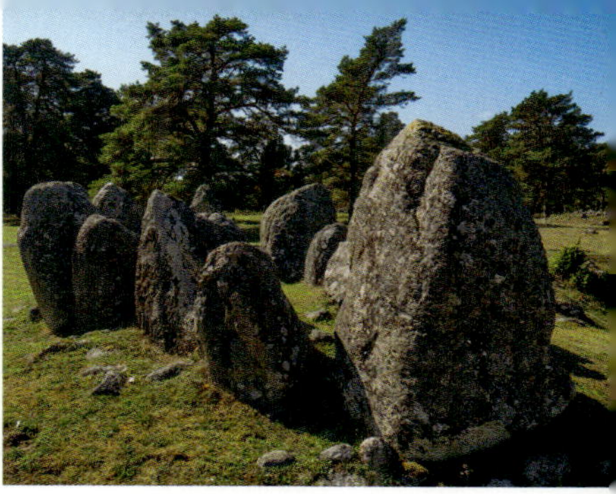

Prähistorische Steinsetzung in Gålrum.

- Ardre Bildstein (300 m südlich der Kirche von Ardre): Kopie eines Bildsteins (Original im Nationalmuseum Stockholm) mit verschiedenen Motiven aus der Wieland-Sage, dem achtbeinigen Pferd Odins, Schiffs- und Menschendarstellungen.
- Fjäle (3 km südwestlich Bjärges, ausgeschildert vom Väg 143): Wüstung einer Siedlung, die von der Eisenzeit bis ins Mittelalter bestand, mit erhaltenen Hausfundamenten, Brunnen, Wegen. Zu Anschauungszwecken wurde außerdem ein mittelalterliches Holzhaus rekonstruiert.
- Visne Ängar (3,5 km nördlich Alskog, ausgeschildert vom Väg 144): Eisenzeitliche Siedlung mit zahlreichen Hausfundamenten und Mauern in hübscher Lage an einem kleinen Bach. Mit Infopfad.
- Änge Bildsteine (2 km südwestlich Buttle, vom Väg 564 ausgeschildert: »Bildstenar«): Die zwei Bildsteine von Änge sind die einzigen Bildsteine Gotlands, die noch am Originalplatz stehen; jedoch sind die Bilder praktisch nicht mehr erkennbar.
- Gålrums Gravfält (3,5 km westlich Ljugarn): Gräberfeld mit einem großen Hügelgrab, Digerrojr, östlich der Straße und mehreren kleinen Schiffssetzungen und kleineren Hügelgräbern aus der Bronzezeit, Steinkreisen sowie einem Bildstein aus der Eisenzeit westlich der Straße.
- Leistu Rojr (1,5 km nördlich Ronehamn, ausgeschildert vom Väg 527): bronzezeitliches Hügelgrab mit 4 m Höhe und 40 m Durchmesser mit weiteren Hügelgräbern und eisenzeitlichen Siedlungsresten im Umfeld (mit Infopfad).
- Uggårde Rojr (3 km westlich Ronehamn beim Hof Uggårda, ausgeschildert vom Väg 527): größtes, unbeschädigt erhaltenes bronzezeitliches Hügelgrab Gotlands mit einer Höhe von 7 m und einem Durchmesser von knapp 50 m; weitere Hügelgräber mit ähnlichen Dimensionen im unmittelbaren Umfeld. Mit Infopfad (Erläuterungen auch auf Deutsch) (Tour 36).

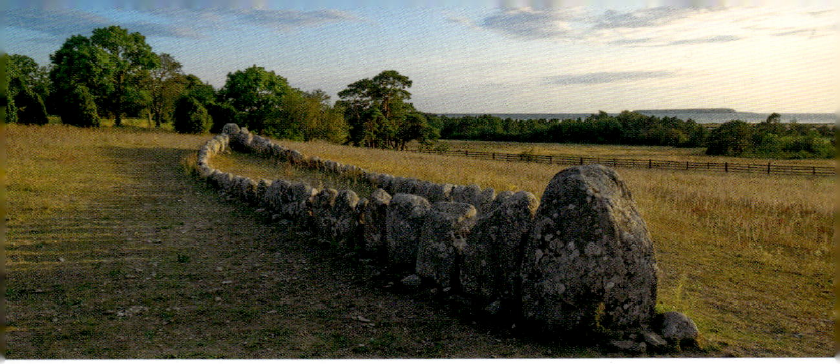

Restaurierte Schiffssetzung Gannarve.

- Vamlingbo Fridarve Slott (3 km östlich von Vamlingbo am Väg 501): Nach mitteleuropäischen Kriterien definitiv keine Schlossruine, aber die eines mittelalterlichen, herrschaftlichen Wohnhauses eines der wohlhabenden gotländischen Händlerbauern (farmannaböndar). Öffentlich zugänglich.
- Braidfloar (halbwegs zw. Sproge und Levide): Gräberfeld mit mehreren Schiffssetzungen beachtlicher Größe und Rundhügelgräbern. Mit kleinem Infopfad (Tour 44).
- Solsänget (4 km südwestlich von Levide): Laubwiese mit Hausfundamenten einer eisenzeitlichen Siedlung (Tour 44).
- Vallhagar (3 km östlich von Fröjel): Hausfundamente und Mauerreste einer eisenzeitlichen Siedlung mit ca. 5–6 Höfen, die zw. 200 v. Chr. und 600 n. Chr. bewohnt wurden. Sie wurde vermutlich durch einen Überfall zerstört und anschließend aufgegeben. Mit kleinem Infopfad (Tour 47)
- Djupviks Schiffssetzung (Djupvik): Am Originalstandort erhaltene, elegante Schiffssetzung aus der Bronzezeit.
- Fröjels Labyrinth: Wenige Meter östlich der Kirche von Fröjel findet sich ein Labyrinth, eine sog. Trojaburg, vermutlich prähistorischen Ursprungs und unklarer Zweckbestimmung, aus spiral- und kreisförmig aneinandergereihten Steinen (Tour 47).
- Gannarves Schiffssetzung (südlich von Gannarve direkt am Väg 140): am Originalstandort instand gesetzte, große Schiffssetzung aus der Bronzezeit (Tour 47).
- Rannarves Schiffssetzung (2 km nordöstlich von Klintehamn): Fünf Schiffssetzungen, davon vier in einer Reihe errichtet, d. h. mit Bug an Achtersteven; dazu zwei kleine Grabhügel. Ein weiteres Groß-Hügelgrab in 200 m Entfernung.
- Gnisvärds Schiffssetzung (1 km östlich von Gnisvärd): Größte original erhaltene Schiffssetzung Gotlands mit 45 m Länge und 7 m Breite. Im Umfeld finden sich weitere Schiffssetzungen und ein Dolmengrab (Letzteres ist steinzeitlichen Ursprungs).

Kirchen

Gotland besitzt knapp 100 historische Landkirchen, die v. a. zwischen dem 12. und 14. Jh. als Ausdruck des Reichtums infolge der vielfältigen mittelalterlichen Handelsbeziehungen der Händlerbauern (schw.: farmannabönder) entstanden. Die meisten Kirchenbauwerke wurden im romanischen Stil anstelle hölzerner Vorgängerbauten errichtet und später im gotischen Stil vergrößert bzw. umgebaut. Die Invasion durch den dänischen König Valdemar Atterdag (1361) und ökonomischer Niedergang brachten den Kirchenbau vollständig zum Erliegen und führten dazu, dass die bis dahin erbauten Kirchen in ihrer Bausubstanz bis heute oft unverändert erhalten sind. Im Folgenden sind – ohne Anspruch auf Vollständigkeit – einige der architektur- oder kunstgeschichtlich herausragenden Bauwerke aufgeführt. Sie sind meist zwischen 15. Mai und 15. September geöffnet, allerdings während der Gottesdienste und sonstiger kirchlicher Feiern nicht zugänglich (ab Visby im Uhrzeigersinn):

- Bro: Kirche aus dem 12./13. Jh. mit Kapitellbändern an den Portalen, Taufstein von Meister Sighrafr (im 17. Jh. nachträglich koloriert), Triumphkruzifix aus dem 12. Jh. und Wandmalereien aus dem 14. und 15. Jh. Nicht verpassen: eingemauerte eisenzeitliche Bildsteine (vermutlich 5. Jh.) an der Turmkammer (Hagioskop) und eingemauerte Flachreliefs an der Kirchensüdseite.
- Lärbro: Frühgotische Kirche mit achteckigem Turm, geschmückten Portalen, Altaraufsatz und Kalkmalereien aus dem 14. Jh. Kirchenraum mit bemerkenswerter Akustik. Benachbart befindet sich ein vollständig erhaltener Wehrturm (Kastal).

Die Kirche von Lärbro hat eine bemerkenswerte Akustik.

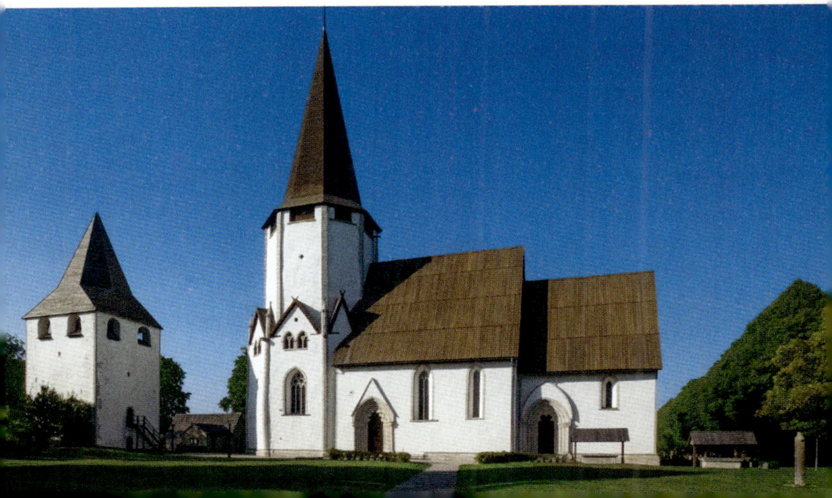

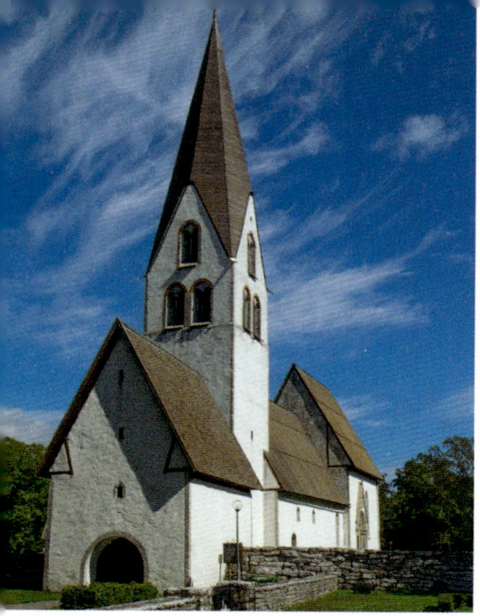

Die Kirche von Garde besitzt Malereien im byzantinischen Stil.

- Bunge: Wehrkirche aus der hochgotischen Stilepoche (14. Jh.) mit prächtigem Portal, historischer Tür (mit Einschussmarken von Armbrustpfeilen!), im Inneren mit Wandmalereien – Ritter und Städte darstellend (ebenfalls aus dem 14. Jh.) und gotischem Taufstein; außerdem bemerkenswert: Kirchhof mit vier Kirchhofportalen (schw.: stigluckor).
- Källunge: Sog. Sattelkirche mit mächtigem Chor (14. Jh.), der das Langhaus aus dem 12. Jh. deutlich überragt. Kalkmalereien im byzantinischen Stil (12. Jh.) und grazil ausgeführte Skulpturen mit (z. T. ungewöhnlichen!) Themen aus dem Alltagsleben als Portalschmuck. Beachtenswert ist außerdem der Flügelaltar aus dem 16. Jh. (vermutl. Lübecker Arbeit). Källungewimpel (Kopie) von einem Wikingerschiff aus dem 10. Jh. (Original in Gotlands Museum).
- Gothem: Kirche aus dem 12./13. Jh. mit ungewöhnlichen Wandmalereien (14. und 16. Jh.), die u.a. Fabelwesen und biblische Szenen darstellen und die bäuerliche Arbeit im Jahreszyklus zeigen. Kirchhof mit historischen Portalen (schw,: stigluckor), Verteidigungsturm.
- Anga: In einheitlich romanischer Raumwirkung erhaltene, kleine Apsis-Kirche mit Kalkmalereien aus dem 13. und 15. Jh. mit umfänglichem Bildprogramm: Neben der Passion Christi sind auch die Legende der Hl. Margaretha, mehrere Apostel und eine Seelenwägung dargestellt. Triumphkreuz und geschnitzter Altaraufsatz aus dem 14. Jh. Eine Besonderheit findet sich auf der Nordwand: Dort sind in Runenschrift diejenigen Bauern aufgelistet, die zum Bau der Kirche beigetragen haben.
- Kräklingbo: Kirche mit großem romanischem Triumphkruzifix und Kalkmalereien, die Mariä Verkündigung und Kindheit Jesu darstellen; sie sind auf das Jahr 1211 datiert (ergänzende Malereien aus dem frühen 20. Jh.); Altaraufsatz aus dem 16. Jh.
- Garde: Kirche mit romanischem Langhaus und gotischem Chor, Wandmalereien im byzantinischen Stil, flächige florale Bemalung der Holzdecke des Langhauses, Taufstein und Triumphkruzifix (alle 12. Jh.). Mauerumschlossener Kirchhof mit vier unterschiedlich großen Kirchhofportalen (schw.: stigluckor).

- Lye: Kirche mit gotischem Chor, romanischem Langhaus und Galerieturm, sehenswertem hochgotischen Portal, Kalkmalereien aus dem 14.–16. Jh. und berühmtem Zyklus von Glasmalereien, die Christi Geburt und Kindheit zum Thema haben (14. Jh.). Bemerkenswert auch Altaraufsatz, Triumphkreuz und gotischer Taufstein.
- Stånga: Kirche mit zweischiffigem Langhaus und reich geschmücktem Portal, historischer Tür (Türblatt und Beschläge), Fries mit überlebensgroßen Figuren an der Außenwand des Langhauses, Scheibenkreuz aus dem 13. Jh. und bemerkenswertem romanischen Taufstein (Meister Hegvaldr) in expressiver Bildsprache, der Themen aus der Kindheit Jesu zeigt.
- Lau: Dreischiffige Kirche ohne Triumphbogen, d. h. mit ineinander übergehendem Chor und Langhaus, daher außergewöhnliche Raumwirkung und langanhaltendes Echo. Außerordentlich großes Kruzifix aus dem 13. Jh., romanischer Taufstein (Meister Sighrafr), spätgotischer Altaraufsatz und Kalkmalereien. Nördlich der Kirche: Kastellruinen aus dem 11. Jh.
- Hablingbo: Kirche mit romanischem Turm und gotischem Langhaus (14. Jh.), im Süden mit gotischem Portal mit Kapitellbändern, im Norden romanisches Portal mit Tympanon mit reicher Ornamentik und Skulpturenschmuck. Im Inneren Kalkmalereien aus dem 15. Jh., Altaraufsatz aus dem 16. Jh. und gemalte Trojaburg (Labyrinth) in der Turmkammer.
- Grötlingbo: Kirche aus dem 13./14. Jh. mit dreischiffigem Langhaus, Reliefs und Reliefsteine am bzw. neben dem Portal. Hervorragend erhaltener, beeindruckender romanischer Taufstein (Meister Sighrafr), Triumphkruzifix aus dem 14. Jh. und älteste Kanzel Gotlands (Renaissance), ornamentale Kalkmalereien am Deckengewölbe und Glasmalereien aus dem 14. Jh.
- Öja: Kirche aus dem 13./14. Jh. mit dem höchsten Kirchturm der Insel (in Galeriebauweise) und beachtenswerter Bildhauerei an den Portalen. Überaus prachtvolles Triumphkruzifix aus dem 13. Jh., berühmte hochgotische Marienskulptur (Kopie; Original in Gotlands Museum in Visby) und zahlreiche Wandmalereien (Tour 38).
- Vamlingbo: Kirche aus dem 13. und 14. Jh. mit ungewöhnlichen Wandmalereien (Seelenwägung Heinrichs II. aus dem 13. Jh. und Darstellung des Hl. Christophorus aus dem 14. Jh.) und romanischem Taufstein. Angrenzend an die Kirche findet sich der größte Pfarrhof der Insel (heute Gotlands Naturum und Museum).

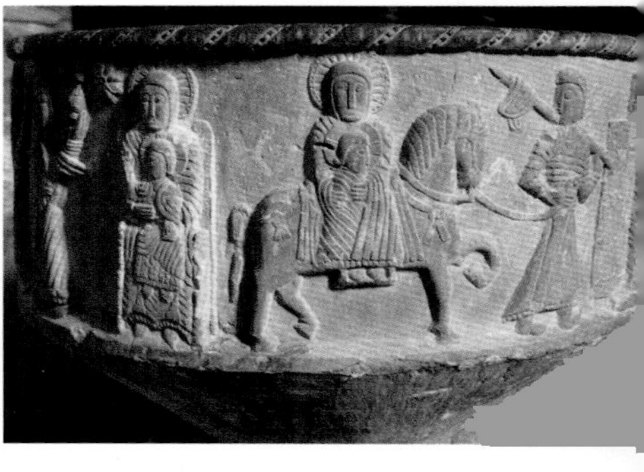

Taufbecken in der Kirche von Grötlingbo (Meister Sigrafr).

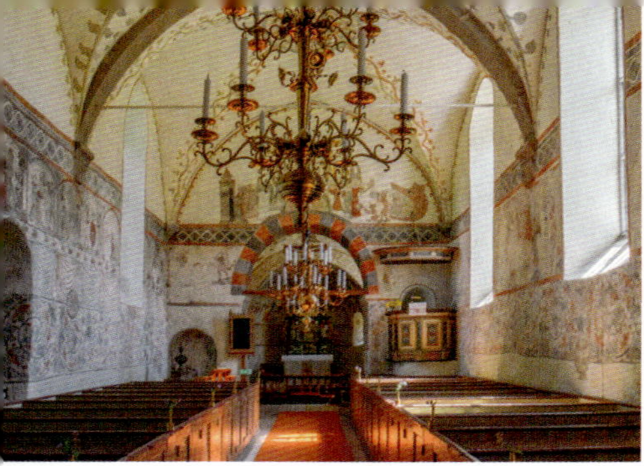

Das Kircheninnere der Mästerby Kyrka.

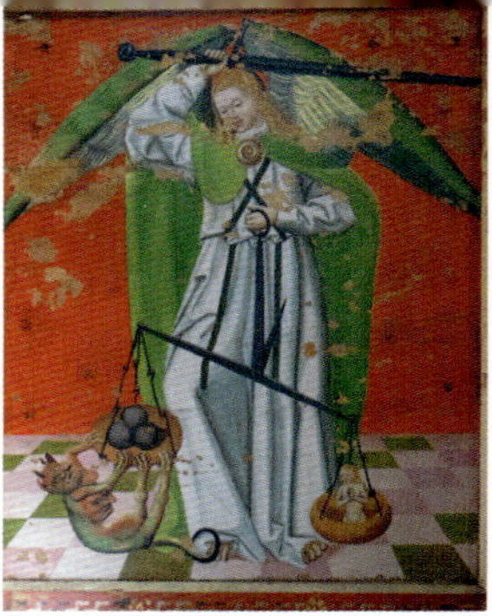

Altarbild in der Kirche von Slite.

- Silte: Kleine einschiffige Kirche aus dem 13. Jh. mit Altaraufsatz aus geschnitztem Mittelteil (13. Jh.) und gemalten Seitenflügeln (15. Jh.), die eine farbenprächtige und ausdrucksstarke »Seelenwägung« und eine Madonna zeigen. Kalkmalereien aus dem 14. und 15. Jh. sowie Glasmalereien aus dem 13. Jh., romanischer Taufstein (Meister Sighrafr).
- Linde: Romanische Kirche mit zweischiffigem Langhaus, kleinem Kruzifix aus dem 12. Jh. (Kopie), gut erhaltenem Passionsfries (15. Jh.) sowie Darstellung von »schwätzenden Weibern« in beinahe comic-artigem Stil. Altaraufsatz aus dem frühen 16. Jh.
- Lojsta: Einschiffige Kirche mit Galerieturm, Kalkmalereien aus dem 13. bis 16. Jh. (gut erhaltenes Passionsfries, bemalter Triumphbogen, u.a. mit Kampf des Hl. Georg gegen den Drachen) sowie sehenswerten Glasmalereien aus dem 13. Jh.; Triumphkreuz (Tour 45).
- Fröjel: Kalkmalereien und großes Triumphkreuz (Kopie) aus dem 13. und 14. Jh. und »Paradiesgewölbe« mit floraler Ornamentik. Romanischer Taufstein mit Fabelwesen. Bemerkenswert sind außerdem die Kastal-Ruine nördlich und die Trojaburg (Labyrinth) östlich der Kirche. Letztere stammt vermutlich aus vorchristlicher Zeit und könnte auf die Existenz einer alten Freya-Kultstätte hinweisen – der Name Fröjel leitet sich vermutlich von der nordischen Göttin Freya ab (Tour 47).
- Eskelhem: Romanisch-gotischer Kirchenbau mit sehenswertem »Paradiesgewölbe« mit ornamentaler Ausformung sowie symbolischer Darstellung der vier Evangelisten aus dem 13. Jh., weiteren Kalkmalereien (Passion Christi) aus dem 15. Jh., sowie Scheibenkreuz (13. Jh.), Glasmalerei (14. Jh.) und Taufstein (12. Jh. – Byzantios-Bauhütte).
- Mästerby: Kirche mit romanischer Apsis und gotischem Langhaus, wobei sowohl diese als auch der Triumphbogen großflächig bemalt sind (Christus als Weltenrichter, Passion Christi, Jüngstes Gericht, Adam und Eva, Hl. Christophorus). Kleines Triumphkreuz aus dem 13. Jh., romanischer Taufstein (12. Jh. – Byzantios-Bauhütte) und kleinere Glasmalereien (Tour 49).

Sonstige Ziele

- Fenomenalen (Visby): Spielerische Wissens- und Wissenschaftsvermittlung für Kinder (und Erwachsene mit Spieltrieb) mit Schwerpunkt auf Technik und Naturwissenschaften. Alles zum Anfassen und Ausprobieren, daher auch ohne Schwedischkenntnisse vergnüglich. Mitte Juni bis Mitte Aug. tgl. 10–17 Uhr, übriges Jahr Do u. Fr 12–16 Uhr, Sa u. So 11–16 Uhr.
- Lummelundagrottan: Gotlands größte Karsthöhle, nur mit geführten Touren zugänglich. Juni bis Aug. tgl. 9–18 Uhr, Mai u. Sept. tgl. 10–15 Uhr. Täglich um 14 Uhr auch eine Tour auf Englisch. An warme Kleidung denken – die Temperatur in der Höhle beträgt 8 °C (Tour 4).
- Gotlandståget (Museumseisenbahn Dalheim–Roma): Schmalspurbahn zwischen Dalhem und Roma (derzeit nur Betrieb mit Dieselloks, da die Dampflok generalüberholt wird). Zwischen letzter Juniwoche und Mitte Aug. mehrere Abfahrten Mi, Do, Sa, So. Kleines Eisenbahnmuseum am Endbahnhof in Dalhem. An Tagen, in denen kein Zugbetrieb stattfindet, kann die Strecke mit Fahrrad-Draisinen erkundet werden (Tour 25).
- Russpark: Gotland besitzt eine eigene Pferderasse, das »Gotlandruss«. Die kleinwüchsige Pferderasse lebt das ganze Jahr über halbwild in einem großen Freigehege westlich von Lojsta, dem sog. Russpark, das für Spaziergänger (aber nicht für Hunde) zugänglich ist (Tour 46).
- Stora Karlsö und Lilla Karlsö: Die beiden Inseln vor der Westküste Gotland, etwa auf Höhe Klintehamn, sind berühmt für ihre Vogelwelt. Im Sommer verkehren Ausflugsschiffe von Klintehamn aus (Tour 43).
- Vattenland und Sommarland (Kneippbyn): Freizeitpark mit großer Wasserlandschaft und zahlreichen Wasserrutschen, außerdem Standort von der aus zahlreichen Pippi-Langstrumpf-Filmen bekannten »Villa Kunterbunt« (schw.: Villa Villekulla). Letzte Maiwoche bis Mittsommer und Mitte Aug. bis Ende Aug. tgl. 11–17 Uhr, Mittsommer bis Mitte Aug. 10–18 Uhr.

Museumszug im Bahnhof von Dalhem.

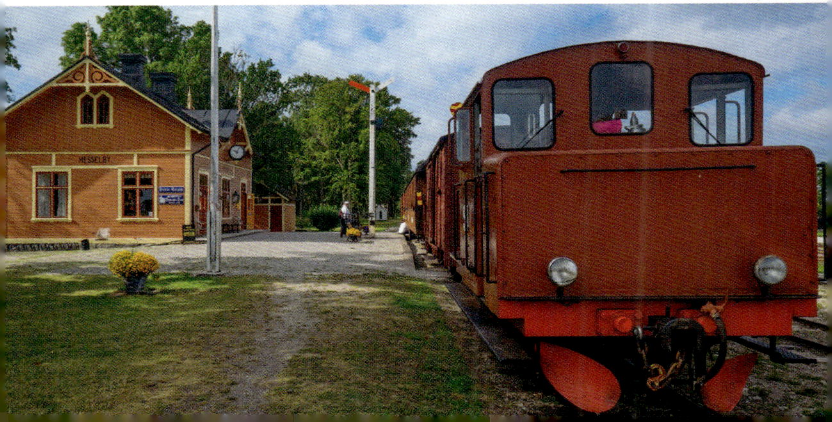

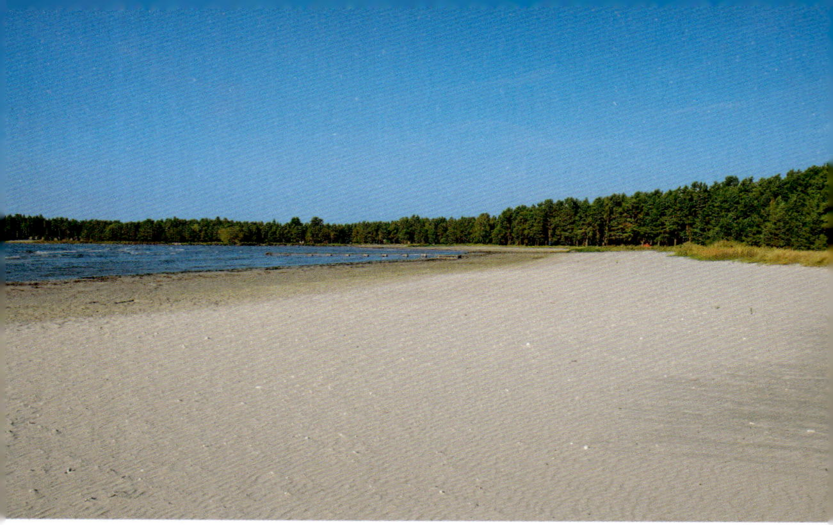

Der Strand von Hideviken ist nicht nur sehr breit, sondern auch sehr flach (Tour 22).

Strände und Badestellen

Gotland besitzt zahlreiche schöne Badestellen, von denen nur eine Auswahl aufgeführt ist (ab Visby im Uhrzeigersinn):

- Brissunds Strand: Sandstrand mit wechselnder Breite nördlich einer pittoresken Fiskeläge (Tour 4).
- Ireviken: Der Kies- und Sandstrand wird an beiden Seiten malerisch von Steilküsten eingefasst (Tour 6).
- Blå Lagunen (westlich von Ar): mit Wasser gefüllter, aufgelassener Steinbruch mit umgebender steiniger Liegewiese. Beliebtes Ausflugsziel, im Sommer überlaufen, nicht für Kleinkinder geeignet (Tour 10).
- Ekeviken (Fårö): Sandstrand mit anschließenden niedrigen Dünen und dahinterliegendem Kiefernwald.
- Norsta Auren (Fårö): Breiter, langer Sandstrand mit Kiefernwald im Hinterland. Zum Baden geeignet ist v. a. der Südostteil (nahe dem Leuchtturm Fårö Fyr), im Nordwestteil zeitweise starke Strömungen (Tour 14).
- Sudersandsviken (Fårö): Einer der längsten Sandstrände Gotlands, an einer halbmondförmigen Bucht gelegen. Im Sommer im Westen überlaufen, etwas ruhiger im östlichsten Drittel (Tour 16).
- Hideviken (Hide): Geschützte Bucht mit sehr breitem Sandstrand, der durch die Mündung des Flusses Bångå zweigeteilt wird (Tour 21, Tour 22).
- Vitviken (Åminne): Schmaler Sandstrand, der durch die Mündung des Flusses Gothemsån zweigeteilt wird. Im Sommer recht voll. Der dahinterliegende Campingplatz bietet Serviceeinrichtungen (Tour 24).

- Sandviken (Östergarn): Sandstrand an einer geschwungenen Bucht; im Sommer recht voll. Der dahinterliegende, durch einen Gehölzgürtel abgeschirmte Campingplatz bietet Serviceeinrichtungen.
- Gryngviken und Mullvalds Strand (Grynge): Langer Sandstrand in unmittelbarer Nähe zur hübschen Fiskeläge Grynge (Tour 32).
- Sjaustruviken (Sjaustru): Langer Sandstrand mit wechselnder Breite.
- Ljugarn: Schmaler, aber langer Strand direkt am Ort Ljugarn mit zahlreichen Serviceeinrichtungen in unmittelbarer Nähe. Im Sommer recht voll.
- Närshamn (När): Kleiner Sandstrand in einer geschützten Bucht.
- Austre Strand (1 km westlich Holmhällar): Einziger größerer Sandstrand im äußersten Süden der Insel (Achtung: nicht zu weit hinausschwimmen und nicht im Bereich der Insel Heligholmen baden: gefährliche Strömungen!) (Tour 39).
- Tofta Strand: Breiter Sandstrand. Bekanntester Strand Gotlands und aufgrund der Nähe zu Visby im Sommer gnadenlos überlaufen.

Bitte beachten Sie, dass bei ungünstigen Wetterbedingungen oder Windrichtungen auch als »sicher« geltende Strände oder Badestellen Risiken für Badende bereithalten können! An allen Meeresstränden können Tang- und Algenablagerungen vorkommen.

Austre Strand südlich von Holmhällar liegt abseits des Trubels (Tour 39).

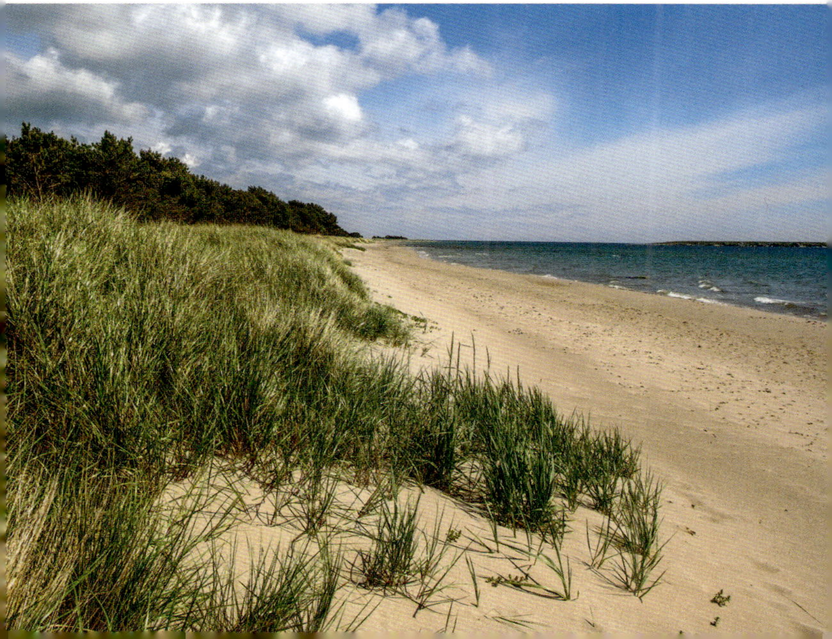

Nützliche Informationen und Links

Touristische Informationen

- Touristeninformationszentrum Gotland: Gotlands Turistbyrån, Donnerska huset, Donners plats 1, Visby, Tel. +46 (0)498-201700, gotland.com
- Offizielle Touristeninformation Schweden: visitsweden.de
- Gotländische Bezirksregierung: gotland.se (nur auf Schwedisch)
- Weitere Websites zu Gotland: destinationgotland.se, guteinfo.com (nur auf Schwedisch)

Unterkunft

- Allgemein: destinationgotland.se
- Internationale Ferienhausvermittlungen (Auswahl, alphabetisch): atraveo.de, casamundo.de, eurorelais.de, fewo-direkt.de, novasol.de
- Regionale Ferienhausvermittlungen und Vermieterportale (Auswahl, alphabetisch): gotlandsstugor.com, stugnet.se, stugorgotland.se, stugsidan.se, stugknuten.com
- Schwedischer Jugendherbergsverband: Svenska Turistföreningen (STF), svenskaturistforeningen.se
- Campingplätze in Schweden: camping.se

Öffentlicher Nahverkehr und Reiseplanung

- Busverkehr auf Gotland: gotland.se
- Reiseplaner, Fahrpläne etc. in Schweden: resrobot.se

Natur und Landschaft, Kulturhistorie

- Natur und Landschaft, Naturschutzgebiete und Betretungsregelungen: lansstyrelsen.se (nur auf Schwedisch)

Wandern

- Digitale topografische Karte: lantmateriet.se (darf zum privaten Gebrauch ausgedruckt werden)

Wetter

- Wetterbericht/-vorhersagen des Norwegischen Meteorologischen Instituts (MET): www.yr.no (zuverlässiger als der schwedische Wetterdienst)

Landschaftsidyll mit Windmühle auf Fårö.

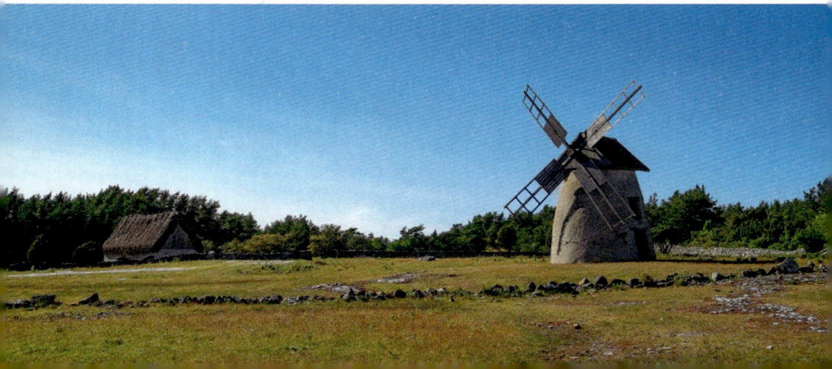

Literatur

Für Gotland sind zwei aktuelle Veröffentlichungen erhältlich:

- Knoller, Rasso: Gotland (Reise Know-How Verlag). Kompaktes Allround-Reisehandbuch, das auf alle relevanten touristischen Aspekte eingeht und sowohl landschaftliche und kulturelle Highlights als auch weniger bekannte Örtlichkeiten vorstellt. Zudem zahlreiche praktische Tipps.
- Rohde, Andrea (Quelle & Meyer Verlag): Gotland. Das Buch ist kein Reiseführer im engeren Sinn, sondern bietet gut aufbereitete und spannende Hintergrundinformationen in Form von 39 Themenblöcken, die sich unterschiedlichen Aspekten von Gotlands Geschichte, Natur und Landschaft widmen.

Für Visby gibt es einen empfehlenswerten Stadtführer auf Englisch:

- Svensson, Nilsson, Domeij (Verlag Gotlands Museum): Guide to Visby. Der Stadtführer stellt die Geschichte Visbys vor, beleuchtet städtebauliche und architektonische Highlights und widmet sich auch unbekannteren Aspekten.

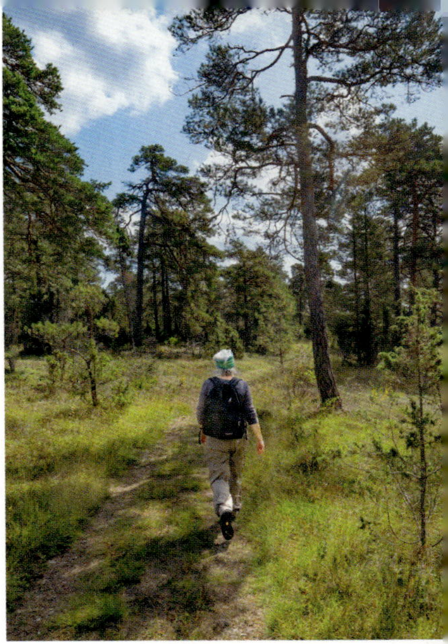

Wandern durch lichten Kiefernwald.

Einige weitere Veröffentlichungen beschäftigen sich mit speziellen Themen und sind nur noch antiquarisch zu bekommen:

- Quack, Ulrich: Gotland (DuMont Reiseverlag). Umfangreicher Reiseführer mit architektonischem und kunstgeschichtlichem Schwerpunkt; für diesbezüglich Interessierte unverzichtbar. Praktische Tipps jedoch überholt.
- Eliason, Sara (Fornsalens Förlag): Fossilien auf Gotland – Entstehung, Bestimmung und Fundorte. Einführung in die Geologie Gotlands sowie Beschreibung von Fossilien und Fossilienfundorten.

Wer sich für regional inspirierte Belletristik interessiert, findet zahlreiche Gotland-Krimis schwedischer Autorinnen und Autoren (z. B. Anna Jansson, Marianne Cedervall, Håkan Östlundh, Mari Jungstedt), von denen viele auch in deutscher Übersetzung vorliegen.

Bild S. 66/67: Sonnenuntergang an der Raukformation »Hund« auf Fårö (Tour 11).

Bild S. 68/69: Dramatische Steilküste im Norden von Stora Karlsö mit Lilla Karlsö links im Hintergrund (Tour 43).

WICHTIGE BEGRIFFE ZUR GEOGRAFIE UND FÜR UNTERWEGS

å, -n	Fluss
alvar, -et	Kalksteppe, Steppenheide
äng, -ar	Wiese(n)
-arve	als angehängter Wortteil bei Hofnamen: wörtl.: Erbe; Erbhof, Einerbe
ås, -en	langgestreckter Hügelrücken, Geländerücken
backe, -n, backar	Hügel, Hang
bäck, -en	Bach
barrskog	Nadelwald
behörig trafik	Anliegerverkehr (kun behörig trafik = nur Anlieger)
bergtäkt	Steinbruch
beträdningsförbud	Betretungsverbot
bildsten	prähistorischer Bildstein
by	Dorf, -dorf
dommarring	prähist. ringförmige Steinsetzung, Steinring
ej genomfart	keine Durchfahrt (gilt nur für Kfz)
ej hundar	keine Hunde
ej tillträde	kein Zutritt, Betreten verboten
eldningsförbud	Feuerverbot (s. a. skärpt eldningsförbud
el-stängsel	Elektro-Weidezaun
enskild väg	Privatweg (Fahrverbot gilt nur für Kfz, für Fußgänger/Radfahrer i. d. R. Zutritt frei)
fågeltorn	Aussichtsturm, Vogelbeobachtungsturm
färist	Viehgitter
fiskeläge	(temporäre) Fischersiedlung, Fischerhütten
fornborg	prähist. Burganlage
fyr	Leuchtturm
gård	größerer Bauernhof
-garn	Kap
gravfält	prähist. Gräberfeld
gravröse	prähist. Grabhügel
haid, hajd, hed	Heide, Magerrasen
häll, -ar, hällmark	Felsen, Felsfläche
-hammar, -en	Fels(-küste), Felsklippe
hamn	Hafen
hav, -et	Meer
hög, -en	Anhöhe
holm, -en	flache Landzunge od. flache Insel
husgrund, -er	(prähist.) Siedlungreste, Hausfundamente
huvud	kuppige Halbinsel, felsiges Vorland
inägomark	kultiviertes Land (Gegenteil: utmark)
K:a	Abk. Kyrka, d. h. Kirche
källa, -n	Quelle
källmyr	Quellsumpf
kärr, -et	Niedermoor, Sumpf

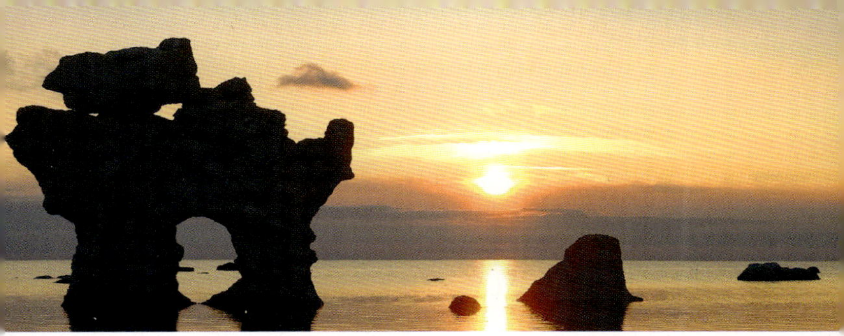

klappersten(fält)	Kalkgeröllstrand, Strandwall
klint	Kliff, Felswand
körväg	Fahr-, Feldweg
kulle, -n	kleiner rundlicher Hügel
L (Abk. lill, lilla)	Klein- (bei Ortsnamen)
lambgift	Schafstall (v. a. auf Fårö)
led, -en	Weg
löväng	Laubwiese (hist. Landnutzungsform)
lövskog	Laubwald
lund, -en	lichter Wald, kleines Wäldchen, Hain
mark, -en	Gelände
myr	Niedermoor
näs, -et	Halbinsel
naturreservat	Naturschutzgebiet
ö, n	Insel
öar, -na	Inseln
Obs!	Achtung!
område	Gebiet, Umgebung
Östersjön	Ostsee
parkering	Parkplatz, Parken
rauk, -ar	bizarre Gesteinsformation(en), silurische Riffbildungen
rikkärr	Kalkflachmoor
riv, -et	Riff, Untiefe
rojr, rör	Steinhaufen, prähist. Großhügelgrab
sankmark	Sumpf, Feuchtgebiet
sjö, -n	See
skär	Schäreninsel
skärpt eldningsförbud	verschärftes Feuerverbot
skeppssättning	prähist. Steinsetzung in Schiffsform
skog, -en	Wald
skyddsområde	Schutzgebiet
spång	Bohlen-, Plankenweg, Steg
St (Abk. stor, stora)	Groß- (bei Ortsnamen)
stäng grinden!	Tor schließen!
stängsel	Zaun
stätta	Trittleiter
stensättning, -ar	prähist. Steinsetzung
stig, -en	Steig, Pfad
strövstig	Trampelpfad, Wandermöglichkeit
tillträdesförbud	Betretungsverbot
torn, -et	Turm, Mast
torp, -et	kleiner Bauernhof
träsk	Flachsee, verlandeter See
udde, -n	Landspitze
utmark	Außenbereich (Geltungsbereich des Jedermannsrechts)
väderkvarn	Windmühle
väg, -en	Straße
vandringsled, -en	Wanderweg
våtmark	Feuchtgebiet
vät, -ar	temporäres Gewässer
vik, -en	Bucht

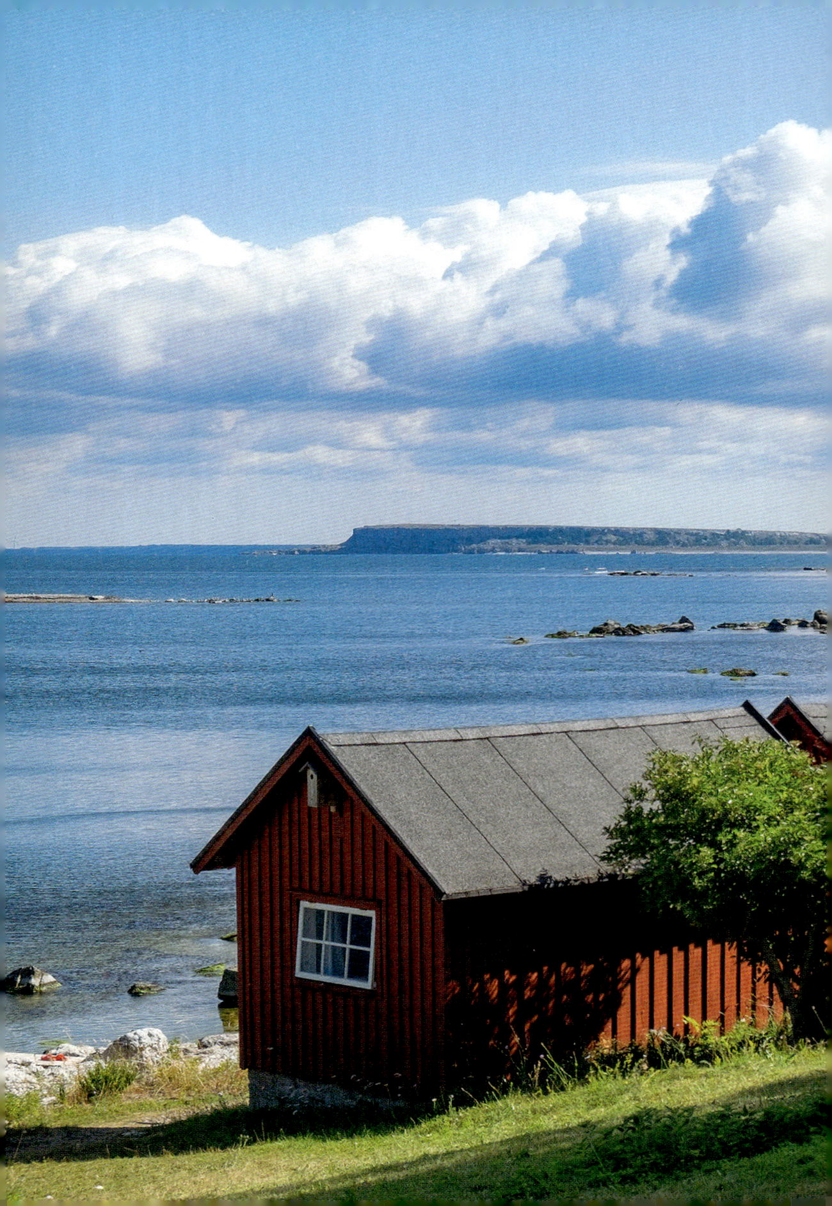

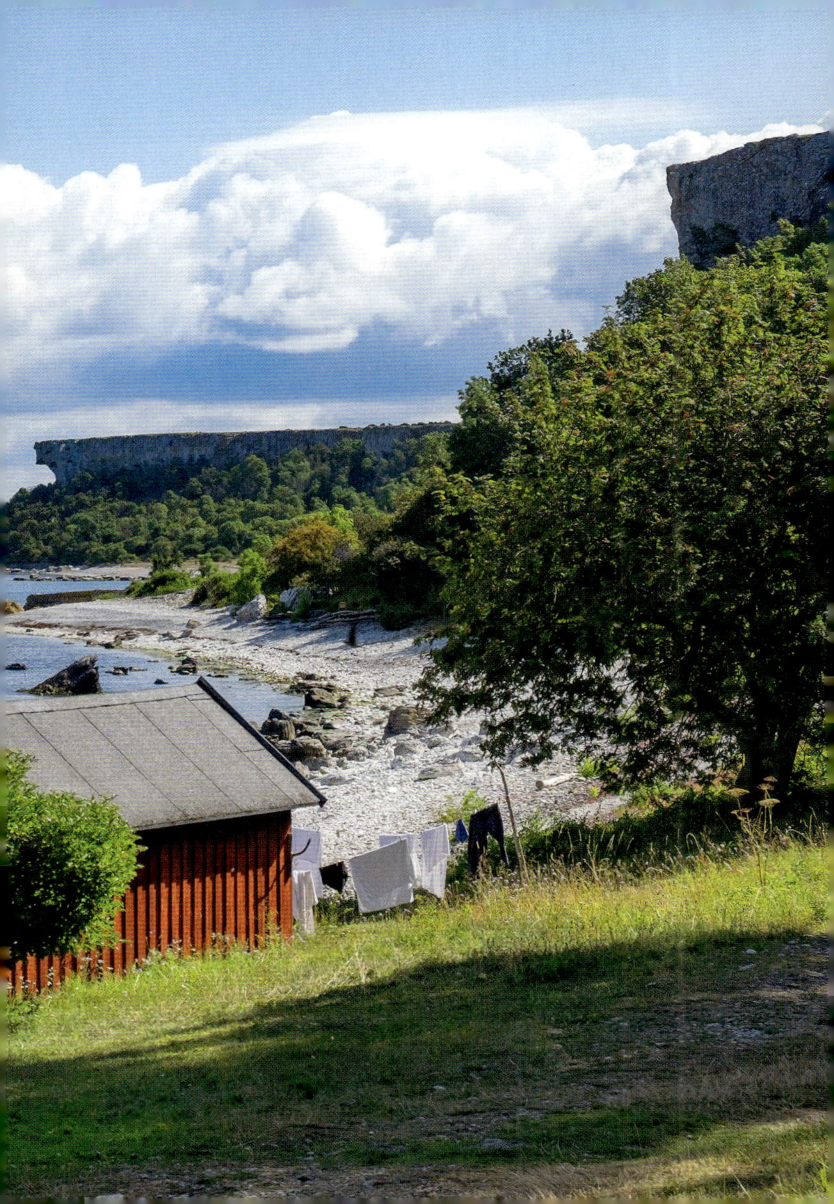

↗ 150 m | ↘ 150 m | 5.9 km

1 Ygne und Högklint

1.45 h

Von Ygnes Fischerhütten über das »Hohe Kliff« zu einem angelegten Park

Diese Wanderung führt von Ygnes Fischerhütten (Fiskeläge) über Högklint zur Villa Fridhem. Högklint, das »Hohe Kliff«, gehört zu den beliebtesten Ausflugszielen in der Nähe von Visby. Mit 56 Meter Höhe über dem Meer trägt es seinen Namen zu Recht und eröffnet Ausblicke sowohl entlang der Küste nach Süden als auch nach Visby. Oben an der Kliffkante bewegt man sich auf schmalen Pfaden durch lichte Wälder und dichte Gebüsche, am Hangfuß ist man auf Kieseln unterwegs. Am nördlichsten Punkt warten eine kleine Klamm (die nur im Frühjahr Wasser führt und dann auch einen kleinen Wasserfall beherbergt) und die 1860 im Schweizer Chalet-Stil erbaute Villa Fridhem mit einem angelegten Park und – unter anderem – einem riesigen, 160 Jahre alten Goldregen (Blütezeit Anfang bis Mitte Juni).

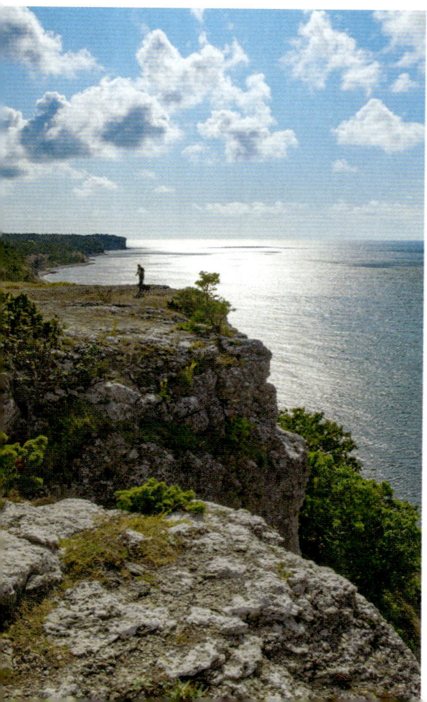

Ausgangspunkt: Parkplatz am Ende der öffentlichen Straße oberhalb von Ygne Fiskeläge. Südlich von Västerhejde vom Väg 140 in Richtung Ygne abbiegen. Nach 1,5 km bei einer T-Kreuzung links und bei einer Gabelung nach 500 m auf dem Hauptweg halb rechts halten. Nach weiteren 500 m hat man, geradeaus an mehreren Kreuzungen vorbeifahrend, hinter einer Rechtskurve die Parkmöglichkeiten links vor sich.
Anforderungen: Schmale Pfade, abschnittsweise wurzelig und steinig, am Strand etwas mühsam auf Kieseln. Zwei steile An- und Abstiege.
Einkehr: Café Fridhem (in der Hochsaison tgl. geöffnet, in der Nebensaison nur Fr–So).
Hinweis: Die Kliffkante ist nur sporadisch gesichert. Abstecher vom Pfad auf vorspringende natürliche Aussichtskanzeln nur mit größter Vorsicht unternehmen, da viele Felsen überhängen. Kinder müssen aufgrund der Nähe zur Steilküste adäquat beaufsichtigt werden.
Karte: Sverigeserien – Topo50 (Norstedts) Blad 12 »Mellersta Gotland«.

Högklint mit Blick nach Süden.

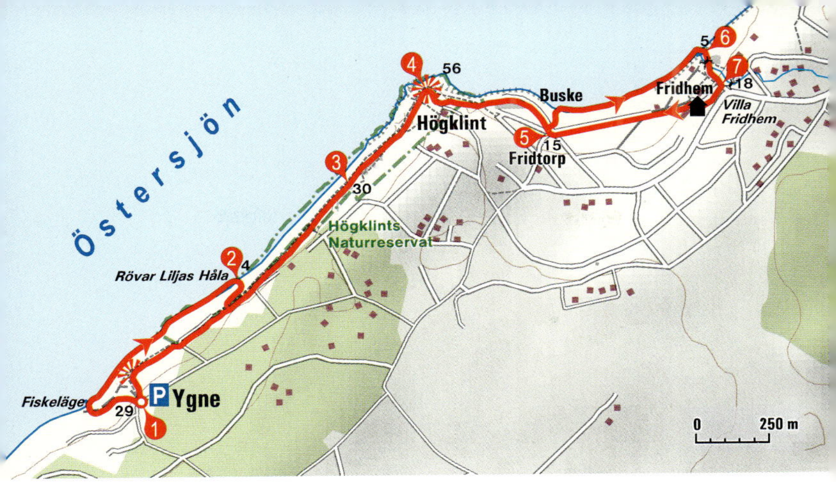

Gleich links des **Parkplatzes** ❶ bei **Ygne** nehmen wir den Fahrweg, der nach wenigen Metern eine kräftige Linkskurve beschreibt. Er verliert an Höhe und passiert Ygnes Fiskeläge oberhalb. Den **Strand** erreichen wir über einen Pfad abwärts und wenden uns dort nach rechts. Nun geht es auf den nächsten 600 m etwas mühsam über Geröll bis zur ersten Rauksäule der Steilküste, hinter der sich **Rövar Liljas Håla** ❷ verbirgt, eine mythenumsponnene (angebliche) Räuberhöhle. Da die Steilküste hier stark erodiert, verzichten wir aber darauf, am Strand weiterzugehen. Wir kehren daher um, wandern auf dem Ankunftsweg 100 m zurück und erklimmen den Hang auf einem anfangs sehr steilen Pfad, der diagonal aufwärtsführt (wer eine weniger steile Aufstiegsroute bevorzugt, geht auf dem Ankunftsweg 300 m zurück und ersteigt erst dann den Hang). Oben an der Hangkante treffen wir auf einen Pfad und folgen ihm nach links.
Durch Wald und Gebüsch verläuft der Weg nun nach Nordosten. Zwar ergeben sich hin und wieder Möglichkeiten, links ein paar Schritte in Richtung Steilküste zu machen, doch sollte man aufgrund der möglicherweise überhängenden Felsen davon absehen. Bei einer **Verzweigung** ❸ halten wir uns links und wandern unterhalb einiger Felsen entlang. Schließlich entlässt uns der Pfad auf das Plateau von **Högklint** ❹, wo wir dem höchsten Punkt im Nordosten des Plateaus zustreben. Dort biegen wir rechts ab und finden einen breiten Pfad, der am Parkplatz endet.
So weit gehen wir aber nicht, vielmehr zweigt bereits nach 20 m links ein schmaler Steig ab, der kräftig abwärtsführt. Diesen nehmen wir. Am Hangfuß ignorieren wir einen nach rechts

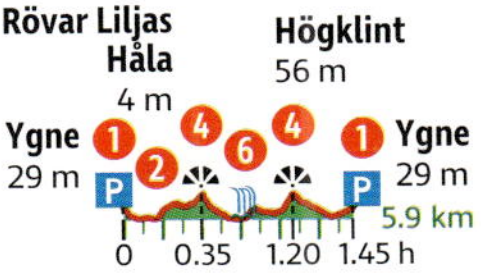

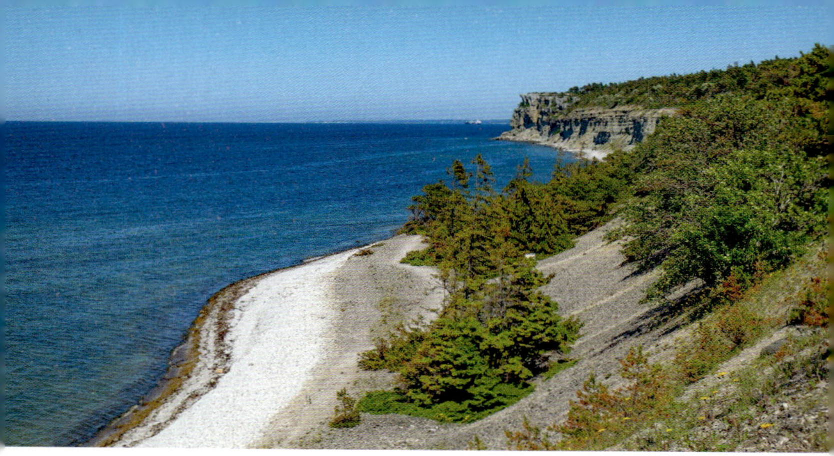

Küstenszenerie bei Ygne.

abzweigenden Pfad, sondern erreichen das Ende des **Buskevägen**, dem wir bis zu einer **Kreuzung** 5 folgen. Am dortigen Parkplatz links. Von seinem Ende gelangen wir mit dem linken Pfädchen steil über Treppen hinunter zu Buske Fiskeläge und halten uns am Strand rechts. Erneut geht es etwas schwergängig über Kies, bis wir zum Einschnitt einer **Klamm** 6 kommen. Dort erklimmen wir über Treppen die Steilstufe und laufen dann links, parallel zur Klamm, den Hang hinauf und unter einem riesigen Goldregen hindurch.

Oberhalb der **Villa Fridhem** entscheiden wir uns für den abwärts führenden **Zufahrtsweg** 7 rechts, passieren die Villa und erreichen an einem Parkplatz vorbei ein Teersträßchen. Dort geradeaus bis zur **Kreuzung** 5 mit dem Buskevägen, in den wir rechts einbiegen. An seinem Ende bringt uns der Steig wieder hinauf zum **Högklint** 4. Am Südwestrand des Plateaus erwartet uns wieder unser Pfad, der entlang der Hangkante führt. Bei der vom Hinweg bekannten **Verzweigung** 3 halb rechts. Nach einigen Hundert Metern mündet der Pfad auf einen Feldweg, den wir geradeaus entlangmarschieren. Wo er scharf links abknickt, nehmen wir den Pfad halb rechts. Nach einer kurzen Passage entlang der Hangkante bringt er uns in einem Linksbogen zum Ausgangspunkt am **Parkplatz** 1 zurück.

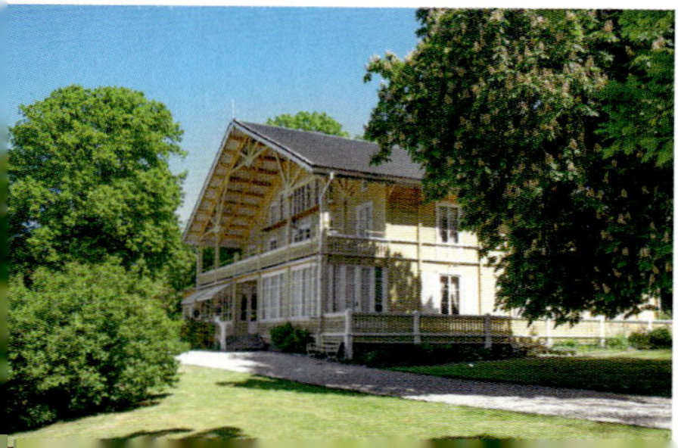

Villa Fridhem: im 19. Jh. Sommersitz der Prinzessin Eugénie von Schweden.

↗ 70 m | ↘ 70 m | 5.1 km

1.15 h

Södra Hällarna

2

Visbys wilder Süden

Unmittelbar vor den Toren Visbys befindet sich ein bemerkenswert wildes und abwechslungsreiches Naherholungsgebiet, das früher als Militärübungsplatz genutzt wurde. Steilküste, Kiefernwälder, halboffene Buschlandschaften, Felsen, Schotterfelder und Magerrasen wechseln einander ab und schaffen einen überdimensionierten »Abenteuerspielplatz« mit jeder Menge landschaftlicher Dramatik. Und es sind auch ungewöhnlichere Dinge zu entdecken, die auf der Insel so ziemlich einmalig sind: ein Sumpfwald mit üppigem und hohen Pestwurz-Bewuchs (er wird im örtlichen Sprachgebrauch »Regenwald« genannt, obwohl das Wasser definitiv von unten kommt und nicht von oben). Auch einen Mini-Wasserfall gibt es, dessen Wasser je nach Windverhältnissen entweder »ordentlich« nach unten fällt oder von Böen wild nach oben gerissen wird.

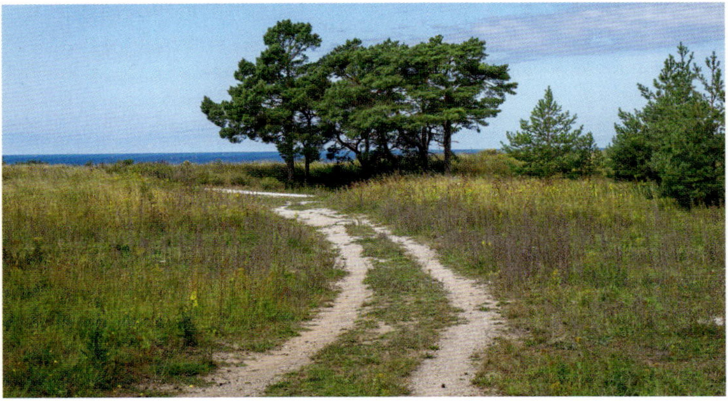

Halboffene Kalk-Steppenlandschaft.

Ausgangspunkt: Kfz: Parkplatz Södra Hällarnas Naturreservat. Vom großen Kreisverkehr südlich von Visby (Kreuzung zw. Väg 140 und 148) auf dem Väg 140 ca. 600 m nach Süden und dann rechts auf den Parkplatz fahren. ÖPNV: Bus Nr. 10 bis Haltestelle »Kungsladugården«. Von dort auf den Feldweg nach Westen abbiegen, der sich nach wenigen Schritten zu einem Parkplatz weitet.

Anforderungen: Abschnittsweise steinig oder wurzelig, punktuell bei Nässe schmierig. Ein kurzer steiler Anstieg.

Einkehr: Leva Kungsgård (Mitte Juni bis 3. Augustwoche).

Karte: Sverigeserien – Topo50 (Norstedts) Blad 12 »Mellersta Gotland«.

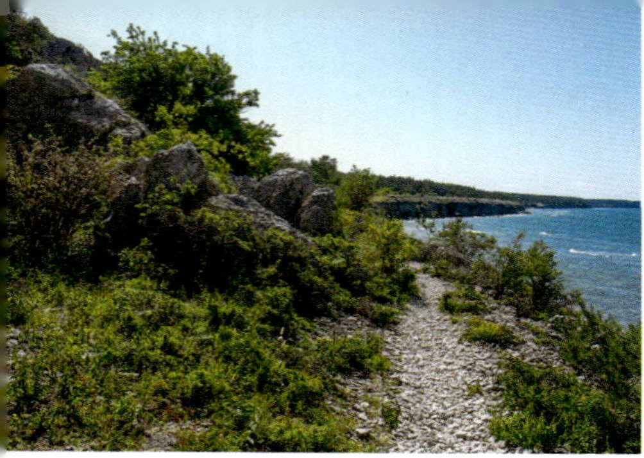

Auf schmalen Pfaden unterhalb der Steilküste.

An der straßenfernen Seite des **Parkplatzes** ❶ orientieren wir uns vor (!) dem Tor von **Södra Hällarna** nach links auf den »Småkrypsstigen«. Bei einer Verzweigung nach 50 m wählen wir die linke, nach weiteren 200 m die rechte Möglichkeit (jeweils Generalrichtung Südwesten). Über einen querenden Feldweg geht es geradeaus hinweg und auf dem zweiten Feldweg rechts. Kurz darauf erreichen wir eine Kreuzung. Wir überqueren sie geradeaus und biegen unmittelbar dahinter auf einen Pfad halb links ab (»Vattenfall«), der an der Oberkante der Steilküste entlangführt. Wo sie sich leicht absenkt, haben wir die Möglichkeit, rechts über eine steile Leiter ein paar Meter zu einem **Mini-Wasserfall** ❷ abzusteigen.
Anschließend setzen wir den Weg an der Oberkante 50 m fort und orientieren uns dann links landeinwärts. Bei der folgenden Kreuzung rechts (»Högklint«). Wir durchwandern eine halboffene Landschaft mit Grasvegetation und Büschen und lassen uns von querenden Wegen nicht irritieren. Als Orientierungspunkt können wir einen Sendemast vor uns zu Hilfe nehmen. Vor einem geschlossenen Gehölzbestand schlagen wir den **Silurvägen** ❸

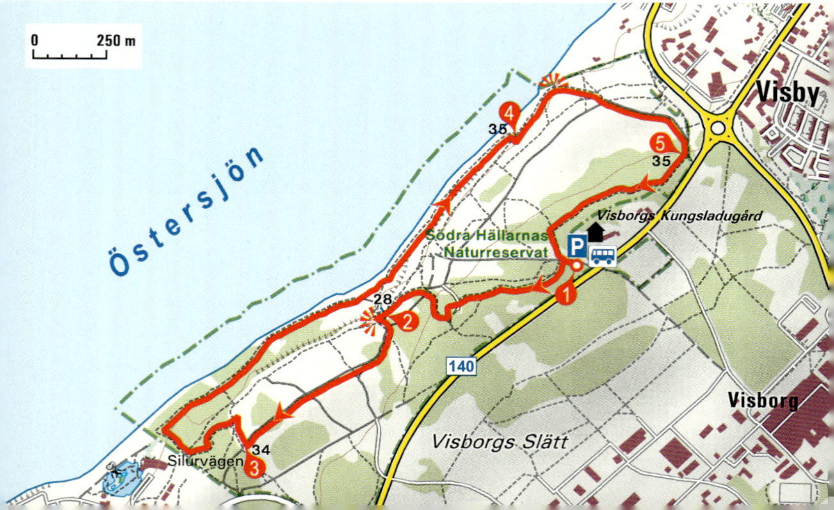

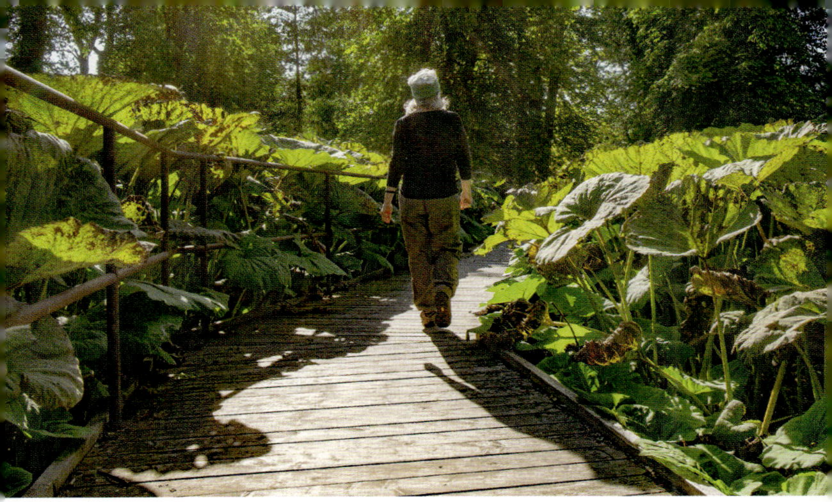

Quellsumpf mit riesigen Pestwurz-Blättern.

nach rechts ein und entdecken nach knapp 100 m einen Pfad nach links. Er schlängelt sich durch den Wald und mündet auf einen Waldweg, auf dem wir uns rechts wenden. Dann geht es geradeaus über mehrere **Treppen** abwärts.

Am Fuß der dritten Treppe wählen wir den »Silurvägen« nach rechts. Nach etwa 100 m können wir einen Abstecher unternehmen und über Treppen einen Abstieg zum Strand durchführen (auf demselben Weg zurück; der Strandweg ist nicht durchgängig nutzbar). Wir folgen dem Pfad weiter in Richtung Nordosten und biegen auf keinen der rechts abzweigenden Wege ab. Wir passieren den kleinen Wasserfall in einiger Entfernung unterhalb. Der Pfad unterhalb der Klippen ist ziemlich steinig, bevor er mit einem kurzen Steilanstieg, der mit einem Geländer gesichert ist, die **Kliffkante** 4 entert. An der Oberkante links. Bald knickt der Weg halb rechts ab. Eine Kreuzung von Pfaden überqueren wir geradeaus, links abzweigende Wege ignorieren wir.

Schließlich mündet unser Weg auf einen Teerweg, dem wir nach rechts folgen. Nach 50 m, vor einer Unterführung, erneut rechts auf einen **Waldweg** 5. Durch den Wald – und stellenweise auf Plankenwegen durch einen Sumpfwald mit einem großblättrigen Pestwurz-Bestand (im örtlichen Sprachgebrauch »Regenwald« genannt) – erreichen wir eine T-Kreuzung. Links geht es zurück zum **Parkplatz** 1.

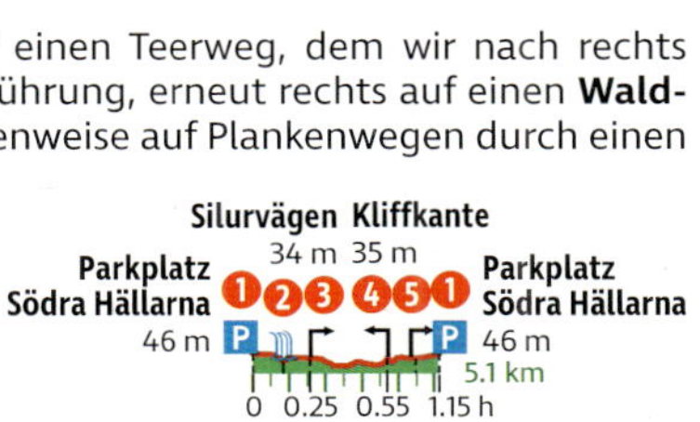

↗ 120 m | ↘ 120 m | 10.4 km

3 Visby

2.45 h

Stadt der Ringmauer, Rosen und Ruinen

Die Altstadt von Visby ist ein überaus sehenswertes und anmutiges Gesamtensemble aus schnuckeligen Gassen und hübschen Plätzen, Kaufmannshäusern und Kirchenruinen, repräsentativen Fassaden und versteckten Winkeln, mittelalterlichen Lagerhäusern mit Treppengiebeln in der Unterstadt und winzigen Häuschen in der Oberstadt. In der Unterstadt ist man mit dem Meer auf Tuchfühlung, von der Oberstadt bietet sich ein grandioser Ausblick über eine verwinkelte Dachlandschaft hinweg auf die Ostsee. Das alles ist umschlossen von der 3,5 Kilometer langen, (fast) vollständig erhaltenen mittelalterlichen Stadtmauer und ihren 27 Türmen und zahlreichen Toren. Raum für Entdeckungen und Gelegenheit zum Schlendern und Bummeln gibt es daher mehr als genug. Zudem punktet Visby mit heiterem Charme und – mit Kletterrosen an den Wänden und Pfirsich- und Maulbeerbäumen in den Gärten – mediterran anmutendem Ambiente.

Ausgangspunkt: Visby Kajsarporten. Kfz: Parkplatz »Södercentrum« (kostenpflichtig). ÖPNV: Zentraler Busbahnhof »Visby Busstation«.
Anforderungen: Einfacher Spaziergang, in Visby überwiegend auf Hartbelag, im nördlichen Etappenteil auf unbefestigten Wegen und Pfaden.
Einkehr: Zahlreiche Möglichkeiten in Visby.
Variante: Wer nur Visbys Altstadt erkunden möchte, folgt der Beschreibung bis zum Norderport, wechselt auf die Innenseite der Stadtmauer und erreicht abwärts bei St. Göransporten wieder den beschriebenen Weg; ca. 6,5 km.
Tipp: Selten trifft man auf so viel skandinavisches Design auf so engem Raum wie in Visby, egal ob es um Glaskunst, Steinbildhauerei, Keramik, Textilien oder – typisch für Gotland – Woll- und Schaffellprodukte geht.
Hinweis: Wenn gerade eines der großen Kreuzfahrtschiffe (damit sind nicht die Fähren gemeint) angelegt hat, ist Visby rappelvoll mit Tagestouristen. Dann lieber den Spaziergang um einen Tag verschieben.
Karte: Sverigeserien – Topo50 (Norstedts) Blad 13 »Norra Gotland«.

Visbys Altstadt vom Park Almedalen aus gesehen.

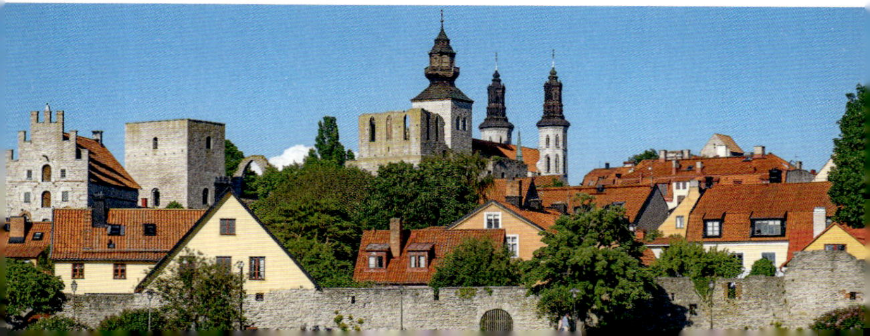

Vom Parkplatz Södercentrum oder dem Busbahnhof aus betreten wir die Altstadt durch das Tor **Kajsarporten** ❶ und wenden uns dahinter, in der Södra Murgatan, nach rechts. Ihr bleiben wir – mauernah – treu, passieren Skolporten, Kvarntornet und den Zugang Österport jeweils geradeaus und wählen 50 m hinter letzterem den Torngränd nach links. Über eine Kreuzung spazieren wir geradeaus hinweg und machen den Rechtsknick der Gasse mit. Auf Höhe einer Treppe (links) mit schönem Blick über die Unterstadt biegen wir rechts ab und entscheiden uns nach einigen Metern erneut für die rechte Möglichkeit (Nygatan). Auf dem Klinttorget links. Wir folgen von seiner nordöstlichen Ecke der Norra Murgatan bis zur nächsten Möglichkeit links (Murgränd). Sie mündet auf einen Aussichtsplatz oberhalb des Doms, wo wir den Fußweg direkt oberhalb der Steilwand nach rechts nehmen. Er geht über in das Sträßchen Norderklint, dessen Rechtskurve wir mitmachen. Bei der T-Kreuzung mit der Nygatan links und bei der nächsten Möglichkeit, Norra Murgatan, scharf rechts. Wir lassen das Tor Brunnsporten links liegen und durchqueren die Stadtmauer erst bei der folgenden Möglichkeit, dem **Dalmanstornet** ❷. Er ist leicht zu erkennen, denn er hat ein Ziegeldach. Wir überqueren die Brücke über den Graben geradeaus und wählen dahinter den Weg nach links. Mit etwas Abstand geht es parallel zur Stadtmauer entlang. Wo diese nach links schwenkt, nehmen wir einen halb links abzweigenden Pfad und verlieren – nun dichter an der Außenseite der Stadtmauer – etwas an Höhe, bis wir das Stadttor **Norderport** erreichen. Dort gehen wir auf der Straße nach rechts und biegen nach 100 m in die Bergsgata links ein, die sich nach wenigen Metern teilt. Wir entscheiden uns für die rechte Möglichkeit und gelangen am Ende der Straße geradeaus auf einen angelegten Fußweg. Auf ihm kommen wir zum Galgberget. An den drei Steinsäulen des ehemaligen Richtplatzes **Galgberget** ❸ laufen wir geradeaus vorbei und wandern auf einem Pfad durch Buschland

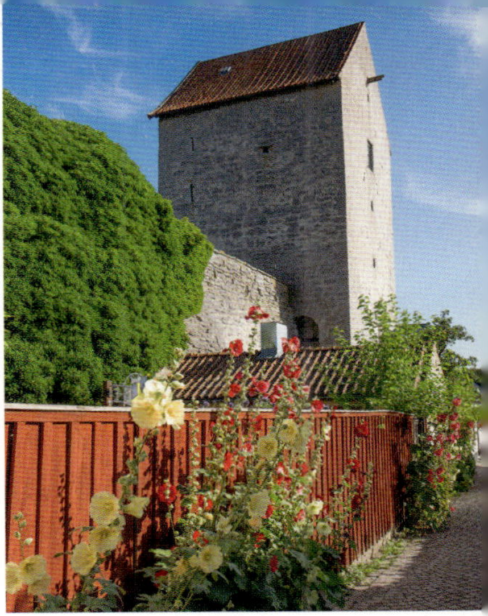

Das Stadttor Dalmanstornet.

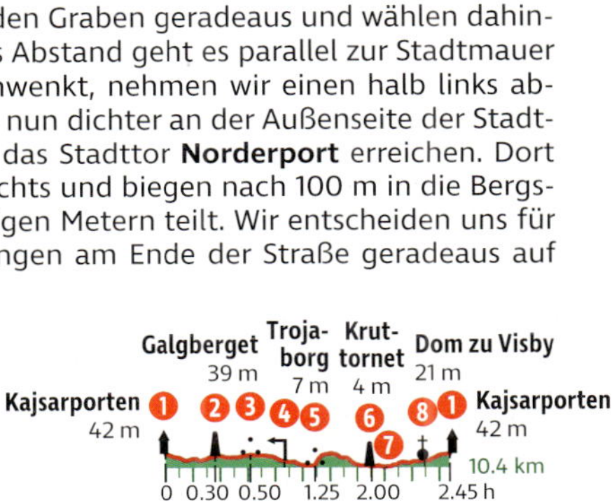

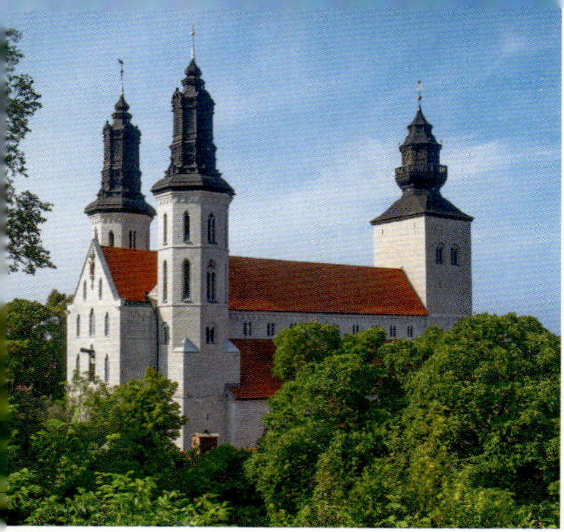

Visby Domkyrka – der Mariendom.

nach Nordosten; querende Pfade interessieren uns nicht. Nach 500 m gelangen wir zu einer Offenfläche (rechts von uns). Die dortige Wegkreuzung überqueren wir geradeaus. Am nördlichen Rand der Offenfläche betreten wir auf dem Hauptweg halb links den Wald (nicht den schmalen Pfad nach links nehmen). Nach 300 m machen wir den Linksknick des Hauptwegs mit (wir lassen sowohl einen geradeaus weiterführenden Weg als auch schmale Trampelpfade unbeachtet) und wandern am Rand einer Wiese abwärts, bevor uns erneut Wald umfängt. Am Hangfuß zweigt scharf links der **Kärleksstigen** ❹ ab. Nach 400 m, bei einem kleinen Unterstand, wenden wir uns bei einer Gabelung (ohne Wegweiser) nach rechts. Wieder im Offenland bleiben wir auf dem Hauptweg, der einen Knick nach links volllführt (»Trojaborgen«). Er bringt uns zur **Trojaborg** ❺, hinter der wir den linken Weg einschlagen. Nach einem kurzen Bogen durch Wald wählen wir an einem Parkplatz den linken Weg. Diesen wandern wir entlang, geradeaus über mehrere kreuzenden Wege hinweg und gelangen an der Ruine von St. Görans vorbei zu einer Straße; dort rechts und bei der nächsten Kreuzung auf einem Fußweg links (Wegweiser »Old Town«).

Wir erreichen die Stadtmauer von Visby bei **St. Göransporten** und biegen dahinter rechts ab. Am Hangfuß können wir den Turm **Snäckgårdstornet** besteigen, begeben uns durch das Tor Snäckgårdsporten wieder auf die Außenseite der Stadtmauer, gehen links um ihr nordwestliches Eck und laufen nun seeseits an ihr nach Südwesten. Nach etwa 500 m wechseln wir durch ein kleines Rundbogentörchen (Kärleksporten) wieder auf die Innenseite. Dort rechts. Hinter dem Botanischen Garten werfen wir links einen Blick in die berühmte »Rosengasse« Fiskargränd, kommen am ältesten Turm der Stadt, dem **Kruttornet** ❻ (Pulverturm) vorbei und spazieren halb links die Strandgatan mit ihren mittelalterlichen Treppengiebel-Häusern entlang. Durch die **Lill Strandporten** können wir rechts einen Abstecher zum Park **Almedalen** ❼ machen und seinen Teich umrunden.

Anschließend setzen wir unseren Weg auf der Strandgatan nach Süden, am **Gotlands Museum** vorbei zum Donnerska Plats, fort. Wir nehmen die Hästgatan links aufwärts. Vom St. Hansplan zweigt links die St. Hansgatan ab. Auf ihr geht es die nächsten 500 m geradeaus – unter Torbögen hindurch und geradeaus vorbei an den Kirchenruinen von **St. Lars** und **St. Drotten** (rechts von uns). Wir kommen zur Hospitalsgatan und folgen ihr nach rechts, wählen bei der nächsten Gabelung die Smedjegatan links und finden an ihrem Ende die Kirchenruine von **St. Nikolai** linker Hand. Dort kehren wir um, biegen links in die St. Gertrudsgatan ein und behalten diese Richtung auch in der Norra Kyrkogatan bei. Wir umgehen den **Dom** 8 rechts und gelangen durch die Södra Kyrkogatan zum **Stora Torget**. Wir setzen unseren Weg halb links fort und erreichen leicht ansteigend Wallers Plats. Von dort folgen wir der Adelsgatan aufwärts nach Südwesten. Wenige Meter vor dem Södertorg zweigt links die Södra Murgatan ab. Nach wenig mehr als 50 m orientieren wir uns rechts zur **Kajsarporten** 1 hin, wo sich unsere Runde schließt.

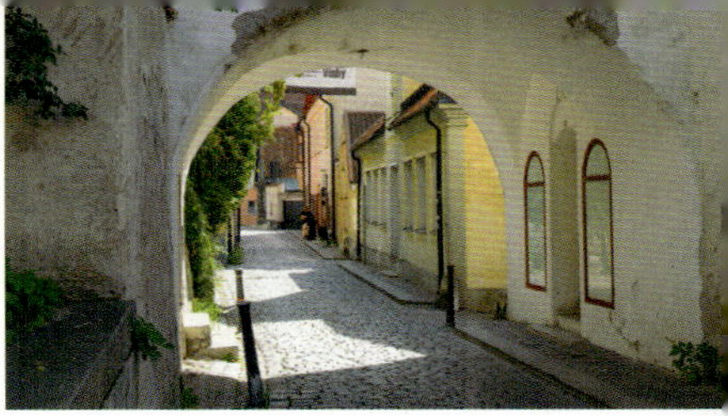

Tor in der St. Hansgatan.

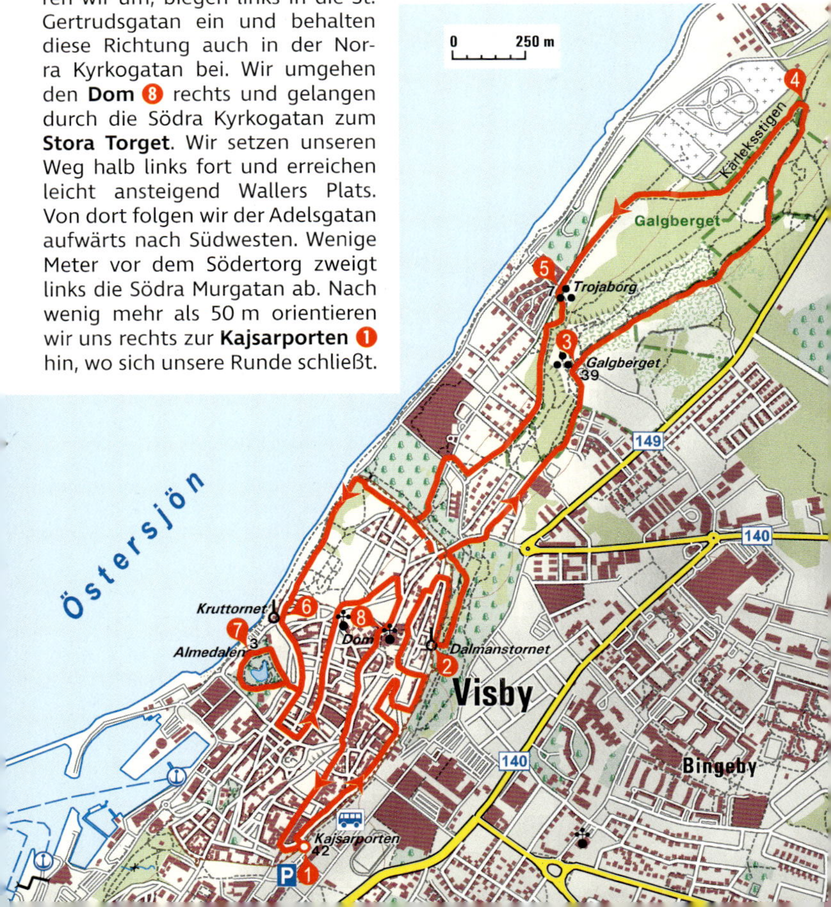

↗ 110 m | ↘ 100 m | 14.1 km

4 Själsö, Lummelundagrottan und Nyhamn

3.45 h

An der Küste entlang zu Fischersiedlungen und zu Gotlands einziger Besucherhöhle

Obwohl die Wanderung – mit Ausnahme des ersten Kilometers – an einer Flachküste entlangführt, bietet sie ein abwechslungsreiches Wandererlebnis. Mal geht es an Kieselstränden entlang, mal besteht der Untergrund aus Kalkschotter oder Sand. Mal reichen Kiefernwälder bis auf wenige Meter an das Ufer heran, mal geben die Bäume den Blick auf Ferienhäuser oder kleine Bauernhöfe im Hinterland frei, mitunter lassen sich im Binnenland auch kleine Seen erspähen. Interpunktiert wird diese Streckenwanderung durch die drei Fischersiedlungen (schw.: fiskeläge) Själsö, Brissund und Nyhamn. Ein Schlenker führt hinauf zur Lummelunda-Höhle, der einzigen für Besucher zugänglichen Höhle Gotlands und zum größten Mühlrad Schwedens (beide nur mit Eintritt zugänglich).

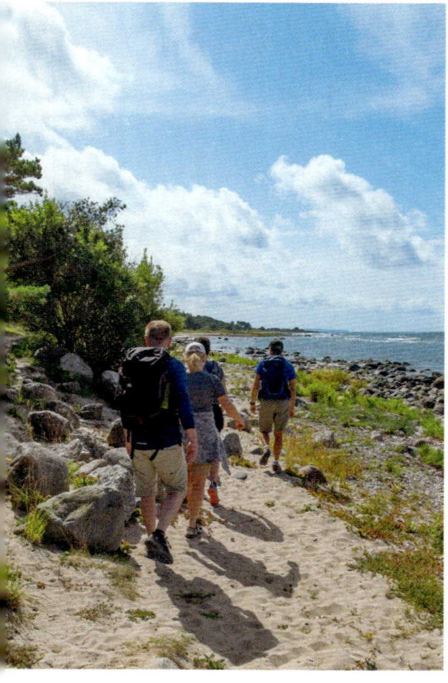

Ausgangspunkt: Kfz: Parkplatz oberhalb Muramaris. Vom Väg 149 auf Höhe der Bushaltestelle Muramaris nach Nordwesten auf einen breiten Feldweg abbiegen und nach 50 m rechts auf den Parkplatz fahren. ÖPNV: Bus Nr. 61 bis Haltestelle »Muramaris«.
Endpunkt: Bushaltestelle »Nyhamn-Tjauls« am Väg 149. Von dort mit dem Bus Nr. 61 zurück zur Bushaltestelle »Muramaris«.
Anforderungen: Wanderung auf überwiegend schmalen Pfaden und Feldwegen. Streckenweise wurzelig und steinig, am Strand abschnittsweise auf losem Kalkschotter und lockerem Sand. Zahlreiche Trittleitern.
Einkehr: Krusmyntagården nördlich von Brissund, Bruket Café an der Lummelunda-Höhle (jeweils nur Sommersaison).
Varianten: Folgende kürzere Strecken sind möglich (Varianten 1 und 2 auch für Kinder geeignet): 1) Bis zum Krusmyntagården, von dort zur Bushaltestelle »Brissundsvägen« am Väg 149; ca. 7,5 km. 2) Bis zur Lummelundagrottan bzw. zur gleichnamigen Bushaltestelle am Väg 149; ca. 10,5 km. 3) Ohne Exkurs

Am Strand bei Brissund.

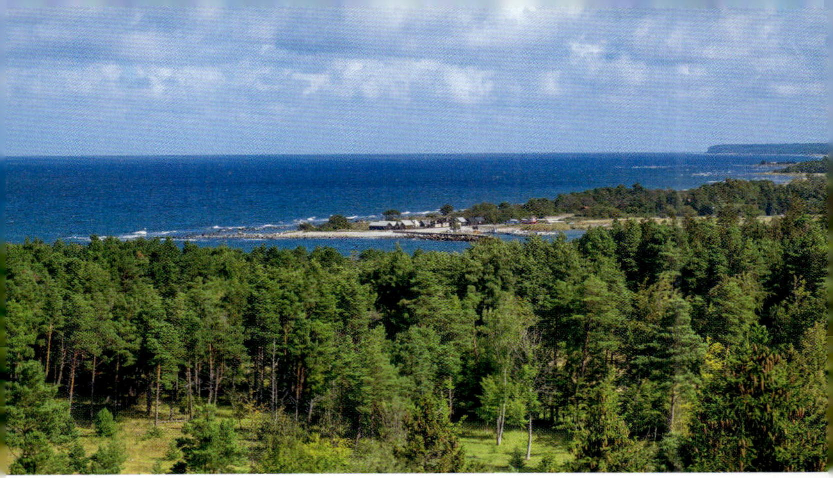

Blick über Brucebo-Naturreservat und Själsö.

zur Lummelundagrottan; ca. 13,5 km. **Kombinationsmöglichkeit:** Wer die Streckenwanderungnoch verlängern möchte, setzt bei Nyhamn 8 den Weg an der Küste nach Norden fort (unbeschildert, aber überwiegend gut zu finden) und erreicht nach ca. 9 km den nordwestlichsten Punkt von Tour 5. Der Beschreibung folgen bis Wegpunkt 6 (ca. 25 km, Bushaltestelle Lickershamn, Bus verkehrt nur in der Hauptsaison) oder 1 (ca. 29 km, Bushaltestelle Stenkyrka/Stenstugu, Bus verkehrt ganzjährig).
Hinweis: Wer Lummelundagrottan besuchen will, sollte warme Kleidung dabeihaben – die Temperatur in der Höhle beträgt 8 °C. Infos zur Grotte: lummelundagrottan.se.
Karte: Sverigeserien – Topo50 (Norstedts) Blad 13 »Norra Gotland«.

Von der Einfahrt zum **Parkplatz Muramaris** 1 wenden wir uns rechts auf einen breiten Feldweg und finden nach etwa 250 m links eine Infotafel und ein Schild »Naturstig«, das uns links in den Wald weist. Nun helfen uns kniehohe, blaue Pfosten bei der Orientierung und leiten uns in einer Rechtskurve durch das stark verbuschte Gelände mit felsigem und wurzeligem Untergrund. Wir gelangen zu einer Felsklippe, die sich hervorragend als Aussichtspunkt eignet, biegen dort landeinwärts (rechts) ab und finden nach 50 m die markierte Abzweigung eines Pfads nach links. Wir verlieren etwas an Höhe und orientieren uns bei einer Kreuzung links. Bei der folgenden Gabelung halb links. Über Treppenstufen gelangen wir abwärts auf einen Querweg und wenden uns nochmal nach links. Der Weg kurvt nach rechts und stößt auf einen **Querweg** 2. Auf ihm geht es nach rechts am **Waldrand** entlang (Achtung: links Vogelschutzgebiet mit Betretungsverbot, daher nicht vom Weg abweichen). Bei nächster Gelegenheit, am Waldrand, halb links.

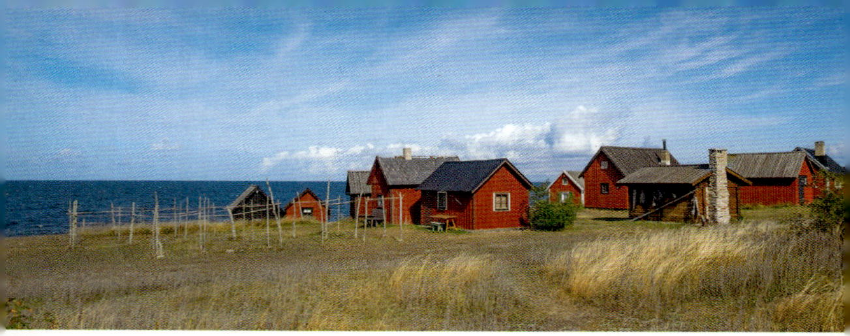

Nyhamn Fiskeläge gehört zu den attraktiven Etappenzielen dieser Tour.

Kurz durchschreiten wir noch ein Wäldchen, bevor wir die nördliche Grenze des Naturschutzgebiets erreichen und ab hier auf die blauen Markierungen verzichten müssen. Es zweigen einige Wege rechts ab, die uns nicht interessieren, während wir ein schmales Pfädchen geradeaus – unmittelbar am Ufer entlang – wählen. Es bringt uns zu einer Trittleiter, die wir übersteigen und uns dahinter, auf einer Weide, ohne Wegspur geradeaus parallel zur Küste halten. Mit einer weiteren Trittleiter stoßen wir auf ein Sträßchen, biegen links ab und gelangen zu den Fischerhütten von **Själsö** 3. Hinter dem letzten Häuschen scharf rechts. Wir wandern in unmittelbarer Küstennähe auf einem Pfad nach Nordosten. Nach gut 1,5 km mündet unser Pfad auf einen Feldweg, den wir links entlanglaufen. Wo er nach rechts abknickt, behalten wir auf einem Pfad die Richtung geradeaus bei und gelangen zu den Fischerhütten von **Brissund** 4. Auch hier ignorieren wir den Feldweg nach rechts, sondern wandern geradeaus zunächst am Strand, dann unter Kiefern entlang. Nach 600 m passieren wir **Krusmyntagården** 5 (100 m rechts von uns), zu dem sich ein kurzer Abstecher lohnt.
Anschließend bleiben wir weiterhin der Küste treu, wobei der Weg über Geröll und durch Gebüsch etwas ruppiger wird. Bei einem kleinen Einschnitt mit alten Mauerresten wenden wir uns landeinwärts nach rechts und entdecken nach 20 m einen querenden Pfad. Dort links. Durch dichtes Gebüsch und Kiefernwald gelangen wir auf einen Feldweg und wandern auf ihm nach Nordosten, wo er allmählich zur schmalen Fahrspur und dann zum Fußpfad mutiert. Wir passieren zwei kleine rote Hütten (rechts) und die dahinter befindliche Kreuzung geradeaus und tauchen unweit dahinter in einen Laubwald im **Bruksparket** (»Werkspark«) ein, den mehrere Wasserläufe durchziehen. Wenige Meter hinter dem zweiten Steg

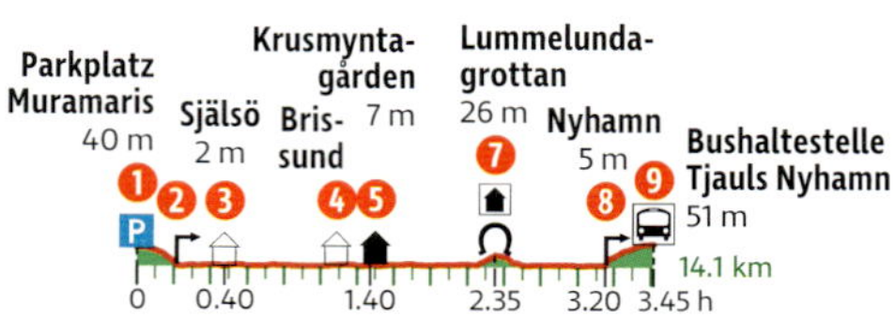

zweigt ein **Pfad** ❻ mit schwarz-weißer Markierung rechts ab. Hinter einer weiteren Brücke knickt der Hauptweg halb links ab, wobei wir uns bei den nächsten Kreuzungen entlang des Wasserlaufs orientieren. Wo er nach links schwenkt, kommt hangaufwärts eine Treppe in Sicht. Mit ihr gelangen wir auf den Vorhof des **Hjulhuset** (Nordeuropas größtes Mühlrad, Zugang links). Wir biegen rechts und auf der Straße links ab. Wenige Schritte aufwärts bringen uns zum Eingangsgebäude der **Lummelundagrottan** ❼.

Wir nehmen unmittelbar davor das Sträßchen nach links, passieren Linnés Grotta (rechts von uns) und entscheiden uns 150 m nach den letzten Häusern für einen Feldweg links abwärts. An der Küste rechts. Über Kalkschotter geht es nun – an dem auf dieser Tour einsamsten – Küstenabschnitt dicht am Ufer entlang. Am Scheitelpunkt einer Bucht stoßen wir auf eine Fahrspur, die die Küste in geringem Abstand begleitet. Auf ihr gelangen wir zu den Holzhütten der Fischersiedlung **Nyhamn** ❽, wenden uns davor auf einer unbefestigten Fahrstraße nach rechts und erreichen aufwärts die Hauptstraße, Väg 149. 500 m links befindet sich die **Bushaltestelle Tjauls Nyhamn** ❾.

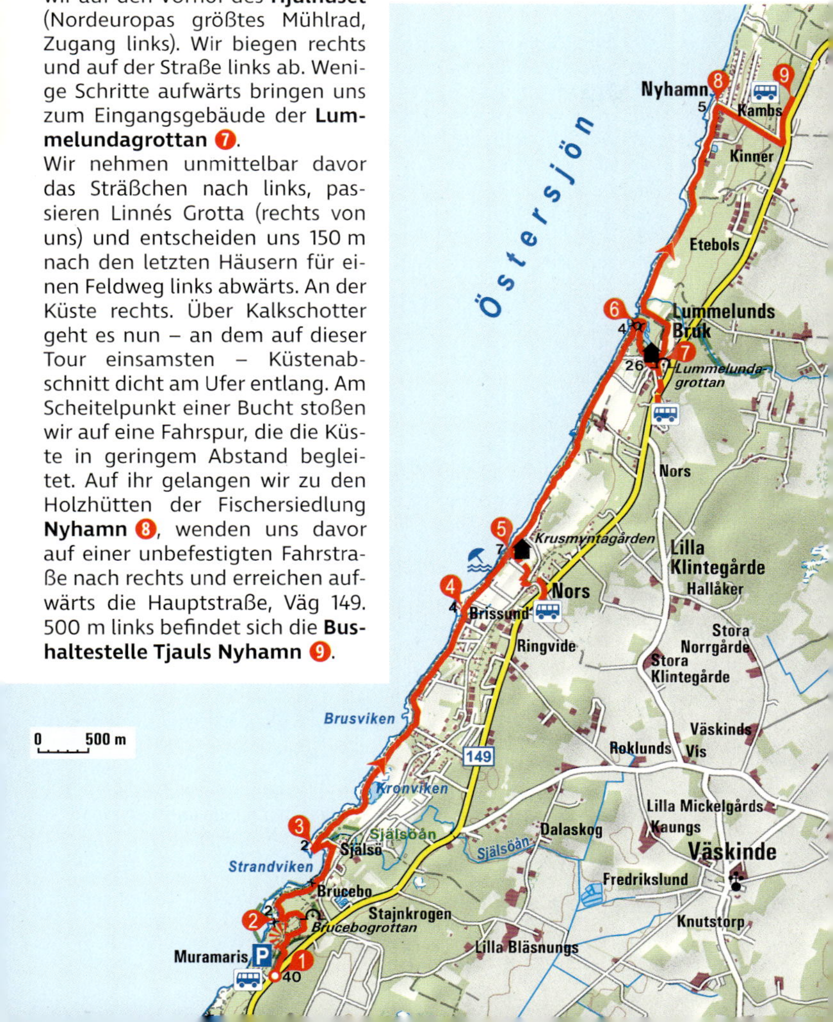

↗ 80 m | ↘ 80 m | 10.4 km

5 Jungfru-Rauk und Lickershamn

2.30 h

Zu Aussichtskanzeln hoch über dem Meer und Gotlands höchstem Rauk

Westlich von Lickershamn ragt eine Steilküste aus weißem Kalk abrupt aus dem Meer auf und bildet an mehreren Stellen exponierte Felsvorsprünge. Da das Areal nur zu Fuß erkundet werden kann, ist die Zahl der Besucher im Verhältnis zum Naturgenuss eher gering und man kann das Panorama von diesen natürlichen Aussichtskanzeln, Balsklint und Stuklint, meist in Ruhe genießen. Anders verhält es sich weiter östlich am Jungfru-Rauk, dem höchsten Raukgebilde Gotlands: Es ist eines der meistbesuchten Ausflugsziele der Insel. In Lickershamn stehen dann noch ein hübscher Hafen und ein kleines Raukfeld auf dem Programm, dessen Kalksäulen vom Efeu als Rank- und Kletterhilfen pittoresk »zweckentfremdet« werden.

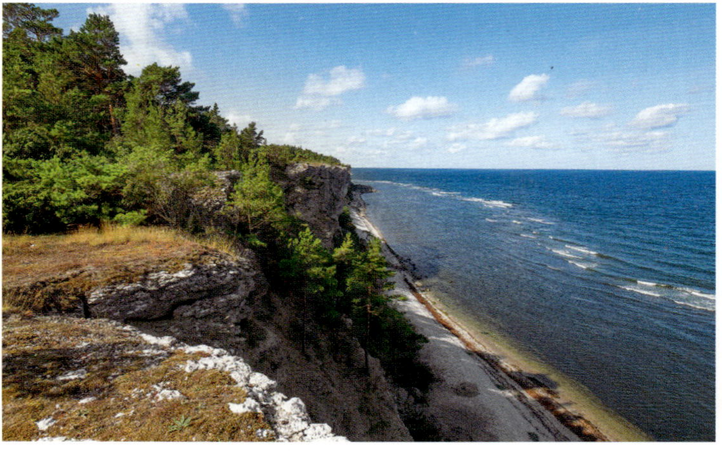

Vom Stuklint aus schweift der Blick nach Süden entlang der Steiküste.

Ausgangspunkt: Kfz: In Stenstugu (westlich Stenkyrka) vom Väg 149 nach Westen zum Supermarkt »Tempo« abbiegen und dort parken. ÖPNV: Bus Nr. 61 bis Haltestelle »Stenkyrka«.
Anforderungen: Wanderung auf Feldwegen und Waldwegen, die häufig stark wurzelig und stellenweise steinig sind. Aufgrund des stellenweise exponierten Geländes und der Steilabstürze Kinder adäquat beaufsichtigen.
Einkehr: Lickershamn Krog (nur Hochsaison), Lickershamn Fiskebod (Räucherfischverkauf und kleines Kioskangebot).
Karte: Sverigeserien – Topo50 (Norstedts) Blad 13 »Norra Gotland«.

Vom **Parkplatz** ❶ am Supermarkt **»Tempo Stenkyrka«** aus gehen wir zurück zur Hauptstraße, laufen auf ihr 50 m nach rechts und biegen dann in eine Seitenstraße rechts in Richtung Vale ab. Bald lassen wir den westlichen Ortsrand hinter uns, und passieren nach 1 km die kleine Siedlung Vale, hinter der die Straße eine S-Kurve beschreibt und anschließend an einem Waldrand entlangführt. 50 m bevor die Straße ganz in den Wald eintaucht, dürfen wir eine schmale **Fahrspur** ❷ nach rechts in den Wald hinein nicht verpassen. Wir marschieren auf ihr durch Kiefernwald und lassen alle untergeordneten Wege und Pfade unbeachtet. Nach 2,5 km gelangen wir an eine T-Kreuzung und biegen links ab.

Nach 100 m wenden wir uns nach rechts und erreichen den Felsvorsprung **Balsklint** ❸, die westlichste der Aussichtskanzeln. Hier kehren wir um und finden 50 m landeinwärts einen schmalen Pfad nach links (Nordosten). Durch Fichten- und Kiefernwald, oft nah an der Hangkante, schlängelt sich der Pfad nach Nordosten, wobei mit **westlichem Stuklint** und **östlichem Stuklint** weitere Aussichtskanzeln mit Abstechern nach links erkundet werden können. Anschließend lassen wir Abzweigungen schmaler Pfade oder abwärtsführende Steige unbeachtet. Bei einem kleinen Betongebäude (ehemals militärisch) auf der Lichtung des **Högklints** verlassen wir unseren bisherigen Weg und finden 20 m weiter links den etwas unauffälligen Einstieg zu einem abwärtsführenden Pfad, mit

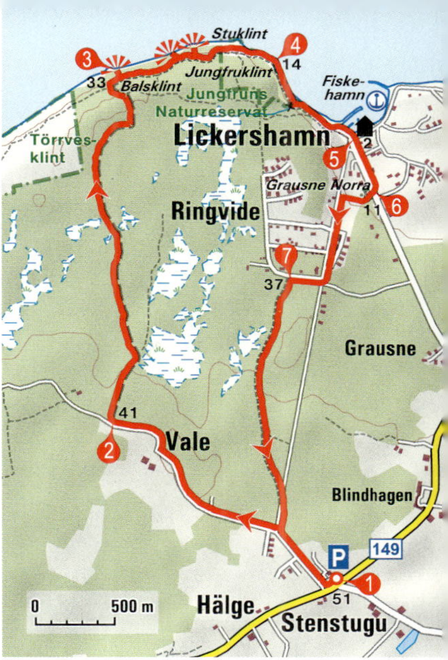

Weg durch Kiefernwald.

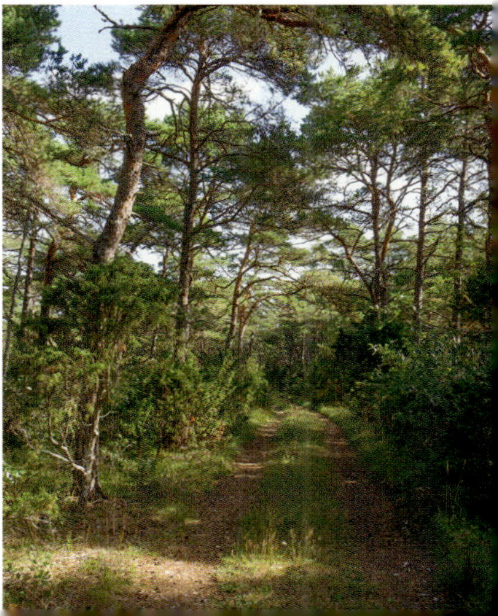

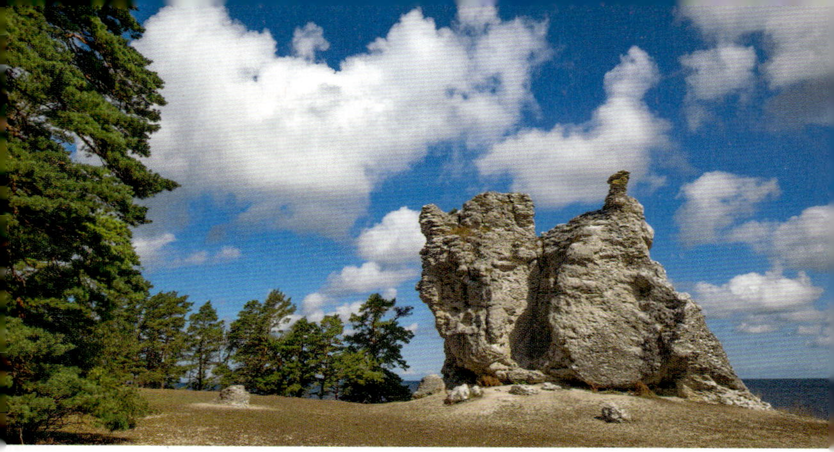

Der Jungfru-Rauk ist ein beliebtes Ausflugsziel an der Nordwestküste.

dem wir direkt zum **Jungfru-Rauk** ❹ gelangen. Daran vorbei erreichen wir einen breiteren Weg, der uns nach **Lickershamn** ❺ bringt. Am Parkplatz halb rechts. Bei der Gabelung unmittelbar dahinter entscheiden wir uns für die linke Möglichkeit, eine Asphaltstraße.

Nach 300 m öffnet sich rechts das kleine und vom Efeu überwachsene **Raukfeld von Grausne** ❻. Wir steigen zwischen den Raukfelsen nach oben und halten uns hinter dem westlichsten Rauk halb rechts. Entlang des Gehölzrandes steuern wir auf ein rotes Häuschen zu und biegen davor auf einem Feldweg links ab. Nach gut 600 m nehmen wir den »Arkosevägen« nach rechts. Nach 200 m finden wir einen **Pfad** ❼ nach links. Auf ihm geht es nach Süden. Nach ca. 1 km gelangen wir an eine Gabelung, wo der Hauptweg nach links schwenkt, wir aber auf dem schmaleren Pfad die Richtung geradeaus beibehalten. Er mündet auf einen Feldweg, dem wir rechts folgen. Bei einer T-Kreuzung links. Nach 500 m erreichen wir die Hauptstraße, gehen links und sehen und nach wenigen Metern links den **Parkplatz** ❶ vor uns.

Im Raukfeld von Grausne.

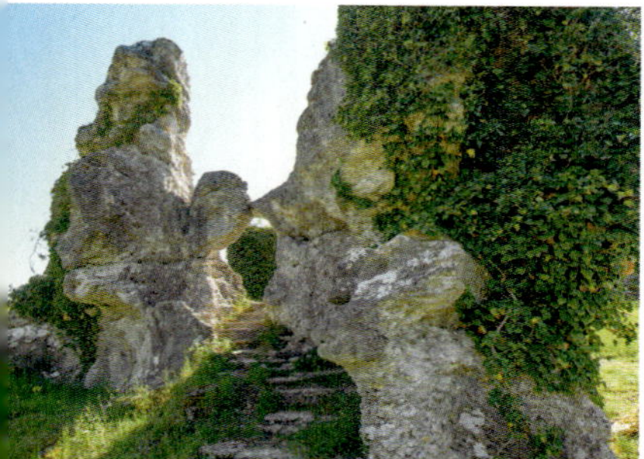

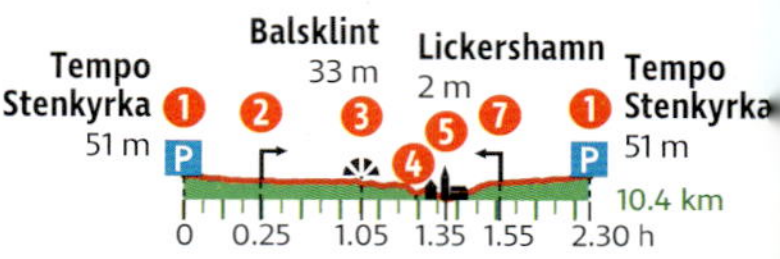

↗ 110 m | ↘ 110 m | 6.2 km

2.00 h

TOP

Ireån und Svarthäll

6

Steilküste von oben und von unten mit einem hübschen Bach als i-Tüpfelchen

Die raue und wilde Felsküste an der Nordsostseite der Bucht Ireviken bildet den ersten Teil der Tour. Man erlebt sie zunächst von oben, wo sich überwiegend Kiefernwälder und stellenweise auch Magerrasen und Felsheiden finden. An einigen Stellen bieten sich phantastische Ausblicke auf die weit geschwungene Bucht, und mit einem Abstecher kann auch Sigsarve Strand mit seinen hübschen Fischerhütten einbezogen werden. Der zweite Teil der Tour widmet sich dem Strand, der von den steil aufragenden und teilweise überhängenden Wänden dramatisch eingefasst wird. Mit einem kurzen Spaziergang am Strand erreicht man die Mündung des Ireån, dem man im Wald bachaufwärts folgt. Er plätschert – ausreichende Wasserführung vorausgesetzt – munter vor sich hin und bildet einen der wenigen, im natürlichen Zustand erhaltenen Wasserläufe Gotlands. Seine braune Färbung ist natürlichen Ursprungs (Huminstoffe aus seinem moorigen Einzugsgebiet). Er beherbergt Flussneunaugen und Meerforellen und auch Wasseramseln lassen sich hier blicken.

Ausgangspunkt: Kfz: Parkmöglichkeit am Beginn der Ireåslingan. Vom Väg 149 nicht dem Wegweiser »Irevik« folgen, sondern knapp 500 m weiter nach Nordosten fahren und hinter einem Hofkomplex, genau auf Höhe der Bushaltestelle »Ihre«, links auf einen unbeschilderten Feldweg abbiegen. An einer Ferienhaussiedlung vorbeifahren und 150 m dahinter rechts. Abzweigung nach links ignorieren. Parkplatz (mit Infotafel) nach 150 m auf der rechten Seite. ÖPNV: Bus Nr. 61 bis Haltestelle »Ire«. Von dort zum Startpunkt wie Kfz-Beschreibung; Tour dann 1 km länger.
Anforderungen: Schmale Waldpfade, generell wurzelig. Je ein steiler An- und Abstieg. Eine Teiletappe entlang des Strands.
Einkehr: Keine.
Kombinationsmöglichkeit: Mit Tour 7 über Sigsarve Strand 3.
Hinweis: Aufgrund des stellenweise exponierten Geländes und der Steilabstürze Kinder adäquat beaufsichtigen.
Karte: Sverigeserien – Topo50 (Norstedts) Blad 13 »Norra Gotland«.

Der Wanderweg führt direkt am Strand entlang.

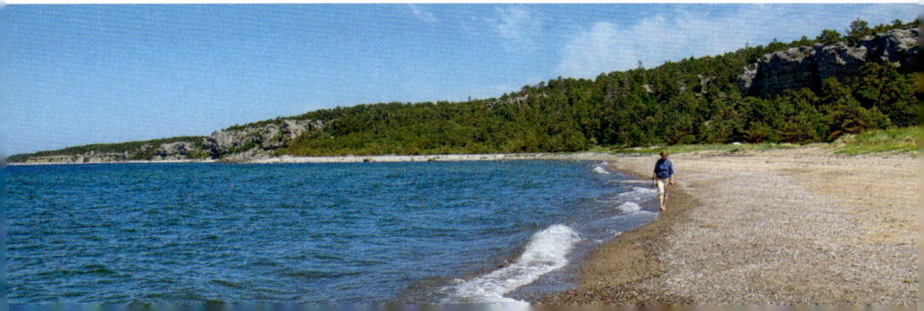

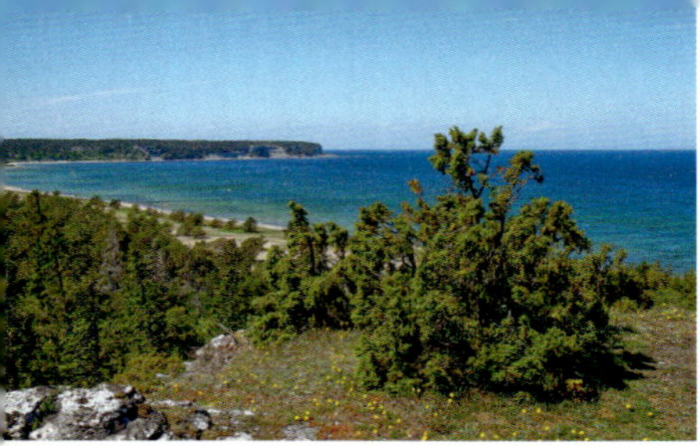

Blick über die Bucht Ireviken.

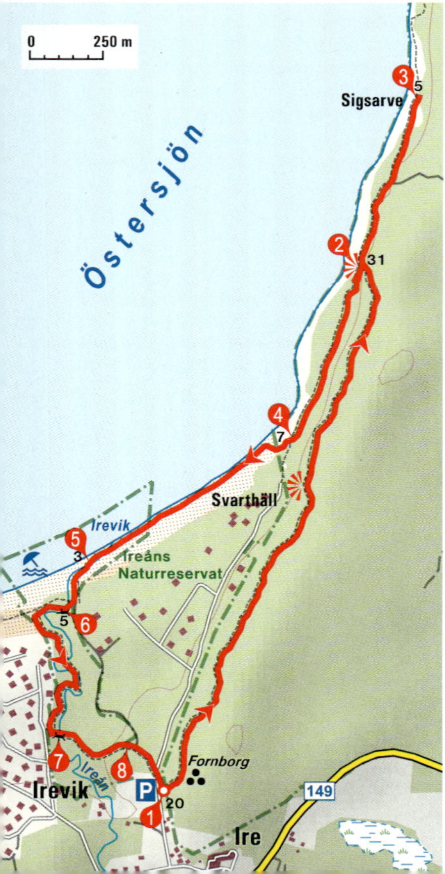

Von der **Parkmöglichkeit** ❶ aus bewegen wir uns kurz in Fahrtrichtung weiter und finden nach 30 m einen Wegweiser **»Ireåslingan«**, der nach rechts weist. Von nun an begleitet uns die Markierung weiß-gelbe Raute bzw. weiß-gelbe Markierungen an Bäumen. Auf einem kleinen Steig erreichen wir die Höhe und befinden uns im Bereich einer kleinen **prähistorischen Befestigungsanlage**. Hier knickt der Pfad links ab, um der Geländekante zu folgen. Auf den nächsten 2 km schlängelt sich der Pfad abwechselnd durch Wald und Wacholderheiden und kommt des Öfteren der Geländekante der **Svarthäll** genannten Steilabbrüche sehr nahe. An verschiedenen Stellen bieten sich auch Möglichkeiten, mit kleinen Abstechern nach links Aussichtskanzeln über die Bucht **Ireviken** zu erreichen.

Schließlich gelangen wir an einen **Kreuzungspunkt** ❷ mit Wegweiser oberhalb einer **Holztreppe**. Von hier aus machen wir einen Abstecher zum Sigsarve Strand: Dazu biegen wir rechts ab (jetzt »orange Raute«) und gelangen nach 300 m zu einem weiteren Wegweiser. Hier orientieren wir uns in Richtung »Häftingsklint« und verlieren auf einem breiten Fußweg zügig an Höhe. Am Hangfuß angelangt, sehen wir die historischen Fischerhütten von **Sigsarve** ❸ in einiger Entfernung vor uns. Dort kehren wir um, wandern dann wieder den Hang hinauf und an der Hangkante mit oranger Raute bis zum Ausgangs-

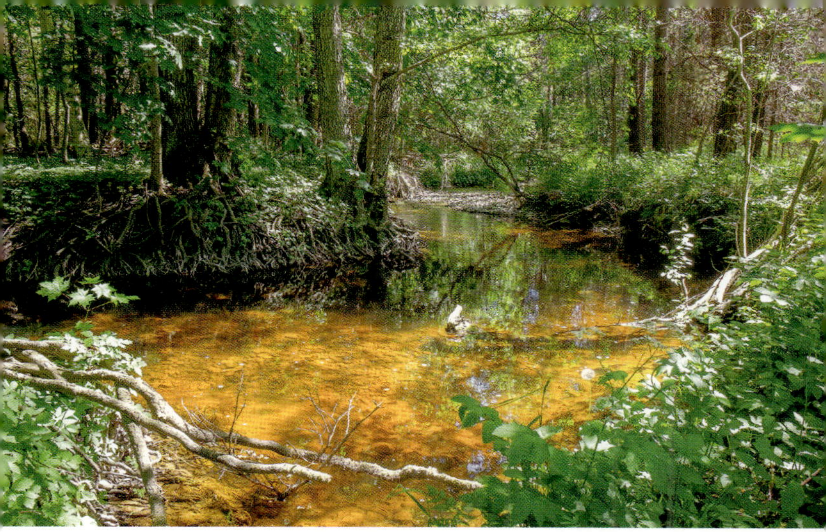

Die braune Färbung des Bachs Ireån kommt von Huminstoffen. Er ist Laichgrund von Meerforellen und Flussneunaugen.

punkt des Abstechers. An der **Wegkreuzung** 2 steigen wir nun über eine **Holztreppe** ab (jetzt wieder »Ireåslingan«).

Am Fuß der Steilwand wandern wir auf dem breiten Waldpfad in Richtung Süden, mit etwas Abstand parallel zur Bucht. Bei einer kleinen **Hütte** 4 verlassen wir den Pfad (und die gelb-weiße Markierung) in Richtung Meer und flanieren am Kiesel- und Sandstrand entlang. Wo der **Ireån** 5 ins Meer mündet, halten wir uns halb links und finden wenige Meter inland eine Hinweistafel, bei der wir die weiß-gelbe Farbmarkierung wieder entdecken. Wir folgen dem Ireån zunächst entlang des Ostufers, bevor wir mittels der **unteren Brücke** 6 auf das Westufer queren. Direkt dahinter links. Der schmale Pfad begleitet nun den Bach, der im Frühsommer munter vor sich hinplätschert, flussaufwärts. Rechts abzweigende Pfade lassen uns kalt. Nach einigen Hundert Metern biegen wir bei einer T-Kreuzung links auf einen Querweg ab, auf dem wir nach wenigen Metern die **obere Brücke** 7 queren. Nach knapp 250 m heißt es aufpassen: Bei einer **Gabelung** 8 nehmen wir die rechte Möglichkeit und schwenken nach 70 m auf einen breiteren Weg rechts ein. Nach wenigen Schritten verlassen wir den Wald und halten direkt auf die **Parkmöglichkeit** 1 mit Infotafel in geringem Abstand vor uns zu.

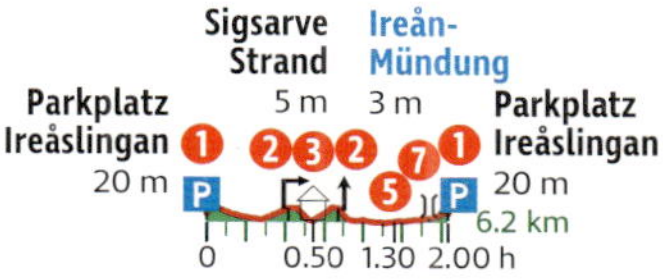

TOP

↗ 110 m | ↘ 110 m | 10.1 km

7 Sigsarve und Häftingsklint

2.30 h

Gotlands nordwestliche Steilküste in ihrer ganzen Pracht

Die nordwestliche Steilküste Gotlands läuft nördlich von Ire zu großer Form auf, was nicht nur die Höhe an sich, sondern auch die Ausformung der Felsen betrifft, die an Dramatik nicht zu übertreffen ist. Die Wanderung entlang der Küste führt abwechselnd oben an der Kliffkante und am Fuß der Steilwände entlang. Von oben bieten sich großartige Ausblicke entlang der Küste, im Kalkschotter unten am Hangfuß lassen sich hingegen Fossilien entdecken. Auf einigen der Strände finden sich pittoreske Fischerhütten, für deren Lage »wildromantisch« genau die richtige Beschreibung ist. Häftingsklint im Norden ist der nördlichste Ausläufer der prägnanten Steilküste und weist gleichzeitig eine vorgeschichtliche Befestigungsanlage auf. Im Landesinneren geht es durch Kiefernwald, vorbei an kleinen Niedermooren und gelegentlich über Felsheiden.

Ausgangspunkt: Parkmöglichkeit südlich der Siedlung Häftings. Vom Väg 149 in Richtung Häftings abbiegen und nach ca. 2,5 km direkt vor einer scharfen Rechtskurve links bei einer Infotafel parken, jedoch Zufahrt zum Feldweg nicht blockieren. Zusätzliche Parkmöglichkeiten: Weg weitere 250 m um die Rechtskurve herum folgen und links bei einer weiteren Infotafel parken.
Anforderungen: An der Kliffkante schmale und steinige Pfade, vereinzelt etwas ausgesetzt, mit einigen kurzen steilen Anstiegen; im Hinterland Feld- und Graswege ohne Wegweiser und Markierungen (und abschnittsweise überwachsen), daher ist etwas Orientierungsvermögen erforderlich. Einige Trittleitern.
Einkehr: Keine.
Variante: Verzicht auf den Abstecher zum Häftingsklint; Tour dann ca. 1,5 km kürzer.
Kombinationsmöglichkeit: Mit Tour 6 über Wegpunkt 5.
Hinweise: 1) Entlang der Küste herrschen starke Strömungen vor, sodass vom Baden abgeraten wird. 2) Aufgrund des stellenweise exponierten Geländes und der Steilabstürze Kinder adäquat beaufsichtigen.
Karte: Sverigeserien – Topo50 (Norstedts) Blad 13 »Norra Gotland«.

Blick vom Häftingsklint in Richtung Süden.

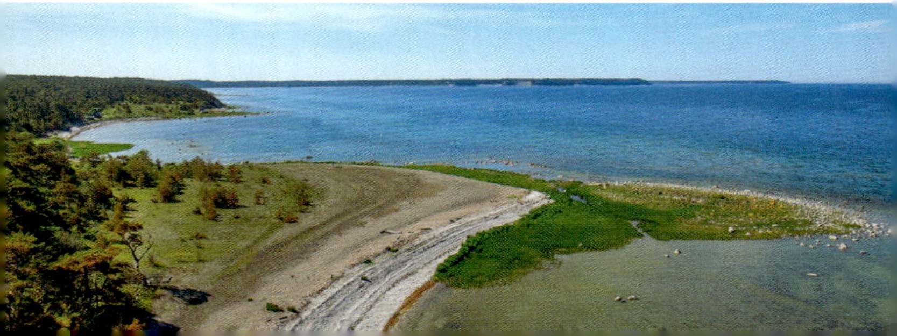

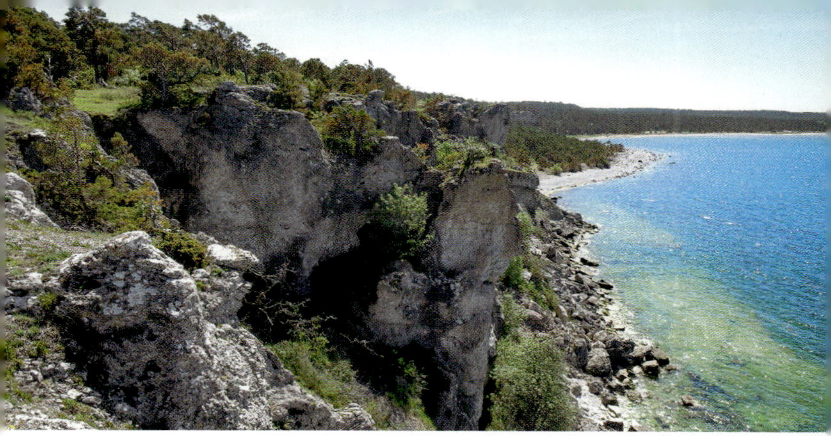

Felsabbrüche der Steilküste Svarthäll nördlich der Bucht Ireviken.

Von der **Parkmöglichkeit 1** südlich der Siedlung **Häftings** nehmen wir den Feldweg, der direkt neben der **Infotafel** nach Süden führt. Nach 250 m kommen wir zu einer **Feldwegekreuzung**, bei der wir den rechten Weg einschlagen. Durch ein Tor betreten wir eine halboffene Landschaft aus Felsheiden, niedrigen Gebüschen und Wacholdern. Nach gut 300 m heißt es aufpassen: Bevor der Hauptweg in einen höherwüchsigen Kiefernbestand eintaucht, zweigt halb links ein unscheinbarer **Grasweg 2** ab; den nehmen wir. Er ist zwar etwas überwachsen, aber gut zu verfolgen und leitet uns auf den nächsten 1,3 km zunächst nach Südwesten, dann nach Süden abwechselnd durch dichtere Kiefernbestände und offene Felsheiden.
Hinter einem Tor erreichen wir geradeaus nach wenigen Schritten einen breiten **Feldweg 3**. Dort rechts. An seinem Ende finden sich ein kleiner Parkplatz, eine weitere Infotafel und 20 m dahinter ein **Wegweiser 4**. Hier entscheiden wir uns zunächst für die linke Möglichkeit (**»Svarthäll«**) und werden bald darauf mit den ersten atemberaubenden Eindrücken von der Kliffkante belohnt, wobei Abstecher nach rechts zur Abbruchkante mit der gebotenen Vorsicht erfolgen sollten. Beim nächsten Wegweiser oberhalb einer Holztreppe erreichen wir einen **Aussichtspunkt 5**, jetzt mit vollem Blick auf die Bucht **Ireviken** – dem Grund dieses Abstechers.
Hier kehren wir um und laufen auf demselben Weg zurück bis zum **Wegweiser 4** unterhalb des Parkplatzes. Nun orientieren wir uns in Richtung »Häftingsklint« und verlieren auf dem breiten Wanderweg zügig an Höhe (ab hier begleitet uns »orange Raute«). Am Hangfuß erwartet uns **Sigsarve Strand** und wir wandern unterhalb der Steilküste entlang und vorbei an einigen

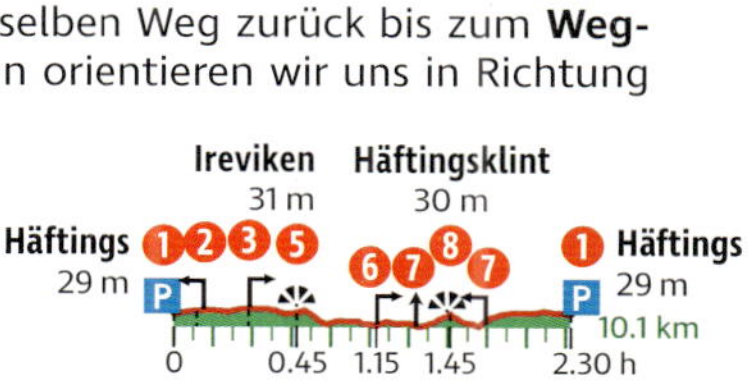

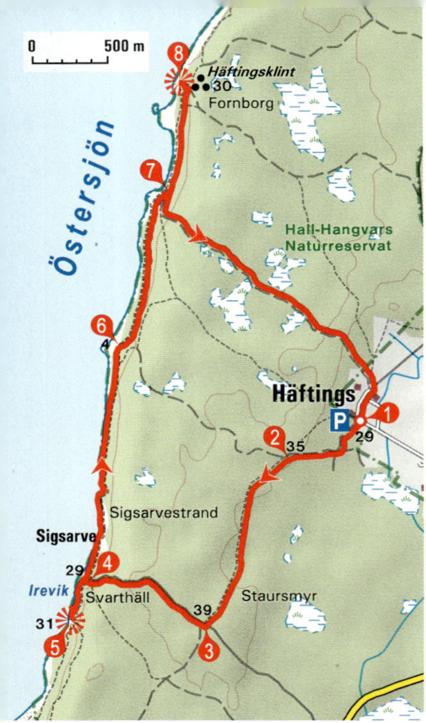

pittoresken Fischerhütten. Hinter einer Trittleiter biegt der Weg rechts ab und erklimmt steil den Hang. Oben geht es dann an der Hangkante entlang, Anschließend führt der Pfad durch Kiefernwald zunächst recht eben weiter nach Norden und später fast unmerklich abwärts. Bei einer Verzweigung links (weiterhin orange Markierung), wobei uns der Weg hinunter zu einem kiesigen Strand bringt. Kaum am **Hangfuß** 6 angelangt, heißt es aber schon wieder halb rechts abbiegen, um den Hang zu ersteigen. Wieder durchqueren wir Kiefernwald, bevor sich der Weg zu **Häftings Strand** mit seinen Fischerhütten absenkt. Wir spazieren an ihnen vorbei – dabei die Einmündung einer **Fahrspur** 7 (Rückweg) passierend – und erreichen vom nördlichen Ende der Bucht aus mit einem kurzen Anstieg **Häftingsklint** 8.

Hier drehen wir um und kehren zurück zu den Fischerhütten. Hinter der ersten Gruppe von Hütten führt die **Fahrspur** 7 halb links aufwärts, die bald zu einem Feldweg mutiert. Er verläuft mit einer Linkskurve aufwärts in den Wald hinein. Durch leicht bewegtes Gelände schlängelt sich der Feldweg durch lichten Kiefernwald in Generalrichtung Südosten und passiert dabei ein Vät und ein Flachmoor. Bei **Häftings** mündet der Feldweg auf einen breiten Fahrweg, dem wir rechts folgen. Nach 250 m, hinter einer Linkskurve, stoßen wir rechts wieder auf die **Parkmöglichkeit** 1.

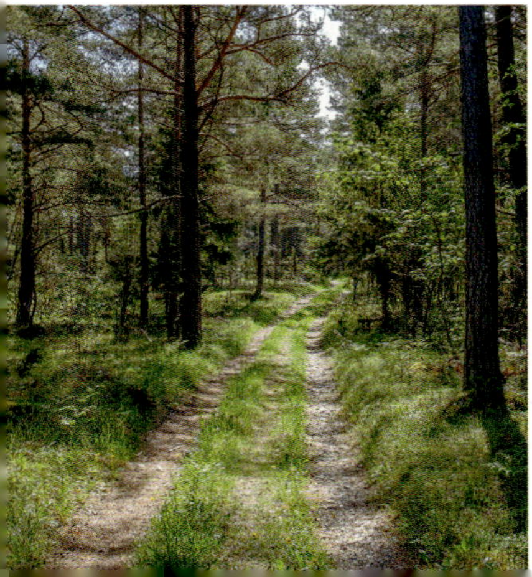

Auf dem Rückweg geht es durch Kiefernwald.

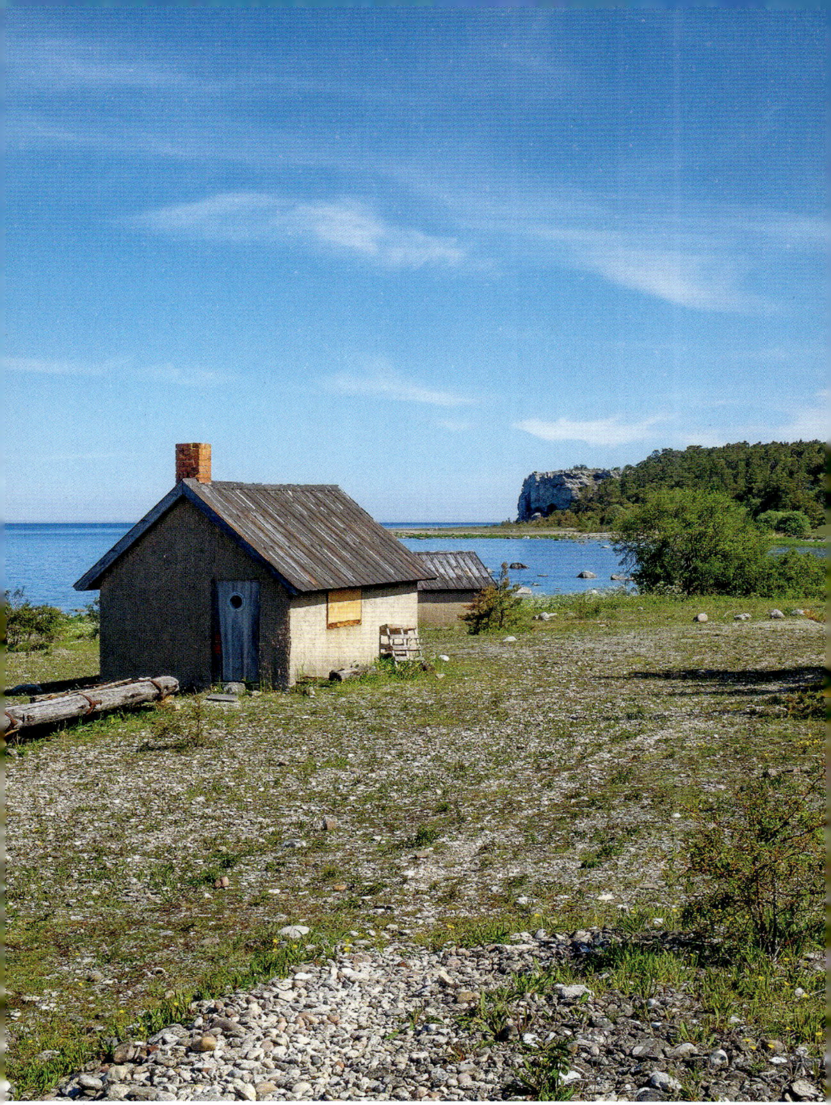

Kleine Fischerhütte mit Häftingsklint im Hintergrund.

↗ 40 m | ↘ 40 m | 5.4 km

8 Halls Kust

1.15 h

Anmutige Küstenlandschaft abseits der Touristenströme

Während etwas weiter südlich Steilküsten das Bild bestimmen, zeigt sich Halls Küste als das pure Gegenteil: Sanft und flach geht das Land ins Meer über und mit der kleinen Fiskeläge Norsstad profitier(t)en örtliche Fischer von der leichten Zugänglichkeit zum Meer. Der Spaziergang führt zunächst durch Kulturland, dann durch Kiefernwald, bevor man der Küste im Offenland nach Nordosten folgt. Hier bewegt man sich über einen artenreichen Gras- und Kräuterteppich, der wunderbar unter den Füßen federt. Im Landesinneren sind kleine Niedermoore und Mähwiesen erkennbar, doch zum Schluss kommt mit dem Nordrand des Grönbjärgsklinten doch noch ein vertikaler Aspekt ins Spiel.

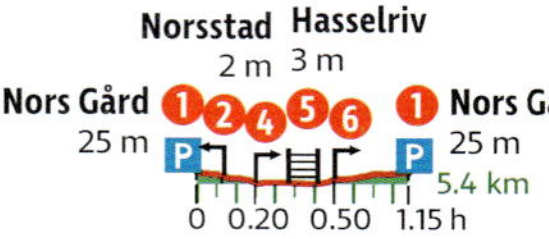

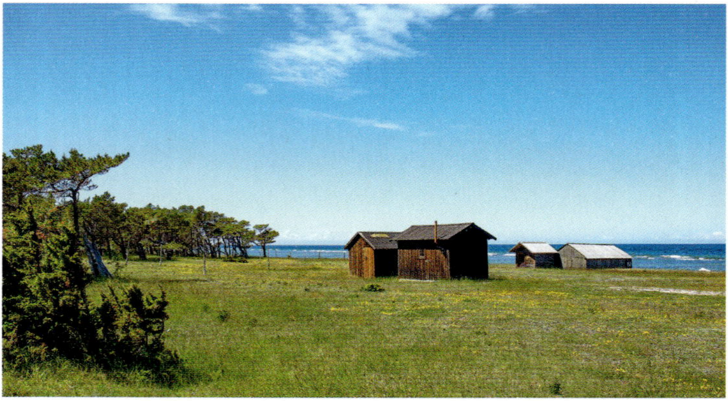

Die Fiskeläge Norsstad liegt einsam an einem flachen Küstenabschnitt.

Ausgangspunkt: Parkmöglichkeit bei Hägvards/Västerbys. Von Halls Kirche aus 1,8 km nach Nordwesten in Richtung Hallshuk fahren und direkt vor der Abzweigung »Nors Gård« links auf dem Seitenstreifen (vor einem Reitplatz) parken. Für Campingbusse etwas knapp, jedoch keine Ausweichmöglichkeit vorhanden.

Anforderungen: Einfache Wanderung auf Feldwegen und Graswegen; kurz auf der Straße. Einige Trittleitern.
Einkehr: Keine.
Hinweis: Auf den Weideflächen erfolgt Mutterkuhhaltung, weshalb man Hunde auf diese Tour besser nicht mitnimmt.
Karte: Sverigeserien – Topo50 (Norstedts) Blad 13 »Norra Gotland«.

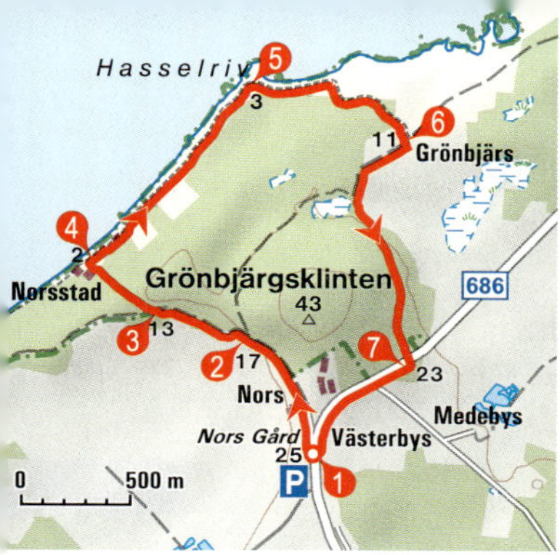

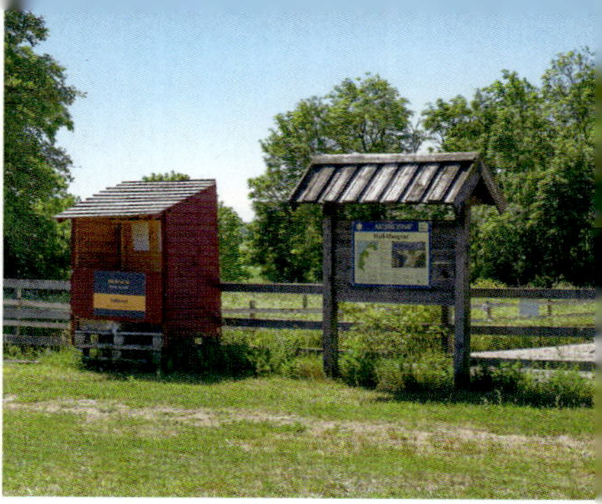

Startpunkt mit Infotafel.

Von der **Parkmöglichkeit** ❶ aus schlagen wir den Feldweg halb links in Richtung **Nors Gård** ein und passieren sowohl den ersten als auch den zweiten Hof geradeaus, indem wir jeweils auf der rechten Seite an ihnen vorbeigehen (am zweiten Hof nicht auf den Feldweg nach rechts abbiegen). Anschließend wandern wir an der Grenze zwischen Kiefernwald rechts und Feldflur links nach Nordwesten. Bei einer **Weggabelung** ❷ links. Wir passieren ein Weidetor und finden gut 200 m dahinter eine abzweigende **Traktorspur** ❸ nach rechts. Die nehmen wir. Durch Kiefernwald erreichen wir mit etwas Höhenverlust die Küste, wo uns die Fischerhütten von **Norsstad** ❹ erwarten. Dort rechts.

Nun können wir uns für einige Zeit an der Markierung »orange Raute« orientieren, da wir uns auf einem Abschnitt des Klintkustleden befinden. Wir überqueren eine **Trittleiter** und wandern parallel zum Ufer nach Nordosten. Beim Landvorsprung **Hasselriv** erwartet uns eine weitere **Trittleiter** ❺. 400 m dahinter heißt es aufpassen: Unser Weg – weiterhin mit oranger Markierung – verlässt die Küste und schwenkt nach rechts.

Der Pfad kurvt mit etwas Aufwärtstendenz durch lichten Kiefernwald, bis wir 50 m vor einem Holzhäuschen ins Offenland treten und dort auf einen undeutlichen **Grasweg** ❻ treffen. Ab hier verzichten wir auf die orangefarbene Markierung, da wir uns nun rechts halten. Nach einigen Hundert Metern, wieder im Kiefernwald, mutiert der Grasweg zum deutlichen Feldweg, kurvt nach links und führt dabei unmittelbar unterhalb des Grönbjärgsklinten entlang. Der Feldweg mündet auf die **Straße** ❼, wo wir rechts abbiegen und nach 500 m wieder den **Ausgangspunkt** ❶ erreichen.

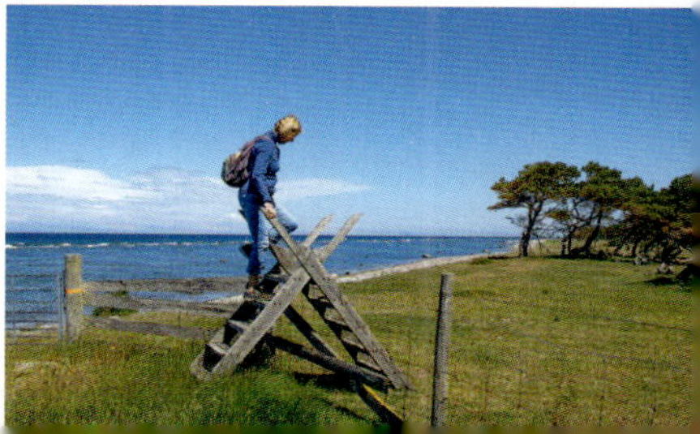

Trittleiter über einen Weidezaun.

↗ 50 m | ↘ 50 m | 7.7 km

9 Bläse und nördliche Stenkust

2.00 h

Steinreich: Kalk in verschiedenen Erscheinungsformen

Auf dem Weg an der Küste entlang zeigt sich der Kalkschotter in seiner »natürlichen« Erscheinungsform, nämlich als hinter- und übereinander gestaffelte Terrassen, sog. Strandwälle, die die Landhebung dokumentieren. Nicht umsonst wird dieser Abschnitt von Gotlands Küste auch als »Stenkust«, Steinküste, bezeichnet. Kalkstein spielt auf Gotland wirtschaftlich seit Langem eine große Rolle. Er fand ab dem Mittelalter seinen Weg in den gesamten Ostseeraum, sei es als Werkstein und künstlerisch z. B. als Taufbecken veredelt oder als Massenprodukt Löschkalk, der ebenfalls auf dem Seeweg exportiert wurde. Während die Werksteine allmählich zu Nischenprodukten wurden, erlebte die Löschkalkproduktion in Gotland ab dem 19. Jh. hingegen einen Boom, der v. a. den Norden Gotlands erfasste. Einer der größten Produktionsstandorte war Bläse, wo bis in die 1950er-Jahre Kalkstein gebrochen, in den dortigen Kalköfen gebrannt und anschließend weiterverarbeitet wurde. Heute sind die Industrieanlagen ein Museum und die Steinbrüche und Abraumhalden, die von der Natur wiedererobert wurden, ein beliebtes Ausflugsziel.

Ausgangspunkt: Bläse Industriemuseum. Südlich von Kappelshamn den Väg 149 verlassen, nach Osten in Richtung Bläse fahren und der Küstenstraße 10 km geradeaus folgen. In Bläse links zum »Industrimuseum« abbiegen und auf dem Besucherparkplatz parken.

Anforderungen: Einfache Wanderung auf Fahrspuren und Feldwegen, stellenweise auf losem Kalkschotter.
Einkehr: Bistro im Museum (nur in der Hauptsaison). Unterwegs keine.
Karte: Sverigeserien – Topo50 (Norstedts) Blad 13 »Norra Gotland«.

Der Wanderweg führt entlang des Schotterstrands nördlich von Bläse.

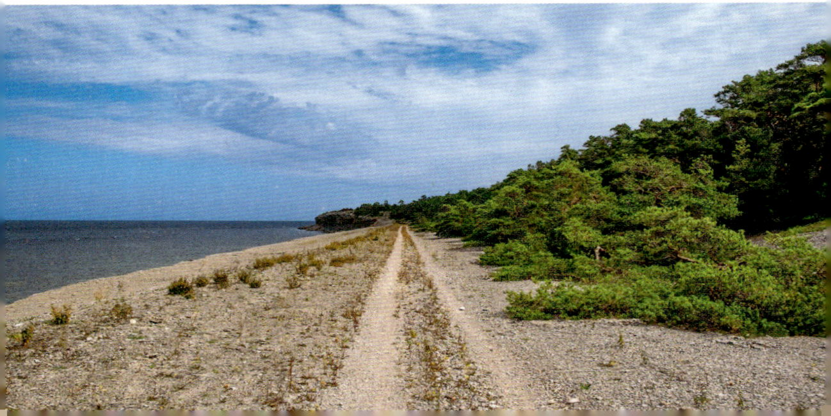

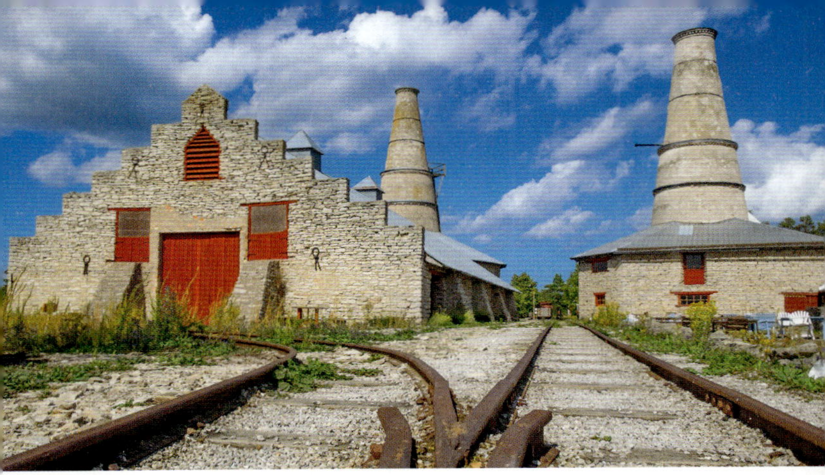

Kalkwerk und die Kalkbrennöfen von Bläse sind heute ein Museum.

Vom **Parkplatz** 1 vor dem **Bläse Industriemuseum** (Kalkbruksmuseum) kehren wir zurück zur Zufahrtsstraße und folgen ihr nach links. Bei einer **Gabelung** nach 150 m wählen wir die linke Möglichkeit und queren die nächste Kreuzung geradeaus. Wir ignorieren die Hauszufahrten nach links oder rechts, sondern bleiben auf dem Hauptweg, der bald die Küste erreicht. Nach Kurzem zweigt eine untergeordnete **Fahrspur** 2 halb links ab und führt parallel zur Küste nach Norden. Kurz nachdem unsere Fahrspur wieder auf den Hauptweg mündet, nehmen wir die nächste sich bietende Möglichkeit, um auf einer Fahrspur wieder nach links – zum Meer hin – abzubiegen. Nach 2 km erblicken wir den ins Meer hineinragenden Felsvorsprung **Svarven** vor uns, dem wir uns auf einem kleinen Pfad nähern und ihn schließlich ersteigen.
Oben treffen wir wieder auf den Hauptweg, dem wir nun treu bleiben, damit wir unsere Abzweigung nicht verpassen. Wir finden sie nach 400 m und orientieren uns auf dem **Waldweg** 3 rechts. Dieser schlängelt sich durch lichten Kiefernwald, der sich an manchen Stellen zu kleinen Mooren und Sümpfen links und rechts öffnet. Nach knapp 2 km (25–30 Min. Wanderzeit) betreten wir wieder Offenland und biegen bei einer **Kreuzung** 4

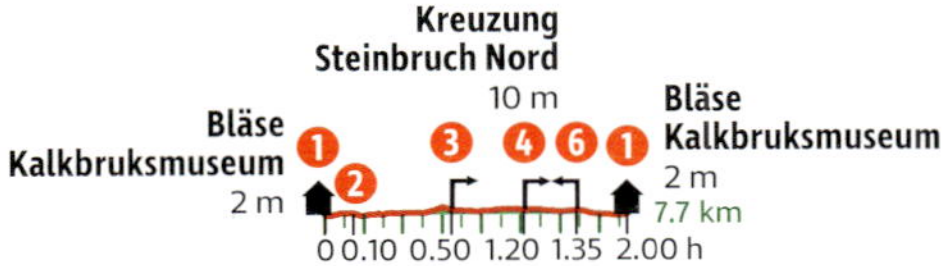

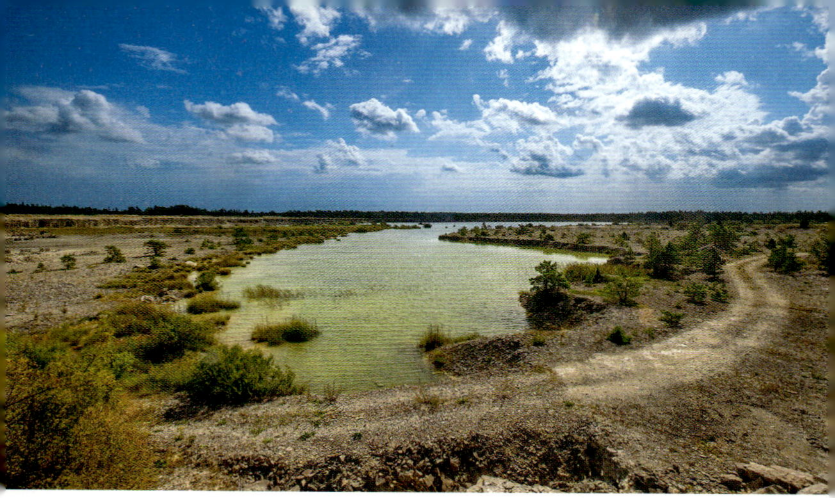

Der aufgelassene Kalksteinbruch zeugt von der industriellen Vergangenheit.

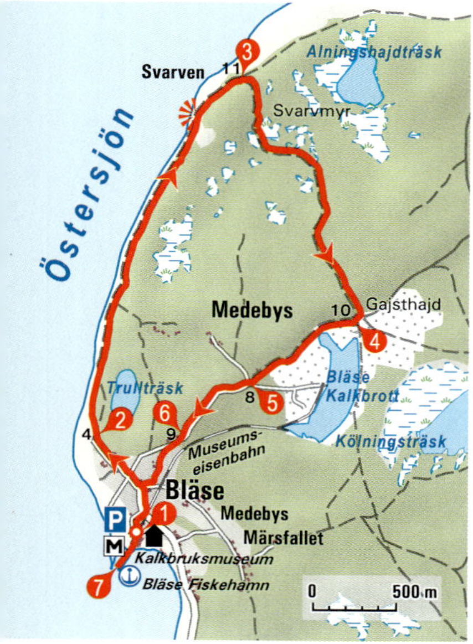

rechts ab. Linker Hand befindet sich der alte **Steinbruch**, aus dem das Material für die Kalkbrennöfen von Bläse gewonnen wurde; er ist heute teilweise wassergefüllt.

Wir folgen dem Hauptweg, der hinter einer Linkskurve in einen **Querweg** ❺ einmündet; dort rechts. Nach gut 500 m erreichen wir eine **Gabelung** ❻, wo wir uns für den untergeordneten Weg halb links entscheiden. Wir marschieren ihn entlang, wobei uns in spitzem Winkel von rechts und links einmündende Wege nicht kümmern. Vor einem großen Scheunengebäude knickt er rechts ab und stößt dahinter auf den Hauptweg. Dort am bekannten **Kreuzungspunkt** links. Nach 150 m finden wir rechts die Zufahrt zum **Kalkbruksmuseum**, die uns wieder zum **Parkplatz** ❶ bringt. Dahinter können wir noch den alten **Pier** ❼ erkunden.

↗ 40 m | ↘ 40 m | 7.5 km

1.45 h

Blå Lagunen und Groståde 10

Highlights an Gotlands Steinküste

Der Nordwesten Gotlands beherbergt den größten See der Insel, Bästeträsk, der – zusammen mit seiner Umgebung – als einer der nächsten Nationalparks Schwedens ausgewiesen werden soll. Bestandteil dieses Areals ist nicht nur der See selbst, sondern auch die Küste, die von ausgeprägten Strandwällen gebildet wird und deswegen auch unter dem Namen »Stenkust«, also Steinküste, bekannt ist. Darüber hinaus gibt es kleine und größere Feuchtgebiete, ausgedehnte Kiefernwälder und Felsheiden, die mosaikartig ineinander übergehen. Die äußerst fotogenen Fischerhütten von Groståde liegen am westlichsten Punkt der Wanderung. Ein Highlight für Badetouristen ist Blå Lagunen (»Blaue Lagune«), ein wassergefüllter ehemaliger Steinbruch, der eine der wenigen Süßwasser-Bademöglichkeiten im Norden Gotlands darstellt und im Sommer ein Besuchermagnet ersten Ranges ist.

Ausgangspunkt: Park- und Rastplatz am Nordwestufer des Bästeträsk.
Anforderungen: Einfache Wanderung auf Feldwegen und Pfaden, an der Küste streckenweise auf losem Kalkschotter.
Einkehr: Keine.
Karte: Sverigeserien – Topo50 (Norstedts) Blad 13 »Norra Gotland«.

Der Start der Tour befindet sich am Nordufer des Bästeträsk.

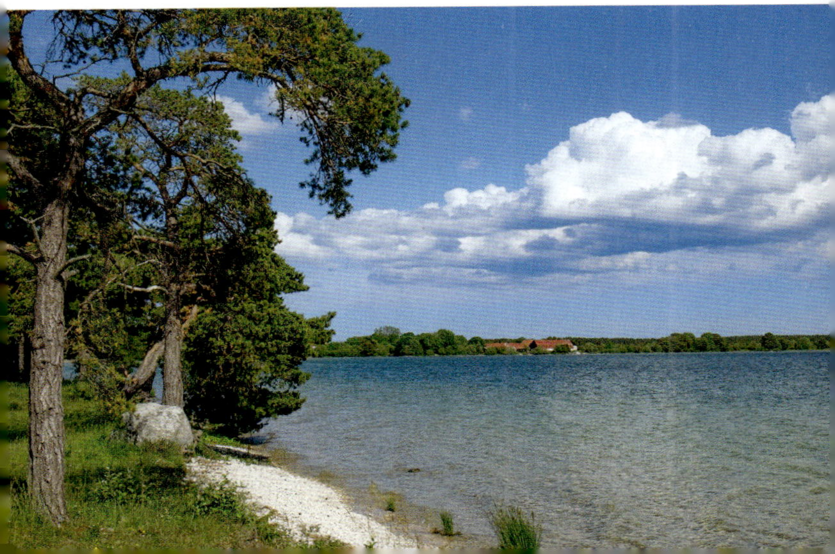

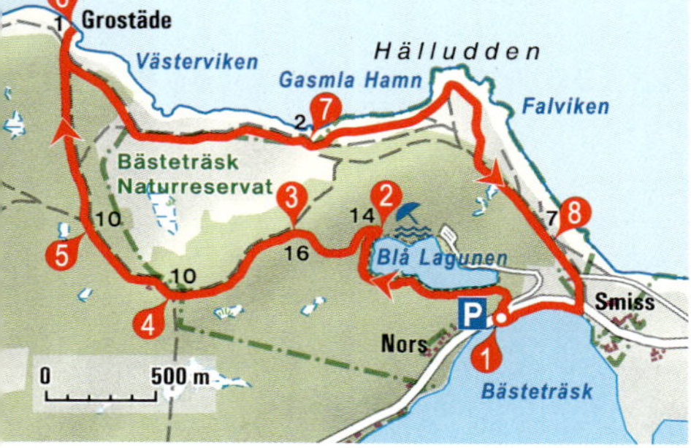

Forstweg durch Kiefernwald.

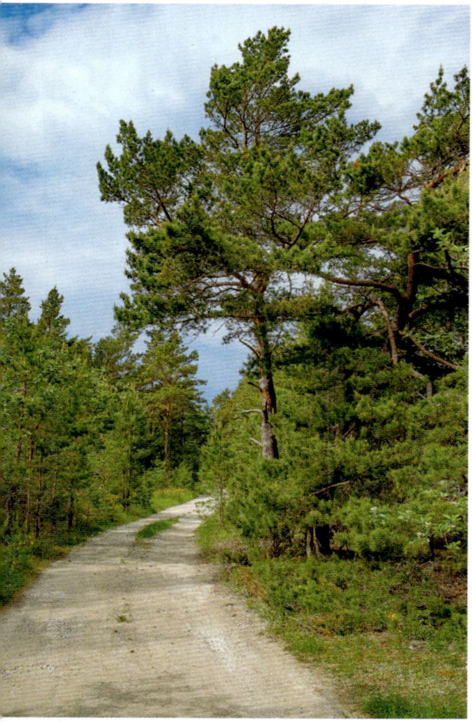

Wir verlassen den **Parkplatz 1** an seinem östlichen Ende, überqueren die Straße und wandern direkt gegenüber den Fahrweg zur »Blå Lagunen« (ausgeschildert) hinein. Nach nur 50 m, gleich hinter der Rechtskurve, entdecken wir einen schmalen **Pfad** nach links (falls zu nass: dem Fahrweg folgen), der uns nach nur 100 m an die Südostecke der **Blå Lagunen** bringt. Dort biegen wir links ab, um zunächst entlang des Südufers nach Westen und anschließend am Westufer entlang nach Norden zu spazieren.

An der Nordwestecke des Sees gehen wir noch 50 m weiter am Ufer entlang und finden dort einen **Wiesenpfad 2**, der scharf links abzweigt. Zunächst schlängelt er sich in Generalrichtung Westen, bevor er mit einem Rechtsbogen dem Wald zustrebt und dort zu einem schmalen Trampelpfad mutiert. Er mündet auf eine **Traktorspur 3**, der wir nach links folgen. Nach 600 m entscheiden wir uns bei einer **T-Kreuzung 4** für den Feldweg nach rechts. Bei einer **Gabelung 5** nach 500 m wählen wir die rechte Möglichkeit und bleiben damit auf dem Hauptweg. Auch in der Folge ignorieren wir Abzweigungen untergeordneter Wege.

Schließlich entlässt uns der Wald an die offene Küste, wo wir die pittoreske Fiskeläge **Groståde 6** genau vor uns

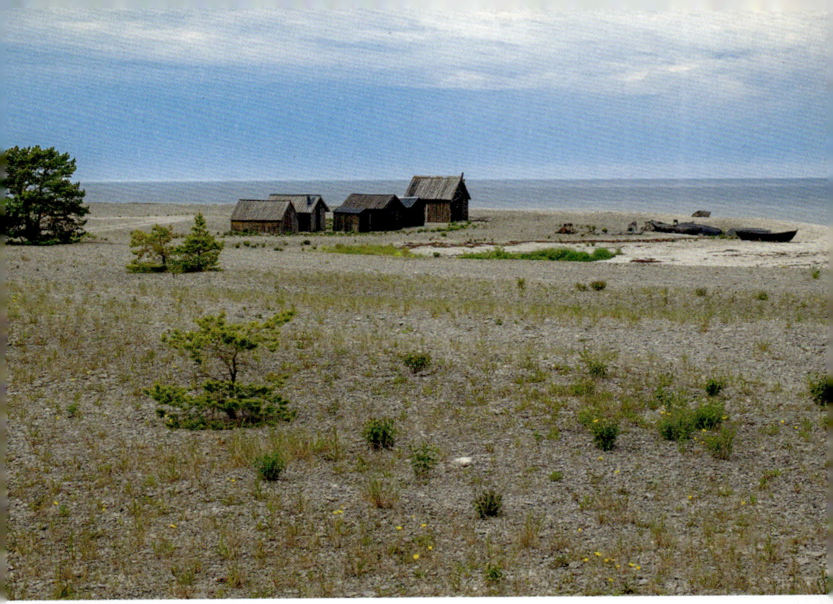

Die Fischersiedlung Grostäde liegt auf einem Schotterstrand.

haben. Wenn wir uns ausreichend dort umgesehen haben, schlagen wir den breiten Feldweg in Richtung Osten ein und bleiben ihm auf den nächsten 1,2 km treu. Etwa 200 m hinter einem Viehgitter zweigt eine deutliche **Traktorspur** ⑦ links ab. Auf ihr erforschen wir die Halbinsel **Hälludden**. Eine Abzweigung in den niedrigen Kiefernwald hinein ignorieren wir, sondern setzen unseren Weg links des niedrigen Gehölzbestands – kurzzeitig dicht am Ufer – fort.

Danach entfernt sich der Weg vom Ufer und führt in einem weiten Rechtsbogen wieder zurück zum Hauptweg, auf den wir links einschwenken. Bei der nächsten **Gabelung** ⑧ rechts, geradeaus über eine Kreuzung hinweg und auf der Hauptstraße erneut rechts.

Nach 300 m haben wir dann den **Parkplatz** ① wieder links vor uns.

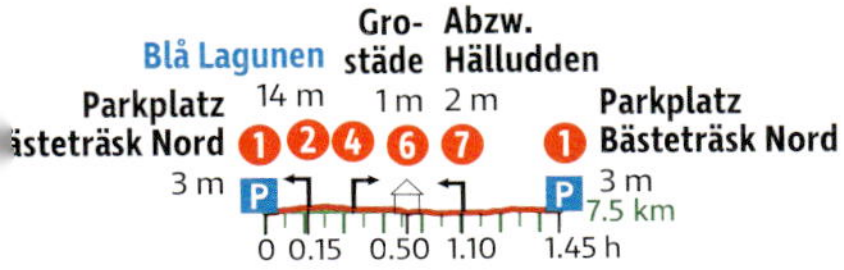

Sonnenröschen und Blut-Storchschnabel.

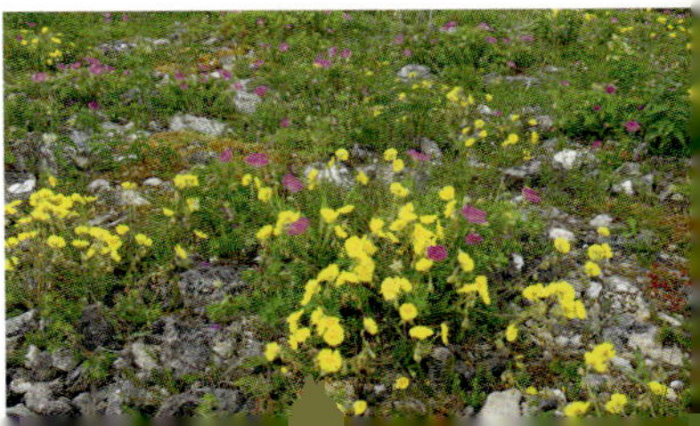

↗ 70 m | ↘ 70 m | 15.1 km

11 Lansa, Marviken und Hunde-Rauk

4.00 h

Fårös unbekannter Südwesten

Fårö ist vor allem für seine Raukfelder bekannt, hat aber darüber hinaus auch noch andere bemerkenswerte Landschaften zu bieten. Rund um die Siedlungen Lansa und Marpes befindet sich ein Mosaik aus niedrigwüchsigem Kiefernwald, Weideland, einigen wenigen kargen Äckern, flachen Seen und Niedermooren: eine archaische Landschaft, die sich seit Jahrhunderten nur wenig verändert hat. An der Küste wechseln sich Buchten und Landzungen ab und an einigen Stellen sind kleine Inselchen vorgelagert. Ganz ohne Raukfeld kommt diese Tour jedoch nicht aus: Sie hat immerhin den vielleicht bekanntesten Einzelfelsen der Insel, den Hunde-Rauk, als Etappenziel. Weitere interessante Zwischenstopps sind Gamla Hamn (der noch im 14. Jh. als Hafen in Betrieb war, dessen Hafenbecken mittlerweile aber durch die Landhebung vom Meer abgeschnürt wurde) und Jauvika, ein kleiner Fischerhafen.

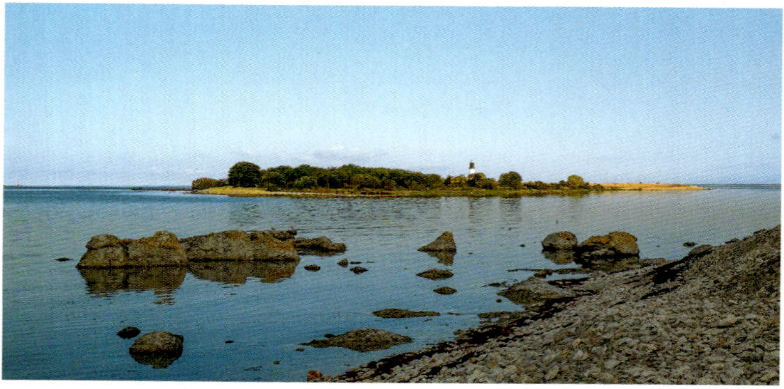

Blick auf die Insel Aurgrunn.

Ausgangspunkt: Parkmöglichkeit am Ende der Straße in Marpes. Von der Hauptstraße (Väg 699) in Richtung Lansa und nach 2 km rechts in Richtung Marpes abbiegen und bis zum Ende der Straße fahren. Parkplatz rechter Hand.
Anforderungen: Längere Wanderung auf Feldwegen, am Strand auf Kalkschotter, am Beginn der Tour auf Hartbelag. Einige Trittleitern. Aufgrund der unübersichtlichen Wegführung ist etwas Orientierungsvermögen erforderlich.
Einkehr: Keine.
Varianten: 1) Nur südwestliche Runde; ca. 10 km. 2) Nur nördliche Runde mit Ausgangspunkt Jauvika (8), Parkmöglichkeit; ca. 5 km.
Karte: Turistkarta »Fårö« (empfohlen) oder Sverigeserien – Topo50 (Norstedts) Blad 13 »Norra Gotland«.

Vom **Parkplatz** in **Marpes** (1) kehren wir auf dem Ankunftsweg zurück zur T-Kreuzung und biegen rechts ab. Auf der Straße passieren wir die kleine Siedlung **Lansa**, lassen eine umgebaute Windmühle links liegen und beachten mehrere Abzweigungen nach links nicht. Wir begleiten den Hauptweg vielmehr um eine Rechtskurve und entscheiden uns 100 m hinter dem dortigen Viehgitter bei einer **Gabelung** (2) für eine Traktorspur nach links. Sie bringt uns hinunter an den Strand von **Tvemänning**, wo wir uns rechts halten und auf der Fahrspur einen gemauerten Kai erreichen. Dort wenden wir uns nach rechts und zielen eine Häusergruppe – Norra Gattet – landeinwärts an, die wir auf dem Weg links umgehen und auf einen Querweg treffen. Dort links. Wir marschieren auf dem Feldweg entlang und lassen mehrere Abzweigungen nach links unbeachtet. Erst an der Bucht **Stutsviken** und den Fischerhütten auf ihrer Ostseite nehmen wir bei einer **T-Kreuzung** (3) die linke Möglichkeit und 50 m darauf die Traktorspur nach rechts. Untergeordnete Wege ignorieren wir. Wir wandern auf der sich schlängelnden Traktorspur durch den Kiefernwald, durchqueren ein Tor und wählen – wieder im Offenland – bei einer T-Kreuzung eine **Traktorspur** (4) nach links zur Bucht **Strandåkersvik**.

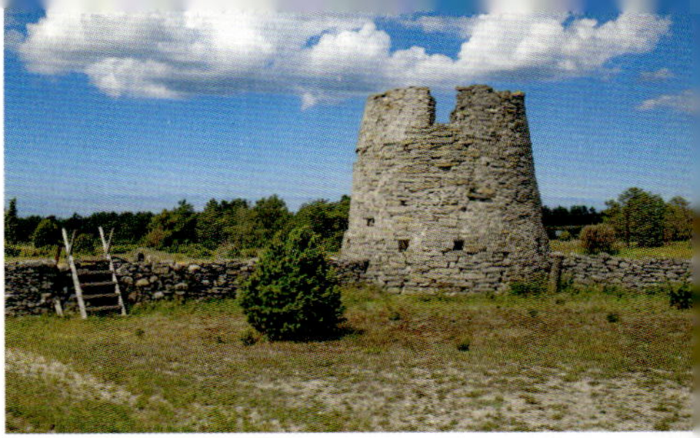

Ruine einer Windmühle.

Hinter einer Mauer schwenken wir halb rechts und lassen nach 300 m einen kreuzenden Grasweg unbeachtet. Bei der nächsten Kreuzung (und etwa 20 m vor einem Zaun und einem Infoschild zum Naturreservat Marpes) rechts. Hinter einem kleinen Waldstück entscheiden wir uns für den Feldweg scharf links. Bald erreichen wir einen Zaun, den wir

Landschaft mit »Lambgift« (Schafstall).

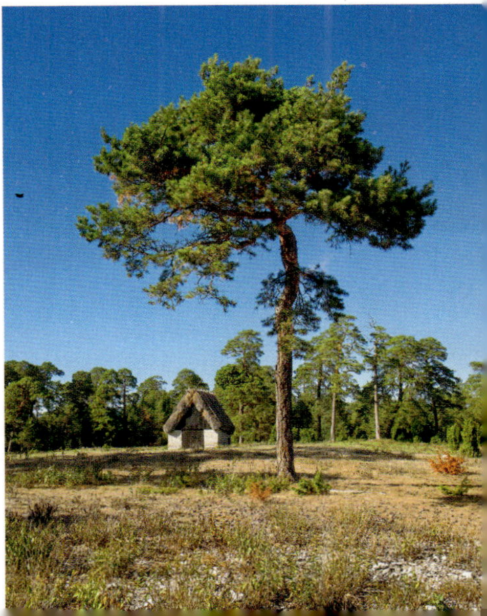

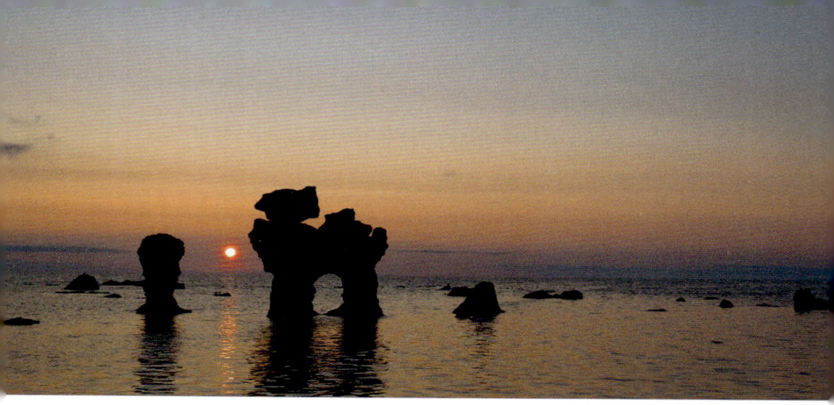

Der Hunde-Rauk bei Sonnenuntergang.

mittels Trittleiter überwinden. Wir biegen dahinter halb links ab, kommen zur Bucht **Marviken** und folgen dem Weg hinter einer kleinen Hütte in einem scharfen Rechtsbogen. 250 m dahinter erwartet uns eine undeutliche Gabelung. Hier gehen wir halb links und treffen nach 200 m auf einen von rechts kommenden Feldweg, auf den wir links einschwenken.

An einem Kreuzungspunkt an der nordöstlichen Grenze des **Naturreservats Marpes** (Infotafel) übersteigen wir die **Trittleiter** 5 und setzen den Weg dahinter fort. An der nächsten **Kreuzung** 6 bringt uns der Querweg links hinunter zum Strand (Kalkschotter), auf dem wir rechts ohne Weg etwa 700 m entlanglaufen. Dann halten wir – etwas landeinwärts – auf einen ausgetretenen Pfad zu, dem wir halb links folgen. Bald können wir kurz hintereinander zwei Abstecher nach rechts machen (jeweils Wegweiser): zu den Fundamenten von **St. Olofs Kyrka** und zum **Gamla Hamn**. Anschließend passieren wir ein kleines **Raukfeld** 7 auf der linken Seite, das mit dem aus naheliegenden Gründen so genannten **Hunde-Rauk** einen der bekanntesten Raukfelsen Fårös aufweist.

Wir marschieren weiter am Strand entlang zum Fischerhafen **Jauvika** 8, wenden uns dahinter auf dem Hauptweg landeinwärts und biegen vor einem ummauerten Grundstück (rechts des Wegs) rechts ab. Nach nur 20 m zweigt rechts ein Waldweg ab. Auf ihm geht es knapp 1,2 km entlang und anschließend – hinter einem Parkplatz – auf einem Teersträßchen geradeaus weiter. Wo dieses am Südwestufer des Sees Farnavik nach links schwenkt, setzen wir unseren Weg geradeaus auf einem Feldweg fort.

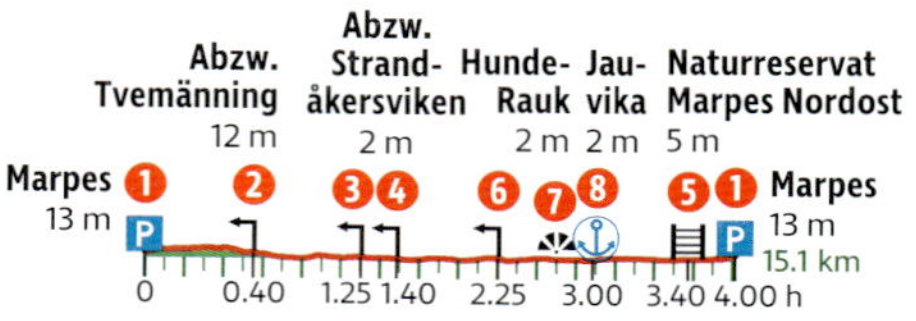

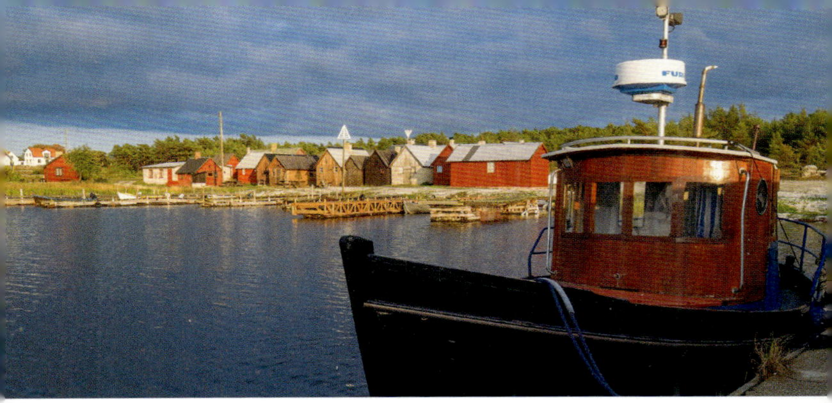

Jauvika ist ein kleiner Fischerhafen an der Westküste.

Nach 100 m bringt uns ein Rechts-Links-Schwenk zu der vom Hinweg bekannten **Kreuzung** 6, wo wir den schon bekannten Weg nach Süden einschlagen. Hinter der **Trittleiter** 5 wählen wir nun die linke Möglichkeit. Der Weg schlängelt sich zunächst in südlicher, dann südwestlicher Richtung durchs Gelände, passiert den Marpesträsk und erreicht bei **Marpes** die Überreste einer Windmühle. Dort übersteigen wir eine Trittleiter links, die uns auf den **Parkplatz** 1 entlässt.

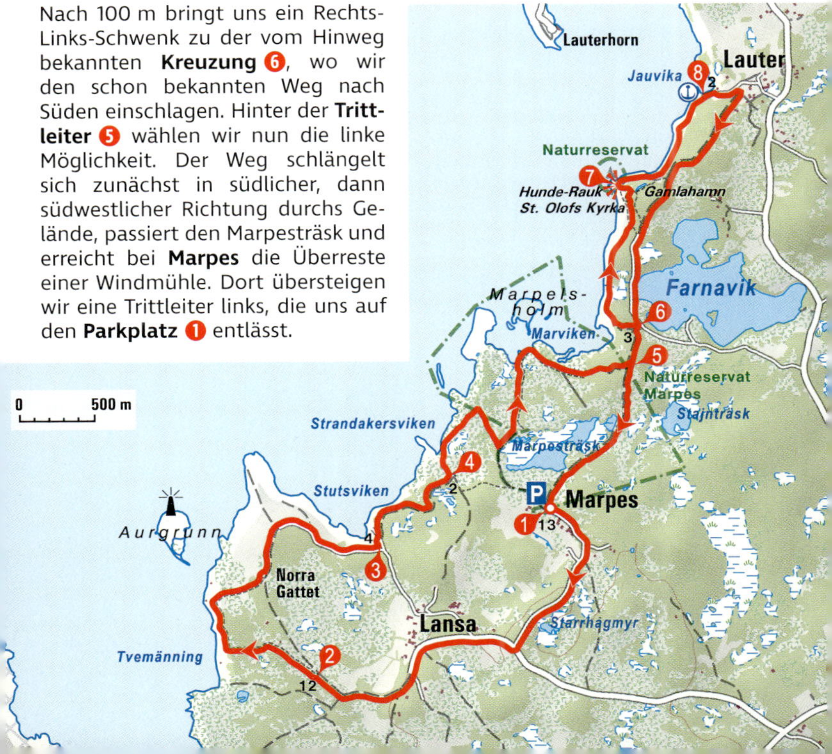

↗ 60 m | ↘ 60 m | 12.1 km

12 Lauterhorn, Digerhuvud und Helgumannen

3.15 h

Unterwegs am größten Raukfeld Schwedens

Nirgends auf Gotland oder Fårö (und damit nirgends in Schweden) gibt es ein größeres Raukareal als an der Küste von Digerhuvud. Über mehr als 3,5 Kilometer Küstenlänge und in einer Breite von 20 bis 100 Meter reiht sich Rauk an Rauk. Dabei lassen sich unterschiedliche Ausformungen beobachten: Im Südwesten sind sie eher hoch und wuchtig, im Nordosten eher kurz und gedrungen. Man kann daran ganz einfach entlangwandern oder sich auf Tuchfühlung mit ihnen begeben, wobei sich dafür vor allem drei spektakuläre Areale anbieten. Und als wäre das nicht schon genug, endet der Küstenabschnitt mit den Fischerhütten von Helgumannen, einem der meistfotografierten Motive Fårös. Zurück geht es quer durchs Landesinnere, durch lichte Kiefernwälder und über karge Schafweiden.

Ausgangspunkt: Parkplatz am Hafen Lauterhorn. Vor der Kirche von Fårö vom Väg 699 links in Richtung Lauterhorn (Väg 701) abbiegen und der Straße 7 km geradeaus bis zu ihrem Ende folgen.
Anforderungen: Wanderung entlang der Küste auf Kalkschotter, stellenweise ohne Weg. Im Bereich der Raukfelder felsig. Im Landesinneren auf Feldwegen. Einige Teilstrecken außerdem auf Hartbelag.
Einkehr: Lauters Café (Außenbewirtung in der Hochsaison täglich, in der Nebensaison an den Wochenenden).
Kombinationsmöglichkeiten: Kann mit Tour 13 kombiniert werden (zusammen ca. 22 km). Dazu bei Helgumannen 6 auf der Straße weiter entlang der Küste

Steppenlandschaft mit Wacholdern nahe der Siedlung Lauter.

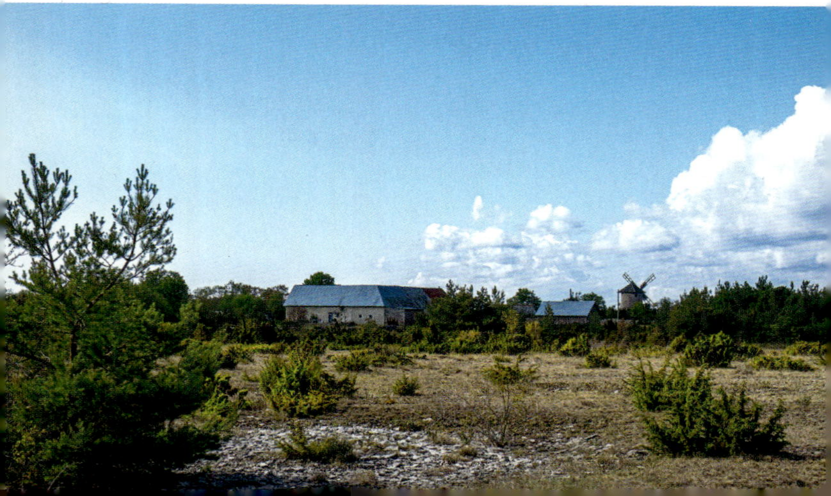

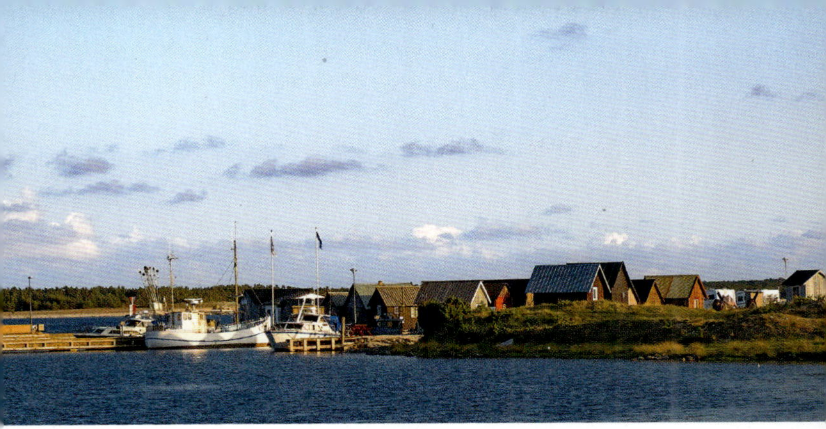

Der kleine Hafen Lauterhorn ist der Ausgangspunkt der Wanderung.

wandern und bei einer T-Kreuzung links abbiegen. Auf dem Rückweg Verbindungsstraße bis Sike nutzen und Tour bei Wegpunkt ❼ wieder aufnehmen.
Hinweise: 1) Die Raukfelder können in Eigenregie erkundet werden. Die interessantesten Felsformationen lassen sich von drei Hauptzugangspunkten aus (❸, ❹, ❺) erreichen. Es bestehen keine Einschränkungen hinsichtlich des Betretens, sodass man sich selbst seinen Weg suchen kann. 2) Bitte beachten: Es dürfen keine Fossilien gesammelt und keine Steine aufgelesen werden! 3) In der Hauptsaison bei schönem Wetter überlaufen. Wer dem ausweichen will, hat nur eine Möglichkeit: früh starten!
Karte: Turistkarta »Fårö« (empfohlen) oder Sverigeserien – Topo50 (Norstedts) Blad 13 »Norra Gotland«.

Vom **Parkplatz** in **Lauterhorn** ❶ marschieren wir 500 m auf dem Ankunftsweg zurück, biegen links auf das schmale Teersträßchen und nach wenigen Metern halb links auf einen **Trampelpfad** ❷ ab, der kurz durch ein Kiefernwäldchen führt. Anschließend geht es über die offenen Kalkschotter von Släthällar zum Raukfeld von **Tunguhuvud** ❸. Wir finden oberhalb des Raukfelds (und unterhalb der Geländekante) einen Trampelpfad in Richtung Nordosten, der zunächst noch gut gangbar ist, dann aber durch zunehmend ruppigeres Gelände verläuft und auf Felsuntergrund nach und nach undeutlicher wird. Wir erklimmen die Böschung rechter Hand und finden oben ein einfach zu begehendes Pfädchen, dem wir links folgen. Es schwingt in weitem Bogen nach rechts zur Straße, die uns links zum nächsten **Raukfeld** an der Bucht **Smojuviken** ❹ bringt.
Auch hier finden wir die Fortsetzung des Wegs zwischen

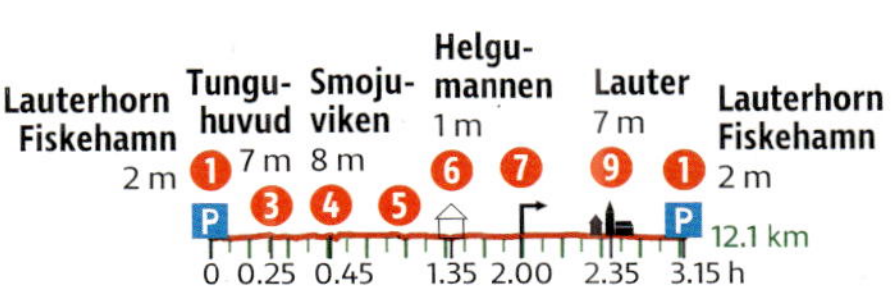

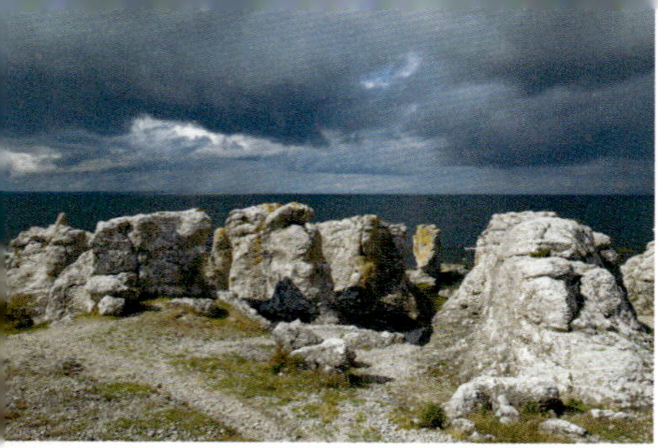

Raukfelsen bei Tunguhuvud.

Raukareal bei Digerhuvud.

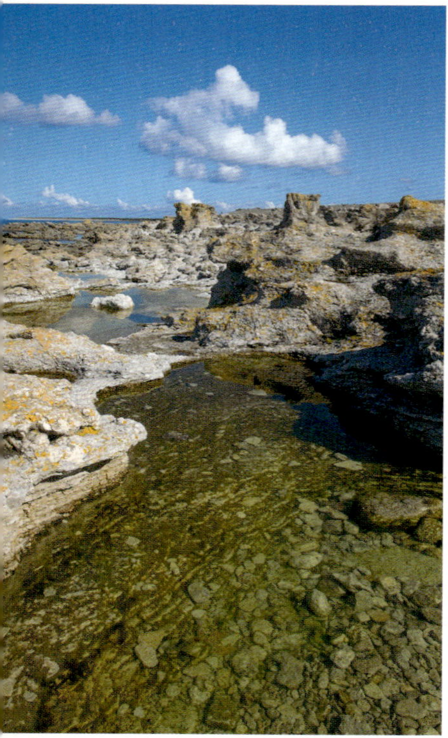

Raukfeld und Geländekante auf einem schmalen Pfädchen. Wo das Pfädchen die Geländekante entert, orientieren wir uns nicht rechts zur Straße hin, sondern halb links und wandern ohne Weg und auf Kalkschotter direkt an der Geländekante entlang. In der Ferne kommt eine Mauer in Sicht, deren rechtes Ende wir anzielen. Dort treffen wir wieder auf die Straße und marschieren auf ihr links zum nächsten **Raukfeld** an der Bucht **Bondansviken** 5. Von dort geht es erneut ohne Weg entlang der Geländekante weiter nach Nordosten. Wir passieren mehrere Baumgruppen bzw. einzeln stehende Bäume (links von uns), steuern dahinter diagonal halb links zur Küste hin und verlieren dabei geringfügig an Höhe. Bald kommen die Fischerhütten von **Helgumannen** 6 in Sicht, die unser nächstes Etappenziel darstellen. Von dort nehmen wir die Traktorspur (!), die zur Straße führt, überqueren diese geradeaus und wandern auf einem Feldweg in den Kiefernwald hinein. Wir gelangen – mehrere einmündende Seitenwege ignorierend – zum Nordrand der Siedlung **Sike**. Wir setzen unsere Wanderung auf der dortigen Straße in bisheriger Richtung fort. Nach gut 600 m wählen wir – hinter einem zu durchquerenden Tor – bei einer **Abzweigung** 7 den rechten Weg und nach knapp 300 m an einer **Gabelung** 8 die linke, untergeordnete (!) Möglichkeit. Dieser Richtung bleiben wir nun durch lichten Kiefernwald und offene

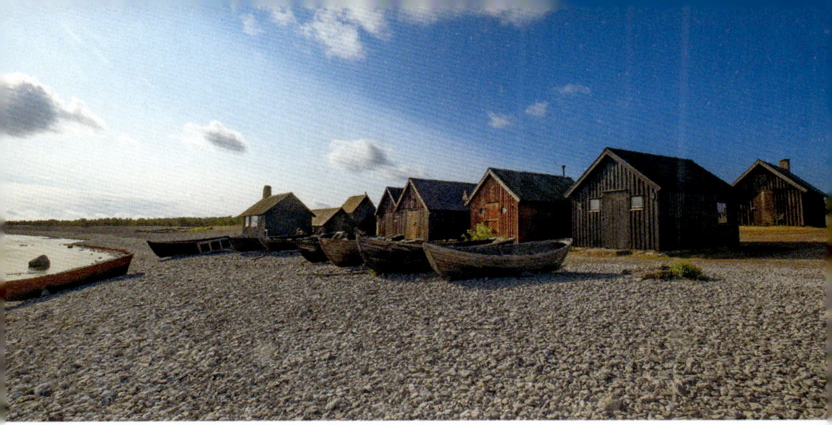

Die Fiskeläge Helgumannen ist ein äußerst fotogenes Motiv.

Kalksteppen treu und lassen uns durch einmündende Wege und Abzweigungen nicht irritieren. Hinter einer Schafweide betreten wir durch ein Tor einen schmalen Waldgürtel, hinter dem die Siedlung **Lauter** in Sicht kommt. Dort erreichen wir die **Straße** 9, biegen rechts ab und folgen ihr zurück zum **Parkplatz** in **Lauterhorn** 1.

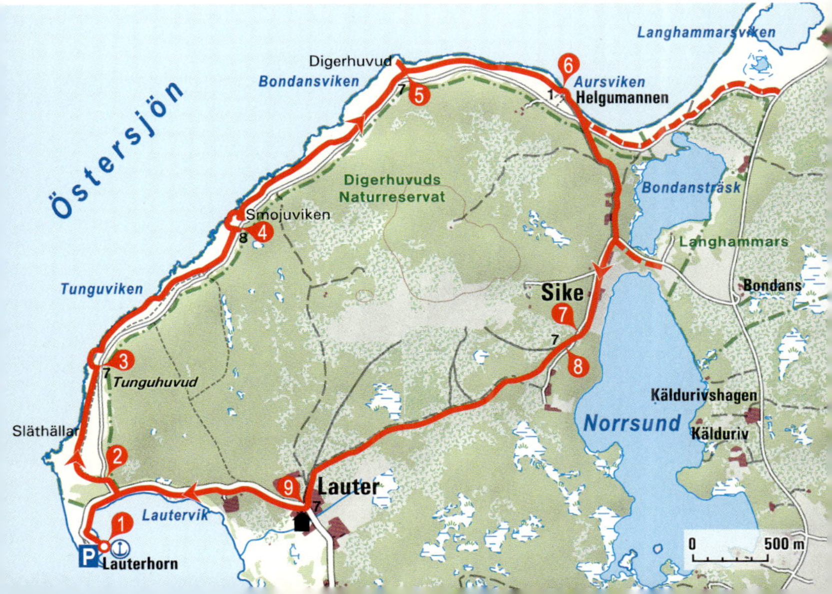

TOP

13

Bondans und Langhammarshammaren

↗ 50 m | ↘ 50 m | 10.1 km

2.30 h

Zu den schlanken Rauksäulen in Fårös äußerstem Nordwesten

Die Tour startet am Hof Bondans mit seinen traditionellen Hofgebäuden und führt kurz am Flachsee Bondansträsk entlang. Hinter dem Hof Langhammars geht es auf terrassenförmig hintereinander gestaffelten Strandwällen parallel zur Küste zum Highlight der Tour, nämlich Fårös bekanntestem Raukfeld. Die bis zu 10 Meter hoch aufragenden, schlanken Säulen, in die man Figuren und Gesichter hineininterpretieren kann, sind ein Wahrzeichen Fårös und gehören zu den beliebtesten Ausflugszielen der Insel. Nicht nur sie, sondern die gesamte Halbinsel Langhammarshammaren und die karge Alvar-Landschaft im Landesinneren lassen sich auf dieser Rundtour erkunden.

Ausgangspunkt: Parkplatz 200 m nördlich des Hofs Bondans auf dem Seitenstreifen bei einer Infotafel. 1 km hinter dem (ausgeschilderten) Bergman-Center von der Hauptstraße Väg 699 links in Richtung Langhammars abbiegen und der Straße 4,5 km bis nach Bondans folgen.

Anforderungen: Wanderung auf Feldwegen (abschnittsweise überwachsen), jedoch auch ohne Weg auf losem Kalkschotter (Tendenz zu »rot«), kurzzeitig auf der Straße.

Einkehr: Keine.

Variante: Nur nördliche Runde: Parkmöglichkeit auf Höhe des Hofs Langhammars (nahe Wegpunkt 3), dann bis Wegpunkt 6 und von dort aus halb

Der Hof Bondans ist ein Anwesen in der traditionellen Bauweise Fårös.

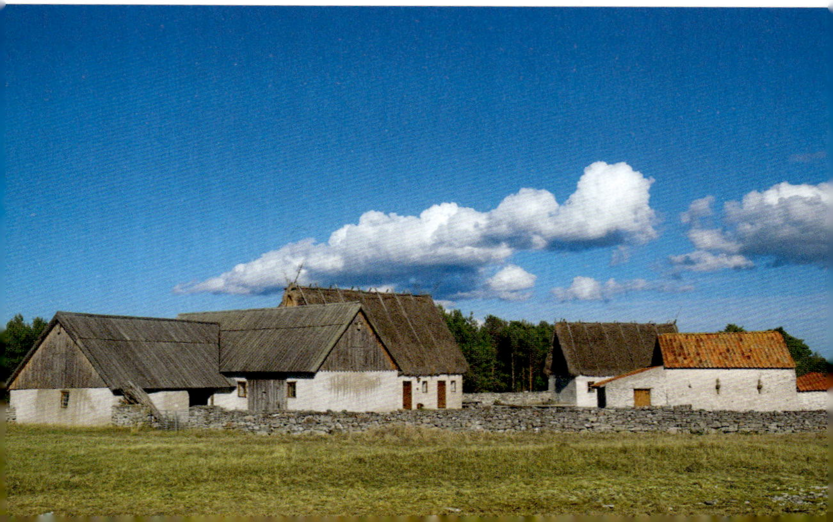

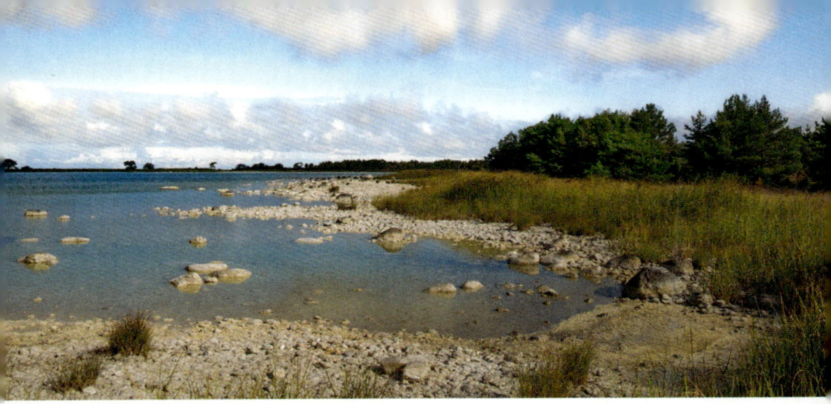

Der Pfad führt direkt am Bondansträsk entlang.

rechts zurück zu ❸ (ca. 5,5 km).
Kombinationsmöglichkeit: Mit Tour 12. Zum Einstieg bei Wegpunkt ❷ geradeaus weiter und dann links in Route Tour 12 einbiegen.
Hinweis: Im Anmarsch auf Langhammars Raukar brüten Seeschwalben meerseits der Route. In der Brutzeit reagieren sie aggressiv auf Eindringlinge, weswegen der beschriebene Wanderweg nicht direkt am Ufer, sondern ein gutes Stück landeinwärts verläuft. Wenn trotz dieses Abstands Angriffe erfolgen, empfiehlt es sich, noch weiter landeinwärts auszuweichen.
Karte: Turistkarta »Fårö« (empfohlen) oder Sverigeserien – Topo50 (Norstedts) Blad 13 »Norra Gotland«.

Von der Parkmöglichkeit am Hof **Bondans** ❶ aus laufen wir kurz auf dem Ankunftsweg zurück und nehmen die Straße nach Westen in Richtung Sike. Nach gut 500 m zweigt rechts ein **Feldweg** ❷ ab. Nach weiteren 150 m (etwa 50 m vor einem Privatgrundstück) entdecken wir halb rechts eine überwachsene Fahrspur. Sie bringt uns – kurzzeitig dicht am See Bondansträsk vorbeiführend – auf Höhe eines Bauernhofs wieder zur Straße. Auf ihr links. Geradeaus vorbei an einer Abzweigung erreichen wir nach 1 km den Hof **Langhammars**, hinter dem links eine **Fahrspur** ❸ abzweigt. Mit einer Mauer bzw. einem Zaun linker Hand folgen wir dem Weg in einem weiten Linksbogen in Richtung Küste.
Wo er scharf nach links kurvt (und sobald wir geradeaus eine kleine Hütte erkennen können), biegen wir ohne Weg rechts ab und orientieren uns in Richtung Norden. Wir entscheiden uns für einen der zahlreichen küstenparallel verlaufenden Strandwälle und halten auf eine Geländekante mit einigen flachen Raukfelsen zu, unterhalb derer wir entlangmarschieren. Hinter einem weiten Rechtsbogen wählen wir (wegen

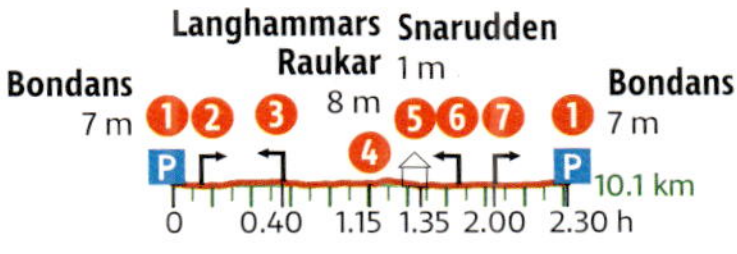

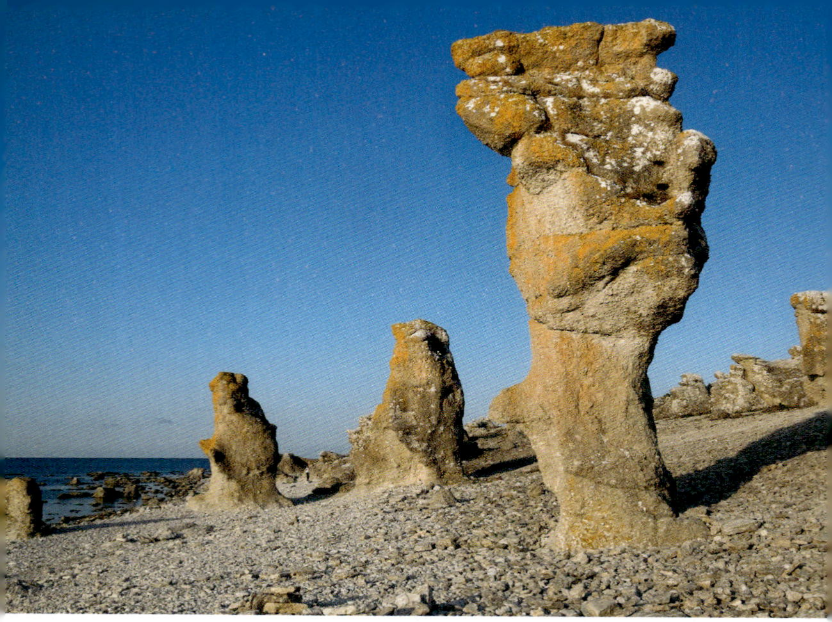

Die schlanken Rauksäulen von Langhammarshammaren sind eine Touristenattraktion.

der hier vorkommenden Seeschwalben) unseren Weg so, dass er etwa 70–100 m Abstand zum Ufer nicht unterschreitet. Langhammars Raukar als unser Etappenziel haben wir da bereits fest im Blick. Wir erreichen **Langhammars Raukfeld** 4, können es nach Belieben erkunden und orientieren uns dahinter nach oben zu einer Geländekante, hinter der wir einen schmalen Weg entdecken. Wir folgen ihm nach links und um den nordöstlichen Teil der Halbinsel herum. Hinter dem Rechtsbogen heißt es aufpassen: Die schmale Fahrspur verzweigt sich, wobei wir die etwas unscheinbare linke Möglichkeit wählen. Der Weg schlängelt sich durch das Gelände, bevor er hinter einem Rechtsbogen mit einigem Abstand parallel zur Küste führt.
Auf Höhe der Fischerhütte bei **Snarudden** 5 biegen wir weglos dorthin ab und folgen von dort der Fahrspur entlang der Küste nach Südwesten. Wir lassen die offene Schotterebene hinter uns und betreten einen niedrigwüchsigen Kiefernwald. 100 m hinter der Einmündung einer Fahrspur von links (die wir nicht beachten) verlassen wir den Hauptweg und treten halb links durch ein **Metalltor** 6. Hinter einer Lichtung gelangen wir erneut in Kiefernwald. Mehrere kreuzende Fahrspuren (Hauszufahrten) kümmern uns nicht. Wir passieren geradeaus ein weiteres Tor und nehmen unweit dahinter bei einer **Kreuzung** 7 die rechte Möglichkeit.

Wir übersteigen eine Trittleiter und marschieren über eine weitläufige Alvar-Fläche, wobei der Weg kurzzeitig parallel zu einer Mauer linker Hand verläuft. Etwa 250 m dahinter erwartet uns eine **Kreuzung** ❽, die aufgrund der vielen kreuzenden Fahrspuren ziemlich unübersichtlich ist. Am einfachsten ist es, wenn wir auf dem Hauptweg zunächst geradeaus über die Kreuzung hinweglaufen und etwa 100 m dahinter ohne Weg links abbiegen. Auf diese Weise treffen wir nach 50 m auf eine querende Fahrspur, auf die wir rechts einschwenken und auf ihr in Richtung Südwesten wandern. Nach ca. 1 km erreichen wir hinter einem Tor die Straße und sehen links den Parkplatz am Hof **Bondans** ❶ vor uns.

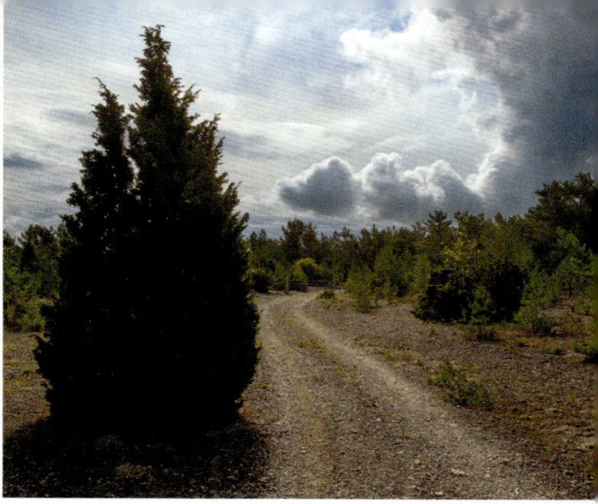

Wacholder auf Felsheide.

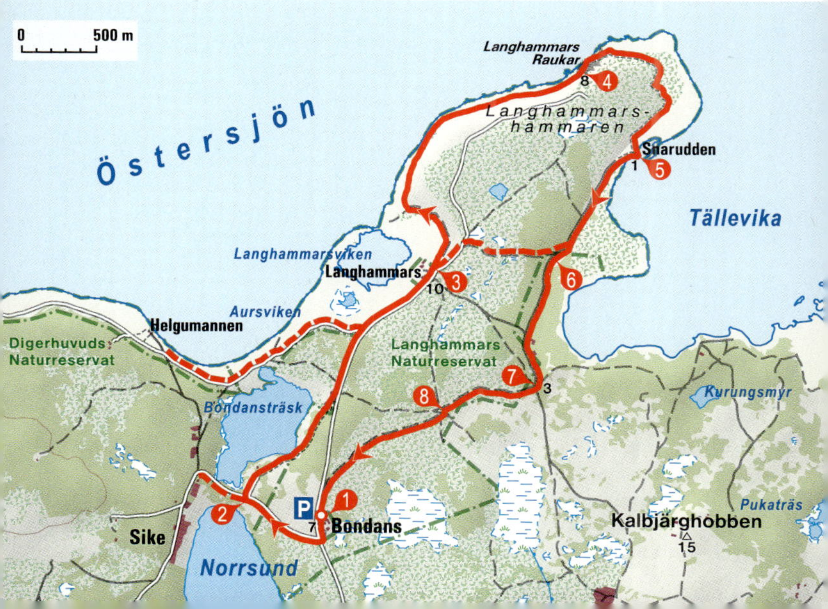

TOP

↗ 50 m | ↘ 50 m | 11.6 km

14 Fåröfyr und Norsta Auren

3.00 h

Weite Strände im Nordosten Fårös

Norsta Auren ist ein Traumziel für Strandläufer und -liebhaber. Vier Kilometer Strand, glasklares Wasser und ein landeinwärts gelegener schmaler Dünengürtel bieten sowohl Auslauf als auch Bademöglichkeiten sowie eine Unmenge an windgeschützten Picknickstellen. Ein dickes Plus: Unter normalen Bedingungen kommt man am Strand gut voran und muss sich nicht durch tiefen Sand kämpfen. Zurück geht es auf hübschen Waldpfaden durch Kiefernwald und an Feuchtgebieten der Nordermorarna vorbei. Ganz zum Schluss stehen an der Bucht Skalasandsvik nochmals ein Strandabschnitt und das Dünenareal Skalahauar auf dem Programm.

Sandstrand und niedrige Dünen sind charakteristisch für Norsta Auren.

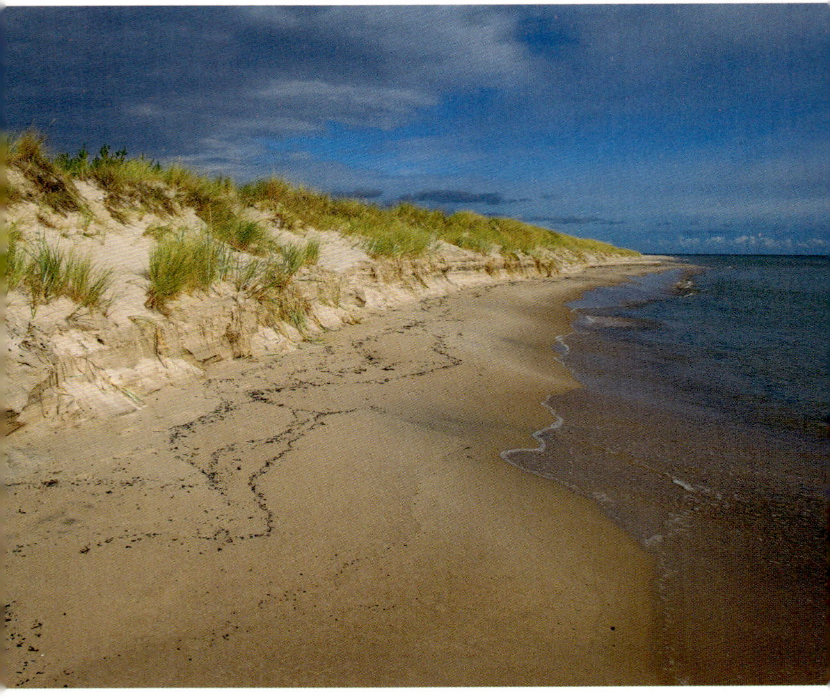

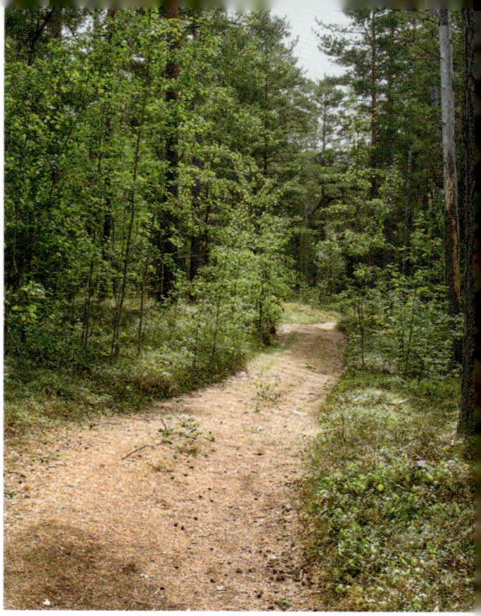

Im Landesinneren führen gewundene Wege durch den Kiefernwald.

Ausgangspunkt: Kfz: Parkplatz am Fåröfyr (in der Hochsaison gebührenpflichtig). Auf der Hauptstraße, Väg 699, geradeaus an Sudersand vorbeifahren, dann der kurvenreichen Landstraße 7 km folgen und beim Schild »Fåröfyr« rechts abbiegen. Parkplatz am Ende der öffentlichen Straße. ÖPNV: Bus bis Haltestelle »Skär«. Von dort 250 m auf der Straße nach Nordosten, dann Start bei Wegpunkt ❹. Achtung: Bus verkehrt nur in der Hauptsaison.
Anforderungen: Einfache Wanderung überwiegend auf Sand und sandigen Waldwegen. Im westlichen Teil aufgrund der zahlreichen, das Gelände kreuz und quer durchziehenden Pfade etwas unübersichtlich.
Einkehr: Keine.
Varianten: Die Tour lässt sich entlang der Straße zum Fåröfyr in zwei Rundwanderungen aufteilen: 1) Nördliche Runde (Norsta Auren); ca. 10 km. 2) Südliche Runde (Skalahauar); ca. 4,5 km.
Hinweise: 1) Der Strand ist direkt an der Wasserlinie meist am besten begehbar. Bei auflandigem Wind und starker Brandung kann es aber erforderlich sein, von dort auf die landeinwärts gelegenen Dünen auszuweichen, was jederzeit möglich ist. Das Vorwärtskommen ist dort durch den lockeren Sand erschwert. 2) Sowohl der Nordwestteil des Strandes Norsta Auren als auch der Strand Skalahauar sind aufgrund von Strömungen unsicher; hingegen gilt der südöstliche Teilbereich von Norsta Auren als guter Badeplatz.
Karte: Turistkarta »Fårö« (empfohlen) oder Sverigeserien – Topo50 (Norstedts) Blad 13 »Norra Gotland«.

Vom **Parkplatz** ❶ wählen wir den Weg rechts am Leuchtturm **Fåröfyr** vorbei, passieren ein Labyrinth und gelangen zur Küste. Dort links. Zunächst besteht der Untergrund noch aus Kalkschotter, aber ab dem Südrand einer weiten Bucht wandern wir direkt am Sandstrand entlang (das geht auch gut barfuß!). Die Wanderanweisung für die nächsten vier Kilometer lautet: immer am Strand entlang und zwar zunächst entlang der Bucht in einem Rechtsbogen und hinter **Aurudden** dann in einer weiten Kurve nach links. Am westlichen Ende des Strands treten wir durch ein **Tor** ❷ und setzen unseren Weg über Wiesengelände parallel zur Küste fort. Wir umrunden die Landspitze **Skärsändan** und erreichen die Fischerhütten von **Skär** ❸.

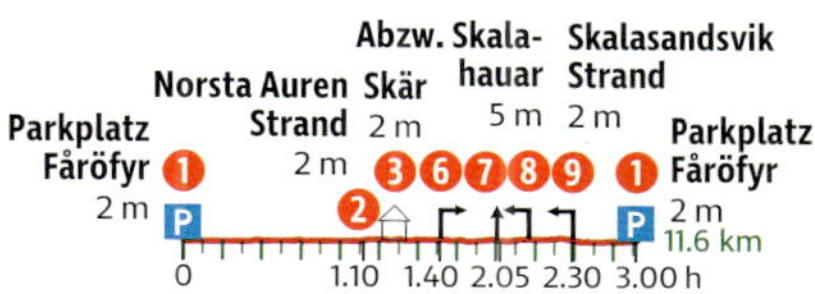

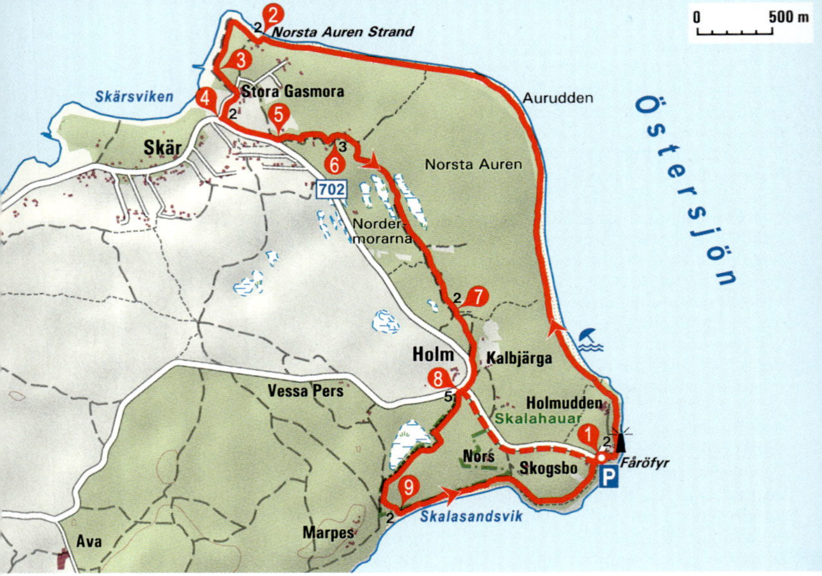

Dort biegen wir landeinwärts ab. Hinter einem Tor nehmen wir den Feldweg nach rechts und wenden uns auf der **Teerstraße** 4 links. Bei der zweiten Möglichkeit (die erste Möglichkeit ist eine Hofzufahrt) wählen wir eine **Fahrspur** 5 halb links (das Durchfahrts-Verbotsschild »Gäller ej behörig trafik« gilt nur für Kfz). Der Weg schlängelt sich durch den Wald, passiert zwei Anwesen (rechter Hand) und beschreibt vor dem dritten Anwesen eine scharfe Linkskurve. 30 m dahinter entscheiden wir uns bei einer **Kreuzung** 6 für die rechte Möglichkeit. Wir lassen eine Hütte und eine Zufahrt links unbeachtet und folgen der schmalen Fahrspur in ihrem kurvenreichen Verlauf in Generalrichtung Südosten. Querende Pfade und Einmündungen kümmern uns nicht.

Nach ca. 1,5 km gelangen wir an eine unübersichtliche **Kreuzung** 7 mit zahlreichen Wegen und Pfaden: Dort behalten wir die bisherige Richtung bei. Bald sehen wir mehrere Scheunen vor uns, lassen sie links liegen und biegen dahinter (!) auf einen Feldweg halb rechts ab. Nach wenigen Schritten erreichen wir die Straße und gehen links. Die Straße zum Fåröfyr (Straßenschild) ignorieren wir und entdecken 50 m dahinter einen **Feldweg** 8 nach links. Vorbei an der Infotafel zum **Naturreservat Skalahauar** wandern wir auf dem Pfad in den Wald hinein und folgen seinem kurvigen Verlauf (kleine Abstecher nach links ermöglichen einen Blick auf die Dünen von Skalahauar). Er mündet auf eine Fahrspur, auf die wir links einschwenken.

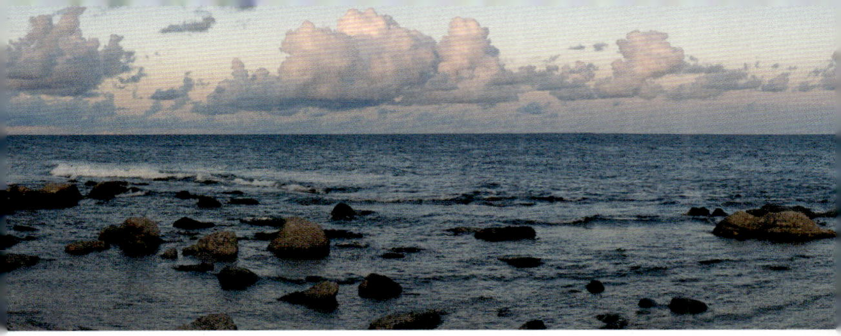

Küste im Abendlicht bei Fåröfyr.

Nach etwa 200 m aufpassen: Wir nehmen einen schmalen Pfad nach links und biegen am **Strand** 9 ebenfalls links ab. Wir spazieren an der Bucht **Skalasandsvik** entlang (auch von hier aus sind Abstecher in das Dünengebiet links von uns möglich) und stoßen an ihrem Ostende auf ein Waldpfädchen, das den Verlauf der Küste zunächst begleitet und dann etwas landeinwärts schwenkt. Es bringt uns zurück zum **Parkplatz** 1 am **Fåröfyr**.

Der Leuchtturm Fåröfyr ist noch in Betrieb.

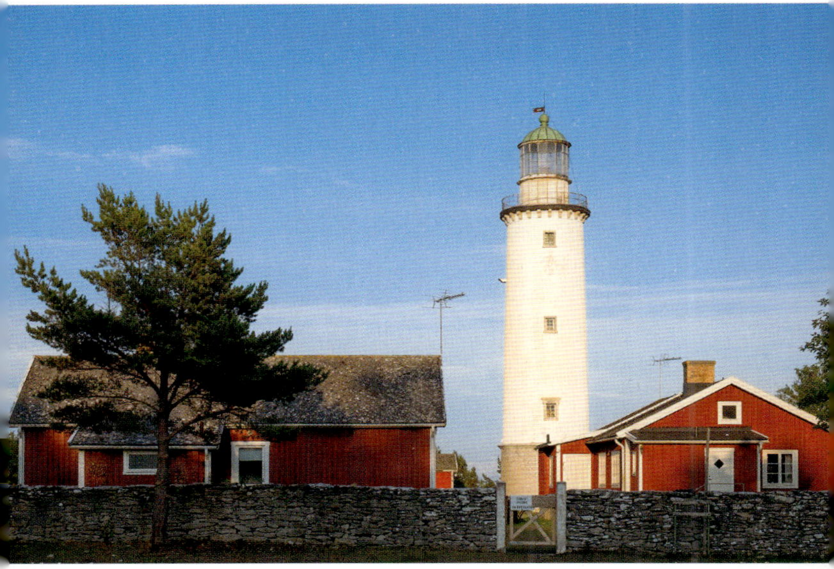

↗ 60 m | ↘ 60 m | 6.3 km

15 Ullahau

1.45 h

Sandiges Auf und Ab durch ehemalige Wanderdünen

Der Nordosten Fårös war noch Anfang des 19. Jahrhundert ein von Flugsand und Wanderdünen geprägter Landstrich, deren Ausbreitungsdynamik sogar den Ackerbau und die Viehwirtschaft umliegender Höfe bedrohte. Man unternahm daher Anstrengungen, die Gefahr zu bannen und setzte dabei auf Kiefernpflanzungen. Heute bekommt man nur noch an wenigen Stellen einen Eindruck von der ursprünglichen Landschaft: In Ullahau lassen sich nicht nur die höchsten Dünen der Insel erkunden, auch die Sichelform der ehemaligen Wanderdüne lässt sich noch erahnen. Die Wanderung zeichnet sich im Bereich der Dünen durch kleinräumiges Auf und Ab aus, ansonsten verläuft der Spaziergang auf hübschen Waldwegen durch Kiefernwald.

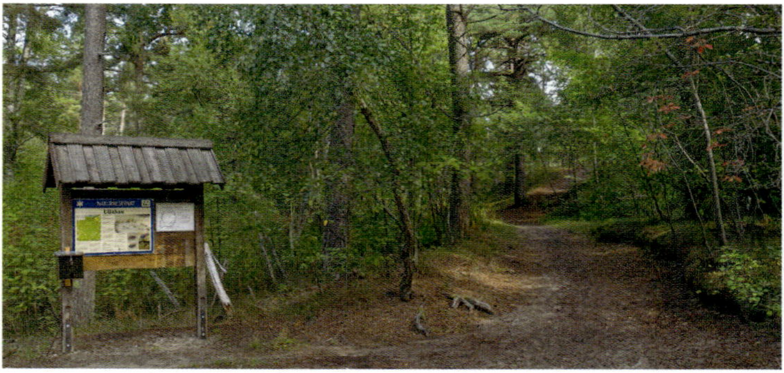

Der Startpunkt des Pfads befindet sich direkt bei der Infotafel.

Ausgangspunkt: Kfz: Parkplatz Ullahau. Auf der Hauptstraße, Väg 699, an den Abzweigungen nach Sudersand vorbeifahren und 100 m hinter der 2. Abzweigung (»Sudersand Ö«) links auf den Parkplatz fahren (Schild »Ullahau«). ÖPNV: Bus Nr. 20 (der Bus fährt nur in der Hauptsaison) bis Haltestelle »Sudersand«. Von dort nach Norden zur Hauptstraße und dort rechts. Nach 100 m Tourbeginn linker Hand.
Anforderungen: Wanderung teils auf lockerem Sand, teils auf gut begehbaren Waldpfaden. Aufgrund der vielen kreuzenden Pfade jedoch etwas unübersichtlich.
Einkehr: Keine.
Variante: Eine kürzere Runde ergibt sich, wenn man ab Wegpunkt 3 weiter geradeaus läuft und nach 200 m links abbiegt; hinter dem Dünenkamm rechts und der orangefarbenenen Markierung folgen; ca. 3,5 km.
Karte: Turistkarta »Fårö« oder Sverigeserien – Topo50 (Norstedts) Blad 13 »Norra Gotland«.

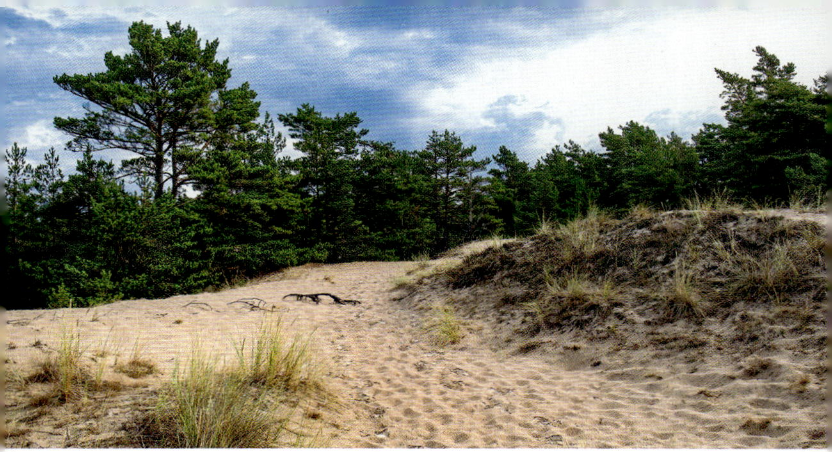

Offene Sandflächen sind mittlerweile eine Seltenheit.

Vom **Parkplatz Ullahau** ❶ nehmen wir den Weg in den Wald hinein und lassen uns nach 50 m von der orange-blauen Markierung nach rechts lotsen. Kurz geht es auf einer Leitungstrasse nach rechts, bevor uns ein Pfeil an einem halbhohen Metallpfosten nach links weist. Wir gewinnen etwas an Höhe und bewegen uns bald auf tiefem, sandigem Untergrund vorwärts, wobei wir darauf achten, die orange-blaue Markierung nicht zu verlieren. Links können wir einen Abstecher zu einem offenen Flugsandfeld machen und setzen nachher unseren Weg in der bisherigen Richtung fort. Nach einem weiteren Anstieg entdecken wir – in einer kleinen **Mulde** – einen **Richtungspfeil** ❷ nach rechts. Wir verlassen die offene Sandfläche und tauchen in den Wald ein. Hinter einem Linksbogen geht es kurz durch ein Dünentälchen, hinter dem wir auf einen breiten Waldpfad treffen; dort links. Nun verlassen wir die orange-blaue Markierung (die nach wenigen Metern nach links oben abzweigt) und wandern auf dem breiten Pfad ohne Markierung geradeaus über einen kleinen Geländerücken. Unweit hinter dem Hangfuß auf seiner nördlichen Seite nehmen wir bei einer **Verzweigung** ❸ die rechte Möglichkeit (Variante geradeaus).

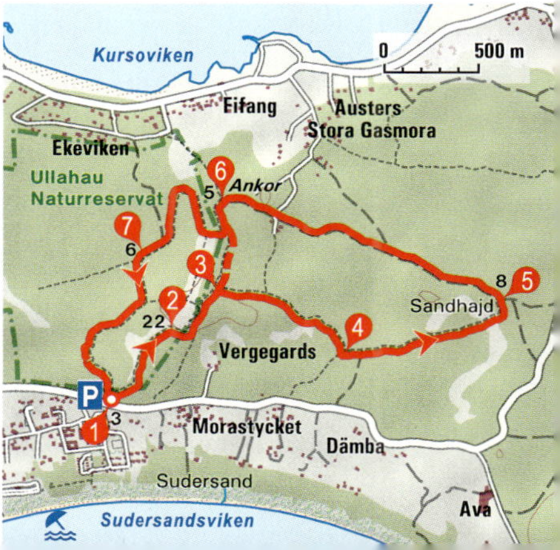

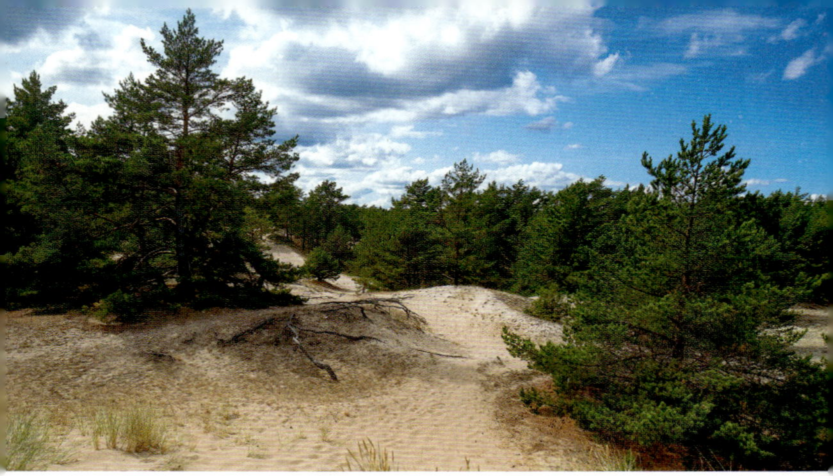

Auf der ehemaligen Wanderdüne gibt es viele kurze An- und Abstiege.

Wir folgen einem breiten Pfad nach Osten, bleiben bei einer Verzweigung halb rechts dem Hauptweg treu und gelangen auf ihm zu einer **T-Kreuzung** ❹. Dort links. Der Weg mutiert vom Fahrweg zum Trampelpfad und erreicht ein **Sandfeld**. Wir kreuzen es, indem wir – auch wenn keine Fußspuren vorhanden sind – die bisherige Richtung beibehalten und biegen dahinter, d. h. wieder innerhalb des Baumbestands, halb links auf einen Pfad ab. Dieser mündet auf einen **Waldweg** ❺, dem wir halb links folgen. Bei einer Gabelung gleichberechtigter (!) Wege wählen wir die linke Möglichkeit. Wir passieren ein Ferienhaus (links von uns) geradeaus und gelangen unweit dahinter an die **»Ankor-Kreuzung«** ❻, so benannt nach den vielen kleinen (Plastik-)Entchen (schw.: ankor), die dort abgestellt wurden. Wir entscheiden uns für den linken Weg, lassen nach 100 m einen steil ansteigenden Pfad nach rechts unbeachtet und nehmen erst knapp 150 m dahinter ein schmales Pfädchen nach rechts, das uns mit angenehmer Steigung hinauf zum Dünenkamm bringt. 20 m hinter dem Hochpunkt treffen wir auf einen Querweg; dort rechts.

Nun ist die orange Markierung relevant, die uns nach wenigen Hundert Metern von einem Hochpunkt aus links abwärts schickt. Durch Kiefernwald gelangen wir an eine kleine **Lichtung** ❼, vor der die orange Markierung halb links abzweigt. Mit etwas Höhengewinn erreichen wir einen Dünenkamm und biegen auf dem querenden Pfad rechts ab. Von hier aus leitet uns die orange-blaue Markierung zurück zum **Parkplatz Ullahau** ❶.

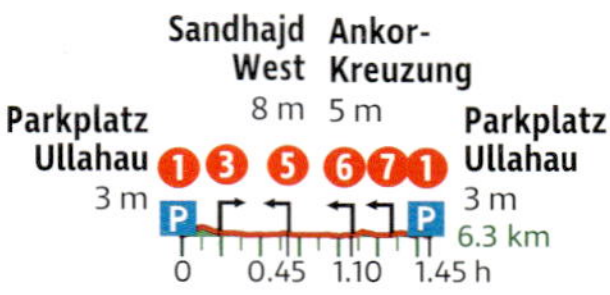

↗ 40 m | ↘ 40 m | 6.7 km

1.30 h

Ringvide und Sudersand

Kulturlandschaft, Strandwall-Küste und Sandstrand

Die Halbinsel Ringvide ist altes Kulturland mit niedrigen Steinmauern, alten Oxelbeer-Bäumen, steinigen Feldern und kleinen Weideflächen, auf denen heute vor allem Islandpferde grasen. Zum Meer hin fallen die terrassenartig hintereinander gestaffelten Strandwälle auf, die nur lückig bewachsen sind. Sie sind Zeugen der Landhebung, die nach dem Rückgang des Eises einsetzte und auch heute noch – wenn auch in geringerem Maße als noch vor einigen 1000 Jahren – anhält. Am Schluss des Spaziergangs gibt es ausführlich Gelegenheit zum Barfußlaufen, zu dem Sudersands Sandstrand, Fårös beliebtester Badestrand, einlädt. Bei geeigneten Luft- und Wassertemperaturen kann durchaus auch ein Sprung ins Meer angesagt sein.

Ausgangspunkt: Kfz: Parkplatz Sudersand (kostenpflichtig). Vom Väg 699 in Richtung Sudersand Västra abbiegen, nach 300 m nicht dem abknickenden Hauptweg links folgen, sondern geradeaus fahren. Parkplatz nach wenigen Metern links. ÖPNV: Bus Nr. 20 (der Bus fährt nur in der Hauptsaison) bis Haltestelle Vinor (identisch mit Wegpunkt 2).

Anforderungen: Einfache Wanderung überwiegend auf Feldwegen, daneben auch am Strand und auf Straßen.

Einkehr: Fårögården, Gåsmora Gård, After Beach Cafe (alle nur in der Hochsaison geöffnet).

Karte: Turistkarta »Fårö« (empfohlen) oder Sverigeserien – Topo50 (Norstedts) Blad 13 »Norra Gotland«.

Der Feldweg schlängelt sich einladend durch die offene Landschaft bei Ringvida.

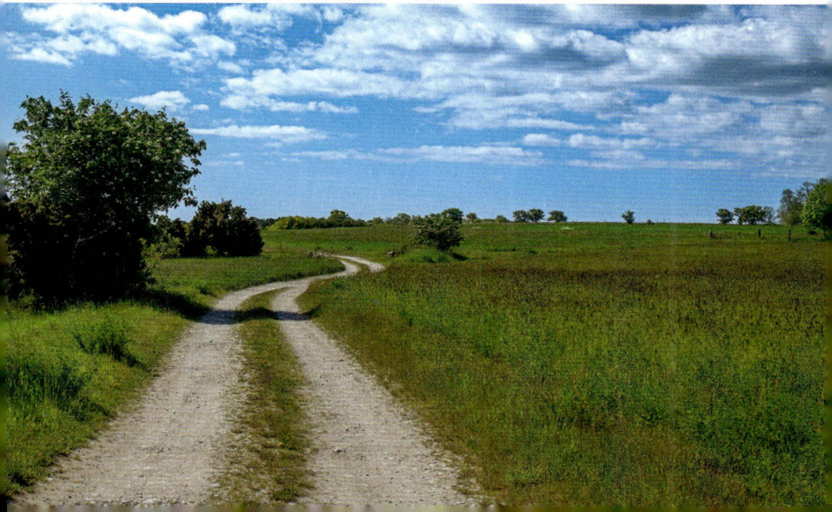

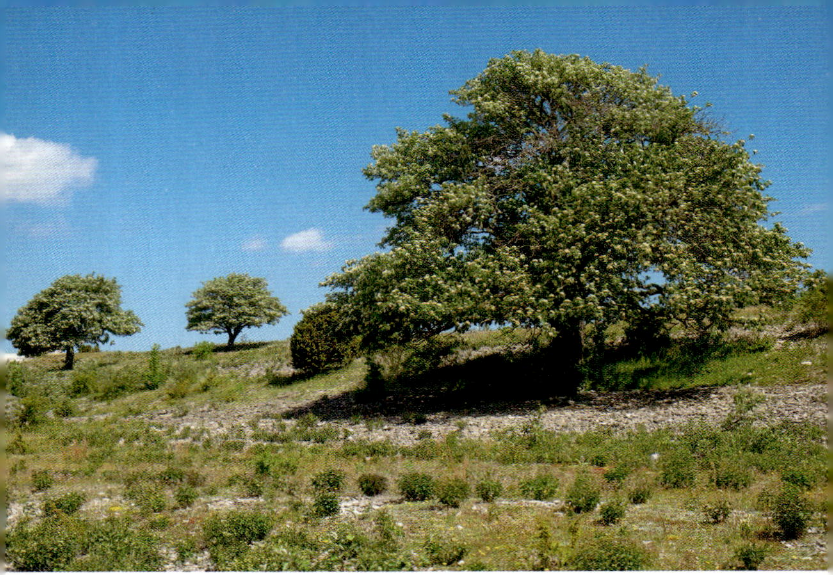

Selbst auf sehr trockenen Standorten können sich die Oxelbeer-Bäume behaupten.

Vom **Parkplatz Sudersand** ❶ gehen wir auf dem Ankunftsweg zurück, lassen die Abzweigung einer Straße nach rechts unbeachtet und biegen wenige Meter dahinter links in ein **Sträßchen** ❷ ein (Hinweisschild »Fårögården«). Wir marschieren auf ihm entlang, bis wir nach knapp 1 km (bzw. ca. 12–15 Min.) eine landwirtschaftliche Scheune (rechts von uns) passieren. 100 m dahinter (und 100 m vor der Gaststätte Fårögården) zweigt links ein **Feldweg** ❸ ab. Den wandern wir ca. 300 m entlang, orientieren uns dann auf einem **Grasweg** ❹ halb rechts und gewinnen auf ihm geringfügig an Höhe. Von rechts stoßen weitere Graswege dazu, die wir aber ignorieren.

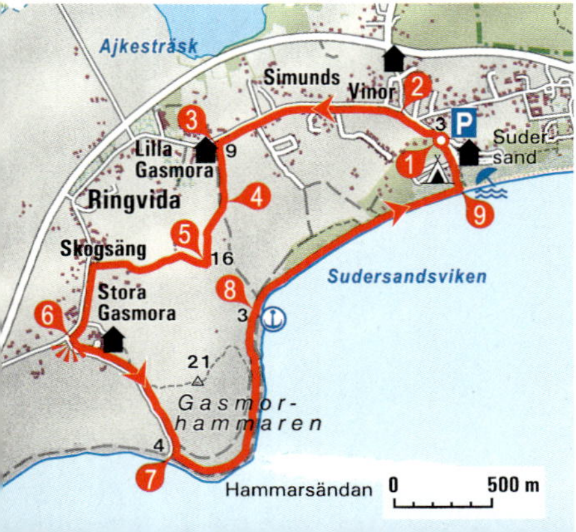

Nach einem leichten Linksknick des Wegs erreichen wir ein Tor, hinter dem wir einem querenden **Feldweg** ❺ nach rechts folgen. Er kurvt vor einem einsamen Ferienhäuschen nach links. Hinter dem nun anschließenden Rechtsbogen gehen wir halb links durch

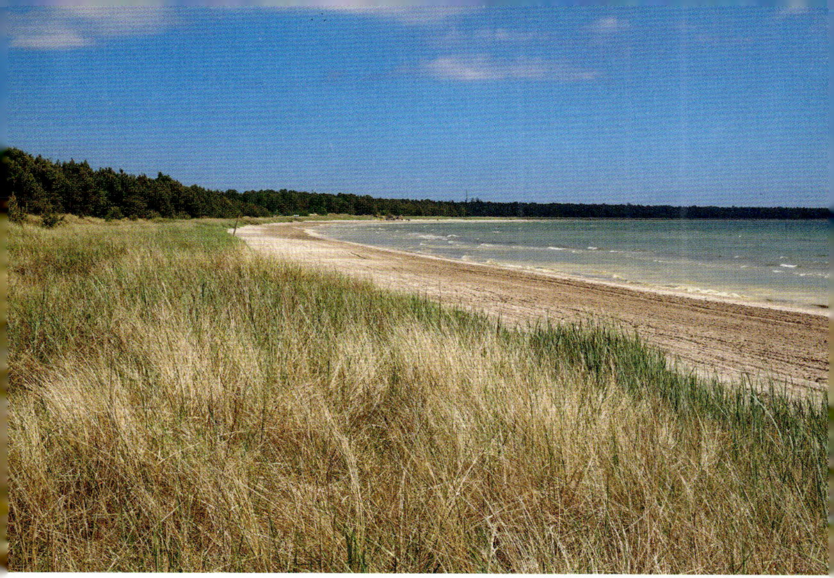

Sudersand ist der beliebteste Badestrand auf Fårö.

ein Tor und gelangen geradeaus zu einer Straße, auf der wir links abbiegen. Wir lassen die Hauptzufahrt zum **Gåsmora Gård** unbeachtet. Hinter einer leichten Linkskurve beachten wir den ersten Feldweg nach links nicht und entscheiden uns wenige Meter dahinter für den zweiten **Feldweg** 6 nach links, der hinter einem reetgedeckten Gebäude links abknickt. Wir verlassen das Gåsmora-Gelände durch ein Tor und wandern auf dem Feldweg schräg auf die Küste zu. Hinter einem weiteren Tor halb rechts (und dahinter eine Fahrspur nach links ignorieren).

Nach wenigen Metern erreichen wir den **Küstenweg**, auf den unser Weg mit einer **T-Kreuzung** 7 mündet; dort links. Wir spazieren um die Halbinsel **Gåsmorhammaren** herum, durchqueren ein weiteres Tor und lassen uns dahinter von den ausgedehnten Strandwällen (links von uns) beeindrucken. Hinter einer erneuten Tordurchquerung bei einer kleinen **Hütte mit Mini-Mole** 8 orientieren wir uns nach rechts in Richtung **Sudersand Strand** und spazieren auf ihm 1,3 km entlang bis auf Höhe des **Campingplatzes** 9. Hier biegen wir links ab, nutzen den angelegten Weg durch den schmalen Dünengürtel und durch den Campingplatz und gelangen dahinter rechts wieder zum Ausgangspunkt am **Parkplatz Sudersand** 1.

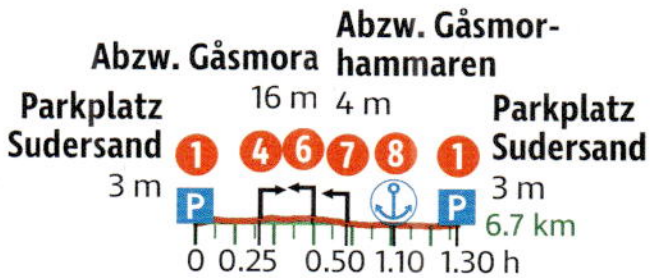

↗ 50 m | ↘ 50 m | 9.7 km

17 Dämba und Ryssnäs

2.15 h

Die Landschaft Ingmar Bergmans

Im Südosten von Fårö trifft man an der Küste auf ausgedehnte Kalkschotter-Strände mit der typischen wellenförmigen Struktur hintereinander gestaffelter Strandwälle, die von der Landhebung zeugen. Im Landesinneren kommt man an hübschen Bauernhöfen vorbei, wandert über Schafweiden und entdeckt einige der für Fårö typischen Schafställe mit ihren steilen, reetgedeckten Dächern (Dialekt: lambgift). Auf Fårö drehte Schwedens berühmtester Regisseur, Ingmar Bergman, nicht nur Filmszenen für einige seiner bekanntesten Werke – u.a. die drei Filme der »Fårö-Trilogie« (auch Dämba taucht dort als Hintergrundkulisse auf). Er verliebte sich auch auf Anhieb in die Insel, baute hier zunächst ein Ferienhaus und verlegte schließlich seinen Lebensmittelpunkt ganz hierher.

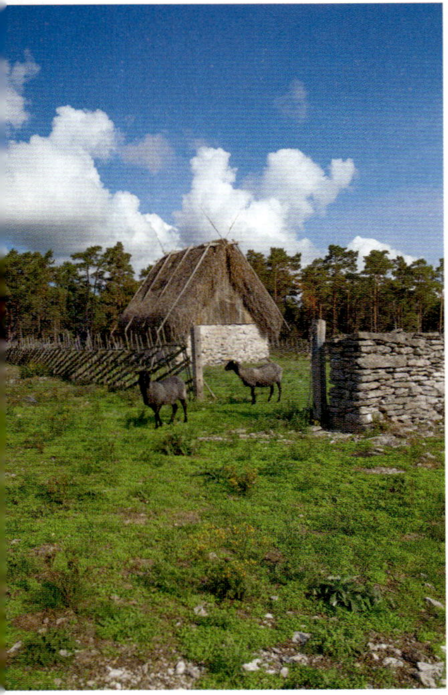

Ausgangspunkt: Parkplatz an der Bucht Hyluvik. In Brua, ca. 300 m hinter dem Fähranleger, rechts in Richtung »Ryssnäs Naturreservat« abbiegen und nach 2 km dem Schild »Engelska Kyrkogården« nach links folgen. Nach einem weiteren Kilometer jedoch nicht zum Engelska Kyrkogården abbiegen, sondern auf dem Teersträßchen 700 m geradeaus weiterfahren bis zu einem gekiesten Parkplatz rechter Hand direkt an der Bucht Hyluvik.
Anforderungen: Einfache Wanderung auf Feldwegen.
Einkehr: Keine.
Varianten: Die Tour lässt sich entlang des Teersträßchens zwischen Wegpunkt 6 und 1 in zwei Rundwanderungen aufteilen: 1) Nördliche Runde (Dämba); ca. 7,5 km. 2) Südliche Runde (Ryssnäs); ca. 4,5 km.
Tipp: Wer mehr über Ingmar Bergman und sein Verhältnis zu Fårö, sein Leben und Werk erfahren möchte, findet im Bergmancenter, 1 km nördlich der Inselkirche, eine gute Anlaufstelle.
Karte: Turistkarta »Fårö« oder Sverigeserien – Topo50 (Norstedts) Blad 13 »Norra Gotland«.

Traditioneller Schafstall (schw.: lambgift) im Landesinneren.

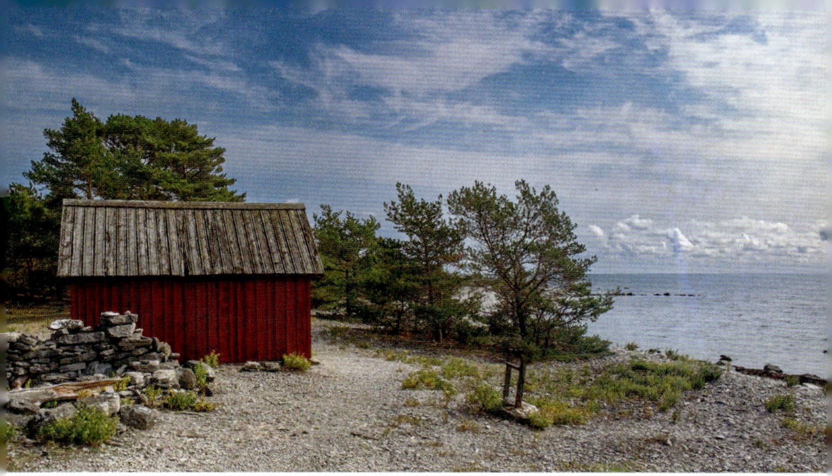

Die kleine Hütte am Meer steht am Ausgangspunkt der Wanderung.

Vom **Parkplatz** an der Bucht **Hyluvik** ❶ starten wir auf dem Teersträßchen in Fahrtrichtung, bevor nach nur 50 m rechts ein Feldweg abzweigt. Auf dem nächsten Kilometer wählen wir bei Verzweigungen jeweils die rechte Möglichkeit, um parallel zur Küste nach Norden zu wandern. Bei einem kleinen **Häuschen** ❷ rechts des Wegs wechseln wir auf einen untergeordneten Grasweg halb rechts, durchqueren ein Tor und setzen den Weg an der Küste entlang fort. Am **Scheitelpunkt** ❸ der Bucht **Strandakersvik** biegen wir auf einen Feldweg links ab und entscheiden uns bei einer Mehrfach-Verzweigung nach 30 m für den mittleren Weg. Bald kommen hinter einem schmalen Waldgürtel die Häuser von Dämba in Sicht. 100 m vor einem Bauernhof zweigt eine Fahrspur rechts ab (Orientierungspunkt: Windmühle), sodass wir ihn – durch ein Tor in der

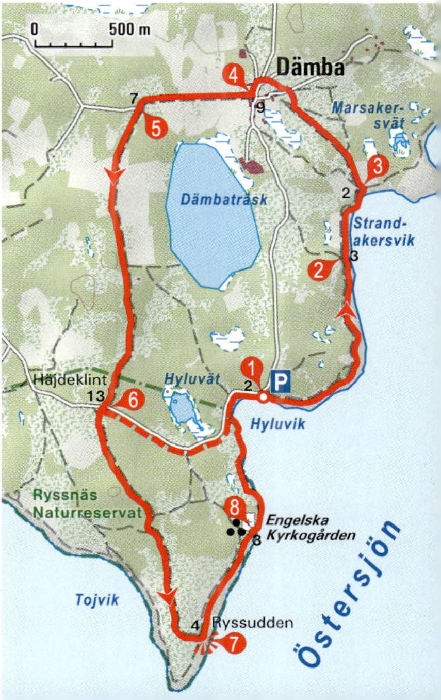

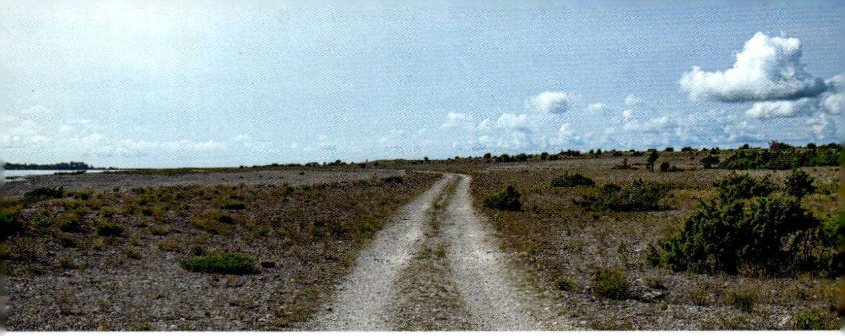

Die Halbinsel Ryssnäs besteht hauptsächlich aus offenen Schotterflächen.

Mauer neben einem der Hofgebäude – rechts umgehen können. Vor der Windmühle links und auf dem Teersträßchen erneut links. Hinter einem Viehgitter wählen wir in **Dämba** 4 den breiten Feldweg rechts. Wir passieren eine der auf Fårö seltenen Waldweide-Flächen, die mit Eichen überstanden ist (rechts von uns) und machen anschließend den Linksknick des Wegs mit, hinter dem uns ein **Tor** und eine **Gabelung** 5 erwarten.

Wir lassen den rechts abzweigenden Weg unbeachtet, marschieren geradeaus und ignorieren in der Folge alle abzweigenden und einmündenden Wegspuren. Zunächst zwischen Zäunen bzw. Mauern durch Offenland, dann durch lichten Kiefernwald, erreichen wir nach 2 km ein Teersträßchen. Wir laufen direkt gegenüber eine **Grastrasse** 6 hinein, die sich mit einem Feldweg vereint und nach links führt. Bei einer T-Kreuzung nach 700 m rechts und nach 100 m links. Noch kurz geht es durch Wald, bevor uns die offene Landschaft der Halbinsel **Ryssnäs** erwartet. Bald sehen wir Schilder vor uns, die das Betreten des südlich gelegenen Geländes zwischen 15.03. und 15.07. verbieten (falls das zutrifft, biegen wir vor dem Schild links ab und wandern weglos an der Schilderkette 200 m entlang bis zum querenden Feldweg. Dort links). Falls das Verbot nicht zutrifft, folgen wir dem Feldweg bis zu einer T-Kreuzung bei **Ryssudden** 7, machen noch einen Abstecher nach rechts zur Landspitze, kehren dort um und marschieren dann parallel zur Küste nach Norden.

Wo der Hauptweg nach links kurvt, zweigt rechts eine Fahrspur ab. Die nehmen wir. Nach 100 m haben wir den **Engelska Kyrkogården** 8 (Friedhof englischer Seeleute aus dem 19 Jh.) links vor uns, lassen ihn dann links liegen und setzen unseren Weg an der Küste entlang nach Norden fort. Bei Gabelungen halten wir uns rechts. Wir erreichen schließlich das Teersträßchen, das rechts zurück zum **Parkplatz Hyluvik** 1 führt.

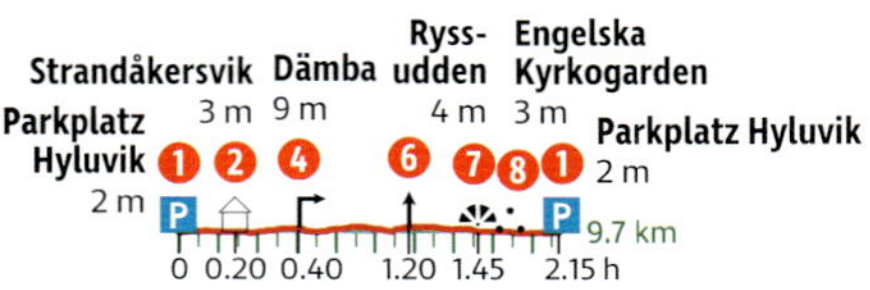

↗ 80 m | ↘ 80 m | 6.6 km

1.45 h

Bungenäs 18

Auf Zeitreise im äußersten Nordosten Gotlands

Die Bunge-Halbinsel (näs = Halbinsel) im äußersten Nordosten von Gotland hat schon einiges hinter sich, und das sieht man ihr auch an. Weil viele charakteristische Elemente noch vorhanden sind oder bewusst erhalten wurden, gleicht der Spaziergang auch ein wenig einer Zeitreise durch die unterschiedlichen Nutzungsepochen. Dass »Bunge-Kalk« zwischen 1906 und 1963 ein begehrter Exportartikel war, kann man an den vielen kleineren und einem großen (heute wassergefüllten) Steinbruch, den zwei Schachtöfen aus den 1910er-Jahren und den Kaianlagen erkennen. Aus der Frühzeit des Abbaus stammen auch ein Speisesaal und »Nyströms«, ein ehemaliger Lebensmittelladen. In den 1960er-Jahren übernahm das Militär das Gelände, schirmte es vollständig ab und baute Befestigungs- und Bunkeranlagen, die bis Mitte der 1990er-Jahre genutzt wurden. Seit dem Jahr 2000 wird Bungenäs als Freizeitareal entwickelt, allerdings nicht, indem man »tabula rasa« machte, sondern indem man auf den vorhandenen Strukturen aufbaute. Bestandsgebäude wurden mit viel Fingerspitzengefühl renoviert und durften ihre Patina behalten; viele militärische Anlagen wurden als Ferienhäuser umgenutzt. Aber auch neue Ferienhäuser – alle bewusst in moderner bis futuristischer Formensprache – wurden (und werden) gebaut.

Ausgangspunkt: Bungenäs-Besucherparkplatz. Von Fårösund aus in Richtung Bungenäs fahren. Nach 3,5 km am Schild »Naturreservat« vorbeifahren (!) und erst 50 m dahinter links auf einen großen Parkplatz (»Besökare«) abbiegen.
Anforderungen: Einfache Wanderung überwiegend auf Feldwegen, kurzzeitig ohne Weg auf Kalkschotter an der Küste entlang (Tendenz zu »rot«).
Einkehr: Bungenäs Kalkladan (Restaurant-Bar in der ehem. Kalkbrennerei); Nyströms (Café, Mittsommer bis vorletzte Augustwoche).
Karte: Sverigeserien – Topo50 (Norstedts) Blad 13 »Norra Gotland«.

Nyströms Café ist das i-Tüpfelchen der Bungenäs-Umrundung.

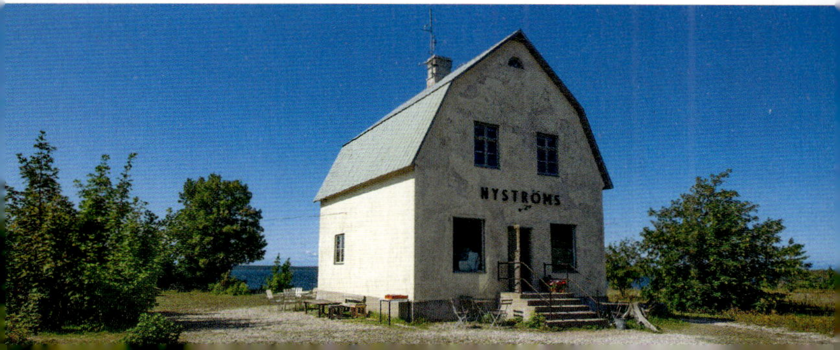

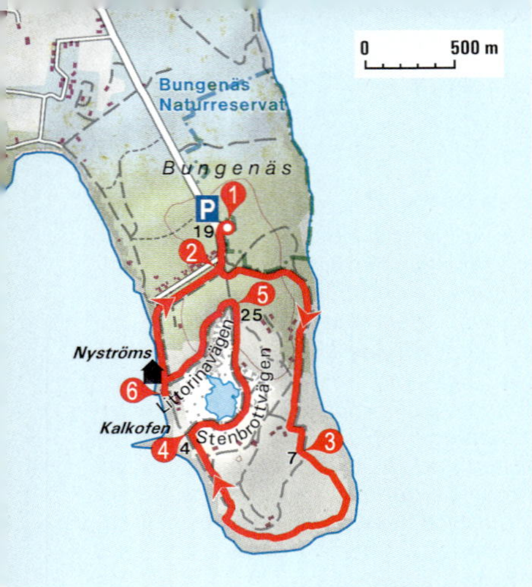

Am südlichen Rand des **Besucherparkplatzes** ❶ von **Bungenäs** treten wir durch ein kleines Törchen, folgen dem breiten Pfad am Einwohner-Parkplatz vorbei und erreichen eine **Kreuzung** ❷ von breiten Feldwegen. Dort wählen wir den Weg nach links, den »Östra Vägen«. Durch Kiefernwald verlieren wir etwas an Höhe und wandern – am Hangfuß angekommen – an mehreren alten Steinbrüchen vorbei nach Süden. Bei einer T-Kreuzung biegen wir links ab und nach 200 m an einer **Gabelung** ❸ ebenfalls links auf eine untergeordnete Fahrspur. Sie bringt uns nahe an die Küste, schwenkt dort nach rechts und passiert mehrere verfallene militärische Anlagen. Dann endet der Weg, doch wir halten uns halb links über den Kalkschotter und entfernen uns dabei nie mehr als 50 m vom Ufer. Schließlich steuern wir auf den linken Rand eines vorspringenden Waldstücks zu und finden – im lichten Wald dahinter – einen schmalen Pfad,

Auf der Runde um die Halbinsel ist man nie weit vom Meer entfernt.

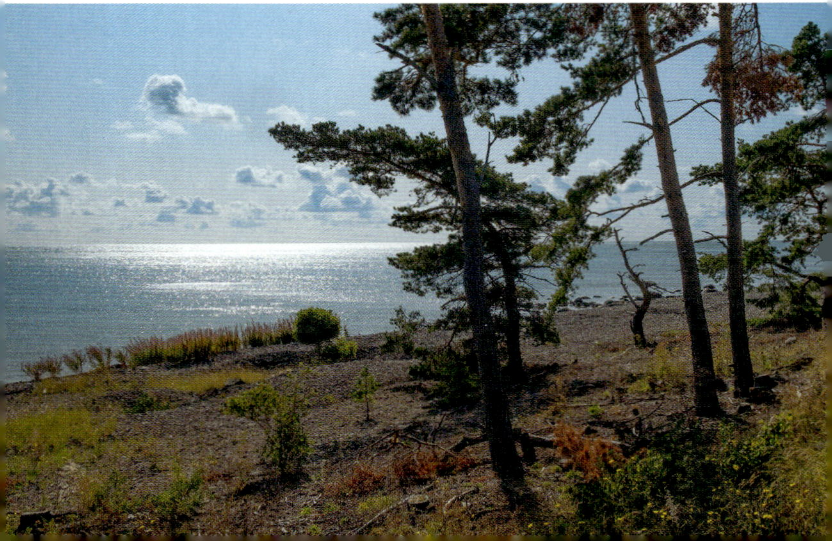

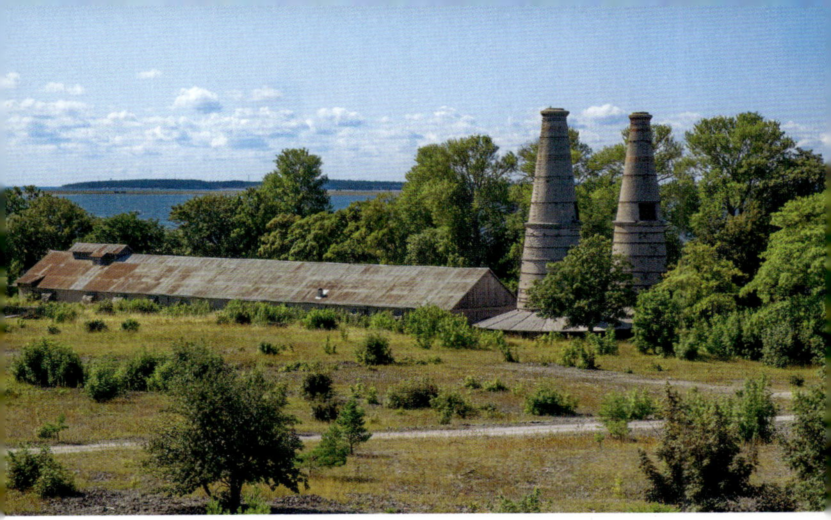

Das alte Kalkwerk auf der Westseite der Halbinsel ist nicht zu übersehen.

der allmählich breiter wird. Er mündet in einen Feldweg, dem wir nach links folgen. Wir lassen zwei rechts abzweigende Wege (darunter einen mit dem merkwürdigen Namen »Sahara«) rechts liegen und nehmen erst den nächsten Weg nach rechts, den **Stenbrottvägen** ④ (Wegweiser). Der Weg kurvt um einen wassergefüllten alten Steinbruch herum und gewinnt dahinter etwas an Höhe. Oben biegen wir links auf den **Littorinavägen** ⑤ (Wegweiser) ab. Bald geht es wieder etwas abwärts und wir erreichen am Hangfuß einen Querweg. Zunächst erkunden wir links den ehemaligen Kalkofen und die **Kalkbrennerei** ⑥ – heute Gastronomie Bungenäs Kalkladan –, kehren dort um und wandern auf dem breiten Feldweg nach Norden. Auch **Nyströms**, ein kleines Café im nostalgischen Stil der 1930er-Jahre, lohnt einen kurzen Besuch, wenn es geöffnet hat.

Anschließend marschieren wir weiter in dieser Richtung, folgen dem Hauptweg in einem leichten Rechtsbogen aufwärts und gelangen an eine schon vom Herweg bekannte **Kreuzung** ②. Zunächst halten wir uns halb links und entdecken auf der gegenüberliegenden Seite einen schmalen Fußpfad, mit dem wir den Einwohner-Parkplatz rechts liegen lassen. Bei der Gabelung dahinter nehmen wir den halb rechten Weg, der uns zum **Besucherparkplatz** ① zurückbringt

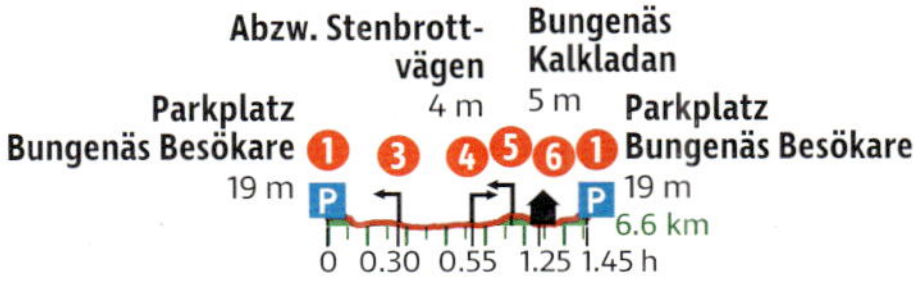

TOP

↗ 80 m | ↘ 80 m | 14.0 km

19 Furilden

3.45 h

Karge Küstenlandschaft mit industrieller Vergangenheit

Furilden (auch Furillen) besitzt wunderschöne Küstenabschnitte und stellt in Sachen Kargheit eigene Maßstäbe auf. Im Norden existiert eine flache Küste, die zahlreiche Wasser- und Watvögel anzieht, im Nordosten findet sich eine (niedrige) Steilküste mit überhängenden Felsen und einzelnen Raukbildungen, im Südosten und Süden wandert man entlang ausgeprägter Strandwälle und durch lückige Kiefernwälder. Im Westen trifft man auf die nicht zu übersehenden Reste der industriellen Vergangenheit: große, inzwischen eingewachsene Steinbrüche und mächtige Abraumhalden, an deren Fuß die Feldbahnloren pittoresk vor sich hinwittern. Diese anthropogen überprägte Landschaft ist ein beliebter Drehort und hat sich inzwischen auch über Schweden hinaus einen Namen als Location für Fotoshootings und Filmproduktionen gemacht.

Ausgangspunkt: Kfz: Parkmöglichkeit auf Furilden. Auf dem Väg 683 nach Lergrav fahren. Knapp 2 km hinter (südlich) der Siedlung links abbiegen und über eine Brücke fahren. Pkw parken 400 m hinter der Brücke, in einer Rechtskurve bei einer Infotafel (ohne die Zufahrt zum Feldweg zu blockieren). Wohnmobile fahren daran vorbei, geradeaus (!) über eine Kreuzung hinweg und parken nach 200 m, d. h. hinter der Einfahrt in den Steinbruch, links auf der freien Fläche. Von dort auf dem Herkunftsweg zurück zum Ausgangspunkt.
Anforderungen: Längere Tour überwiegend auf Feldwegen, kurzzeitig auf schmalen Trampelpfaden (abschnittsweise überwachsen) und auf Kalkschotter sowie auf den letzten 2,5 km auf Hartbelag.
Einkehr: Keine.
Varianten: Die Tour lässt sich in kürzere Varianten aufteilen (alle für Kinder geeignet). 1) Nur nördlicher Tourteil bis zur öst-

Abwechslungsreiche Blicke aufs Meer beschert die Wanderung rund um Furilden.

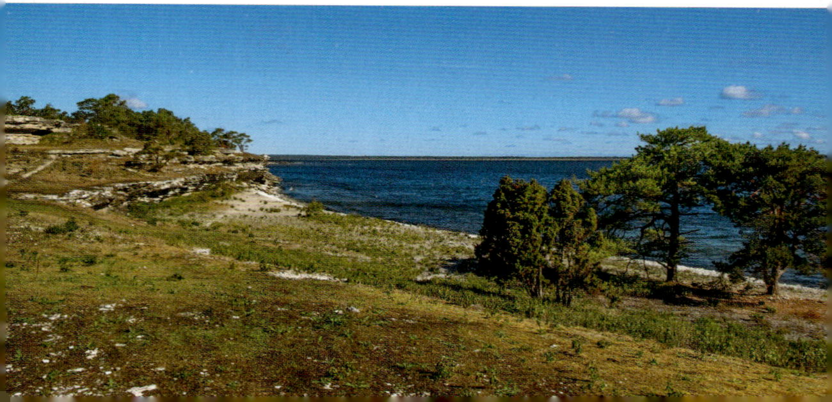

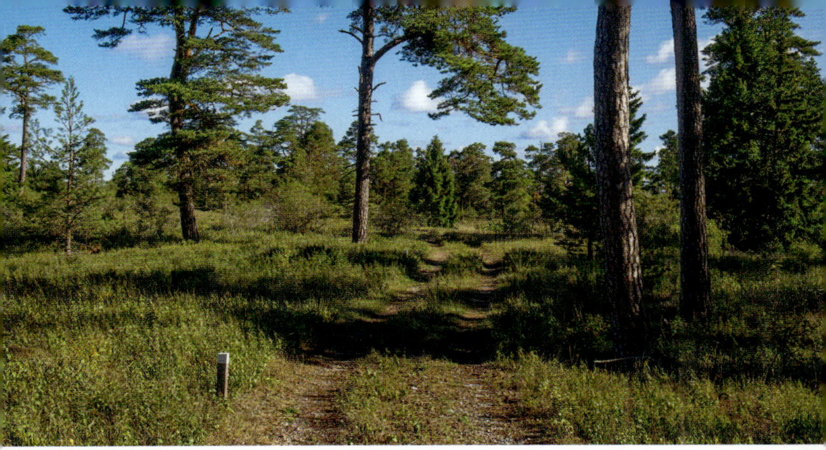

Lichter Kiefernwald bestimmt das Innere der Halbinsel.

lichen Aussichtsplattform ❸, auf einem Fahrweg zurück; ca. 4,5 km. 2) Nördlicher und mittlerer Tourteil bis Wegpunkt ❻, dann auf einem Feldweg rechts zu Wegpunkt ❾; ca. 8,5 km. 3) Nur südlicher Tourteil mit Ausgangspunkt ❾, Parkmöglichkeit; ca. 6 km. 4) Mittlerer und südlicher Tourteil; ca. 11,5 km.
Tipp: Bei der Anfahrt von Norden kommt man direkt am Raukfeld von Lergrav vorbei. Es ist außergewöhnlich groß, dicht mit Raukformationen bestanden und besitzt auch ein spektakuläres Rauktor. Ein kurzer Zwischenstopp lohnt sich.
Hinweis: Wenn gerade Filmproduktionen oder Fotoshootings stattfinden, können das (Privat-)Gelände im Bereich der alten Halden und beim Hotel nördlich von Wegpunkt ❾ für Besucher gesperrt sein. Das Areal muss dann wie beschrieben östlich umgangen werden.
Karte: Sverigeserien – Topo50 (Norstedts) Blad 13 »Norra Gotland«.

Von der **Parkmöglichkeit ❶** bei einer **Infotafel** orientieren wir uns am Wegweiser »Fågeltorn« und betreten auf der schmalen Fahrspur links (in Richtung Nordosten) den Wald. Nach gut 100 m lotsen uns die weiß markierten Pflöcke nach links zu einem Abstecher zur **westlichen Aussichtsplattform ❷**. Vom Ausgangspunkt des Abstechers geht es dann auf dem Waldweg weiter nach Nordosten. Nach etwa 1,3 km (bzw. etwa 20 Min.) stoßen wir erneut auf weiß markierte Pflöcke, lassen sie aber unbeachtet, sondern verlassen den Waldweg und biegen durch ein Törchen links auf einen schmalen Pfad ab. Er bringt uns zur Küste und kurvt nach rechts, passiert die **östliche Aussichtsplattform ❸** und führt als angelegter Weg zu einem Parkplatz.
Wir folgen der Parkplatzzufahrt nach rechts hinauf zu einem breiten Feldweg; dort links. Wir marschieren auf ihm ca. 1 km entlang, vorbei an mehreren modernen Ferienhäusern linker Hand, nehmen 150 m dahinter einen

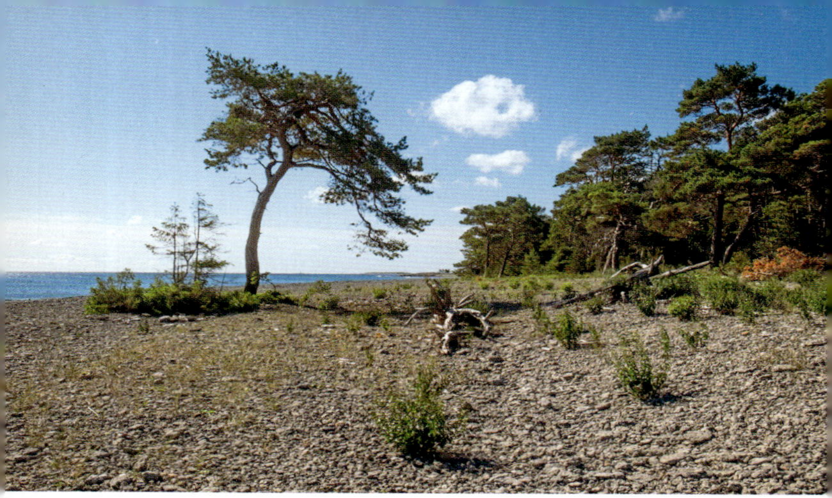

Schotterfelder sind die prägenden Elemente an Furildens Küste.

kleinen Feldweg scharf links und halten auf eine restaurierte, traditionelle Fischerhütte zu. Links (nördlich) davon werfen wir einen Blick auf einen wildromantischen Küstenabschnitt der Bucht **Kartviken** ❹ mit Ruinen von Fischerhütten, bevor wir anschließend rechts (östlich) einen Feldweg schräg hinunter zum Strand einschlagen. Nach einem Wegabschnitt direkt an der Küste entlang um die Halbinsel **Karthaken** herum biegt der Weg landeinwärts ab, knickt vor einem hohen Zaun scharf rechts ab und mündet auf den Hauptweg.

Wir wenden uns nach links, passieren eine militärische Anlage und wählen bei der anschließenden **Gabelung** ❺ die rechte Möglichkeit. Eine erste Abzweigung nach links lassen wir unbeachtet und nehmen erst nach insgesamt 1 km (12–15 Min.) die zweite **Abzweigung** ❻ nach links. Nach 50 m folgen wir dem Hauptweg nach rechts und wandern wieder an der Küste entlang. Unweit hinter einem Viehgitter biegt der Hauptweg rechts ab, wir aber halten uns auf einer kleinen Fahrspur geradeaus. Bald entert sie das Hochufer und führt durch Wald. Wir sehen rechts einige rostfarbene, kubische Gebäude und biegen 30 m dahinter (!) auf einen schmalen, et-

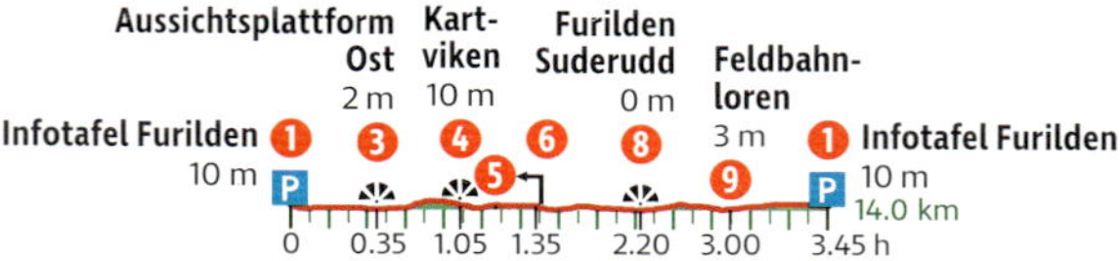

was überwachsenen Trampelpfad links ab. (Wem der Pfad zu stark überwachsen ist, geht weiter geradeaus und nutzt nach 100 m den Feldweg, um links nach Suderudd zu gelangen.). Bei einer Gabelung nach 50 m wählen wir die linke Möglichkeit. Wir bewegen uns anschließend unterhalb einer Steilstufe entlang, erreichen einen Feldweg, schwenken links auf ihn ein und kurven auf ihm anschließend nach rechts. Mit einer **T-Kreuzung** 7 stoßen wir auf einen breiten Hauptweg und machen links einen Abstecher zu Furildens Südspitze, **Suderudd** 8.
Anschließend kehren wir um, folgen dem breiten Weg nach Norden und lassen uns von Abzweigungen nicht ablenken. Südlich der großen Abraumhalde gelangen wir an eine Kreuzung. Links lassen sich mittels eines kurzen Abstechers einige alte **Feldbahnloren** 9 inspizieren. Wir entscheiden uns anschließend für das Asphaltsträßchen rechts die Böschung hinauf. Diese Straße bringt uns oberhalb der umgestalteten ehemaligen Fabrikgebäude (heute Hotel) zu einem großen, aufgelassenen Steinbruch. Bei der dortigen Gabelung bleiben wir links auf dem Hauptweg. Nördlich des Steinbruchs überqueren wir eine Kreuzung geradeaus und kehren nach 600 m zurück zum Ausgangspunkt bei der **Infotafel** 1.

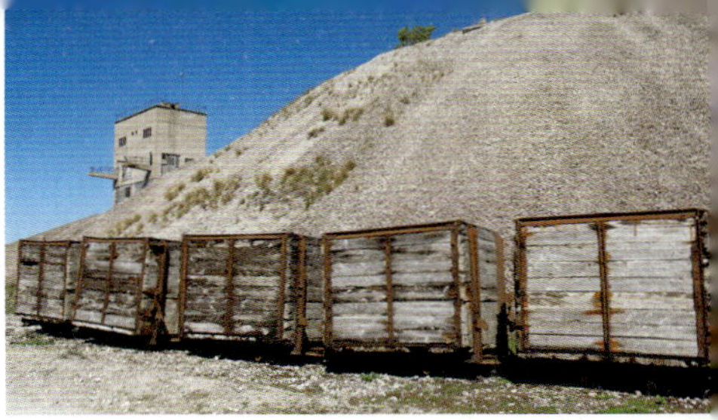

Alte Feldbahnloren.

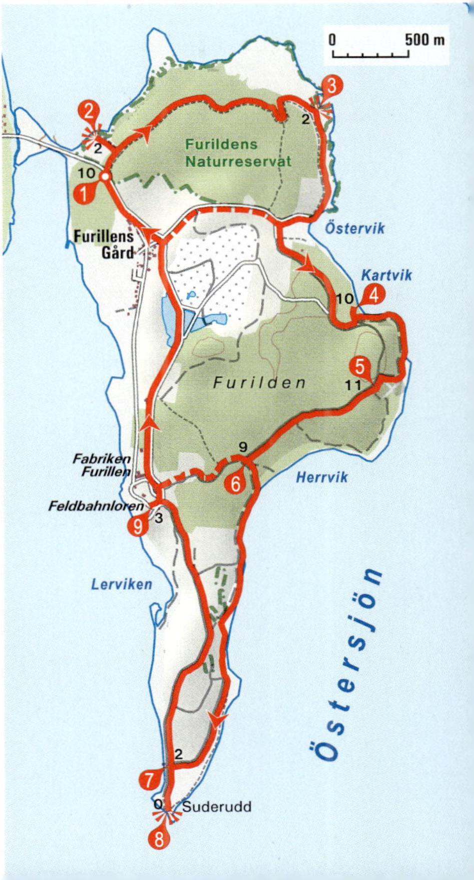

↗ 80 m | ↘ 80 m | 10.5 km

20 Kyllaj und Lörgeudd

2.30 h

Offene Felssteppe, abwechslungsreiche Küste und bizarre Rauksäulen

Die Halbinsel Kyllaj verspricht eine abwechslungsreiche Runde. Die Felssteppe Kyllajhajdar und Kiefernwald prägen die erste Hälfte der Tour, während auf der zweiten Hälfte die Küste, aufgelassene Steinbrüche und die hübsche Siedlung Kyllaj das Bild bestimmen. Kalkbrennöfen erinnern – entweder als Ruinen oder in noch gut erhaltenem Zustand – an die Zeiten, in denen Kyllaj ein Zentrum der Branntkalkherstellung war. Von wirtschaftlich prosperierenden Zeiten zeugt auch der historische Strandridaregården, ein Gutshof, der dem obersten Zolleinnehmer – der gleichzeitig auch Besitzer mehrerer Kalkbrüche war – gehörte. Auf dem Weg dorthin steht auch das Raukfeld Malms Kyllaj auf dem Programm, das bereits Carl von Linné auf seiner gotländischen Reise 1741 so sehr faszinierte, dass er einige der Felsformationen in sein Reisetagebuch skizzierte.

Ausgangspunkt: Parkplatz am Strandridaregården. Vom Väg 678 abbiegen und den Straßenschildern 1,7 km in Richtung »Kyllaj« folgen. Auf Höhe des Ortsschildes bzw. des Kulturgut-Zeichens rechts auf den Parkplatz fahren.
Anforderungen: Einfache Wanderung überwiegend auf Trampelpfaden und Feldwegen. Kurzzeitig ohne Weg auf Kalkschotter und felsigem Untergrund an der Küste entlang (Tendenz zu »rot«). Da keine Wegmarkierungen existieren, ist etwas Orientierungsvermögen erforderlich.
Einkehr: Keine.
Karte: Sverigeserien – Topo50 (Norstedts) Blad 13 »Norra Gotland«.

Die Wanderung führt an einem flachen Küstenabschnitt entlang.

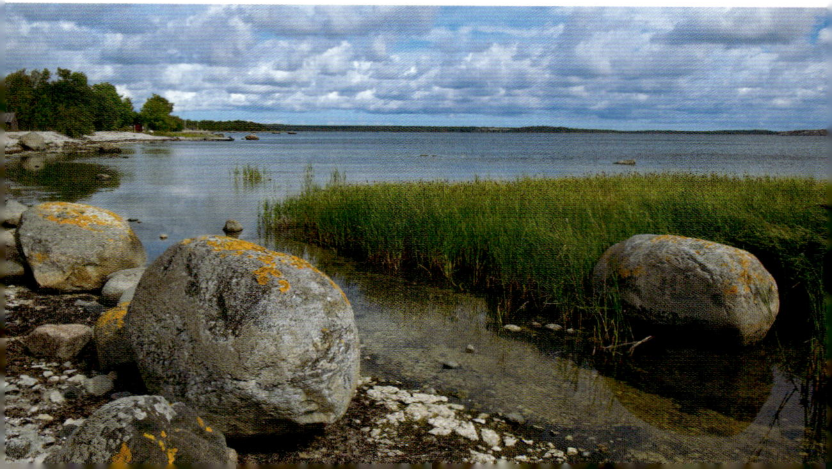

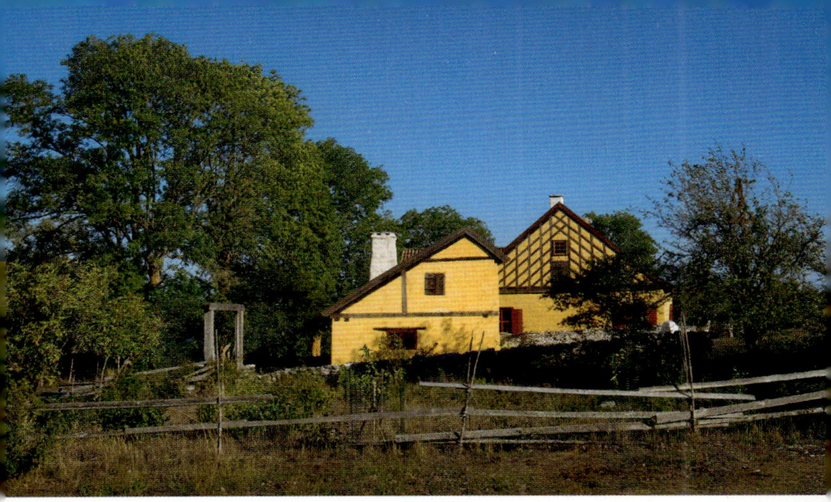

Der historische Strandridaregården kann leider nicht besichtigt werden.

Vom **Parkplatz am Strandridaregården** ❶ wenden wir uns auf dem Ankunftsweg nach links und biegen nach 300 m links auf einen Feldweg ab. Er passiert ein Gebäude rechter Hand und geht dahinter in einen Pfad über, auf dem wir nach ca. 250 m auf einen **Querweg** ❷ treffen; dort scharf rechts. Teils über Schotter, teils auf Kalkfelsen wandern wir auf dem Hauptweg entlang in nordwestlicher Richtung über die Felssteppe **Kyllajhajdar** und ignorieren schmale querende Pfade. Schließlich – auf felsigem Untergrund – teilt sich der Weg in Form einer sehr undeutlichen Gabelung, wobei wir die rechte Möglichkeit wählen (Orientierungspunkt: hoher Sendemast in einiger Entfernung). Kurz vor einem dichteren Gehölz nimmt unser Weg einen Pfad von links auf und kurvt nach rechts. Wo der Pfad geringfügig an Höhe verliert, dürfen wir ein schmales **Pfädchen** ❸ nicht verpassen, das in einem Gebüsch in spitzem Winkel links abzweigt. (Falls wir uns plötzlich auf einem Feldweg wiederfinden, haben wir es verpasst; wir kehren um und entdecken die Gabelung nach ca. 40 m – aus dieser Richtung ist die Abzweigung einfacher zu finden.)

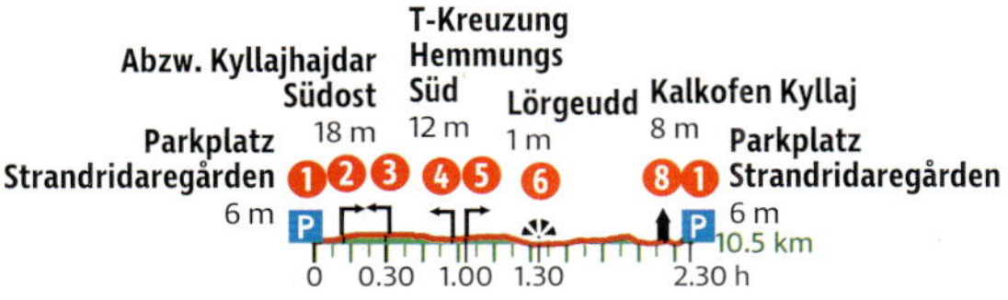

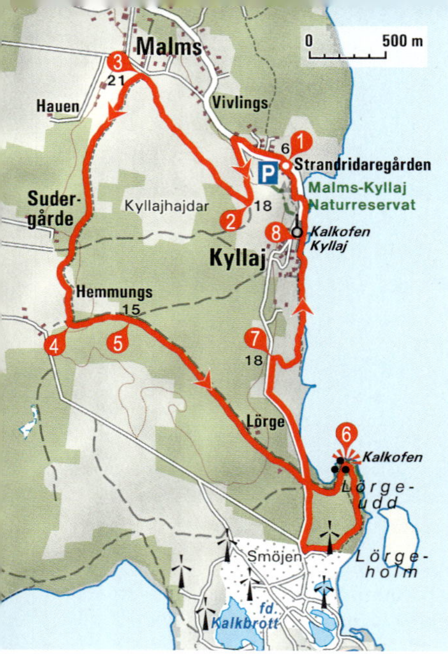

Der Pfad wird bald breiter und führt über die Felssteppe in Generalrichtung Süden. Hier achten wir darauf, nicht auf einen der schmalen Nebenpfade abzubiegen, sondern bleiben auf dem erkennbaren Hauptweg, der hinter einer Kreuzung, die wir geradeaus überqueren, schmaler wird und ein Gehölz durchquert. Auf einer Lichtung vereinigt sich unser Pfad mit einer von rechts kommenden Fahrspur. Ihr folgen wir halb links – vorbei an einem Wohnhaus im Weiler **Hemmungs** – bis zu einer **T-Kreuzung** ❹. Dort auf dem Feldweg links und bei einer **Gabelung** ❺ nach 400 m rechts. Wir wandern auf dem Waldweg gut 1,5 km entlang, am Hof Lörge (links von uns) vorbei und – auf einer Lichtung – geradeaus über eine Kreuzung untergeordneter Wege hinweg.

Wir überqueren unweit dahinter einen unbefestigten Fahrweg geradeaus und folgen dem Weg gegenüber zunächst abwärts, dann in einer engen Linkskurve am Ufer entlang auf die **Halbinsel Lörgeudd**. An deren **Nordspitze** ❻ passieren wir den historischen Kalkofen und nehmen dahinter das Pfädchen nach rechts, um das kleine Raukfeld auf der Ostseite der Halbinsel zu erkunden. Von dort geht es an der Küste entlang nach Süden, bis die Wegspur auf einen schmalen Feldweg trifft, auf dem wir uns geradeaus halten und ein Wäldchen durchqueren. Hinter dem Wäldchen schwenkt der Feldweg in einer Kurve nach rechts. Sowohl beim ersten Feldweg als auch bei der Kreuzung nach 100 m wählen wir jeweils die rechte Möglichkeit.

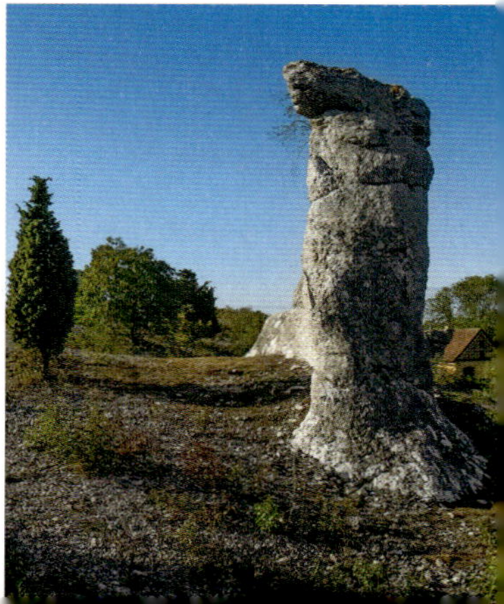

Das Raukareal von Malms Kyllaj umfasst viele bemerkenswerte Felsformationen.

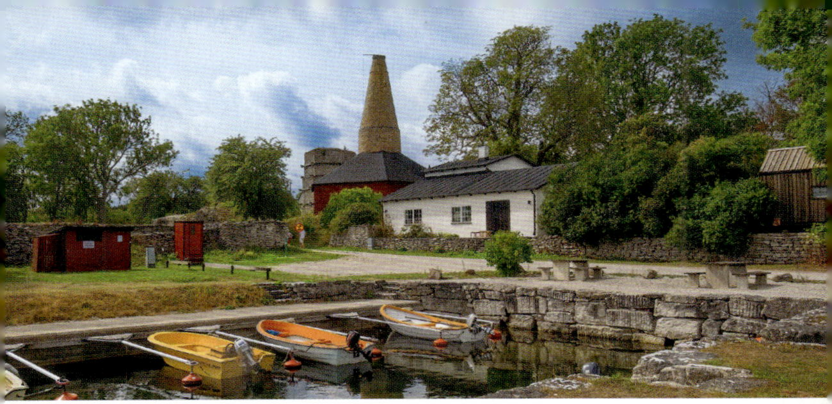

Der kleine Hafen von Kyllaj wird vom alten Kalkbrennofen überragt.

Wir marschieren auf der unbefestigten Straße entlang nach Norden und geradeaus über die schon bekannte Kreuzung westlich von Lörgeudd hinweg. Etwa 500 m hinter der Einmündung eines Feldwegs von links finden wir eine unscheinbare **Fahrspur** 7 nach rechts. Ihr folgen wir in einem Rechtsbogen abwärts, wo sie in einen Pfad übergeht, der nach links schwenkt. Auf ihm erreichen wir die Siedlung **Kyllaj**, passieren den alten **Kalkbrennofen** 8 und den kleinen Hafen und halten uns auf dem Teersträßchen geradeaus. Beim Schild »Malms Kyllaj« steigen wir links (kurz etwas steil) den Hang hinauf und mitten in ein interessantes **Raukfeld** hinein. Oben finden wir einen Querweg nach rechts, der oberhalb des Strandridaregårdens vorbeiführt und auf den **Parkplatz Strandridaregården** 1 mündet.

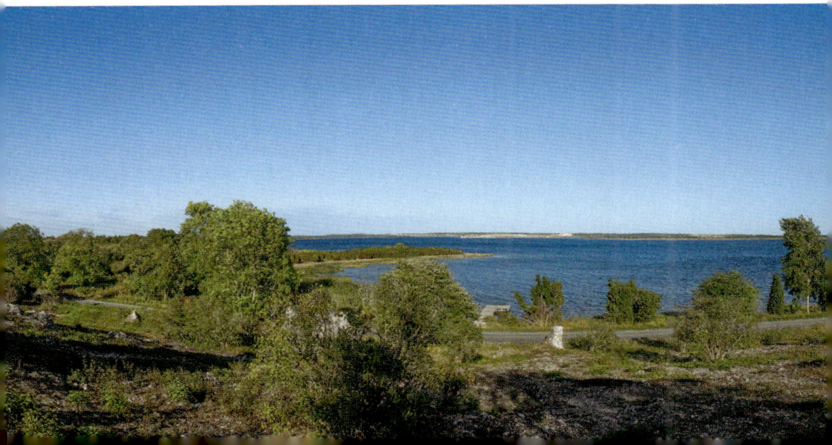

↗ 70 m | ↘ 70 m | 8.2 km

21 Sankt Olofsholm

2.10 h

Wo der Sage nach das Christentum nach Gotland kam

Gemäß Gutasage war das heutige Olofsholm der Ort, an dem König Olaf von Norwegen (später mit dem Zusatz »der Heilige« versehen) im Jahr 1029 Gotland betrat und von dort aus die Christianisierung der Insel einleitete. Da die Gotländer dem Christentum nicht abgeneigt waren, ging das Ganze weitgehend friedlich über die Bühne. Zum Gedenken wurde im Mittelalter am höchsten Punkt eine Kirche errichtet, von der jedoch nur noch Fundamente zeugen. Heute ist dort die Windmühle aus dem 17. Jh. eine weithin sichtbare Landmarke, von wo man auch eine gute Aussicht auf die Küste genießt. Auf dem Weg dorthin quert man stillgelegte Steinbrüche und findet seinen Weg an der Küste entlang. Auf dem Rückweg durchquert man ein kleines Raukfeld, Kiefernwald und Felssteppe.

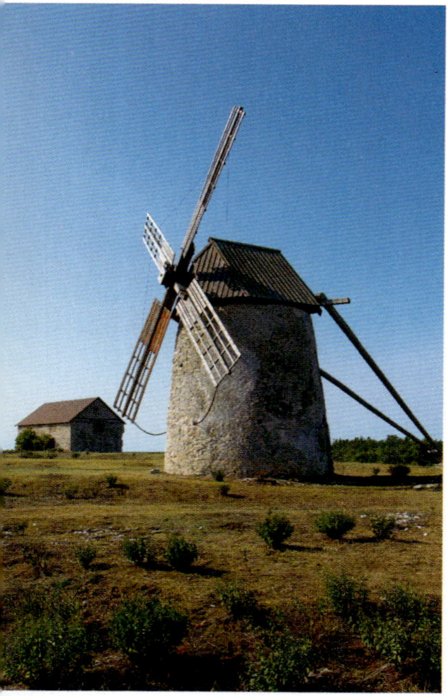

Ausgangspunkt: Parkplatz am Badestrand von Hide. Von Vägume auf der Hauptstraße nach Osten fahren und nach ca. 3,5 km rechts in Richtung Hide abbiegen. Der schmalen Straße 3 km geradeaus folgen, einen rechts abzweigenden breiten Fahrweg ignorieren und 500 m dahinter beim Parkplatz-Schild rechts abbiegen.
Anforderungen: Wanderung entlang der Küste auf Trampelpfaden, Fels und losem Schotter, im Binnenland auf Feldwegen. V. a. im Bereich der alten Steinbrüche existieren nach Regen große Pfützen und schmieriger Untergrund. Nicht möglich bei Sturm. Etwas Orientierungsvermögen ist erforderlich.
Einkehr: Keine.
Kombinationsmöglichkeit: Mit Tour 22 über Wegpunkt ❶.
Hinweis: Rund um St. Olofsholm ist wegen starker Strömungen vom Baden abzuraten. Eine Bademöglichkeit existiert am kleinen Strand nördlich des Kleinboothafens und am Ausgangspunkt, dem Badestrand von Hideviken.
Karte: Sverigeserien – Topo50 (Norstedts) Blad 13 »Norra Gotland«.

Die Windmühle ist eine auffällige Landmarke auf St. Olofsholm.

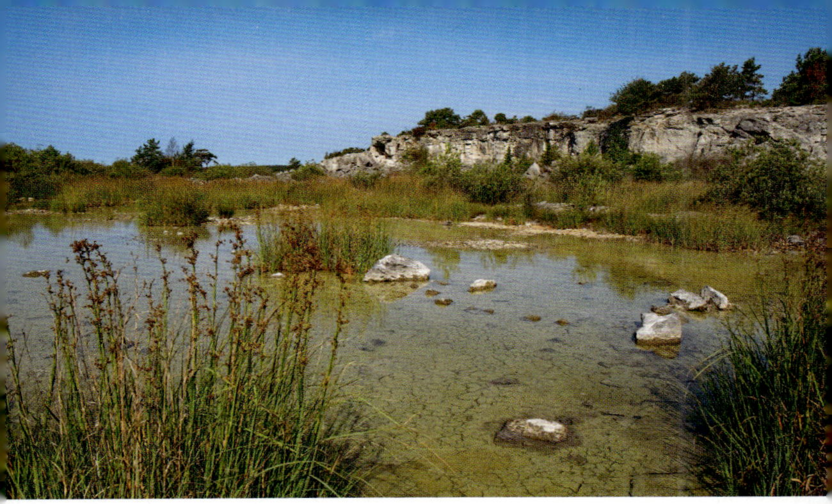

Längst hat die Natur den alten Steinbruch zurückerobert.

Von der Einfahrt des **Parkplatzes Hide Strand ❶** aus halten wir uns rechts. Bald endet die Teerstraße, von wo aus ein breiter Feldweg geradeaus und mit etwas Aufwärtstendenz in den **Hide Kulturbrott** hineinführt. Kurz nachdem wir eine Stromleitung unterquert haben, erreichen wir eine **Wegspinne ❷**. Dort nehmen wir den Feldweg rechts (roter Richtungspfeil des St. Olofsleden) und bei der Mehrfach-Verzweigung nach 50 m den Weg am weitesten links (mit Sackgassen-Schild). Er endet vor einem Privatgrundstück, vor dem uns der rote Pfeil des **St. Olofsleden ❸** rechts zur Küste schickt. An ihr geht es jetzt entlang, wobei wir uns auf grobem Kalkschotter bewegen. Bald verabschiedet sich der St. Olofsleden ins Landesinnere, während wir der Küste treu bleiben, wobei das Gehen auf dem losen Schotter abschnittsweise etwas mühsam ist. Unser Weg zeichnet sich meist als hellgraues Band vom dunkleren Schotter ab, manchmal ist er aber nur schwer zu identifizieren. Kurz

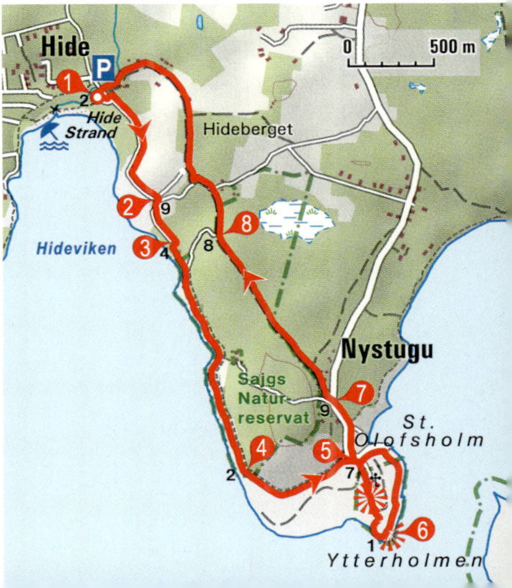

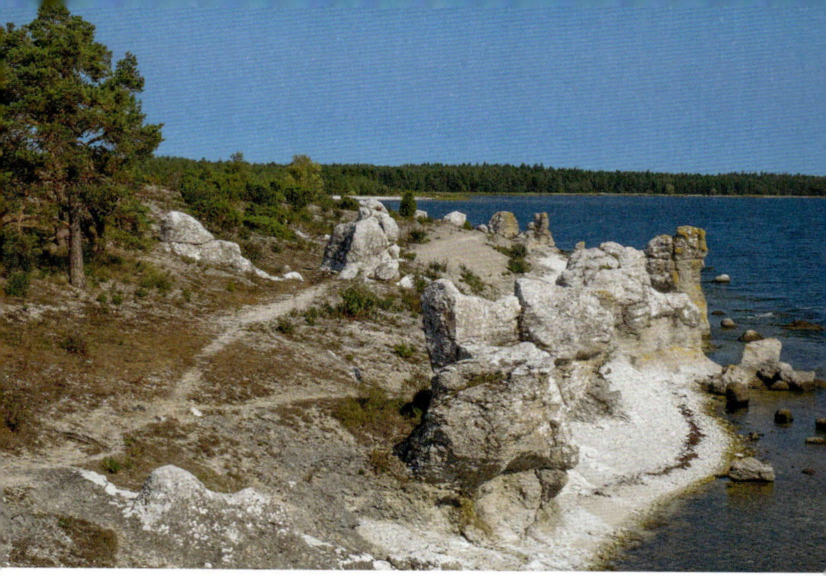

Ganz im Südosten der Wanderung passiert man ein kleines Raukfeld.

bewegen wir uns anschließend über felsigen Untergrund. Unweit dahinter wird der Strand aus großen Blöcken gebildet, die das Vorwärtskommen erschweren, sodass wir ein paar Meter landeinwärts ausweichen und die Küstenlinie in geringem Abstand begleiten. Hinter einem Naturreservatsschild **»Sajgs Süd«** stoßen wir auf einen **Feldweg** 4 und marschieren ihn entlang, wobei wir uns von der Küste entfernen.
Vor einem Gebäude am westlichen Rand von **St. Olofsholm** biegen wir rechts auf einen breiten **Feldweg** 5 ab. Nach wenigen Schritten gelangen wir zu einem Parkplatz, treten geradeaus durch ein Tor im Zaun und zielen die **Windmühle** an. An ihr vorbei stoßen wir auf die Ausgrabungsstätte der **alten Kirche**. Die im Gelände verteilten, etwa 30 cm hohen Sockel mit Metallabdeckung verbergen Informationstafeln, die uns über verschiedene Aspekte ins Bild setzen. Hinter dem Gebäude knickt der Trampelpfad halb links ab und führt den Hang hinunter. Am Hangfuß nehmen wir bei

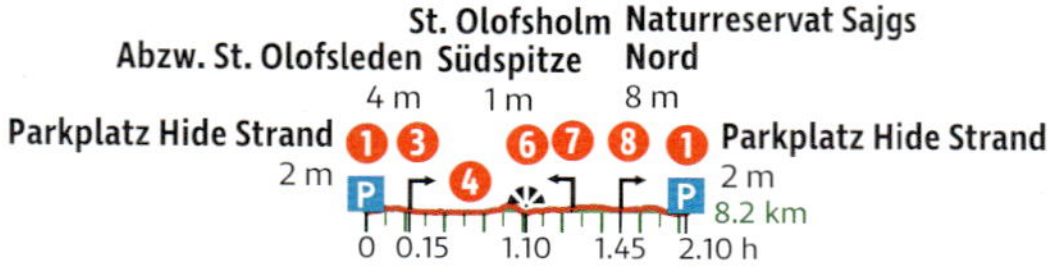

einer T-Kreuzung die rechte Möglichkeit und schlagen hinter dem dortigen Wäldchen einen Bogen nach links über die flache Felsküste von **St. Olofsholms Südspitze** 6. Anschließend geht es an der Ostküste entlang nach Norden, wobei wir zunächst an einem kleinen Raukfeld und anschließend am Kleinboothafen vorbeikommen. Bei der Kreuzung am Parkplatz wählen wir den breiten **Feldweg** halb rechts und wandern mit einer **Rechtskurve** 5 an der Einmündung des Hinwegs vorbei.
Der Feldweg mutiert zur Asphaltstraße, auf der wir allerdings nur gut 300 m entlanggehen. Dann entscheiden wir uns für den mit dem Symbol des **Pilgrimsleden** 7 versehenen Feldweg halb links (nicht scharf links abzweigen) und erreichen nach 50 m eine Gabelung, wo wir den rechten Weg einschlagen (ab hier nicht mehr dem Pilgrimsleden-Symbol folgen!). Nach ca. 100 m lassen wir Hauszufahrten rechts unbeachtet und setzen unseren Weg mit einer ganz leichten Linkskurve auf dem Feldweg nach Nordwesten fort. Wir durchqueren auf dem nächsten Kilometer einen Wald, eine Felssteppe und danach erneut ein Waldstück, wo sich der Weg teilt (Naturreservatsschild **»Sajgs Nord«** rechter Hand); wir nehmen an der **Verzweigung** 8 die rechte Möglichkeit. Eine Abzweigung nach rechts ignorieren wir, gewinnen in einer Linkskurve leicht an Höhe und biegen dahinter, oberhalb eines Steinbruchs, rechts auf einen Feldweg ab. Diesem folgen wir zunächst 600 m in nördlicher Richtung, dann in einem weiten Linksbogen, bis er eine Straße erreicht. Dort links. Nach 50 m haben wir die Einfahrt zum **Parkplatz Hide Strand** 1 rechts vor uns.

Im Landesinneren wechseln sich Nadelwälder und trockene Heiden ab.

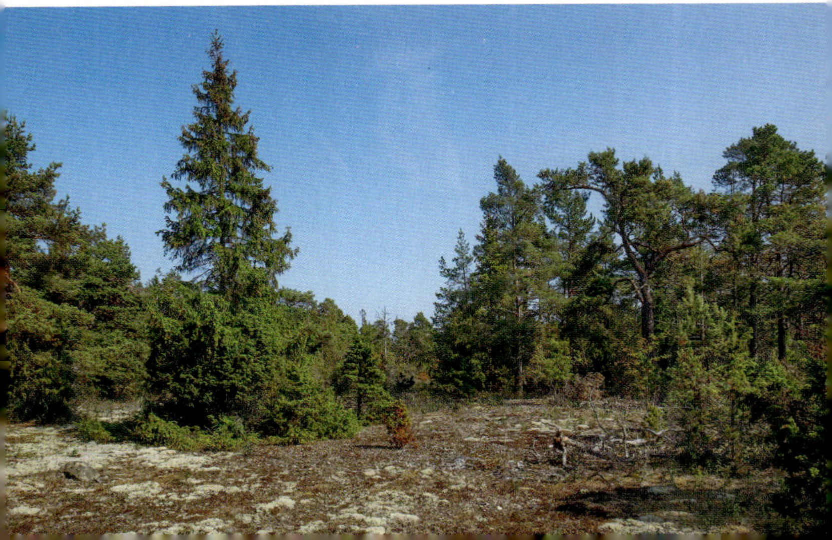

↗ 100 m | ↘ 100 m | 18.6 km

22 Hide, Asunden und Hammarsänget

4.40 h

Maximale Gegensätze: zwischen äußerster Kargheit und üppiger Fülle

Die Tour spannt den Bogen zwischen äußerster Kargheit auf der Halbinsel Asunden im Süden und üppiger Laubwiesenpracht im Bereich von Hammarsänget im Norden. Letztere ist nicht nur ein Zeugnis historischer Bewirtschaftungsformen, sondern war – wie Hausfundamente erkennen lassen – in der Wikingerzeit besiedelt. Von hier stammen außerdem mehrere der beeindruckendsten Bildsteine Gotlands; sie sind heute im Freilichtmuseum Bunge zu bewundern. Auch sonst wird es nicht langweilig: Der Strand und der kleine Hafen von Hide, die Felsküste an der Westseite der Hidebucht, das beeindruckende Raukfeld an der Ostküste Asundens und der restaurierte Kalkbrennofen von Barläst sind interessante Zwischenziele.

Ausgangspunkt: Parkplatz am Badestrand von Hide. Von Vägume auf der Hauptstraße nach Osten fahren und nach ca. 3,5 km rechts in Richtung Hide abbiegen. Der schmalen Straße 3 km geradeaus folgen, einen rechts abzweigenden breiten Fahrweg ignorieren und 500 m dahinter beim Parkplatz-/Badeplatz-Schild rechts abbiegen.
Anforderungen: Längere Wanderung überwiegend auf Feldwegen, daneben auf Trampelpfaden, im Umfeld des Raukfelds von Asunden steinig. Im Bereich der nördlichen Runde (Hammasänget) mehrere Trittleitern.
Einkehr: Keine.
Varianten: Alle Varianten außer 1 auch für Kinder geeignet. 1) Ohne Abstecher zum Hammarsänget; ca. 16,5 km. 2) Ohne Abstecher nach Asunden; ca. 11,7 km. 3) Ohne beide Abstecher; ca. 9,5 km. 4) Abgekürzte Runde ohne Asunden und ohne Barläst; ca. 10 km. 5) Nur südliche Runde (Asunden) vom Ende der öffentlichen Straße, Zufahrt in Richtung Barläst, von dort Schildern in Richtung Asunden folgen und am Ende der öffentlichen Straße parken; ca. 4 km. 6) Nur nördliche Runde (Hammarsänget); Zufahrt von Norden, ausgeschildert); ca. 2,5 km.
Kombinationsmöglichkeit: Mit Tour 21 über Wegpunkt ❶.
Hinweise: 1) Im südlichen Teil der Tour (Asunden) ist das große Zementwerk von Slite in Sichtweite. 2) Auf die Mitnahme von Hunden sollte verzichtet werden, da der Süden und Westen Asundens in hohem Maß für den Vogelschutz relevant sind.
Tipp: Die berühmten Bildsteine von Hammarsänget stehen heute im Freilichtmuseum Bunge, das nicht nur ihretwegen einen Besuch wert ist.
Karte: Sverigeserien – Topo50 (Norstedts) Blad 13 »Norra Gotland«.

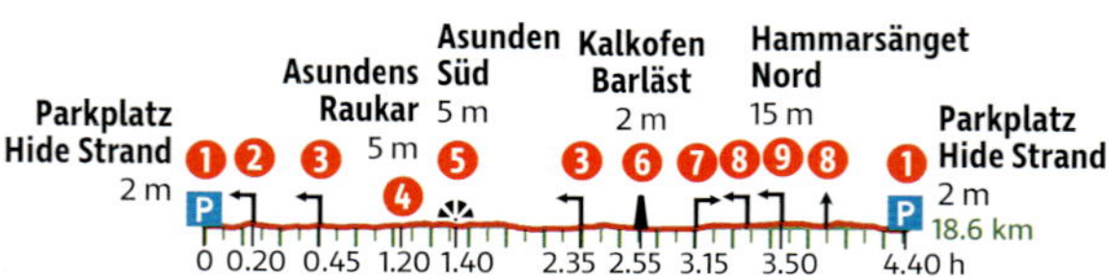

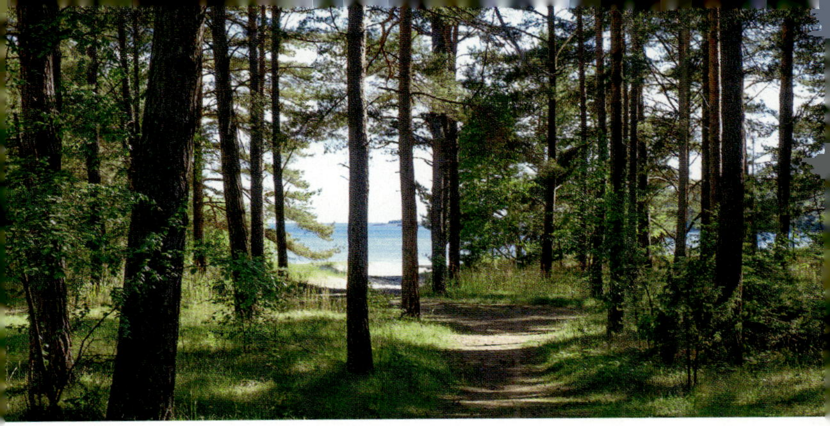

Zwischen den Bäumen schimmert schon das türkisblaue Wasser der Bucht Hideviken.

Vom hinteren Ende des **Parkplatzes Hide Strand** ❶ begeben wir uns auf einem der Trampelpfade zum Strand und laufen ihn rechts entlang. Zwei Wasserläufe überwinden wir auf Stegen bzw. Planken. Hinter dem westlichen Rand des Strandes finden wir einen Grusweg und biegen links ab. Bei einer Gabelung schlagen wir den linken Weg ein und gelangen zum kleinen Hafen von **Hide**. Zwischen den Hütten finden wir einen Feldweg nach rechts. Bei einer T-Kreuzung links. Eine Hauszufahrt nach links ignorieren wir und nehmen 100 m dahinter am nächsten **Abzweig** ❷ den Weg links. Er bringt uns hinunter zur Küste und zu den **Hide Raukar**, unterhalb derer wir entlangwandern. Wir begleiten weiter die Küste und wählen bei verschiedenen Gelegenheiten jeweils die linke, ufernähere Wegspur (die Wege führen wieder zusammen).

Schließlich schwenkt der Weg nach rechts und erreicht nach 1 km bald eine große **Feldwege-Kreuzung** ❸. Von hier aus starten wir den Abstecher nach Asunden: Wir biegen links ab und kommen nach 1,5 km an das Ende der öffentlichen Straße. Hinter einem Durchgang durch einen Zaun halten wir uns auf einem Pfad tendenziell etwas links und folgen der Ostküste, wo unser nächstes Etappenziel, **Asundens Raukar** ❹, schon in Sicht ist. Dahinter formt sich ein schmaler Trampelpfad, auf dem wir parallel zur Küste unseren Weg nach Süden fortsetzen. Am südlichsten Teil der **Asunden-Halbinsel** ❺ treffen

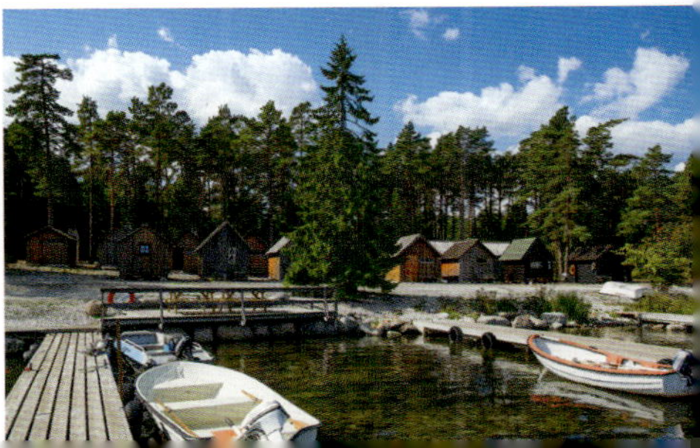

Der Kleinboothafen von Hide.

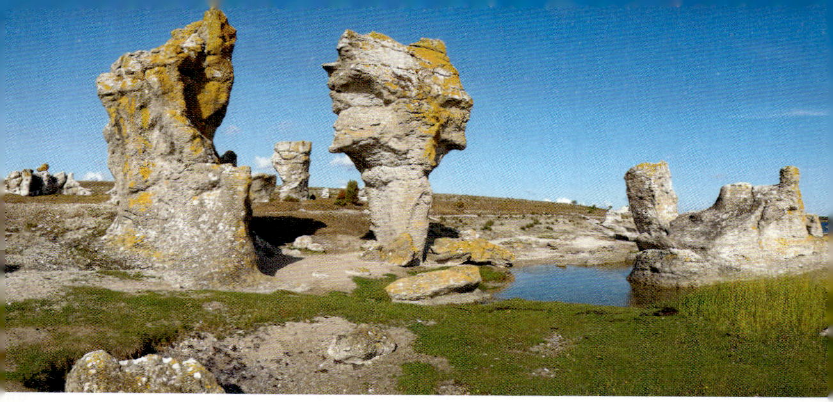

Die Halbinsel Asunden beherbergt ein spektakuläres Raukfeld.

wir auf einen undeutlichen Feldweg und gehen auf ihm nach rechts. Am östlichen Rand eines kleinen Gehölzes vorbei wandern wir unterhalb eines Steilabbruchs entlang. Schließlich gelangen wir wieder auf die öffentliche Straße und kehren von dort zum Ausgangspunkt des Abstechers, der **Feldwege-Kreuzung** ❸, zurück.

An dieser schlagen wir den breiten Feldweg nach links ein und bleiben ihm nach 500 m bei einer Kreuzung mittels einer Linkskurve treu. In einer langgezogenen Rechtskurve dürfen wir einen kleinen Trampelpfad halb links nicht übersehen: Er bringt uns zum restaurierten **Kalkbrennofen von Barläst** ❻ sowie zu Ruinen von zwei weiteren Öfen. Den Zufahrtsweg nach Nordwesten marschieren wir 1,3 km entlang und wählen beim Ortsschild von **St. Hammaren** ❼ den Fahrweg nach rechts. Diese Richtung behalten wir durch eine kleine Siedlung bei und nehmen 100 m hinter der letzten Behausung bei einer Gabelung die linke Möglichkeit. Nach 400 m lassen wir einen Überstieg links unbeachtet und biegen 100 m dahinter, beim Schild **»Hammarsänget«** ❽, zu einem Abstecher links auf eine Fahrspur ab, wobei uns nun rot-weiße Rauten den Weg weisen. Bei

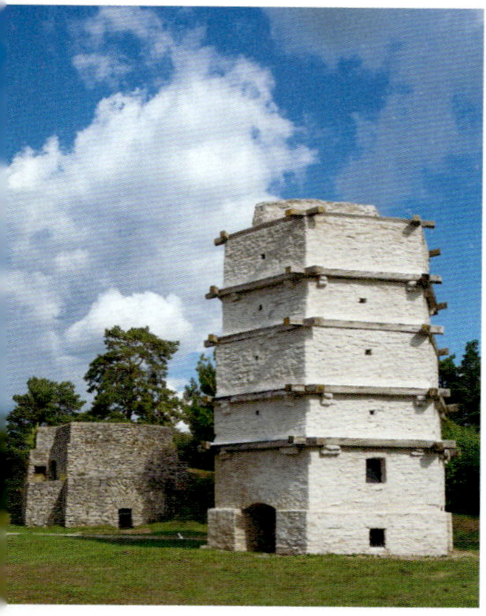

Rekonstruierter Kalkbrennofen.

der nächsten Gabelung schickt uns ein Schild »Hammarsänget« erneut nach links. Wenige Hundert Meter dahinter überqueren wir eine Trittleiter geradeaus vor uns, betreten Hammarsänget und lassen uns von den rot-weißen Rauten über diese Laubwiese lotsen. An deren Nordrand orientieren wir uns nach links (**»Kämpgrav« 9**) und folgen weiterhin rot-weißer Raute. Bei einer Verzweigung geht es nach rechts und über zwei Trittleitern im Abstand von 100 m. Dahinter aufpassen: Der ausgeschilderte Weg kann, muss jedoch nicht zwangsläufig identisch mit den ausgetrampelten Kuhpfaden sein! Er knickt zunächst links und bald darauf rechts ab. Hinter einer Trittleiter kommen wir auf den schon bekannten Feldweg und wenden uns auf ihm nach links.

Geradeaus passieren wir den bereits bekannten Abzweig **»Hammarsänget« 8** und erreichen nach einem kleinen Anstieg bald ein offenes Kalkplateau und lassen zwei Abzweigungen untergeordneter Traktorspuren nach rechts unbeachtet. Nach 500 m mündet unser Weg auf eine breite unbefestigte Fahrstraße. Wir gehen links und biegen nach 50 m rechts in den Hammarsvägen ab, der uns geradeaus durch die Feriensiedlung leitet. Bei einer T-Kreuzung links und auf der Straße rechts. Nach wenigen Metern, gleich hinter der Leitplanke, geht es auf einem Trampelpfad rechts zurück zum **Parkplatz Hide Strand 1**.

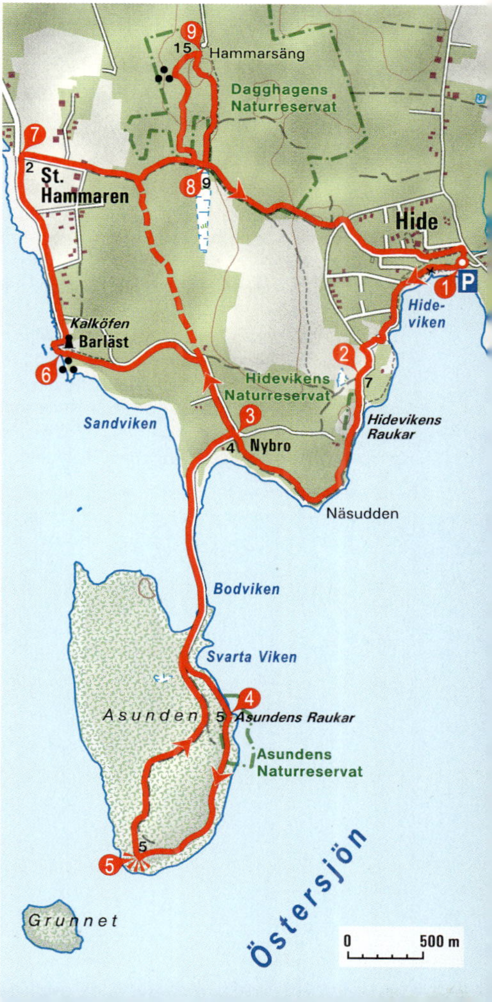

TOP

23

Hejnum Hällar, Rövätar und Kallgate

↗ 100 m | ↘ 100 m | 12.8 km

3.00 h

Im Spannungsfeld zweier gegensätzlicher Lebensräume

Bei dieser Wanderung stehen zwei Lebensräume auf dem Programm, die unterschiedlicher nicht sein könnten: auf der einen Seite Hejnum Hällar, eine Felssteppenlandschaft westlich des flachen Höhenrückens, in der nur wenige Bäume – hauptsächlich niedrigwüchsige Wacholder und Oxelbeeren – mit den extrem trockenen Standortbedingungen zurechtkommen, während die Krautschicht von Arten der Magerrasen, Felsfluren und trockenen Säumen gebildet wird. Viele abgestorbene Kiefern zeugen hier noch von der Jahrhunderttrockenheit im Jahr 2018. Auf der anderen Seite – sowohl räumlich als auch standörtlich – finden sich Schwedens größte zusammenhängende Kalkflachmoore, in denen es den Bäumen zu feucht ist, um einen geschlossenen Wald zu bilden. Bei der Feuchtigkeit zeigt sich eine ausgeprägte jahreszeitliche Periodik: Im Frühjahr steht der Bereich flächenhaft unter Wasser, im Spätsommer ist er weitgehend abgetrocknet. In der Krautschicht zeigen sich Arten der Niedermoore wie Mehlprimel, Alpen-Fettkraut und Traunsteiners Knabenkraut. Beide Lebensraumtypen – Felsheide wie Kalkflachmoor – beherbergen neben einer besonderen Pflanzen- auch eine spezialisierte Tierwelt. Ganz nebenbei bewegt man sich dabei auch noch auf historischem Untergrund, nämlich dem alten Hauptverbindungsweg zwischen Visby und Bunge, der hier – Spezialinfo für Geomorphologie-Fans – auf dem Strandwall des Littorina-Meers von Süden nach Norden verläuft.

Dieser bescheidene Weg war früher die Hauptverbindung zwischen Visby und Bunge.

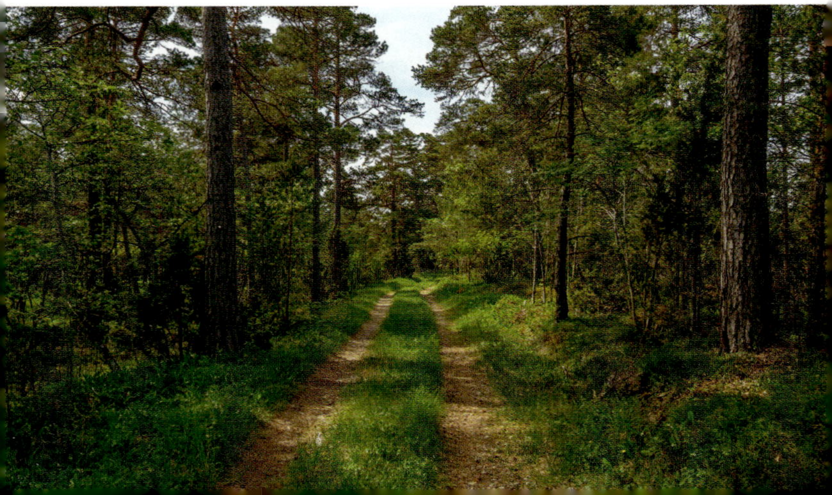

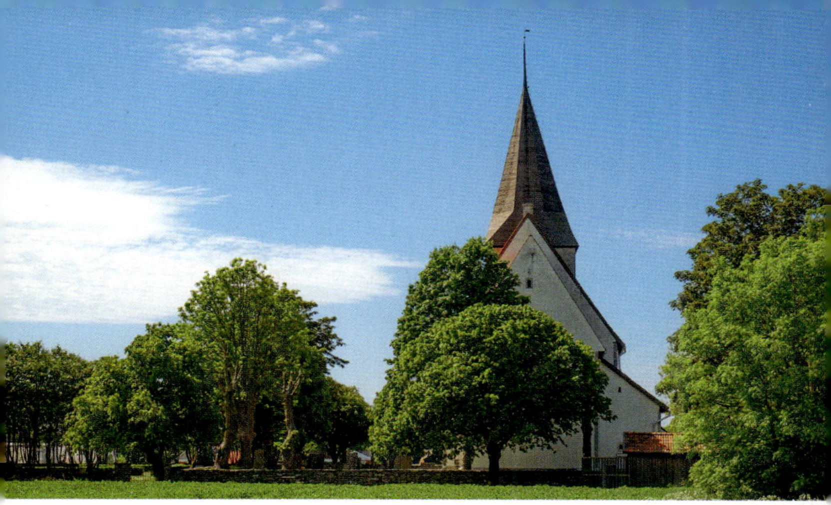

Der Start der Wanderung befindet sich an der Kirche von Hejnum.

Ausgangspunkt: Parkplatz an der Kirche von Hejnum.
Anforderungen: Weitgehend einfache Wanderung auf Traktorspuren, Feldwegen und Pfaden, jedoch abschnittsweise steinig und feucht. Streckenweise auf Plankenwegen. Einige Trittleitern.
Einkehr: Keine.
Varianten: 1) Nur westliche Runde ohne Bohlenwegabschnitt Kallgate, auf direktem Weg von Wegpunkt 5 nach 7; ca. 10,5 km. 2) Nur südliche Runde, von Hejnums Kirche 1 auf direktem Weg zum Plankenweg 5, dann weiter wie beschrieben; ca. 10 km. 3) Nur nördliche Runde, von Wegpunkt 5 auf direktem Weg zurück zu 1; ca. 9 km. 4) Nur Lehrpfad Rövätar, ab/bis Wegpunkt 3, Zufahrt ausgeschildert; ca. 3 km.
Hinweise: 1) Sämtliche Bereiche werden extensiv beweidet, darunter auch mit Mutterkühen und Kälbern, weshalb man Hunde auf diese Tour besser nicht mitnimmt. 2) Im Frühjahr und nach längeren Niederschlagsperioden können Rövätar und Kallgate großflächig überstaut sein.
Karte: Sverigeserien Topo50 (Norstedts) Blad 13 »Norra Gotland« oder Blad 12 »Mellersta Gotland«.

Vom **Parkplatz** an **Hejnums Kyrka** 1 nehmen wir die Straße nach Osten, lassen eine Straßenabzweigung nach rechts und einen Feldweg 50 m dahinter unbeachtet, sondern folgen der Straße um eine Linkskurve. Nach 400 m entscheiden wir uns für die **Traktorspur** 2 halb rechts, die – an einer Scheune (rechts von uns) vorbei – ganz leicht ansteigt. Nach etwa 600 m lassen wir den lichten Gehölzbestand hinter uns und betreten **Hejnum Hällar**, eine Felsheide, in der aufgrund der extremen Standortbedingungen nur vereinzelte niedrigwüchsige Gehölze, v. a. Oxelbeeren und Wacholder, überleben können. Wir halten uns an die Fahrspur und erreichen nach gut 1 km einen Feldweg; dort rechts.

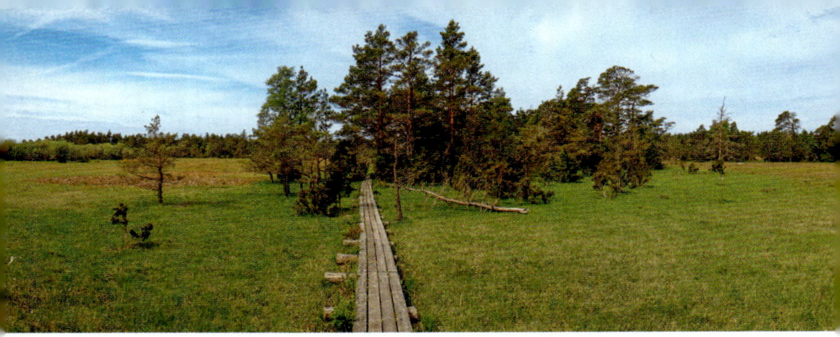

Plankenwege führen über Bereiche, die im Frühjahr großflächig überstaut sind.

Hinter einem kleinen **Parkplatz** ❸ betreten wir geradeaus das **Naturschutzgebiet Kallgatburg** auf einem Fußpfad und gelangen über eine kleine Geländestufe abwärts zum **Niedermoor Rövätar**, das wir auf einem Plankenweg überqueren. Auf der gegenüberliegenden Seite, schon wieder im Wald, biegen wir rechts auf eine **Traktorspur** ❹ ab – eine Route, die früher den Hautverbindungsweg zwischen Visby und Bunge darstellte. Nach 400 m ergibt sich beim Wegweiser »Naturstig« die Möglichkeit, rechts einen Abstecher in den Südteil des Moors zu machen. Anschließend kehren wir zum Ausgangspunkt des Abstechers zurück und folgen der

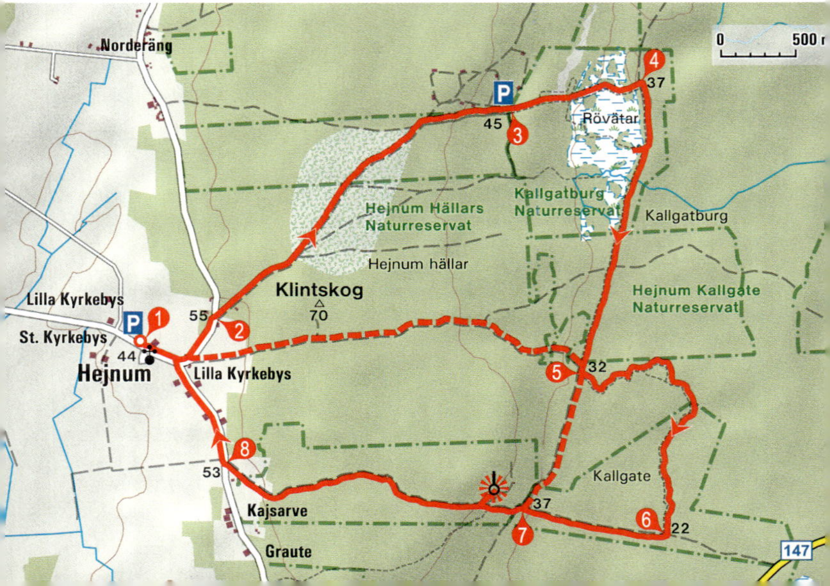

Traktorspur nun nach Süden. Eine Abzweigung nach links und eine Abzweigung nach rechts interessieren uns nicht. Wir laufen unter einer Hochspannungsleitung hindurch und ignorieren eine weitere Abzweigung nach rechts.

Dann heißt es aufpassen, um knapp 100 m dahinter nicht an der Abzweigung zum Plankenweg – auf Schwedisch **»Spångestig«** **5** – nach links vorbeizulaufen. Während man sich auf den Plankenstegen naturgemäß nicht verlaufen kann, gibt es auch Abschnitte ohne Planken, wo wir uns an niedrigen Holzpfählen mit weißer Farbmarkierung orientieren können. Etwas Aufmerksamkeit ist erforderlich, damit wir uns nicht von den zahlreichen Trampelpfaden des Weideviehs in die Irre führen lassen. Immerhin 2 km geht es auf diese Weise durch ein teilweise offenes, teilweise licht mit Kiefern bestandenes Niedermoor, bevor uns der Plankenweg auf einen **Feldweg** **6** entlässt, dem wir nach rechts folgen. Zunächst eben, dann leicht ansteigend erreichen wir eine **Feldwegekreuzung** **7**, die wir geradeaus überqueren und weiter etwas Höhe gewinnen. Nach 200 m gibt es die Möglichkeit, einen (beschilderten) Abstecher nach rechts zu einem **Aussichtsturm** zu machen. Wieder zurück vom Aussichtsturm, setzen wir den Weg nach Westen auf der Traktorspur weiter fort. Nach knapp 2 km mündet unser Weg auf eine **Straße** **8**. Dort rechts. Bei einer T-Kreuzung halten wir uns links und erreichen nach einigen Hundert Metern die **Kirche von Hejnum** und ihren **Parkplatz** **1**.

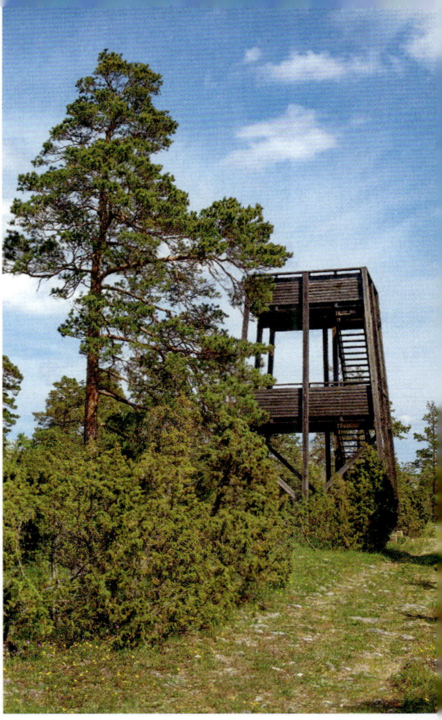

Aussichtsturm im Süden der Tour.

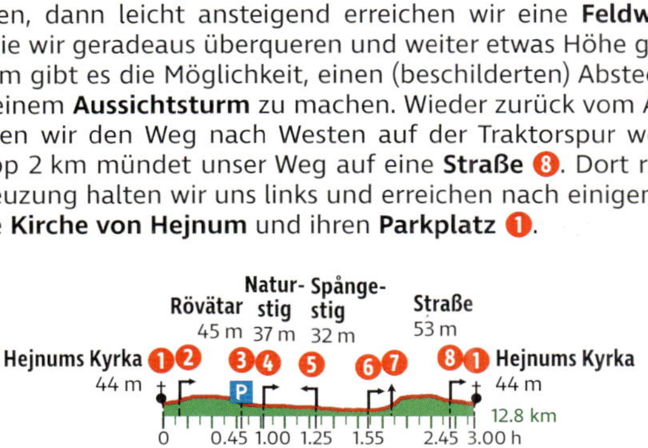

↗ 50 m | ↘ 50 m | 13.2 km

24 Botvaldevik, Gothemhammar und Åminne

3.15 h

Feuchte Senken, grober Schotter, feiner Sand

Die Tour startet in Botvaldevik, einem kleinen Hafen, von dem aus tatsächlich noch Boote zum Fischfang auslaufen. Von dort aus geht es nach Norden entlang einer Flachküste, die zahlreichen Bodenbrütern Lebensraum bietet. Auch für Watvögel ist es hier interessant, nicht zuletzt durch einen flachen See im Hinterland der Küste und zahlreiche feuchte Senken, in denen im Frühjahr und nach längeren Niederschlägen das Wasser steht. Kein Wunder, dass hier stellenweise nasse Senken zu queren sind. Die nordwestliche Schleife der Tour weist dann eine völlig andere Charakteristik auf: Sie ist nämlich im Bereich der Halbinsel Gothemhammar in erster Linie geprägt durch fossilienreiche Kalkschotter und Strandwälle, die entweder vegetationslos sind oder allenfalls spärlichen Bewuchs aufweisen. Im Nordwesten der Tour wartet schließlich Vitviken, die »Weiße Bucht«, mit ihrem Sandstrand, der durch die Mündung des Flusses Gothemån zweigeteilt wird.

Die Flachseen nördlich von Botvaldevik beherbergen ein reiches Vogelleben.

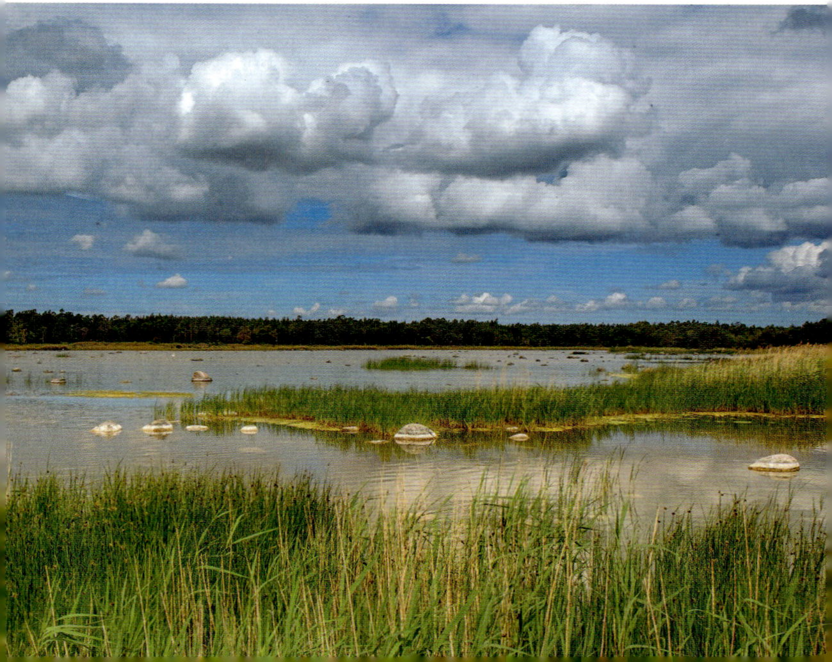

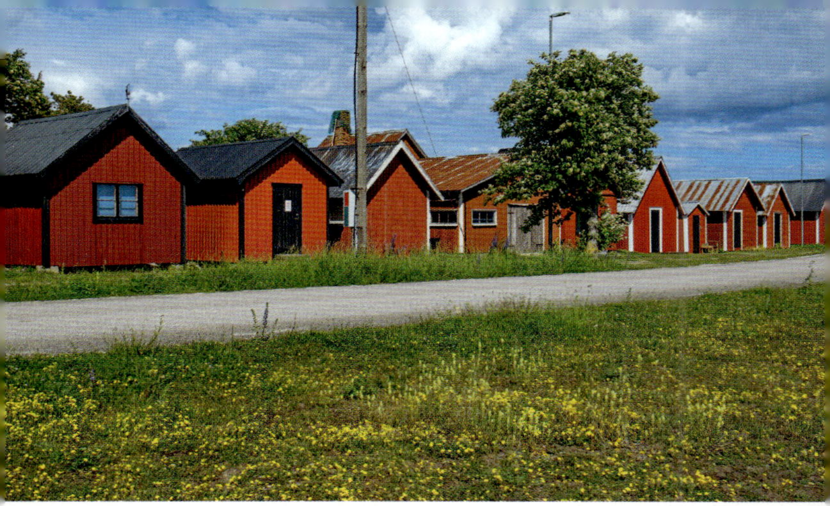

Botvaldevik ist ein kleiner aktiver Fischerhafen.

Ausgangspunkt: Parkplatz in Botvaldevik. 1,5 km nördlich von Gothem vom Väg 146 nach Osten abbiegen und 4,5 km bis zum Ende der öffentlichen Straße fahren.
Anforderungen: Im südlichen Teil Graswege und -pfade, die mitunter über sehr feuchten bis nassen Untergrund führen. Im Nordwestteil auf Feld- und Waldwegen, abschnittsweise auf breiten Fahrwegen.
Einkehr: Åminne Restaurang (in der Hochsaison tgl. geöffnet, in der Nebensaison nur tagesweise).
Variante: Nur Nordwestteil: Einfach (keine Feuchtstellen) und auch für Kinder geeignet; 9 km. Start dann am Kiosk in Åminne, am Väg 146.
Hinweise: 1) Im Frühling und Frühsommer, nach starken Regenfällen und nach Stürmen, können die Flächen zwischen dem Ausgangspunkt und Wegpunkt 3 großflächig überstaut und unbegehbar sein. 2) Aufgrund der Bedeutung für bodenbrütende Vogelarten sollte dieser Bereich nur ohne Begleitung von Hunden und erst nach dem 15.07. begangen werden.
Karte: Sverigeserien – Topo50 (Norstedts) Blad 12 »Mellersta Gotland«.

Vom **Parkplatz in Botvaldevik** 1 gehen wir gut 50 m auf dem Ankunftsweg zurück und biegen dann halb rechts auf einen Grasweg ab, dem wir um eine leichte Rechtskurve folgen. Einen Feldweg überqueren wir und setzen unsern Weg geradeaus auf einem schmalen Pfad (direkt links an einem kleinen traditionellen Hüttchen vorbei) fort. Der Pfad lotst uns durch ein Gebüsch, hinter dem wir rechts auf einen **Grasweg** 2 einschwenken, auf dem wir bald in offenes Gelände gelangen. Mit einem Flachsee linker Hand und dem Meeresufer in geringer Entfernung rechts tasten wir uns über das recht feuchte Gelände und müssen an einer Stelle einen flachen Graben mit einem beherzten Sprung oder von Stein zu Stein balancierend

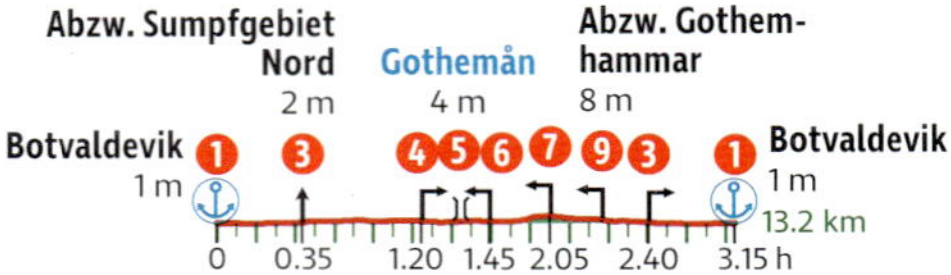

queren. Unweit dahinter zeichnet sich nun eine deutlichere Traktorspur ab, die zunächst weiter über Offenland führt und dann mit einem Linksbogen in den Wald eintaucht. Im Wald schlägt der Weg zunächst einen Bogen nach links, bevor er mit einer Rechtskurve auf etwa 50 m Länge ein **Sumpfgelände** quert. Hier kann das Wasser auch schon mal 20 cm hoch stehen.

Dahinter erreichen wir trockenen Untergrund aus Kalkschotter, folgen dem Feldweg nach rechts noch kurz durch einen Gehölzbestand und ignorieren eine **Abzweigung** ❸ nach links (Einmündung Rückweg), bevor er entlang von Strandwällen nach Nordwesten schwenkt. Nach knapp 2,5 km passieren wir eine Wendeschleife und wandern auf dem nun breiten Fahrweg geradeaus weiter, der bald von einem Zaun (rechts) begleitet wird. Wir dürfen die Abzweigung eines schmalen **Feldwegs** ❹ nach rechts nicht verpassen (rechts steht ein »Sackgassen«-Schild). Auf ihm geht es in Richtung Küste und in einem Bogen nach links. Nach 200 m können wir auf einem der vielen Trampelpfade rechts zum **Strand** gelangen. Wir flanieren auf ihm

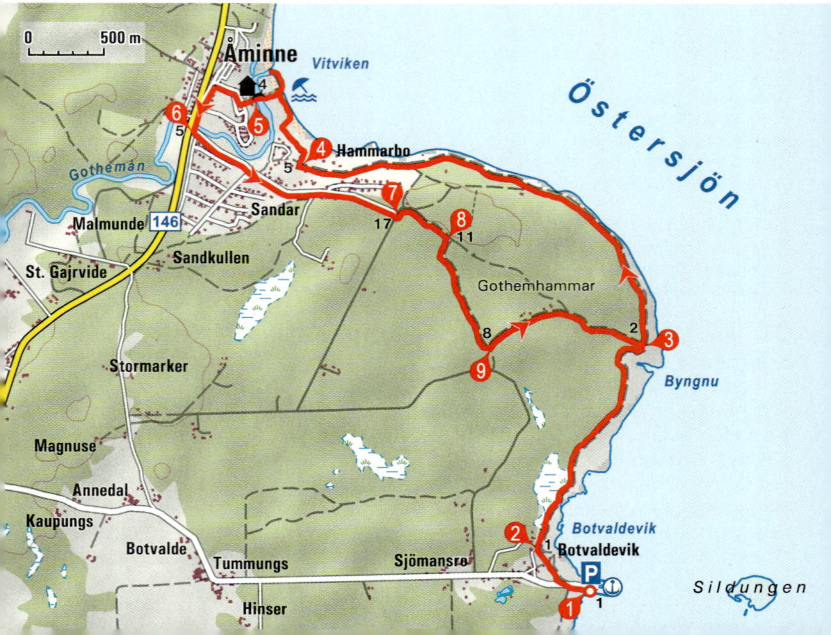

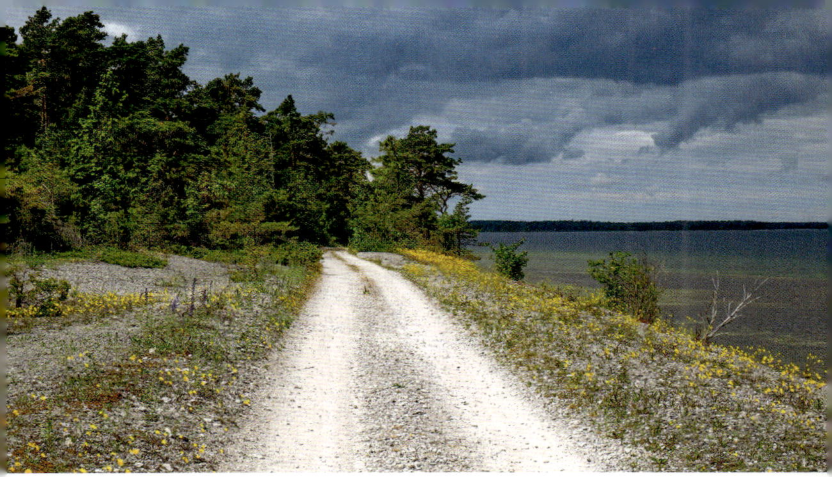

Der nördliche Teil der Halbinsel Gothemhammar besteht aus fossilienreichen Kalkschottern.

entlang bis zur Mündung des Flusses Gothemån ins Meer, laufen 50 m zurück und wählen dann einen Weg landeinwärts. Wir überqueren den Unterlauf des Flusses **Gothemån** auf einer **Brücke** ❺, erreichen geradeaus einen Parkplatz und biegen dort rechts ab.

Auf der Zufahrtsstraße gelangen wir, vorbei am **Restaurang Åminne** rechter Hand, in einem weiten 180-Grad-Bogen hinauf zur Hauptstraße und wenden uns auf ihr nach links. Gleich hinter einer **Brücke** ❻ über den Gothemån erneut links. Auf der breiten Fahrstraße halten wir uns geradeaus, ignorieren nach 500 m eine Abzweigung (»Gothemhammar«) nach links und gewinnen stattdessen geradeaus etwas an Höhe. Wir ignorieren alle Abzweigungen und Hauszufahrten und gelangen nach etwa 1 km zu einer **T-Kreuzung** ❼, wo wir links (!) abbiegen. Hinter einer Rechtskurve verlassen wir das Ferienhausgebiet und betreten Wald. Nach gut 300 m heißt es aufpassen, damit wir die rechts abzweigende **Fahrspur** ❽ nicht verpassen. Wo sie nach 700 m auf einen **Feldweg** ❾ mündet, links.

Durch Kiefernwald und vorbei an einigen Ferienhäusern gelangen wir in östlicher Richtung wieder zur Küste und zur **Einmündung** ❸ in die auf dem Hinweg begangene Route; dort rechts. Mit einer Linkskurve geht es über das schon vom Herweg bekannte **Sumpfgebiet**, dann durch den Wald und schließlich Offenland. Wir lassen den Flachsee und den Graben hinter uns und finden auf Höhe des ersten Hauses von **Botvaldevik** den vom Herweg bekannten schmalen **Pfad** ❷ nach links durchs Gebüsch, überqueren den Feldweg geradeaus und erreichen hinter einem leichten Linksbogen die Straße. Dort links. Mit wenigen Schritten sind wir wieder am **Parkplatz** ❶.

↗ 30 m | ↘ 30 m | 6.8 km

25 Dalhem und Dunbodi

1.30 h

Kleine Entdeckungen in der Mitte Gotlands

Im Landesinneren Gotlands erstreckt sich eine weite Kulturlandschaft mit Äckern, Wiesen und kleinen Wäldchen. Eine Besonderheit gibt es gleich am Beginn der Wanderung: Während nämlich überall sonst in Gotland die größeren Fließgewässer begradigt wurden, hat sich hier am Dalhemå ein ursprünglicher Flussabschnitt erhalten, der auf schmalen Pfaden erkundet werden kann. Kleine Enthusiasmusbremse: Mit dem Begriff Fluss verbindet sich hier kein reißender Strom, sondern ein sehr gemächlich dahinfließender, etwas breiterer Bach (der im Sommer schon mal an Wassermangel leiden kann). Am nördlichsten Punkt der Tour gibt es dann die Gelegenheit, mit Dunbodi ein kleines Landhandelsmuseum mit liebevoll zusammengestellter Einrichtung im Stil der 1910er-Jahre zu besichtigen. Ein weiteres Highlight wartet nach einem Spaziergang auf der ehemaligen Bahntrasse über die weitläufigen Felder: Die Museumseisenbahn Gotlandståget mit historischen Loks und Waggons sowie einem stilecht hergerichteten Bahnhofsgebäude, das im Idealfall von ebenso stilecht gekleideten Schaffnern und Fahrdienstleitern bevölkert wird.

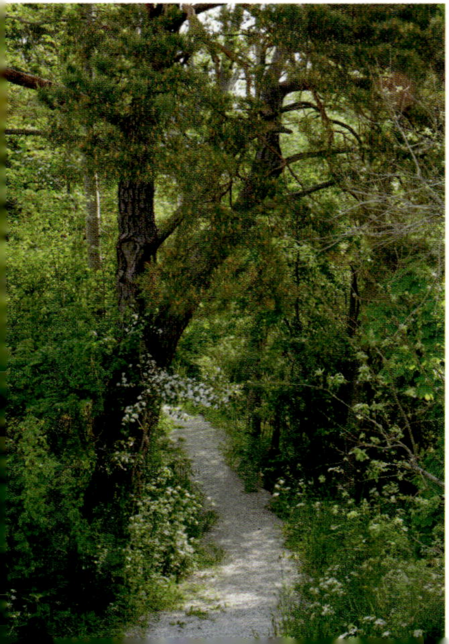

Ausgangspunkt: Kfz: Wanderparkplatz am Dalhemå. Von Roma kommend, am südlichen Ortsrand von Hässelby rechts auf den Väg 631 und nach 100 m, unmittelbar vor der Brücke über den Dalhemå, links auf einen Feldweg abbiegen und 200 m bis zur Parkmöglichkeit an seinem Ende fahren. ÖPNV: Bus Nr. 41 bis Haltestelle »Hässelby Järnvägsstation«. Dann Start beim Museumsbahnhof 7.
Anforderungen: Einfache Wanderung auf Feldwegen und angelegten Pfaden.
Einkehr: Café Hässelby (in der Hochsaison tgl. 11–15.30 Uhr, in der Nebensaison nur tageweise).
Tipp: Zwischen Ende Juni und Mitte August ist die Museumsbahn jeweils Mi, Do, Sa und So in Betrieb, an den Tagen ohne Zugbetrieb kann man sich eine Fahrraddraisine ausleihen (Informationen: gotlandstaget.se).
Karte: Sverigeserien – Topo50 (Norstedts) Blad 12 »Mellersta Gotland«.

Beginn des Pfads entlang des Dalhemå.

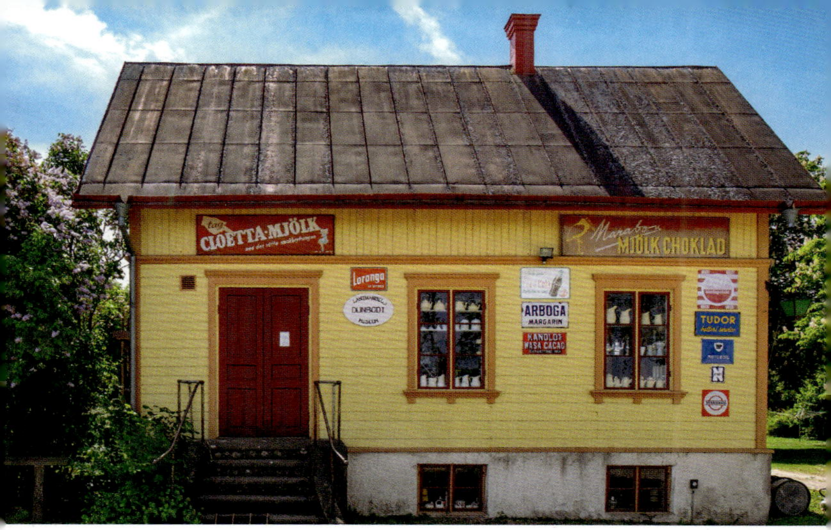

Am nördlichsten Punkt der Tour wartet das Lanthandelsmuseum Dunbodi.

Vom **Wanderparkplatz 1** aus folgen wir dem schmalen Pfad am Nordufer des **Dalhemå** (nicht den Steg überqueren!). Er führt auf den nächsten 1,2 km mit geringem Abstand am Dalhemå entlang und folgt seinem schlängelnden Verlauf durch einen Mischwald. Der Pfad entlässt uns auf eine Lichtung mit einem angelegten Rastplatz. Wir verlassen den Wanderweg, gehen halb links am **Waldrand** entlang und finden eine **Fahrspur 2** nach links. Sie mündet auf einen breiten Feldweg. Dort erneut links und bei nächster Gelegenheit auf einem **Feldweg 3** rechts. Geradeaus geht es nun über eine weite Ackerlandschaft nach Norden. Hinter den ersten Häusern von **Kaungs** erreichen wir eine **Verzweigung 4**, über die wir zunächst geradeaus

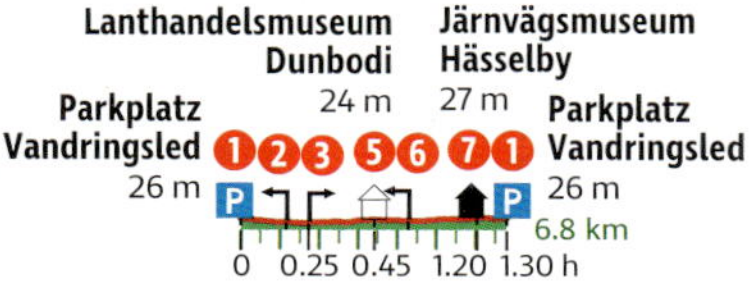

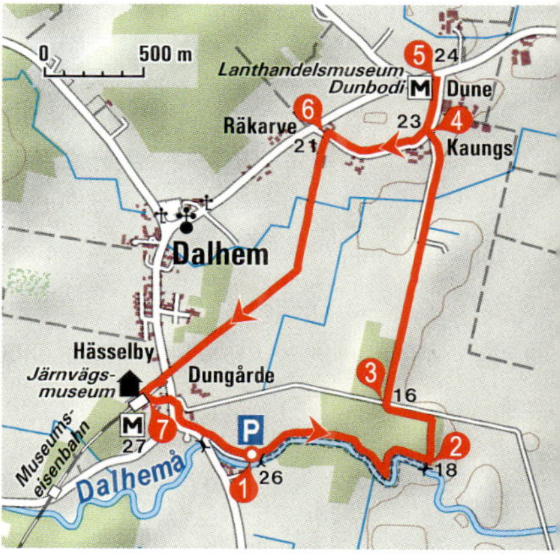

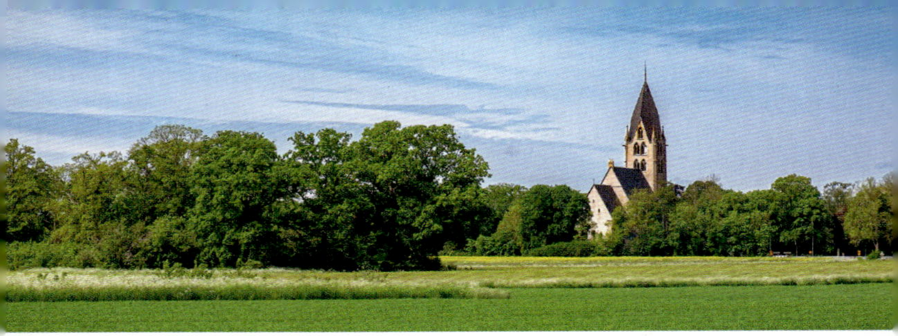

Blick über die Feldflur zur Kirche von Dalhem.

hinweglaufen, um nach weiteren 300 m dem kleinen **Museum Dunbodi** 5 (linker Hand) einen Besuch abzustatten. Von dort kehren wir zur **Verzweigung** 4 bei **Kaungs** zurück und wählen nun die rechte Möglichkeit (nach Westen). Wir wandern am Hof Kaungs sowie einzelnen Anwesen (links von uns) vorbei und finden vor einer großen Scheune der Hofstelle **Räkarve** eine **Abzweigung** 6 nach links. Der Feldweg mutiert bald zum Grasweg und knickt nach 700 m halb rechts ab und führt nun auf der ehemaligen Bahntrasse entlang. Auf der Hauptstraße gehen wir einige wenige Meter nach links und biegen dann rechts zum **Museumsbahnhof Hässelby** 7 ab. Anschließend kehren wir zur Hauptstraße zurück und halten uns dort rechts. Eine Abzweigung am südlichen Ortsrand ignorieren wir, sondern folgen der Linkskurve der Hauptstraße. Nach ca. 100 m, unmittelbar vor der Brücke über den Dalhemå, nehmen wir einen Feldweg nach links, der uns nach 200 m zurück zum **Wanderparkplatz** 1 leitet.

Die Museumseisenbahn schmückt sich am Nationalfeiertag mit den Landesfahnen.

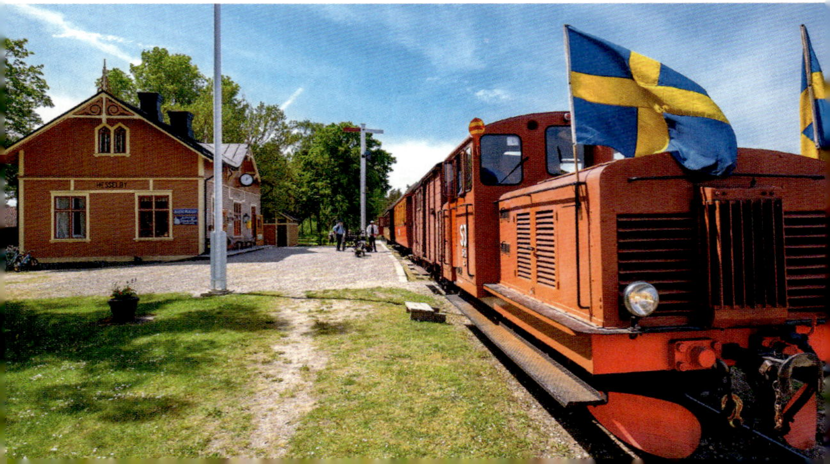

↗ 50 m | ↘ 50 m | 10.4 km

2.30 h

Trullhalsar und Liste Ängar 26

Ein spannendes Gräberfeld, artenreiche Wiesen und ein winziger Sandstrand

Trullhalsar heißt ein großes Gräberfeld östlich der Siedlung Fjäle. Über 350 Objekte aus der Eisenzeit sind dort bekannt, wobei die meisten davon für Laienaugen eher unauffällig sind. Alles andere als unauffällig sind aber die 40 bis 50 runden Grabhügel, die aus großen Kieseln aufgeschichtet wurden und dicht an dicht nebeneinanderliegen. Im südlichen Teil des Grabfeldes besitzen viele Grabhügel eine niedrige Trockensteinmauer als Begrenzung, was – als »Kragen« interpretiert – wofür die ungewöhnliche Benennung Trullhalsar (also Trollhälse) verantwortlich sein könnte. Weitere Etappenziele sind Liste Ängar, eine artenreiche Wiesenlandschaft und Hammars mit Gotlands möglicherweise kleinstem (ausgewiesenem) Sand-Badestrand.

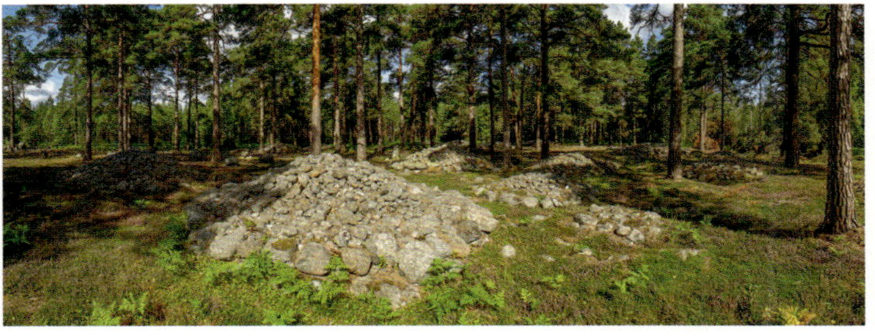

»Trollhälse« lautet in der Übersetzung der Name dieses prähistorischen Grabfelds.

Ausgangspunkt: Seitenstreifen am Fahrweg nach Fjäle. Vom Väg 146 nach Osten in Richtung Fjäle abbiegen. Nach 800 m, in einer Rechtskurve, vor oder hinter der Abzweigung eines Feldwegs (links) auf dem Grünstreifen parken.
Anforderungen: Auf weiten Strecken einfache Wanderung auf Feld- und Forstwegen, jedoch manchmal überwachsen. Im Bereich Liste Ängar ohne Wegspur oder auf schmalen Pfädchen, die etwas Orientierungsvermögen erfordern. Hier auch mit steilen Trittleitern.
Einkehr: Keine.
Varianten: 1) Der Tourteil durch Liste Ängar kann auf Feldwegen zwischen Wegpunkt 5 und 8 umgangen werden; (»blau«/leicht). 2) Von Hammars 7 aus lässt sich ein Abstecher zur kleinen, restaurierten Wassermühle Djupås Vattenkvarn (auch: Hammars Vattenkvarn) unternehmen. Dazu zunächst am Ufer entlang weiter nach Norden wandern und nach 250 m, am Scheitelpunkt einer kleinen Bucht, auf eine Traktorspur – nicht ganz einfach zu finden – landeinwärts (in Richtung Nordwesten) abbiegen. Auf demselben Weg wieder zurück nach Hammars. Tour dann 2,5 km länger.
Karte: Sverigeserien – Topo50 (Norstedts) Blad 12 »Mellersta Gotland«.

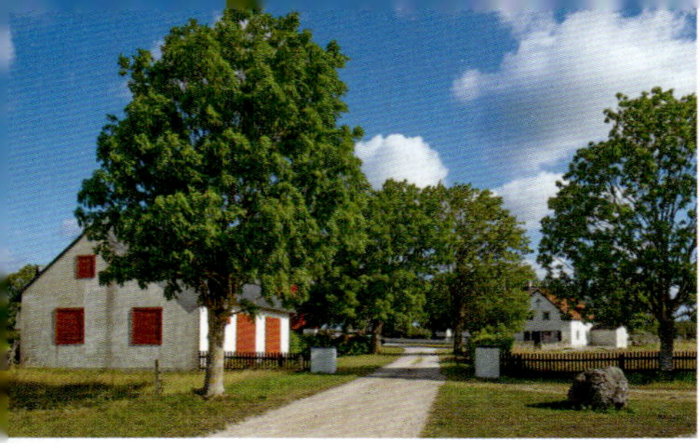

Der Bauernhof Fjäle.

Vom **Seitenstreifen ❶** marschieren wir auf der unbefestigten Fahrstraße in bisheriger Fahrtrichtung nach Südosten zunächst durch Wald, dann über eine große Lichtung. An deren südlichem Rand biegen wir links zum **Hof Fjäle ❷** ab und nehmen vor seiner Zufahrt den Hauptweg halb rechts. Wieder im Wald, lassen wir eine untergeordnete Abzweigung links unbeachtet. Erst 200 m dahinter, bei einer **Gabelung ❸** gleichberechtigter Wege, wählen wir die linke Möglichkeit. Vorbei an einem Sendemast marschieren wir durch Wald. Hinter einem Wendeplatz wird der Weg schmaler und erreicht das unter dem Namen **Trullhalsar ❹** bekannte Gräberfeld. Wir erkunden es auf eigene Faust (sowohl rechts als auch links des Wegs) und setzen dann die Tour in Richtung Südosten fort, wobei wir am östlichen Rand auf eine Infotafel stoßen.

Ein breiter Waldpfad bringt uns zu einem Forstweg; dort links. Der zunächst noch dichte Fichtenwald (rechts urwaldähnliche Bestände!) lichtet sich allmählich auf. Wir passieren mehrere Ferienhäuser und entscheiden uns dort, wo der Hauptweg nach links schwenkt, für die **Abzweigung ❺** einer schmalen Fahrspur nach rechts. Hinter einer S-Kurve steuert sie eine Hütte an, deren Grundstück wir rechts umgehen. Etwas versetzt vor uns

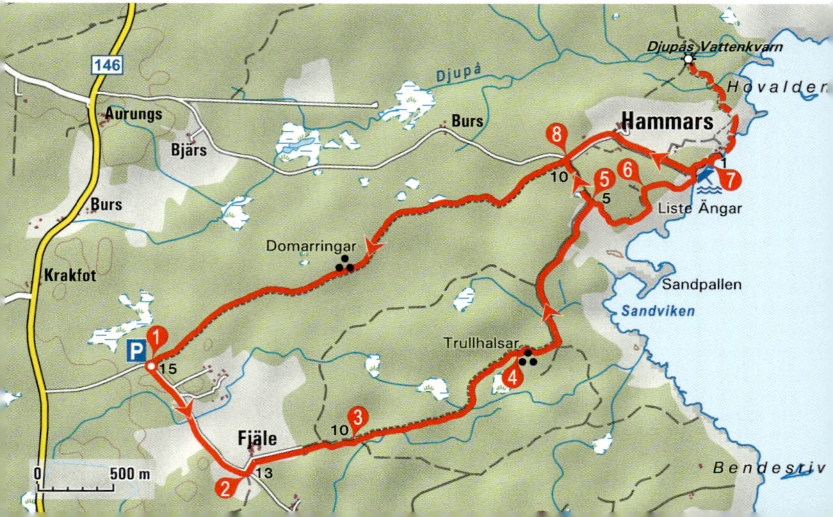

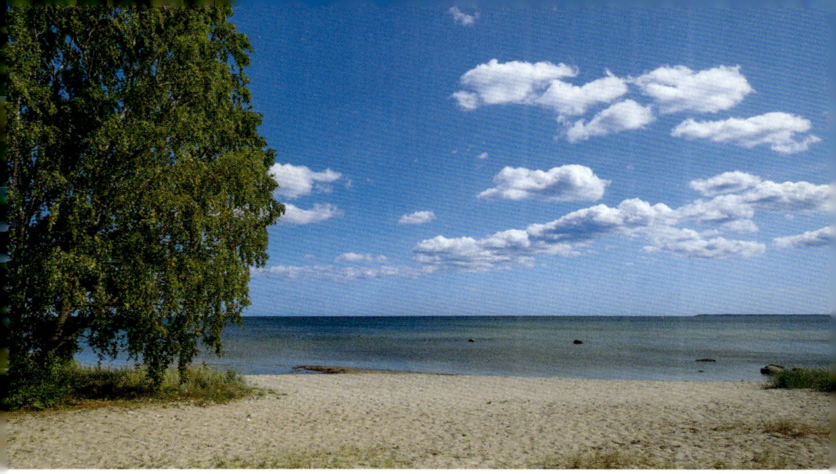

Die Siedlung Hammars besitzt einen winzigen Badestrand.

entdecken wir eine steile Trittleiter. Dahinter biegen wir links ab und peilen – ohne Wegspur – ein Tor in einem Zaun 100 m vor uns an, das wir durchqueren. Direkt hinter dem Tor rechts (bitte nicht die mit niedrigen Pfosten markierte Fläche betreten – es handelt sich um eine botanische Versuchsfläche!) und auf eine weitere **Trittleiter** 6 zuhalten, die wir übersteigen. Dahinter erwartet uns ein schmales Pfädchen, dem wir geradeaus über die Wiesenfläche **Liste Ängar** folgen. Am gegenüberliegenden Waldrand biegen wir auf eine Fahrspur rechts ab. Auf Höhe eines Gebäudes (rechts von uns) zweigt ein Pfädchen halb links ab, das hinter einer weiteren Trittleiter auf einen Feldweg stößt. Wir passieren den Mini-Strand von Hammars und finden 200 m geradeaus die hübschen Fischerhütten von **Hammars** 7.
Hier kehren wir um und nehmen nun den Feldweg nach rechts ins Landesinnere. Nach 1 km erreichen wir eine beschilderte **Kreuzung** 8, wobei wir keinem der Wegweiser folgen, sondern geradeaus den schmalsten der zur Verfügung stehenden Wege wählen. Diesem in südwestlicher Richtung führenden Forstweg bleiben wir treu und lassen uns von abzweigenden Traktorspuren nicht irritieren. Der Weg ist zwar abschnittsweise ziemlich überwachsen, kann aber mit etwas Aufmerksamkeit immer gut verfolgt werden. Nach 1,5 km durchquert der Weg eine Lichtung. Bald darauf passieren wir eine kleine Hütte. Ein letzter Kilometer bringt uns wieder zum **Fahrweg** 1 nach **Fjäle** und zum Ausgangspunkt unserer Runde.

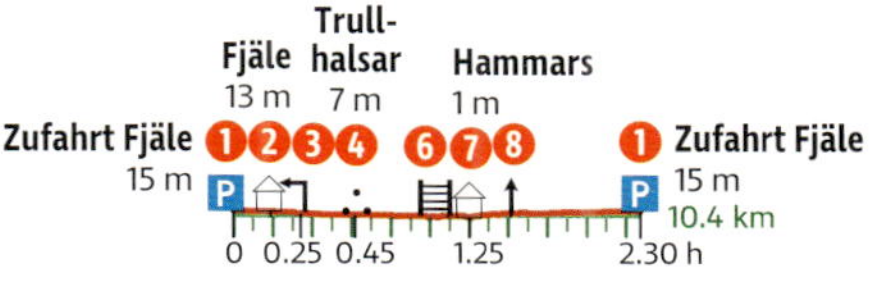

↗ 50 m | ↘ 50 m | 13.3 km

27 Skarnvik, Baju und Bendes Strandänge

3.15 h

Gotlands einsamer Osten

Mit dieser Tour begibt man sich in einen der menschenleersten Teile Gotlands, denn die Ostküste weist zwischen Åminne im Norden und Katthammarsvik im Süden keine einzige größere Siedlung auf. Flache Ufer, weite Buchten, karge Schafweiden, die von dunkelgrünen Wacholdern interpunktiert werden, gelegentliche Flachmoore und ausgedehnte Kiefernwälder sind die relevanten »Zutaten« für diese Wanderung. Im Nordosten sind die Fischerhütten von Baju ein hübsches Etappenziel und ideal für ein Picknick geeignet. Unweit davon lässt sich ein floristisches Kleinod erkunden, nämlich Bendes Strandänge mit offenen, sehr artenreichen Strandwiesen in Ufernähe sowie blütenbunten Laubwiesen unter alten Eichen landseits davon. Zwischen Ende Mai und Mitte Juli sind sie in voller Blütenpracht zu bewundern.

Ausgangspunkt: Seitenstreifen am Weg bei Skåne. Am östlichen Ortsausgang von Kräklingbo vom Väg 631 nach Nordosten in Richtung Rågåkre abbiegen. Beim Ortsschild »Rågåkre« die halb linke Möglichkeit nehmen und sowohl am großen Bauernhof Vidfälle als auch an einer Abzweigung geradeaus vorbeifahren. Danach verliert der Weg etwas an Höhe. Direkt hinter einer querenden Stromleitung kann man den Seitenstreifen rechts des Wegs zum Parken nutzen.
Anforderungen: Wanderung überwiegend auf Feldwegen, streckenweise aber auch auf nur schwach sichtbaren Fahrspuren und Pfade, die stellenweise überwachsen sein können. Kurzzeitig auch ohne sichtbaren Pfad. Orientierungsvermögen ist daher erforderlich. Ca. 2,5 km auf Hartbelag.
Einkehr: Keine.
Varianten: 1) Nur südlicher Tourteil: Bei Wegpunkt ❹ statt rechts abzubiegen auf dem Hauptweg geradeaus. Dem Weg um eine S-Kurve folgen. 250 m hinter einem Feld (links von uns) auf einen deutlichen Feldweg ❾ links abbiegen und die beschriebene Tour wieder aufnehmen; ca. 8 km, auch für Kinder geeignet. 2) Nur nördlicher Tourteil: Start in Baju ❻, bis zur T-Kreuzung 150 m vor ❾. Statt bei der Kreuzung rechts wird links abgebogen und dem Weg bis ❹ gefolgt und dort die beschriebene Tour wieder aufgenommen; ca. 8,5 km. 3) Größere Rundtour: Start der Tour beim Parkplatz an Angas Prästänge (ausgeschildert). Von dort Feldweg 2 km nach Osten nehmen (Wegweiser »Stenstugu Skog«) bis Wegpunkt ❾. Von dort Wegbeschreibung folgen bis ❽. An diesem geradeaus vorbeilaufen, nach 400 m links abbiegen und dem Weg nach 600 m um eine scharfe Rechtskurve folgen. An einer T-Kreuzung links. Am Hinweis zu einem Kulturdenkmal (Båtickes Großhügelgrab, Abstecher möglich) und an Angas Kyrka vorbeiwandern. Auf der Hauptstraße links abbiegen. Dann Seitenstraße halb rechts nehmen und an Angas Prästänge entlang zum Ausgangspunkt zurück. Tour dann ca. 18 km.
Karte: Sverigeserien – Topo50 (Norstedts) Blad 12 »Mellersta Gotland«.

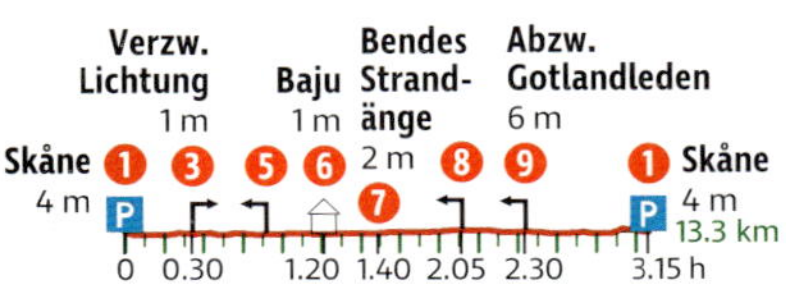

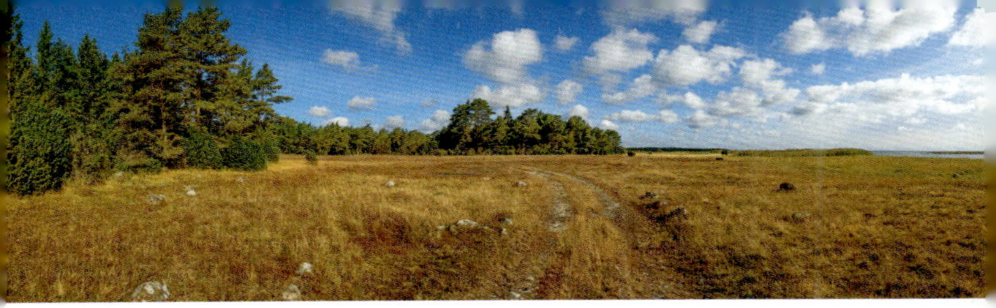

Die schwachwüchsigen Strandwiesen werden sehr extensiv beweidet.

Direkt gegenüber dem Fahrweg-Seitenstreifen bei **Skåne** ❶ finden wir nördlich des Wegs – direkt unter einer Stromleitung – ein breites Metalltor, das wir durchqueren (alternativ: Trittleiter rechts). Dieser Fahrspur folgen wir nach Norden zunächst durch Offenland, dann in den Wald hinein. Im Wald knickt der Weg links ab, passiert ein Ferienhaus (rechts von uns) und stößt unweit dahinter auf einen Querweg, auf den wir rechts abbiegen. Gleich darauf ist ein Bachbett zu queren, das im Frühling und

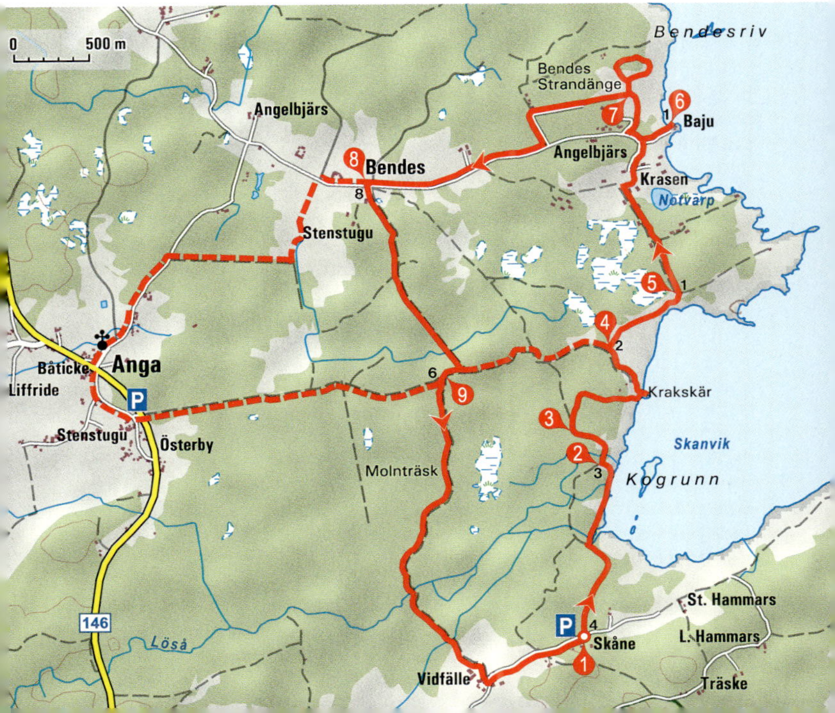

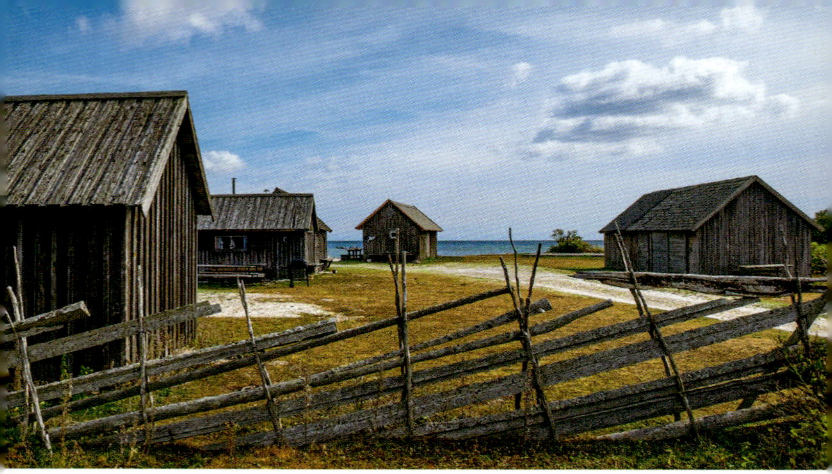

Die Fischersiedlung Baju eignet sich hervorragend für eine kleine Pause.

nach stärkeren Regenfällen Wasser führen kann, im Sommer aber meistens trockenfällt. Der Weg verläuft parallel zur Küste, lässt eine kleine Hütte links liegen und quert eine feuchte Senke. Nicht weit dahinter schlägt er einen Bogen nach links. Vor einem einsamen **Ferienhäuschen** nehmen wir bei einer **T-Kreuzung** 2 die Fahrspur nach rechts. Sie kurvt bald nach links in den Wald hinein.

Unmittelbar hinter dem Waldstreifen, nach wenigen Metern auf einer **Lichtung**, heißt es aufpassen: Wir dürfen an der dortigen **Gabelung** 3 die untergeordnete Fahrspur nicht verpassen, die halb rechts abzweigt und gleich wieder in den Wald eintaucht. Im Wald wird daraus ein schmaler und stellenweise stark überwachsener Waldpfad, der allmählich nach rechts schwenkt. Nach 250 m entlässt er uns wieder in offenes Gelände. Dort orientieren wir uns halb rechts. In einer breiten Schneise zwischen zwei Gehölzbeständen wandern wir auf undeutlicher Wegspur genau nach Osten und erreichen – mit ein paar Hütten linker Hand – die Küste bei der kleinen Halbinsel **Kråkskär**. Dort biegen wir scharf links auf eine Fahrspur ab (Generalrichtung Nordwesten). Nach 400 m heißt es aufpassen: Wir verlassen den Weg durch ein breites **Tor** 4 nach rechts und vertrauen uns der Fahrspur dahinter an, die auf den nächsten 500 m parallel zur Küste verläuft.

Knapp 100 m hinter einem Graben, den wir – sollte er Wasser führen – entweder auf einem wackligen Steg oder an einer schmalen Stelle mit einem Sprung überqueren, entdecken wir links einen **Feldweg** 5. Ihm folgen wir nach links ins Landesinnere. Wir bleiben diesem Weg treu und ignorieren Zufahrten von rechts. Wo er nach knapp 1 km mit einer T-Kreuzung auf einen Querweg mündet, orientieren wir uns nach rechts. Nach 100 m, vor (!)

einer Rechtskurve, treten wir links durch ein Törchen. Ein weiteres Törchen entlässt uns auf einen Feldweg, auf dem wir geradeaus die bisherige Richtung beibehalten. Auch hier ignorieren wir Zu- und Einfahrten. Erst bei einer T-Kreuzung mit einer Teerstraße halten wir uns rechts und erreichen nach 250 m die Fischerhütten von **Baju** 6. Dort kehren wir um, marschieren am Ankunftsweg geradeaus vorbei und wählen den nächsten Feldweg rechts. Wo er nach links knickt, behalten wir auf einem Grasweg geradeaus die Richtung bei und erreichen an seinem Ende durch ein Törchen **Bendes Strandänge** 7. Bis zu einer kleinen Hütte führt die Fahrspur, dann drehen wir um und kehren zum Ausgangspunkt unseres Abstechers zurück.

Diesmal durchqueren wir das **Törchen** 7 jedoch nicht, sondern wenden uns vorher auf einer Fahrspur nach rechts (Westen). Vorbei an einem großen Feriendomizil gelangen wir geradeaus auf einen Fahrweg, biegen bei einer T-Kreuzung links und auf der Teerstraße rechts ab. Zunächst durch Wald, dann von links eine Nebenstraße aufnehmend, und anschließend durch Offenland bringt sie uns zum Bauernhof **Bendes** 8 (Wohnhaus und mehrere Hofgebäude mit Vorplatz). Dort nehmen wir den ersten Feldweg links (hier auch Fahrradwegweiser »Gotlandleden«), ignorieren die Abzweigung nach links gleich danach, sondern halten in Richtung Südosten auf den Wald zu. Im Wald wählen wir bei einer Gabelung die linke Möglichkeit. Nach einem weiteren Kilometer kommen wir zu einer T-Kreuzung und orientieren uns nach rechts. 200 m dahinter treffen wir auf eine **Wegverzweigung** 9, wo wir uns für die linke Möglichkeit (weiterhin Fahrradwegweiser »Gotlandleden«) entscheiden.

Die Wanderanweisung für die nächsten 2,5 km ist einfach: immer dem Feldweg nach! Beim Hof **Vidfälle** mündet er auf einen breiten Fahrweg; dort links. Geradeaus marschieren wir an einer Abzweigung vorbei und erreichen mit etwas Höhenverlust unseren Ausgangspunkt bei **Skåne** 1.

Bendes Strandänge gilt als botanisches Kleinod.

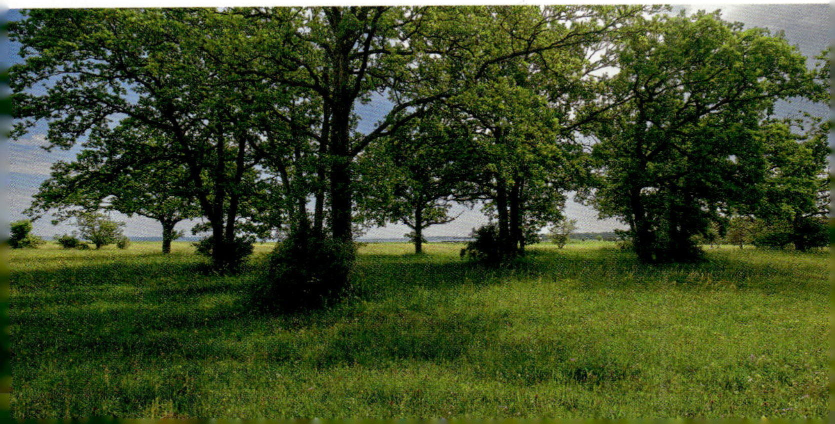

↗ 40 m | ↘ 40 m | 7.0 km

28 Uppstajg

1.45 h

Auf dem Weg zum (Fichten-)Urwald

Der Fichten- und Kiefernwald in Uppstajg gilt als der urwaldähnlichste, den man auf Gotland antreffen kann. In einzelnen Arealen sind die Bäume immerhin schon 300 Jahre alt. Wenn sie zusammenbrechen, dürfen sie dort liegenbleiben, wo sie hinfallen; tatsächlich schaut es in einigen Bereichen schon richtig »wild« aus! Flechten, Moose und Farne tragen ihren Teil zum urtümlichen Erscheinungsbild bei. Zunächst durchstreift man ein Mosaik aus Kiefernbeständen und Heiden, bevor der Weg sich als schmales Pfädchen durch Fichtenwald schlängelt, der dort, wo die Böden tiefgründiger sind, kein ungewöhnlicher Anblick ist. Ganz im Nordosten führt ein kleiner Abstecher auf eine Halbinsel, von der aus sich die Küste nach Osten und Westen überblicken lässt.

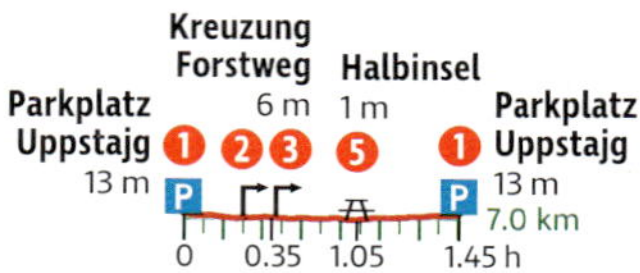

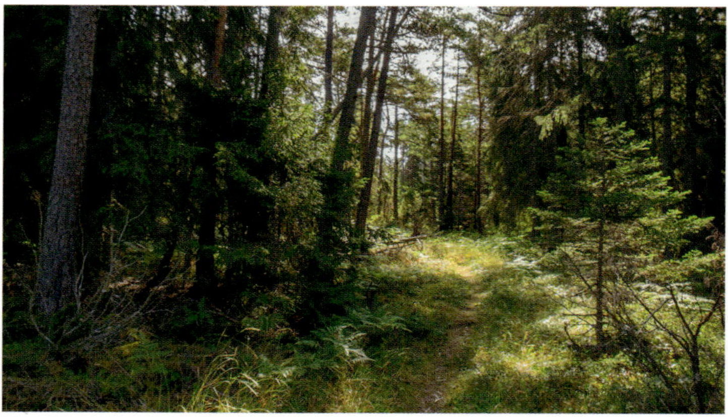

Der schmale Pfad schlängelt sich durch einen Fichten-Urwald.

Ausgangspunkt: Parkplatz am Naturreservat Uppstajg. 500 m westlich der Abzweigung nach Ängmans vom Väg 631 nach Norden abbiegen und auf den Parkplatz fahren (Hinweisschild »Naturreservat«).

Anforderungen: Einfache Wanderung auf Feld- und Waldwegen sowie schmalen Pfaden.

Einkehr: Keine.

Karte: Sverigeserien – Topo50 (Norstedts) Blad 12 »Mellersta Gotland«.

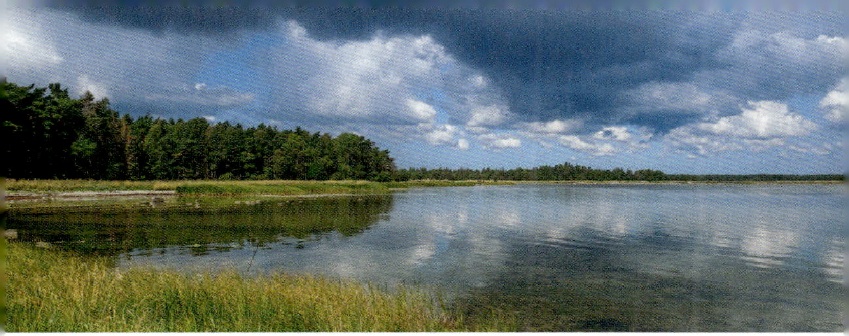

Ein Abstecher beschert einen Ausblick auf eine flache Küste.

Vom hinteren (nördlichen) Teil des **Parkplatzes** **1** am **Naturreservat Uppstajg** führt – neben einer Infotafel – eine schmale Fahrspur ins Gelände hinein, wobei sich zunächst noch Kiefernwaldbestände und Lichtungen abwechseln. Bald geht die Fahrspur in einen schmalen Pfad über, der sich nun durch Kiefern- und Fichten-Urwald windet. Hinter einem Weidezaun betreten wir eine Waldweide, auf der der Pfad bald einen Bogen nach links beschreibt und wieder zur Fahrspur mutiert. Bei einer etwas unklaren Gabelung wählen wir die linke Alternative und gewinnen etwas an Höhe. Nach 150 m treffen wir auf einen **Querweg** **2** und gehen rechts.
Nach 600 m erreichen wir eine **Kreuzung** **3** mit einem breiten **Forstweg** und biegen rechts ab. Ihm bleiben wir nun auf den nächsten gut 1,5 Kilometern (ca. 20–25 Min.) treu, ohne auf Abzweigungen nach links zu achten. Dabei durchqueren wir abschnittsweise erneut Fichtenwald mit urwaldartigem Charakter. Nach den besagten knapp 1,5 km wandern wir geradeaus an einer **Verzweigung** **4** vorbei, merken sie uns aber für nachher. Wir unternehmen jedoch zunächst einen Abstecher, indem wir dem Weg geradeaus weiter folgen, wo nach 200 m eine schmale, aber gut sichtbare Fahrspur links in den Buschwald abzweigt. Sie bringt uns auf eine **Halbinsel** **5**, wo sich ein hübsches Picknickplätzchen findet.
Auf demselben Weg geht es zurück an den Ausgangspunkt des Abstechers bei der **Verzweigung** **4**, wo wir nun links den Weg nach Süden einschlagen. Nach 1 km machen wir seinen Linksknick mit. Er mündet auf eine unbefestigte Straße. Sowohl auf dieser als auch auf der **Hauptstraße** **6** biegen wir jeweils rechts ab. Nach 500 m liegt der **Parkplatz** **1** wieder rechts vor uns.

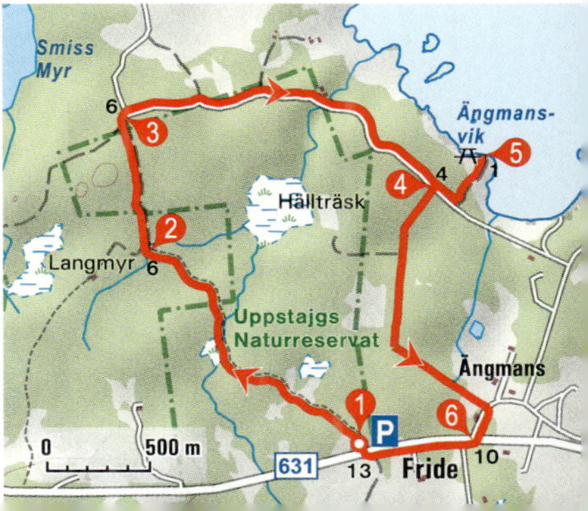

29 Östergarnsberget

2.00 h

Wilde Wege über ein Karstplateau

Der Östergarnsberg ist ein Karstplateau, das nach Westen und Norden zu markant ausgeprägte Steilwände bildet. Zwar erhebt es sich gerade mal 15 bis 20 Meter über seine Umgebung, doch ist das völlig ausreichend, um es mit Gewinn als Aussichtsbalkon zu nutzen. Man tritt dabei in die Fußstapfen eines berühmten Naturforschers: Bereits Carl von Linné nahm auf seiner »Gotländischen Reise« 1741 diese Möglichkeit wahr (oben auf dem Kliff erinnern weithin sichtbare Schattenriss-Gestalten, die ihn und seine Gefährten darstellen, an diese Begebenheit). Während sich zu Füßen des Östergarnsberget eine eher sanfte Acker- und Waldlandschaft erstreckt, hat er selbst ein wesentliches wilderes Gepräge: Sein Plateau besteht aus verkarsteten Kalkfelsen, die von einer lückigen Felssteppe bedeckt sind. Eine charakteristische Pflanzenart ist das an die Trockenheit angepasste Wimpern-Perlgras, das dort im Sommer seine silbrigen Ähren zu Tausenden im Wind wiegt, eine typische Vogelart die Heidelerche. Nur mit Mühe können sich einzelne Gehölze, in erster Linie Wacholder und Oxelbeeren, dort oben behaupten.

Ausgangspunkt: Kfz: Parkplatz an der alten Schule (Östergarns Skolhuset). Gegenüber dem Schild »Idrottsplats« vom Väg 560 aufwärts auf den Parkplatz abbiegen. Weitere Parkmöglichkeiten entlang der Straße und an Östergarns Kirche. ÖPNV: Bus Nr. 41 bis Haltestelle »Högby«. Von dort nach Süden laufen, Hauptstraße queren und den Feldweg halb links hangaufwärts nehmen. Dann Start beim historischen Kalkofen 8.

Anforderungen: Nur im ersten und letzten Tourteil Feldwege, ansonsten (sehr) schmale Pfade oder – im mittleren Tourdrittel – ohne Wegspur über felsige und verkarstete Areale, abschnittsweise an der Kliffkante. Über weite Strecken zwar markiert (blau-weiße Raute), Markierungen aber manchmal spärlich und nur mit Pfadfindergeist verfolgbar. Zahlreiche Zauntritte. Trittsicherheit und gutes Orientierungsvermögen sind erforderlich; nicht zu empfehlen bei schlechter Sicht.

Einkehr: Café Skolhuset am Ausgangspunkt der Tour.

Karte: Sverigeserien – Topo50 (Norstedts) Blad 12 »Mellersta Gotland«.

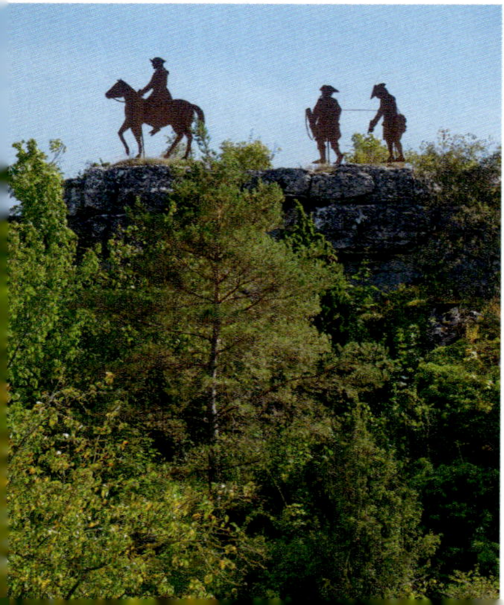

Linné und seine Gefährten als Schattenriss-Gestalten.

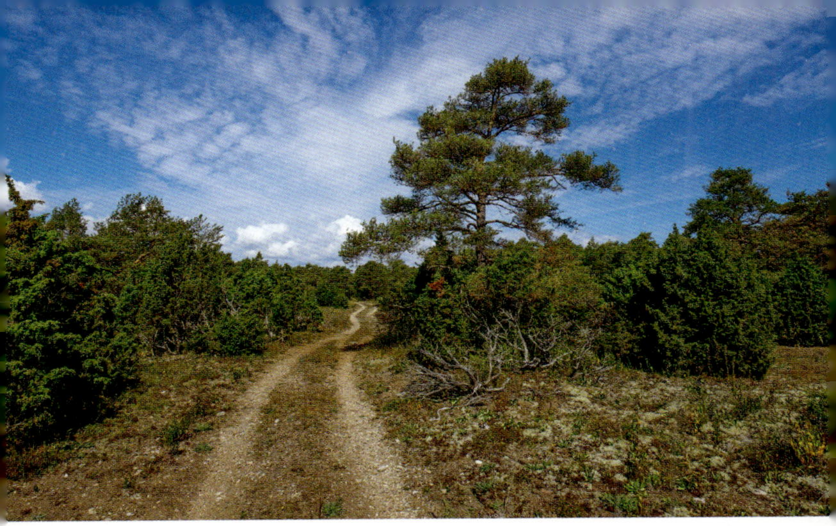

Buschland und Kiefernwald bestimmen den Ostteil des Östergarnsberget.

Vom **Parkplatz** 1 bei **Östergarns Skolhuset** aus steigen wir eine schmale Treppe aufwärts und erreichen über eine steile Holztreppe die Plateaukante; oben links. Nach 50 m biegen wir rechts auf einen angelegten Weg ab, der uns zu einem Parkplatz bringt. Dort wenden wir uns nach rechts und finden nach 50 m eine **Infotafe**l 2 (Tipp: die dort auf einem Luftbild eingezeichnete Route abfotografieren!). Wir orientieren uns nach links, wo der Pfad nach wenigen Metern auf einen Fahrweg mündet, den wir geradeaus entlangmarschieren. Eine Abzweigung eines untergeordneten Fahrwegs nach links lässt uns kalt. Auf dem nächsten Kilometer bleiben wir dem Feldweg durch halboffenes Buschland treu und nehmen erst beim **Wegweiser »Naturslinga«** 3 eine Fahrspur nach links.

50 m hinter einer kleinen Geländekante abwärts entdecken wir eine blauweiße Raute, die uns nach rechts auf einen schmalen **Waldpfad** 4 lockt. Ab hier erhöht sich die Markierungsdichte, sodass wir dem Pfädchen problemlos folgen können. 30 m hinter einer Trittleiter wählen wir bei einer etwas unübersichtlichen Verzweigung die rechte Möglichkeit. Weiterhin hangeln wir uns mit den blau-weißen Rauten durch den Wald, ersteigen eine Geländekante und finden oben einen Querweg; dort rechts. Nach 150 m übersteigen wir die **Trittleiter** 5 links und wandern noch kurz durch lichten Kiefernwald, bevor er uns auf das nur schwach mit Gehölzen

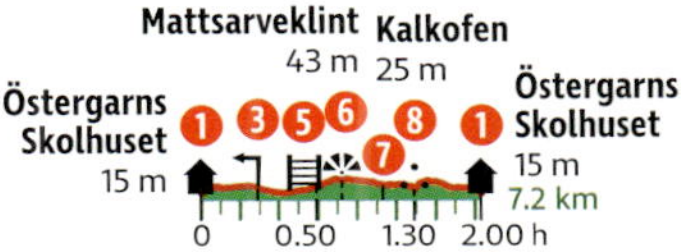

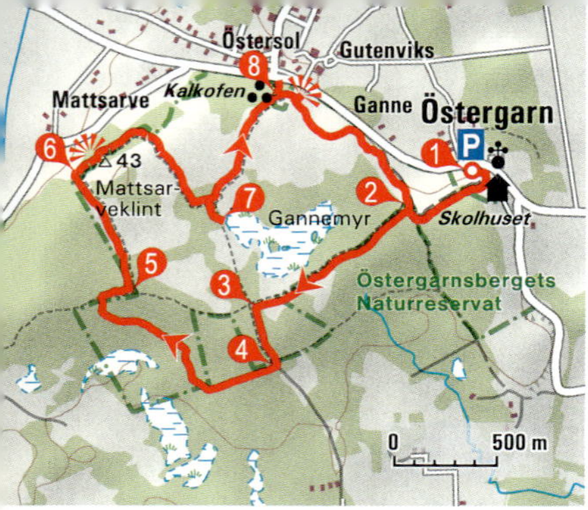

bewachsene Kalkplateau des **Östergarnsberget** entlässt. Auf dem felsigen und steinigen Untergrund ist keine Wegspur mehr sichtbar, sodass wir uns die Zeit nehmen sollten, jeweils die nächste blau-weiße Raute an einem Baum oder einem kniehohen Pfosten zu erspähen und anzupeilen (wer mit Kompass unterwegs ist, kann auch genau nach Nordwesten marschieren, bis die Kliffkante erreicht ist).

Schließlich können wir vor uns eine **Bank** ausmachen, die am **Mattsarveklint** 6 zu einer Rast mit guter Aussicht einlädt. Anschließend geht es an der Kliffkante entlang nach rechts, an einer weiteren Rastbank vorbei und zu einer Trittleiter. Dahinter löst sich unsere Route von der Kliffkante und schwenkt im Bogen nach rechts. Mit Südostkurs müssen wir erneut einige Aufmerksamkeit aufwenden, um die Markierungen zu entdecken und dabei weiterhin durch recht ruppiges Gelände manövrieren. Wo die Kiefern wieder dichter zusammentreten, ist eine schwache Wegspur erkennbar, die nach links führt. 50 m vor einem Tor und einer Trittleiter biegen wir rechts ab und machen einen Abstecher zum Nordrand des **Gannemyr** 7, einem Niedermoor, das auf einem Kalkplateau wie ein Fremdkörper wirkt.

Die Felsheide ist Lebensraum von Heidelerche und Wimpern-Perlgras.

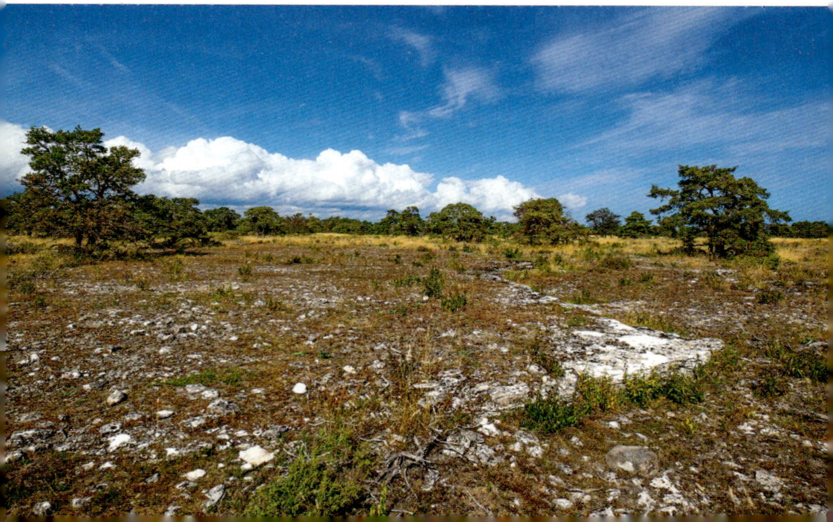

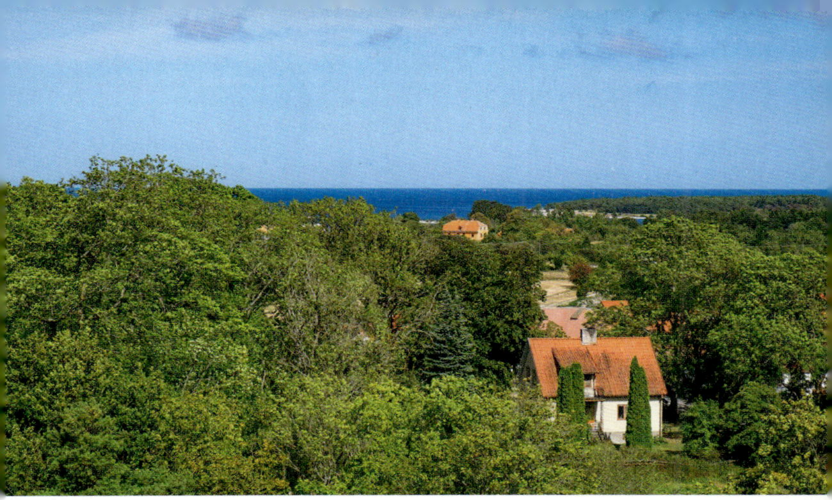

Ausblick nach Norden in Richtung Katthammarsvik.

Dort drehen wir um, übersteigen nun die Trittleiter und finden dahinter einen gut sichtbaren Pfad. Auf ihm gelangen wir nach 500 m zu einem Kreuzungspunkt mit Infotafel: Dort lockt uns ein **historischer Kalkofen** 8 zu einem Abstecher links abwärts. Wieder zurück an der Infotafel halten wir in bisheriger Marschrichtung auf einen **Aussichtspunkt** vor uns zu, von dem sich der Blick in Richtung Katthammarsvik öffnet. Anschließend kehren wir um und nehmen nun den mit der blau-weißen Raute versehenen Pfad nach links (Südosten).

Hinter einer Trittleiter geht es an seiner Oberkante um den alten Steinbruch herum. An seinem östlichen Rand schlägt sich das Pfädchen rechts in die Büsche. Es mündet auf eine schmale Fahrspur; hier rechts und nach wenigen Schritten links. Wir schließen die Runde an der **Infotafel** 2, gehen rechts und biegen an dem kleinen Parkplatz links auf den schon bekannten, angelegten Weg ab. An der Geländekante links. Über die steile Treppe erreichen wir abwärts wieder den **Parkplatz** 1 bei **Östergarns Skolhuset**.

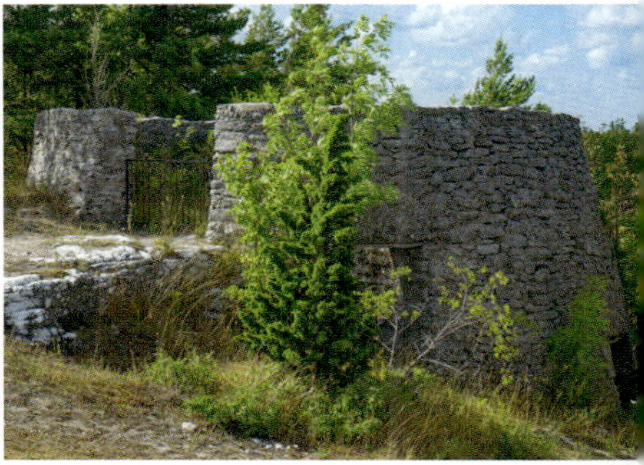

Alter Kalkbrennofen.

TOP

30 Grogarnsberget, Herrvik und Kuppen

↗ 100 m | ↘ 100 m | 11.1 km

2.45 h

Wo wenige Höhenmeter einen großen Unterschied machen

Auf einer ansonsten recht flachen Insel können 30 Höhenmeter einen erheblichen Unterschied in Sachen Aussichtsqualität darstellen. Der Grogarnsberg liefert dafür das beste Beispiel. Grogarnshuvud, seine nördlichste Felsnase, sorgt für einen faszinierenden 270°-Panoramablick. In früheren Zeiten war es jedoch nicht die Aussicht, die die Menschen anzog, sondern die Verteidigungsmöglichkeit: Bei genauerem Hinsehen entdeckt man dort oben Wallanlagen, die bronzezeitlichen Ursprungs sind: Es handelt sich immerhin um die – nach der Torsburg – zweitgrößte bronzezeitliche Höhenfestung Gotlands. An der wildromantischen Ostküste des Grogarnsberget entlang wird das nächste Etappenziel angesteuert: Herrvik, ein noch aktiver Fischerhafen mit bunten Fischerbooten und historischen Fischerhütten (nicht übersehen: sie stehen in zweiter Reihe oberhalb der neu errichteten Hütten!). Östlich und südlich von Herrvik kann danach das hübsche Küstenareal von Kuppen und das Naturschutzgebiet Hässle Backe erkundet werden.

Der geschäftige Fischerhafen ist eine der Attraktionen Herrviks.

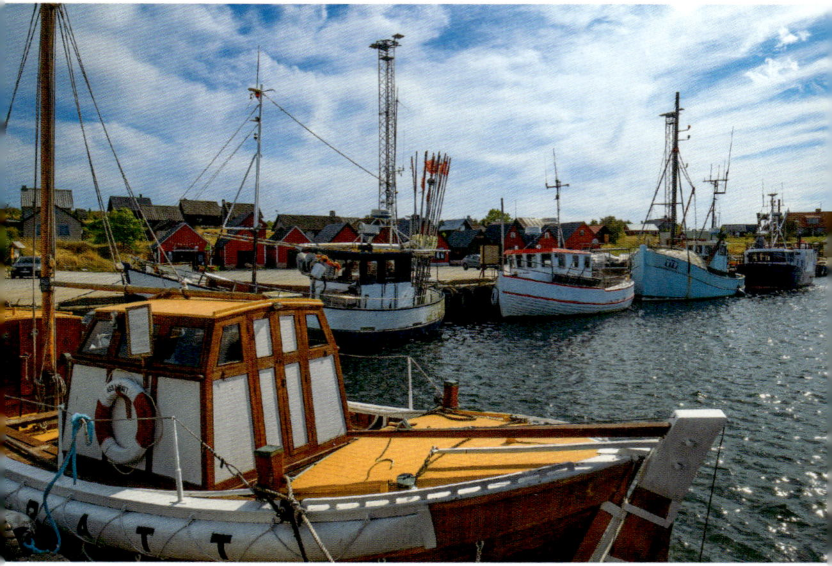

Ausgangspunkt: Kfz: Grogarnsberget, Parkplatz am westlichen Plateaurand. In Katthammarsvik vom Väg 631 in Richtung Grogarnsberget (ausgeschildert) abbiegen und der unbefestigten Fahrstraße 2 km folgen. Hinter einem kleinen Rechtsknick und dem Überqueren eines Viehgitters geht der Fahrweg in ein Teersträßchen über, das den Hang hinaufführt. Fast auf dem Plateau angelangt, befindet sich links – bei einem Informationsschild – der Parkplatz. ÖPNV: Bus Nr. 41 bis Haltestelle »Herrvik«. Dann Start bei Wegpunkt 4.
Anforderungen: Wanderung auf Feldwegen, über felsigen und schottrigen Untergrund, ein kurzer Abschnitt ohne Wegspur und kurz auf der Straße. Mehrere Trittleitern. Die Abbruchkante des Grogarnsberget ist ungesichert – Kinder daher adäquat beaufsichtigen.
Einkehr: Hamnkrog (nur Hochsaison); Café Herrvik Brygge (In der Hochsaison tgl., in der Nebensaison nur am Wochenende). Beide am Hafen in Herrvik.
Varianten: 1) Nur nordwestliche Runde (Grogarnsberget – Herrvik); ca. 7,5 km (»rot«/mittel). 2) Nur südöstliche Runde (Herrvik – Kuppen); 4 km (»blau«/leicht).

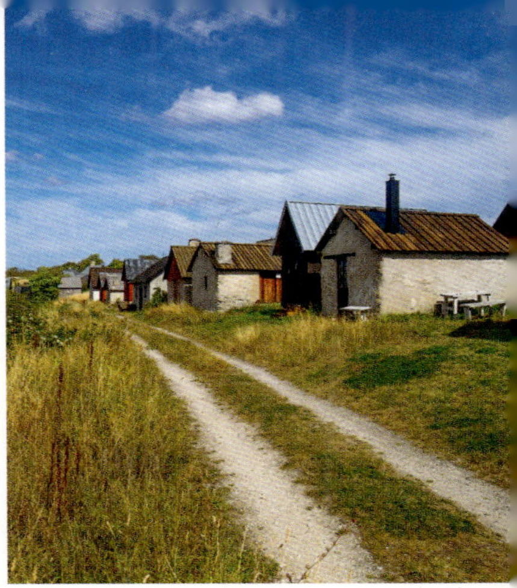

Fischerhütten in zweiter Reihe.

Tipp: Im Östergarnslandet gibt es mehrere gute Anlaufstellen zum Fischkauf, z. B. »Katthammarsviks Rökeri« in Katthammarsvik oder die »Fiskbutik« in Sysne. Ob fangfrisch, geräuchert oder eingelegt – der Fisch ist delikat!
Karte: Sverigeserien – Topo50 (Norstedts) Blad 12 »Mellersta Gotland«.

Wir verlassen den **Parkplatz** 1 in Fahrtrichtung (Osten) und biegen nach 50 m links auf einen breiten Pfad ab. Hinter einer Trittleiter passieren wir den Verteidigungswall der prähistorischen Befestigungsanlage. Wir umrunden den Nordteil des Plateaus, **Grogarnshuvud** 2, und sind dann an seiner Ostseite in Richtung Süden unterwegs. Durch ein Tor gelangen wir auf den östlichen **Parkplatz** 3. Dort wenden wir uns scharf nach links, verlieren auf dem Feldweg an Höhe, wobei wir eine Einmündung von links ignorieren, und setzen anschließend unseren Weg an der Küste entlang nach Südosten fort. Etwa 100 m hinter der Stelle, wo sich der Feldweg zwischen zwei bebauten Grundstücken hindurchzwängt, biegen wir auf einen schmalen Feldweg links ab. Eine von links einmündende Trasse und einen nach oben abzweigenden Weg ignorieren wir, sondern gelangen geradeaus zur Hauptstraße von **Herrvik**. Dort links. Eine Linkskurve bringt uns zum **Hafen** 4 (rechts nicht übersehen: die alten Fischerhütten von Herrvik). Dort entscheiden wir uns auf Höhe der Gaststätte **Hamnkrogen** für einen Pfad schräg rechts aufwärts.

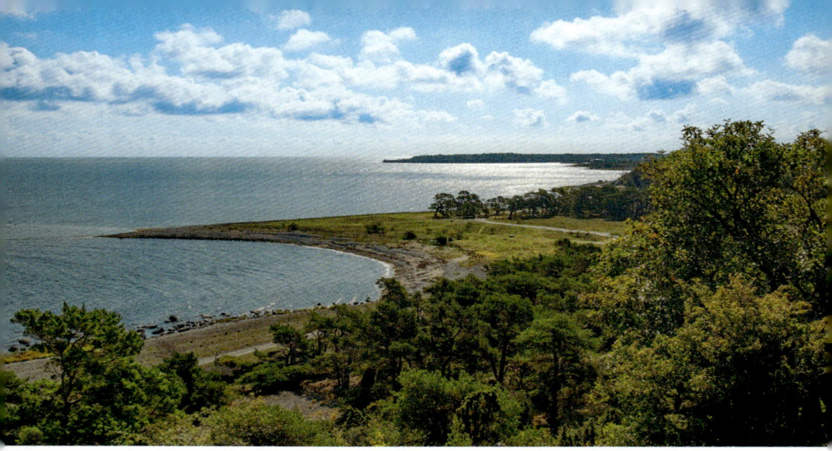

Einige Meter Höhenunterschied verbessern die Aussichtsqualität ganz entscheidend.

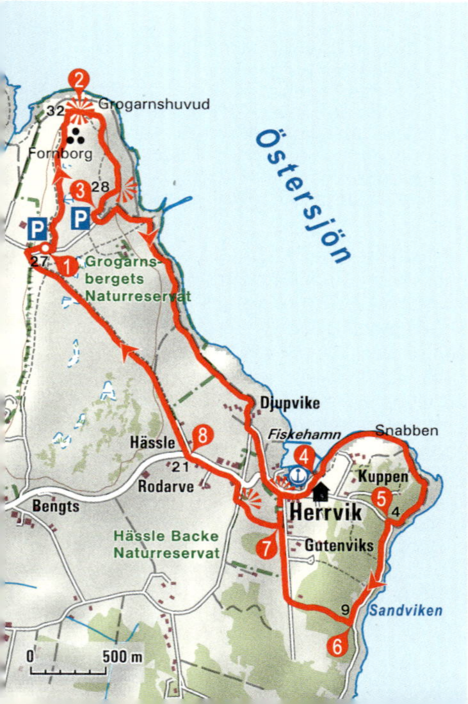

Er trifft auf eine schmale Fahrspur, der wir links (parallel zur Küste) folgen, allerdings nur wenige Meter: Wo die Fahrspur rechts abknickt, setzen wir unseren Weg geradeaus auf einem stellenweise felsigen Pfad direkt an der Küste entlang fort und umrunden den Nordteil der Halbinsel **Kuppen**. Im Nordosten der Halbinsel treffen wir auf einen breiten Fahrweg, auf dem wir nach Süden marschieren. Hinter einem Rechtsbogen kommen wir zu einer **Gabelung** **5**, wo unser Weg, der küstennah verläuft, links abzweigt. Wir passieren einen Gedenkstein für den Untergang des Schiffes »Albatros« und wandern anschließend kurz durch baumbestandenes Gelände. Wieder im Offenland, bewältigt der Hauptweg halb rechts eine Mini-Geländestufe aufwärts.

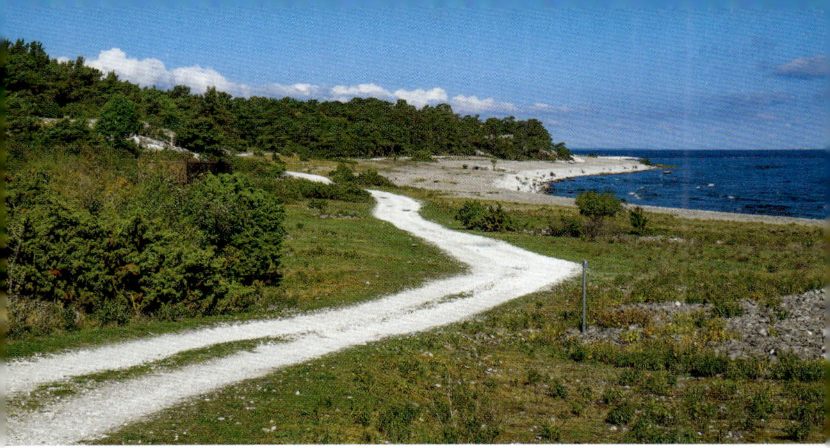

Ein Feldweg kurvt an der Ostküste der Halbinsel entlang.

Wenige Meter dahinter finden wir die **Abzweigung** 6 einer **Traktorspur** nach rechts in den Wald hinein. Jenseits des Waldes bei einer T-Kreuzung ebenfalls rechts. Nach 500 m (50 m vor dem ersten Haus auf der linken Seite) übersteigen wir eine **Trittleiter** 7 links und entfernen uns rechtwinklig vom Weg. Nach 50 m, hinter einer Hecke, können wir etwas rechts von uns, auf der Anhöhe von **Hässle Backe**, den Stumpf einer Windmühle erkennen. Auf ihn halten wir – ohne Wegspur – zu. 30 m links davon verlassen wir das Gelände mittels einer Trittleiter und gehen auf dem Sträßchen rechts. Auf der Hauptstraße links. Wir wandern geradeaus durch die kleine Siedlung **Hässle** hindurch und biegen 200 m dahinter rechts auf einen breiten **Feldweg** 7 ab (links Infotafel »Grogarnsberget«).
Hinter dem letzten Haus durchqueren wir ein Tor und finden unweit dahinter eine Gabelung, bei der wir uns für den halb linken Weg entscheiden und erneut durch ein Tor treten. Abwechselnd durch niedrige Kiefernwäldchen und wacholderbestandene Heideflächen geht es in Richtung Nordwesten. Wir passieren eine Kreuzung mit einem undeutlichen Querweg geradeaus und verlieren kurz an Höhe, bevor wir auf ein Teersträßchen treffen; dort rechts. Nach 30 m haben wir unseren Ausgangspunkt am **Parkplatz** 1 wieder links vor uns.

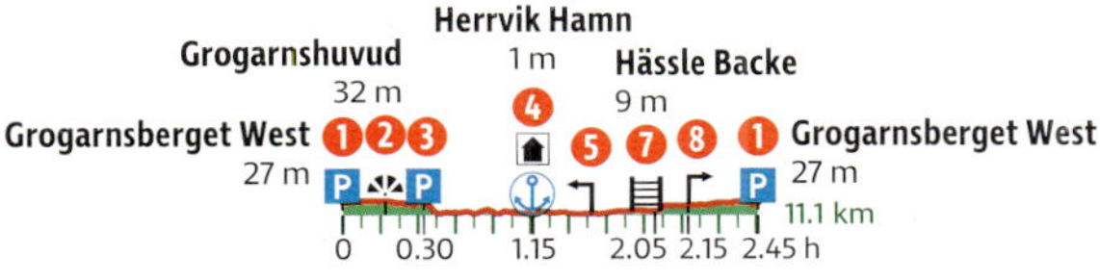

↗ 120 m | ↘ 120 m | 15.5 km

31 Russvätar, Torsburg und Herrgårdsklint

4.00 h

In sagenhaftem Gelände unterwegs

Für die Torsburg muss man so manchen Superlativ bemühen: Mit ca. 100 Hektar Fläche ist sie eine der größten Fliehburgen des Nordens und besitzt mit einem 2 Kilometer langem Wall, der bis zu 7 Meter hoch und 20 Meter breit ist, Nordeuropas mächtigste Verteidigungsanlage aus prähistorischer Zeit. Sie wurde bereits in der römischen Eisenzeit erbaut, war während der Völkerwanderungszeit »in Betrieb« und wurde sogar noch im Mittelalter genutzt. Auch in der Gutasaga ist die Torsburg prominent vertreten, denn auf ihr verschanzte sich – der Erzählung nach – vorübergehend jenes Drittel der Bevölkerung, das aufgrund eines Losentscheids das damals übervölkerte Land verlassen sollte. Heute steht man staunend vor den riesigen Wällen im Süden der Anlage, während man von Osten und Norden eine exzellente Aussicht über das waldreiche Umfeld genießt. Dann steht ein Abstecher zum Herrgårdsklint an, das eine Wallanlage wesentlich bescheideneren Umfangs beherbergt. Sowohl auf dem Hin- als auch auf dem Rückweg passiert man das Naturreservat Russvätar. Als »vät« (Ez.) bzw. »vätar« (Mz.) werden flache Senken bezeichnet, die im Winter und Frühling mit Wasser gefülllt sind und im Sommer vollständig austrocknen. Auf diese extremen Bedingungen hat sich eine ganz besondere Pflanzenwelt spezialisiert, darunter auch eine Art, die nur auf Gotland vorkommt, nämlich die Gotlands-Küchenschelle (die allerdings schon im Vorfrühling blüht).

Vom Aussichtspunkt »Slottet« öffnet sich der Blick auf Wald und Niedermoore.

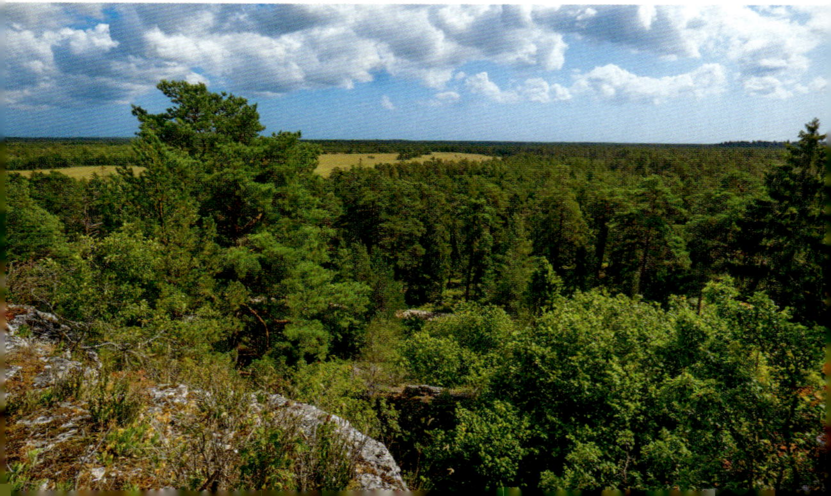

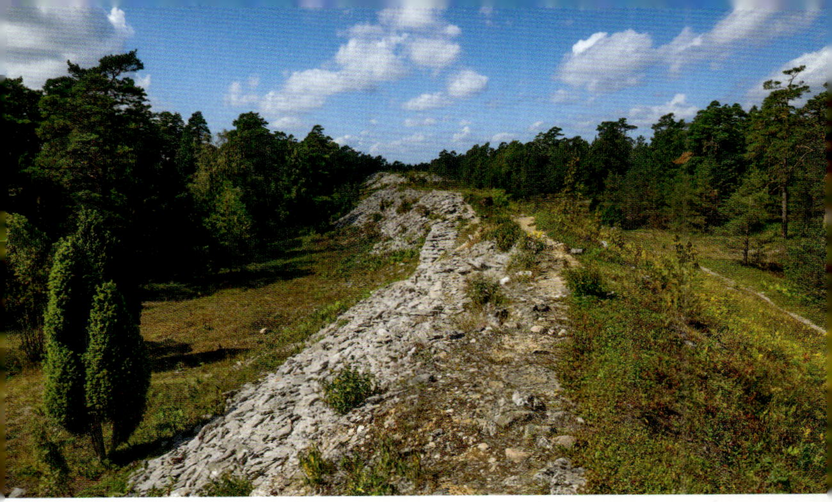

Der Wall der Torsburg ist Nordeuropas mächtigste prähistorische Verteidigungsanlage.

Ausgangspunkt: Parkplatz am Väg 556 mit Infotafel »Russvätar«. Dem Väg 556 an der Zufahrt nach Ardre vorbei ca. 1,3 km nach Osten folgen. Parkplatz linker Hand.
Anforderungen: Feldwege und Waldpfade, Letztere abschnittsweise wurzelig und über Felsuntergrund, vielfach steinig. An der Torsburg verläuft der Pfad mitunter dicht an der Kliffkante. Ein steiler An- und Abstieg beim Abstecher zum Herrgårdsklint (kann ausgelassen werden). Im Frühling und nach längeren Regenfällen ist der Bereich Russvätar überstaut, der südliche Tourenteil ist dann ggf. nicht durchführbar.
Einkehr: Keine.
Varianten: 1) Nur nordwestlicher Tourteil (Torsburg): Ab Parkplatz Tjängvide Luke (Zufahrt von Norden über Hajdeby) und Einstieg bei Wegpunkt 4; ca. 5,5 km; für Kinder geeignet, aber aufgrund der Steilabstürze angemessene Beaufsichtigung erforderlich! 2) Nur südöstlicher Tourteil (Russvätar und Herrgårdsklint): Bei Wegpunkt 3 rechts Richtung Wegpunkt 5; ca. 11,5 km.
Karte: Sverigeserien Top 50 (Verlag Norstedts) Blad 12, Mellersta Gotland oder Blad 11, Södra Gotland.

Vom **Parkplatz am Väg 556** 1 nehmen wir den Waldweg nach Norden. Nach einer kurzen Strecke durch geschlossenen Wald erreichen wir eine halboffene Landschaft, **Russvätar.** Bei einer **Gabelung** 2, an der sich seitlich eine **Infotafel** befindet, rechts und dahinter auf dem Hauptweg in einem Bogen nach links. Abwechselnd über halboffene Landschaft und dichtere Gehölzbestände dringen wir nach Norden vor. Über einen kreuzenden Feldweg nach 1,5 km geht es geradeaus hinweg. Auf den nächsten Querweg biegen wir links und nach weiteren 100 m auf einen breiten Feldweg rechts ab. Diesem bleiben wir bis zur Torsburg treu, wobei bis dorthin ein leichter Anstieg zu verzeichnen ist.

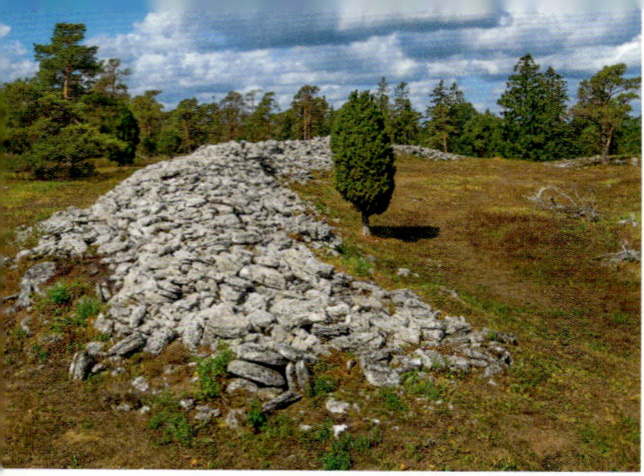

Wallanlage auf dem Herrgårdsklint.

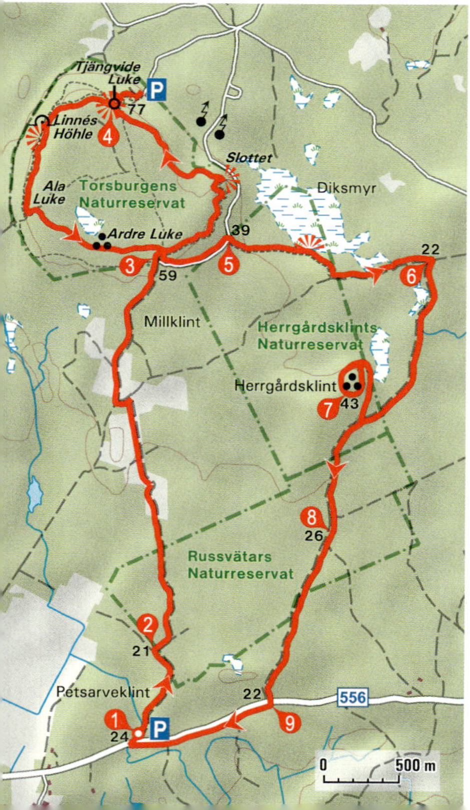

Die **Torsburg** betreten wir durch **Ardre Luke** ❸. Im Inneren der Wallanlage wählen wir beim dortigen Wegweiser die Richtung nach rechts zum »Slottet« (»Schloss«). Ein kleiner Pfad lotst uns zuerst in Richtung Nordosten, dann Norden, wobei sich rechts bald ein deutlicher Felsabsturz abzeichnet. Zum **Slottet**, einer Felsformation, geht es über felsiges und steiniges Gelände geringfügig bergauf. Vom dortigen **Aussichtspunkt** (mit Bänkchen!) rechts des Wegs blickt man über Diksmyr bis zum Grogarnsberget. Dahinter knickt der Weg nach Nordwesten ab und ist auf felsigem Gelände und dem Waldbrandareal von 1992 mit Tausenden übereinander gestürzten Stämmen etwas schwieriger zu verfolgen, wobei der Pfad aber freigeräumt ist. Der Felsabsturz rechter Hand ist nie weit entfernt. Bald kommt ein Aussichtsturm ins Blickfeld, auf den wir nun zuhalten. Hinter dem **Aussichtsturm** an der **Tjängvide Luke** ❹ schwingt der Pfad in einer ausgreifenden Kurve nach links, wobei wir Abzweigungen kleinerer Pfade nach rechts unbeachtet lassen. Wir erreichen den Abstieg zu **Linnés Grotta** (Wegweiser), die wir über eine Stahltreppe abwärts erkunden können. Wieder auf dem Plateau, setzen wir den Weg fort, auf dem wir zu Ala Luke gelangen. Am dortigen Wegweiser biegen wir in Richtung »Ardre Luke« links ab und machen anschließend den Rechtsknick des Wegs mit.

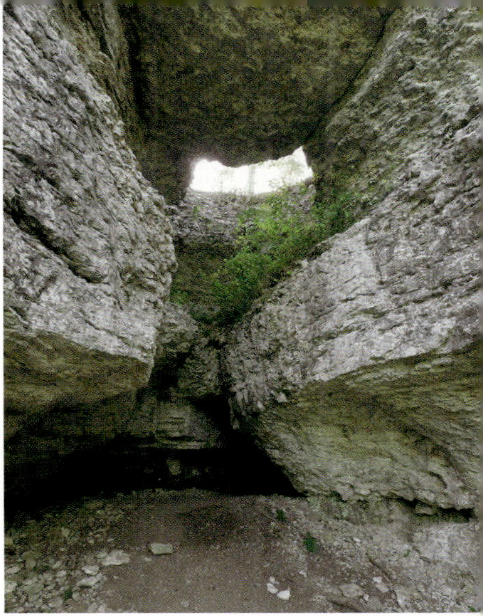

Linnés Höhle im nordwestlichen Torsburg-Areal.

Bei **Ardre Luke** ❸ schließen wir die Runde um die Torsburg, verlassen den Innenbereich und nehmen dahinter den breiten Feldweg nach links (Osten). Bei der nächsten Gelegenheit auf eine **Fahrspur** ❺ rechts. Der Weg passiert das Niedermoor **Diksmyr**, nimmt eine schmale Traktorspur von rechts auf und mündet mit einer T-Kreuzung auf einen breiten Feldweg, wo ein **Holzschild »Herrgårdsklint«** ❻ nach rechts weist. Wir folgen dem Weg nach Süden, wo er nach 1,2 km einen scharfen Bogen nach Norden schlägt. Bald erreichen wir einen kleinen Parkplatz, von dem aus links ein Steig das **Herrgårdsklint** mit kräftigem Anstieg erklimmt. Auf dem Plateau wandern wir geradeaus, biegen sowohl vor dem Wall der **prähistorischen Hügelfestung** ❼ als auch vor der östlichen Kante links ab. Wir steigen auf dem steilen Herkunftsweg wieder ab zum Parkplatz und wenden uns auf bekanntem Weg rechts. In der scharfen Linkskurve verlassen wir ihn geradeaus und schlagen auf einer schmalen Fahrspur den Weg nach Süden ein. Zunächst geht es durch einen dichten Waldbestand.

Wieder in offenerem Gelände, lassen wir sowohl eine scharf links abzweigende als auch kurz danach an einer **Gabelung** ❽ die halb links abzweigende Fahrspur unbeachtet und marschieren nach Südsüdwesten. Der Feldweg passiert ein Feuchtgebiet (rechts) und mündet 1 km dahinter auf die Straße, **Väg 556** ❾, auf der wir rechts zurück zum Ausgangspunkt am **Parkplatz** ❶ marschieren.

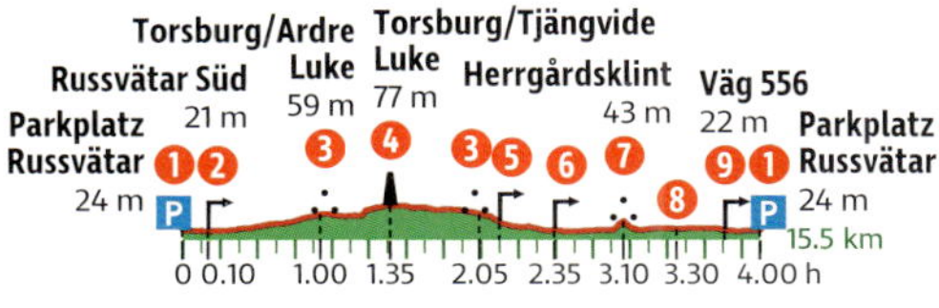

TOP

32 Danbo

↗ 40 m | ↘ 40 m | 6.2 km

1.30 h

Zivilisationsflucht zwischen Sandstrand und Fischerhütten

Zwar ist Danbo kein Geheimtipp mehr, aber seine Lage ganz im Osten der Insel bringt es mit sich, dass es im Großen und Ganzen ruhiger zugeht als an den belebten Stränden der Westküste. Dabei ist die anmutig geschwungene Bucht mit dem schönen Sandstrand nur eine der Attraktionen. Besonders sehenswert sind die beiden Fischersiedlungen (schw.: fiskeläge) Grynge und Sjaustru, die den östlichsten und westlichsten Punkt des Spaziergangs markieren. Es lohnt sich auch ein kurzer Blick in die kleine Hütte, Strandboden, an der Küste. Dort ausgestellte Fotos berichten davon, dass dieser Küstenstrich bereits im frühen 20. Jh. Romantiker zu begeistern wusste und zum sommerlichen Rückzugsort für adelige Teilzeit-Aussteiger wurde, die hier im Sommer ein bodenständiges Lagerleben führten. Im Landesinneren schlängelt sich der schmale Pfad durch reizvollen Kiefern- und Fichtenwald, wobei Vegetationskenner feststellen werden, dass im Nordosten der Rundtour Sand-Kiefernwälder, im Südwesten hingegen Kalk-Kiefernwälder vorkommen.

Ausgangspunkt: Parkplatz Grynge. 2 km westlich von Sandviken vom Väg 559 nach Grynge abbiegen und dem Sträßchen 2 km bis zu einem großen Parkplatz rechter Hand folgen.
Anforderungen: Wanderung auf schmalen Waldpfaden und Trampelpfaden entlang der Küste. Im Wald wurzelig, an der Küste abschnittsweise auf Kalkschotter (Tendenz zu »rot«). Einige Trittleitern.
Einkehr: Keine.
Kombinationsmöglichkeit: Kann durch Verbindungswege parallel zur Küste bzw. am Strand entlang mit Tour 33 kombiniert werden. Gesamt dann ca. 23 km.
Karte: Sverigeserien – Topo50 (Norstedts) Blad 12 »Mellersta Gotland«.

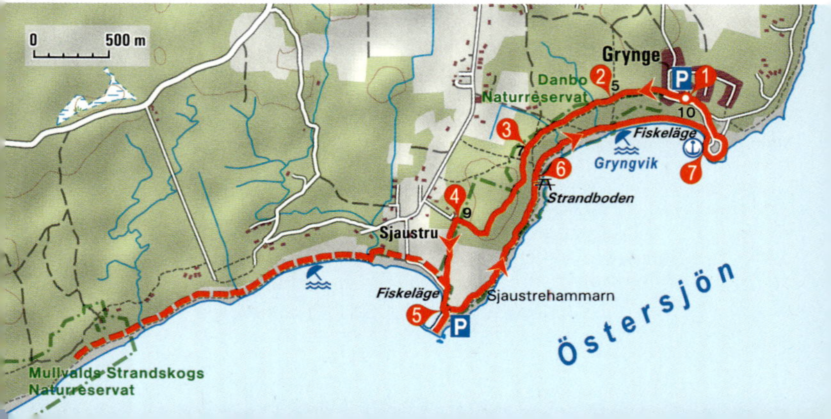

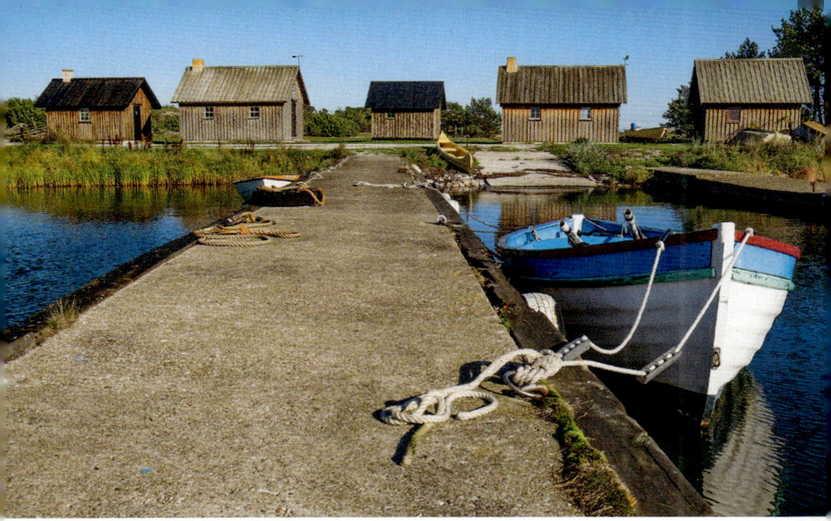

Die Fischerhütten von Sjaustru liegen am westlichsten Punkt der Wanderung.

Am straßenfernen Rand des **Parkplatzes** ❶ erkennen wir einen Wegweiser »Grynge-Sjaustruleden«, der uns in den Wald lotst. Die Fahrspur geht nach 200 m geradeaus in einen schmalen Waldpfad über, der zunächst noch mit blau-weißen Rauten markiert ist. Bei einer **Kreuzung** ❷ von Waldpfaden zweigt die blau-weiße Markierung links ab, während wir geradeaus weitermarschieren. Kleine querende Pfade lassen wir unbeachtet. Bald queren wir zwei dicht aufeinanderfolgende Fahrspuren geradeaus; unser Pfad setzt sich hinter der zweiten Fahrspur – etwas rechts versetzt – geradeaus fort. Nach knapp 300 m stoßen wir auf einen breiten kreuzenden **Waldpfad** ❸. Auch ihn überqueren wir geradeaus, wobei wir auf der anderen Seite durch einen hohen Adlerfarnbestand hindurch müssen. Mit geringem Höhengewinn kommen wir – kurzzeitig im Offenland – zu einem kleinen Raukfeld mit gutem Ausblick auf die Bucht. Anschließend taucht der Pfad erneut in den Wald ein. Er mündet nach einiger Wegstrecke auf eine **Fahrspur** ❹, auf die wir links abbiegen. Sie verschmälert sich bald zu einem Fußpfad, auf dem wir hinter einem kleinen **Parkplatz** ❺ die Fischerhütten von **Sjaustru** erreichen.

Wir erkunden sie, bevor wir zum **Parkplatz** ❺ zurückkehren, wo rechts neben der Infotafel ein kleiner Pfad abzweigt. Wir überqueren die Halbinsel und kurven dann mit dem Pfad entlang der

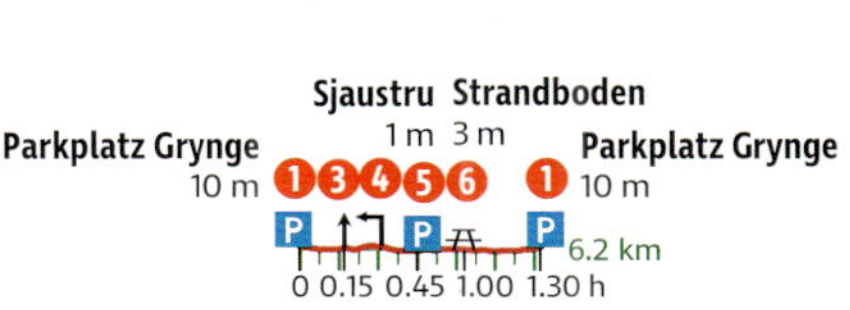

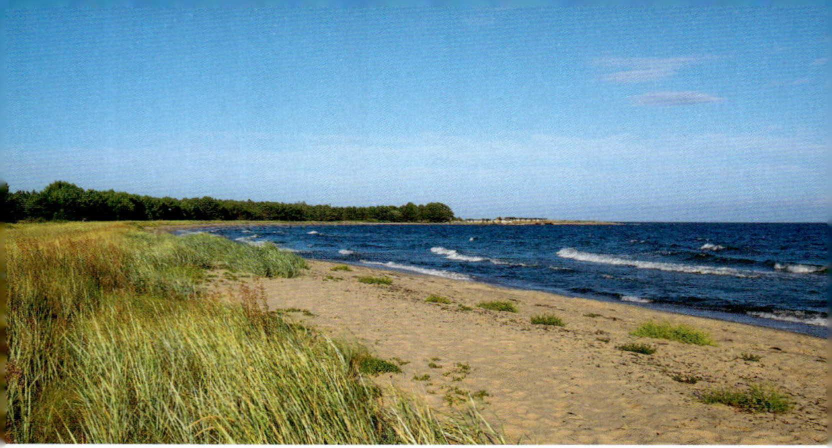

Danbo besteht aus einer halbmondförmigen Bucht mit tollem Sandstrand.

Küste nach links, wobei es hier über Kalkschotter geht. Gelegentlich zeigen sich blau-weiße Rauten als Wegmarkierungen, die uns mitunter dicht ans Ufer lotsen. Im weiteren Verlauf folgt der Pfad der Küste im Abstand von 30–50 m. Mitunter verzweigt sich der Weg, jedoch führen die Wegvarianten immer wieder zusammen. Bald sehen wir eine kleine Hütte, **Strandboden 6**, vor uns, die als Rasthütte ausgebaut ist und Fotografien des früheren Strand- und Lagerlebens enthält.

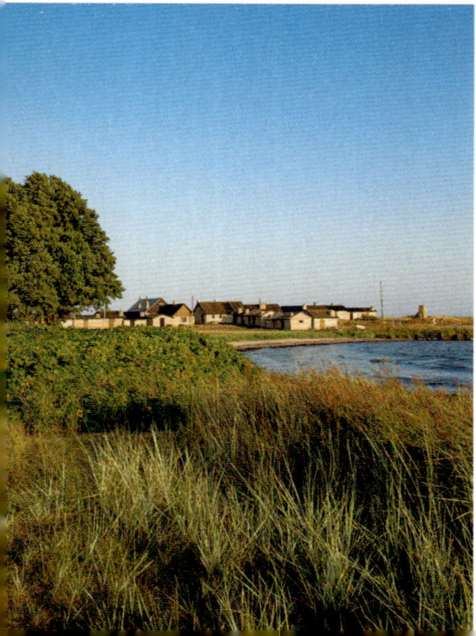

Wenige Meter hinter der Hütte biegt der Hauptweg landeinwärts ab, während wir halb rechts weiter der Küstenlinie und der blau-weißen Raute folgen. Hinter einem kleinen Steg biegt der mit der blau-weißen Raute markierte Weg links ab, während wir geradeaus am Strand entlang weiterwandern. Wir erreichen einen breiten Fahrweg und dahinter die Fischersiedlung **Grynge 7** mit ihren schnuckeligen Hüttchen, umrunden sie gegen den Uhrzeigersinn und folgen dann dem breiten Fahrweg zurück zum **Parkplatz 1**.

Die Fischerhütten von Grynge.

↗ 50 m | ↘ 50 m | 11.0 km

2.30 h Mullvalds Strandskog, Kungens Sal, Folhammar 33

Sandstrand und Raukfelsen in unterschiedlichen Erscheinungsformen

Diese Tour bietet alles, was man von einer flachen Küste im Osten Gotlands erwarten kann, nämlich Küstenwälder, einen schmalen Dünengürtel, Sand- und Kiesstrände, Raukfelder – sogar in ganz unterschiedlichen Erscheinungsformen – und hübsche Fischerhütten. Dieser Küstenabschnitt ist demzufolge auch eines der beliebtesten Ausflugsziele im Nordosten der Insel. Auf dem Weg nach Osten durchquert man Mullvalds Strandskog, ein Naturschutzgebiet mit altem Kiefern- und Fichtenwald, bevor am östlichsten Punkt der Wanderung der »Königssaal« (schw.: kungens sal), ein moosbewachsenes Raukfeld im Wald, auf seine Entdeckung wartet. Die nächste Etappe führt direkt am Strand entlang und hat Folhammars Raukfeld zum Ziel, wobei vor allem dessen südlicher Teil eine große Vielfalt an bizarren Felsformationen aufweist. Nicht verpassen: Zwischen dem nördlichen und dem südlichen Teil von Folhammars Raukfeld befindet sich ein hübsches, aus Steinen gelegtes Labyrinth, das man nicht übersehen sollte!

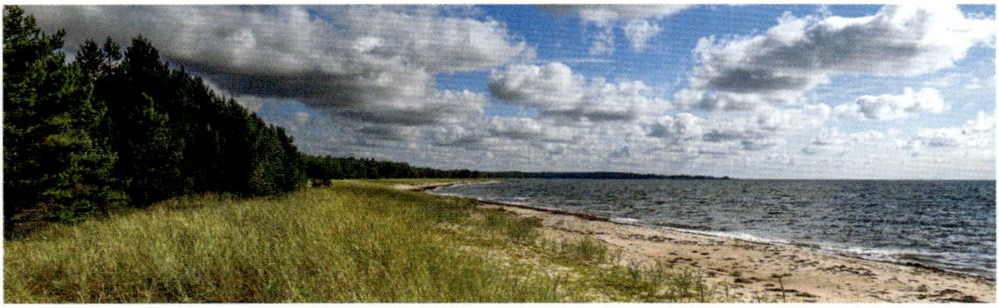

Mullvalds Strand lädt zum Barfußlaufen ein.

Ausgangspunkt: Parkplatz am Golfplatz von Ljugarn. Vom Väg 143 auf den Väg 556 in Richtung Gammelgarn und nach 500 m nach rechts auf eine unbefestigte Straße in Richtung »Ljugarns GK« abbiegen. 2 km geradeaus fahren und an einer Weggabelung den großen Parkplatz links der Straße ansteuern.

Anforderungen: Einfache Wanderung auf Feldwegen und Waldpfaden, am Strand auf lockerem Sand und Kies, im Bereich der Raukfelder kurzzeitig auf Fels und Kalkschotter (Tendenz zu »rot«).

Einkehr: Keine.

Varianten: 1) Nur östlicher Tourteil mit Folhammar und Vitvärs Fiskeläge; ca. 7,5 km. 2) Nur westlicher Tourteil mit Mullvalds Strandskog und Kungens Sal; ca. 4,5 km (Parken 500 m östl. von Wegpunkt 6).

Kombinationsmöglichkeit: Kann durch Verbindungswege parallel zur Küste bzw. am Strand entlang mit Tour 32 kombiniert werden. Gesamt dann ca. 23 km.

Karte: Sverigeserien – Topo50 (Norstedts) Blad 12 »Mellersta Gotland« oder Blad 11 »Södra Gotland«.

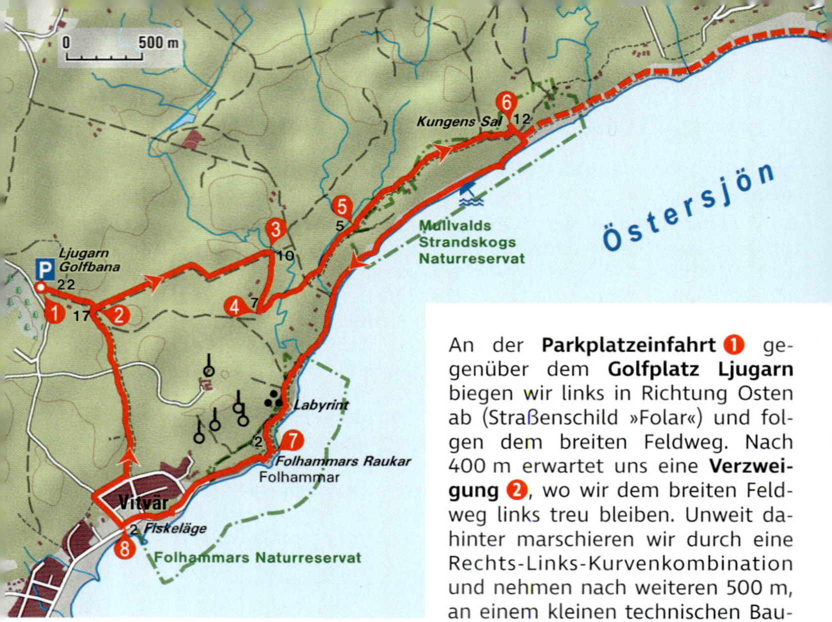

An der **Parkplatzeinfahrt ❶** gegenüber dem **Golfplatz Ljugarn** biegen wir links in Richtung Osten ab (Straßenschild »Folar«) und folgen dem breiten Feldweg. Nach 400 m erwartet uns eine **Verzweigung ❷**, wo wir dem breiten Feldweg links treu bleiben. Unweit dahinter marschieren wir durch eine Rechts-Links-Kurvenkombination und nehmen nach weiteren 500 m, an einem kleinen technischen Bauwerk, einen schmalen **Feldweg ❸** rechts. Wir passieren zwei Hausgrundstücke, wenden uns dahinter halb links und erreichen eine **T-Kreuzung ❹**, wo wir uns für den linken Weg entscheiden, der mit einem Linksbogen zum schmalen Trampelpfad mutiert. Wir überqueren einen Steg und halten uns dahinter geradeaus. Auch über die Kreuzung mit einem breiten Fahrweg geht es geradeaus hinweg. Dahinter folgen wir dem Weg mit anfänglicher leichter Linkstendenz, wobei wir das **Naturreservat Mullvalds Strandskog** betreten. Nach ca. 500 m aufpassen: In einer leichten Rechtskurve zweigt halb links ein schmaler, aber gut erkennbarer **Trampelpfad ❺** ab. Nach ca. 500 m, hinter einem Ferienhaus, verbreitert er sich zum Fahrweg und passiert einen Waldparkplatz. Einen breiten Feldweg nach links ignorieren wir und setzen unseren Weg auf der Fahrspur geradeaus fort. Nach 300 m führt – bei einem kleinen Holzschild »Kungens Sal« – ein breiter (!) Pfad nach links zu den

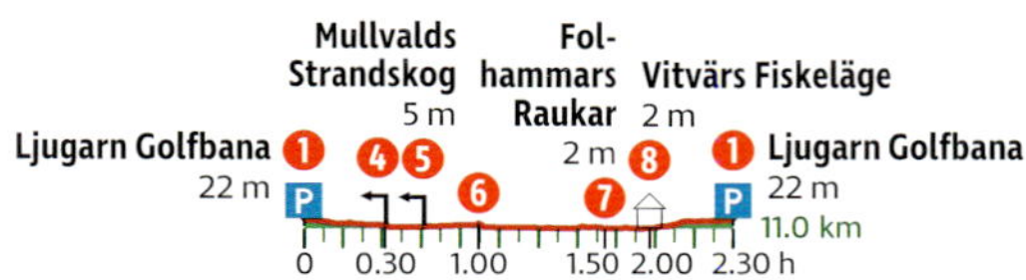

mit Moosen und Farnen bewachsenen Raukfelsen **Kungens Sal** ❻, des »Königssaals«. Wieder zurück von diesem Abstecher, überqueren wir die Fahrspur geradeaus in Richtung Meer und biegen am **Strand** rechts ab. Auf ihm spazieren wir nach Südwesten, zunächst über Sand, danach über Kies. Etwa 100 m vor den ersten Felsen weichen wir landeinwärts aus und finden dort einen küstenparallel verlaufenden Pfad. Auf ihm gehen wir nach links. Schon nach 200 m wählen wir einen Trampelpfad nach links, auf dem wir nach wenigen Schritten das nördliche Raukareal erreichen. Wir spazieren zwischen den Felsen hindurch und dürfen dabei aber nicht ein ausgesprochen hübsches **Labyrinth** übersehen. Dahinter halten wir uns weiterhin küstennah links, wo uns der südliche Teil von **Folhammars Raukfeld** ❼ mit spektakuläreren Felsformationen erwartet. Dahinter marschieren wir auf einem angelegten Weg, der auf ein Sträßchen mündet, an der Küste entlang. Auf ihm – oder auf parallel führenden Pfaden links davon – kommen wir zu **Vitvärs Fiskeläge** ❽, wo zwischen Hütten ein Fahrweg rechts abzweigt. Anschließend nehmen wir den zweiten Weg nach rechts (Lingonvägen). Gegenüber dem Smultronvägen biegen wir links auf eine schmale Fahrspur ab. Bei einer Verzweigung nach 500 m marschieren wir geradeaus, überqueren bald darauf ein Sträßchen geradeaus und gelangen unweit dahinter an die vom Hinweg bekannte **Verzweigung** ❷. Geradeaus geht es zurück zum **Parkplatz** ❶.

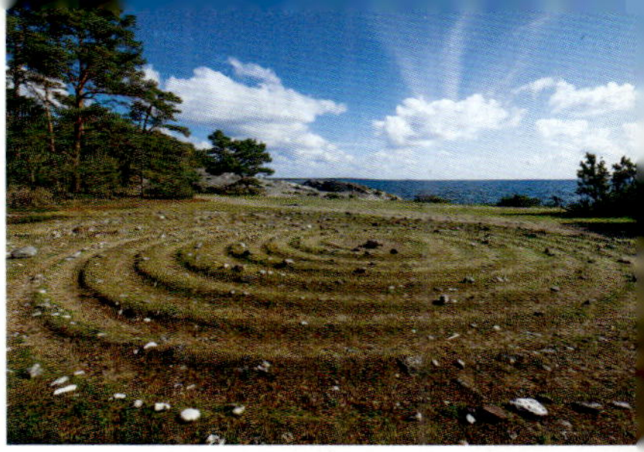

Das Labyrinth von Folhammar.

Folhammars Raukfeld fordert eine ausgiebige Erkundung heraus.

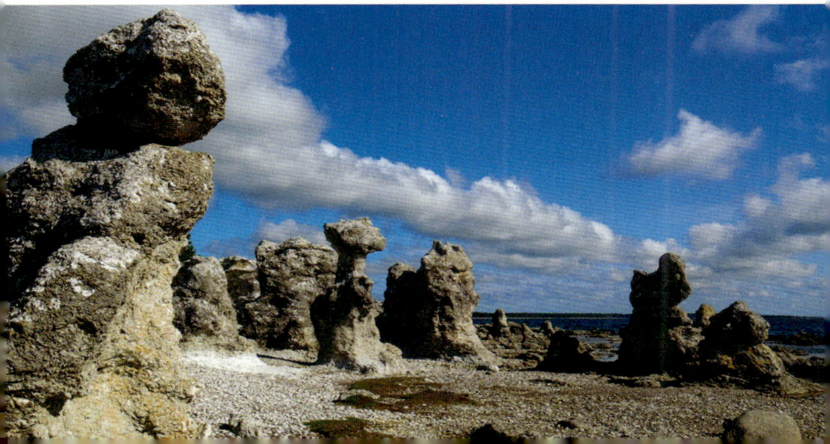

↗ 50 m | ↘ 50 m | 7.3 km

34 Lausvik und Lausbackar

1.45 h

Flache Küste und kleiner Geländerücken in idealer Kombination

Die Bucht Lausvik und der kleine Geländerücken Lausbackar bieten die idealen Rahmenbedingungen für einen attraktiven Spaziergang abseits der üblichen Ausflugsziele. Parallel zur Flachküste spaziert man auf kleinen Feld- und Graswegen entlang. An mehreren Stellen ergibt sich zudem die Möglichkeit, direkt ans Meer zu gelangen, zum Beispiel an der Badestelle von Lau und den Fischerhütten von Tuten. Im Hinterland reichen 20 Meter Höhenunterschied, damit Lausbackar, der kleine Höhenrücken, zu einem veritablen Aussichtsbalkon avanciert. Mit der Bockwindmühle im Norden des Höhenrückens, einer Wacholderheide im Mittelteil und schließlich durch Wald im Süden trägt er einen nicht unwesentlichen Teil zum Abwechslungsreichtum dieses Spaziergangs bei.

Ausgangspunkt: Parkplatz am Badeplatz von Lau. In Lau vom Väg 536 nach Norden in Richtung Ljugarn fahren. Nach 2,5 km an der Abzweigung nach När vorbeifahren und 250 m dahinter rechts auf einen breiten Feldweg abbiegen. Geradeaus (Abzweigung nach links ignorieren) zur Küste fahren und dem Hauptweg in einer Linkskurve folgen. Parkplatz nach 300 m rechter Hand.
Anforderungen: Einfache Wanderung auf Feldwegen und Pfaden, kurzzeitig auf der Straße.

Einkehr: Keine.
Tipps: Nicht verpassen: 1) Ca. 3 km nördlich: prähistorisches Gräberfeld von Gålrum, direkt am Väg 548 (kleiner Parkplatz) mit Schiffssetzungen unterschiedlicher Größe, Steinkreisen, Bildstein und Großhügelgrab. 2) Kirche von Lau, eine der größten gotländischen Landkirchen mit außergewöhnlicher Innenraumaufteilung und Ausstattung. Nördlich der Kirche zudem Kastell-Ruinen aus dem 11. Jh.
Karte: Sverigeserien – Topo50 (Norstedts) Blad 11 »Södra Gotland«.

In Sichtweite der Küste führt der Feldweg zwischen Wiesen und Äckern entlang.

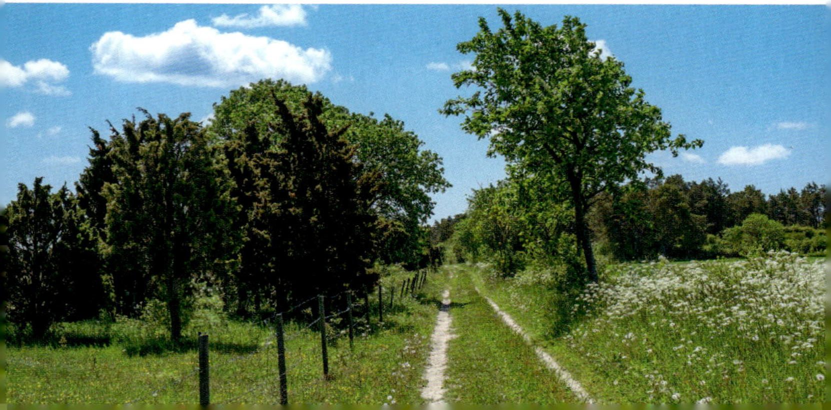

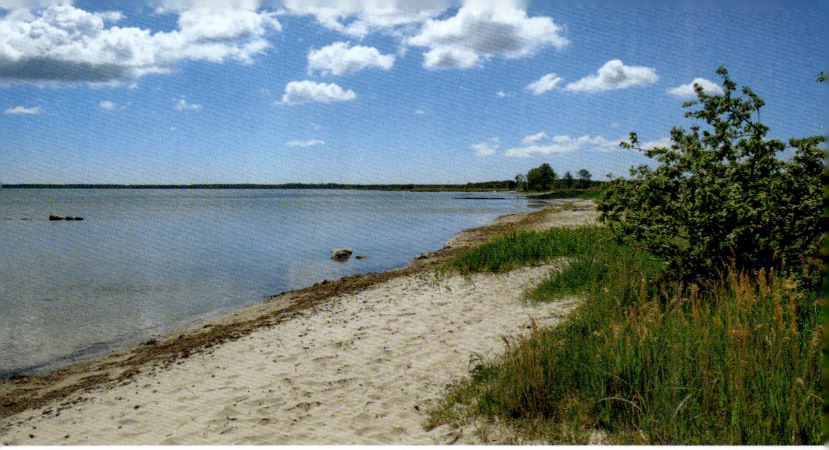

Der Strand an Laus Badeplatz geht ganz flach ins Wasser über.

Vom **Parkplatz an Laus Badplats ❶** können wir einen Abstecher zum kleinen Sandstrand machen. Wieder zurück, folgen wir dem Feldweg nach Norden. Bei einem Knick des Wegs bemerken wir an einer **Verzweigung ❷** eine orange Raute und merken uns diese Stelle für später. Zunächst spazieren wir jedoch geradeaus weiter bis zur Fiskeläge **Tuten ❸**. Hier kehren wir um, wandern zurück zur **Verzweigung ❷** am Wegknick und entscheiden uns nun rechts für einen Fußpfad, der regelmäßig mit orangefarbenen Rauten markiert ist. Bei einer **T-Kreuzung ❹** entschwindet die Markierung nach rechts, während unsere Route links abzweigt. Vorbei an einem Bauernhof gelangen wir an eine T-Kreuzung, biegen dort rechts und auf der Straße links ab. Bei der nächsten Straßenkreuzung wählen wir die Straße nach När (links) und finden nach 200 m rechts der Straße ein kleines **Törchen ❺**.

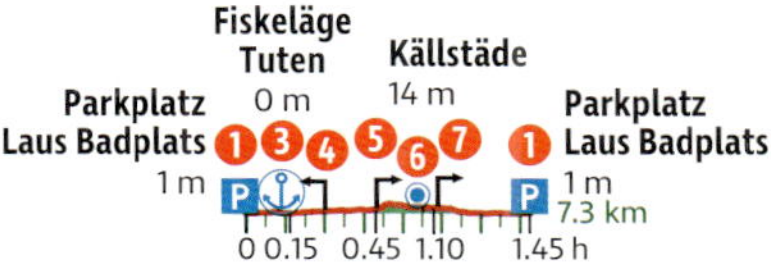

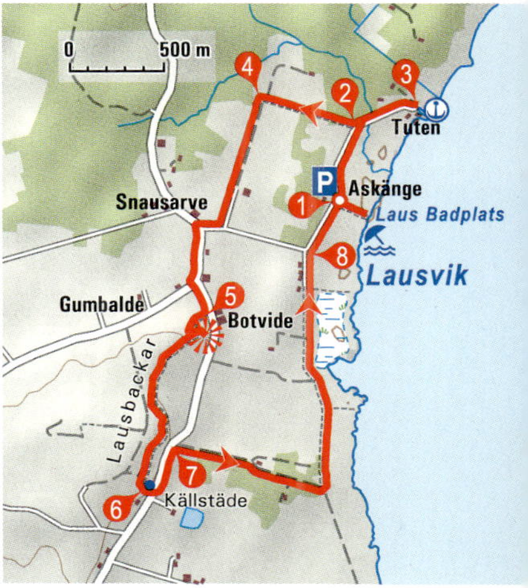

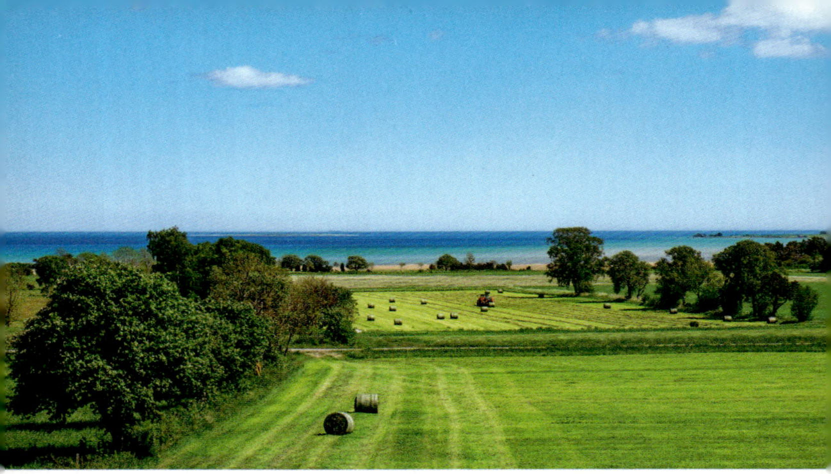

Von erhöhtem Standort aus öffnet sich der Blick auf eine ländliche Idylle.

Wir durchqueren es und erklimmen den Hang, wobei wir die **Windmühle** anzielen; dort links. Von der vorspringenden **Felsnase** links von uns haben wir einen tollen Ausblick. Von hier setzen wir unseren Weg nun an der **Lausbackar-Hangkante** entlang fort, wobei wir durch ein Törchen eine Wacholderheide betreten. Wir bleiben der Hangkante treu und verlassen das Offenland durch ein weiteres Törchen, hinter dem uns ein Mischwald erwartet. Querende Pfade ignorieren wir. Erst auf einer kleinen Lichtung nutzen wir links die Treppe abwärts und erreichen die **Quelle Källstäde** 6. Auf der Straße halten wir uns links und biegen beim **Schild »Skyttebana«** 7 rechts auf einen Feldweg ab. Bei einer Gabelung nehmen wir die rechte Möglichkeit und wählen nach einigen Hundert Metern bei der T-Kreuzung den Feldweg nach links. Hinter einigen Hütten rechter Hand geht er in eine überwachsene Fahrspur über, die aber gut zu begehen ist. Diese mutiert auf Höhe einiger Ferienhäuser zurück zum Feldweg, auf dem wir geradeaus an eine **T-Kreuzung** 8 gelangen. Dort folgen wir halb rechts dem breiten Feldweg zurück zu unserem Ausgangspunkt, dem **Parkplatz Laus Badplats** 1.

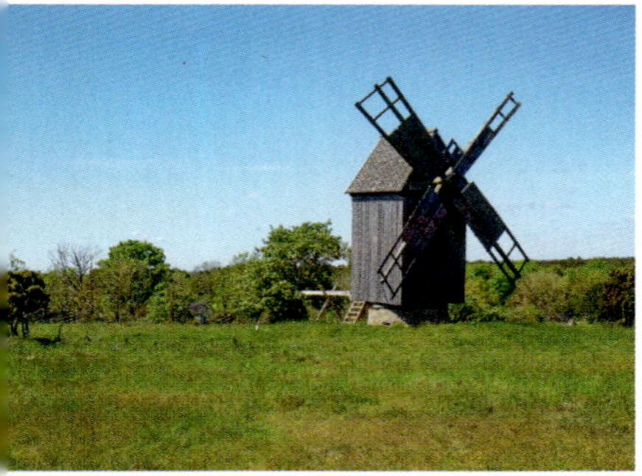

Traditionelle Bockwindmühle.

Zum bekanntesten Leuchtturm Gotlands

Närsholmen ist eine breite Halbinsel, die sich nach Osten in das Meer hinausschiebt. Bereits von Weitem sichtbar ist der rot-weiß gestreifte Leuchtturm, der den (fast) südlichsten Punkt der Wanderung markiert. Daneben ist sie auch für ihre artenreichen Magerrasen bekannt. Im zeitigen Frühjahr sind sie voller Wiesen-Küchenschellen, zwischen Mitte Mai und Ende Juni kommen Tausende von lila, rosa und weiß blühenden Orchideen zur Entfaltung, darunter auch Brand-Orchis und Holunder-Knabenkraut. Und auch nach deren Verblühen zeigen sich die Magerrasen noch bis Ende Juli in überwältigender Blütenpracht. Auf der Ost- und Nordseite existieren außerdem überregional bedeutsame Vogelschutzgebiete für Wat- und Wasservögel, die zwar nicht betreten werden dürfen, denen man aber so nahe kommt, dass sich die dortigen Aktivitäten – insbesondere mit einem Fernglas – problemlos beobachten lassen.

Ausgangspunkt: Parkplätze für Pkw finden sich direkt vor dem Tor/Viehgitter, das die Grenze zum Naturschutzgebiet bildet. Für die Anfahrt auf Väg 537 den Straßenschildern in Richtung Närshamn folgen, bei einer T-Kreuzung an der Küste dann links in Richtung Närsholmen fahren und, bei einer Verzweigung rechts haltend, ca. 1 km bis zum Tor/Viehgitter fahren und rechts oder links parken. Wohnmobile finden gute Parkmöglichkeiten am Badeplatz (Badplats) von Närsvik. Sie biegen an der Küste ebenfalls links ab und finden den Parkplatz nach 600 m rechts des Wegs. Tour dann 1,5 km länger.
Anforderungen: Einfache Wanderungen, überwiegend auf Feldwegen, daneben auf Graswegen. Bereiche, in denen temporäre Betretungsverbote existieren, werden nicht durchquert.
Einkehr: Keine.
Hinweis: Auf die Mitnahme von Hunden sollte verzichtet werden, da der gesamte Küstenbereich in hohem Maß für den Vogelschutz, insbesondere für Bodenbrüter und Watvögel, relevant ist.
Karte: Sverigeserien – Topo50 (Norstedts) Blad 11 »Södra Gotland«.

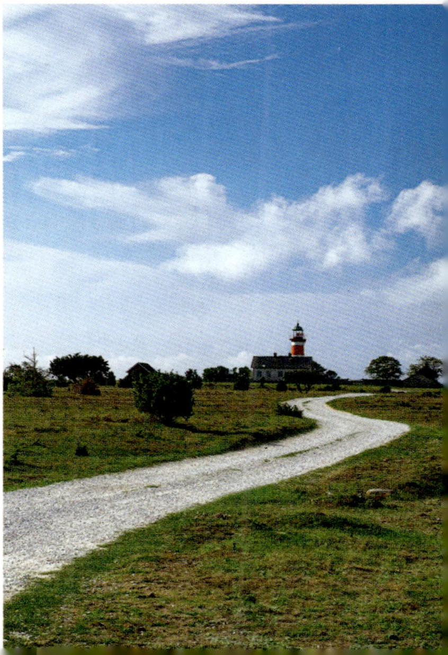

Der Leuchtturm auf Närsholmen.

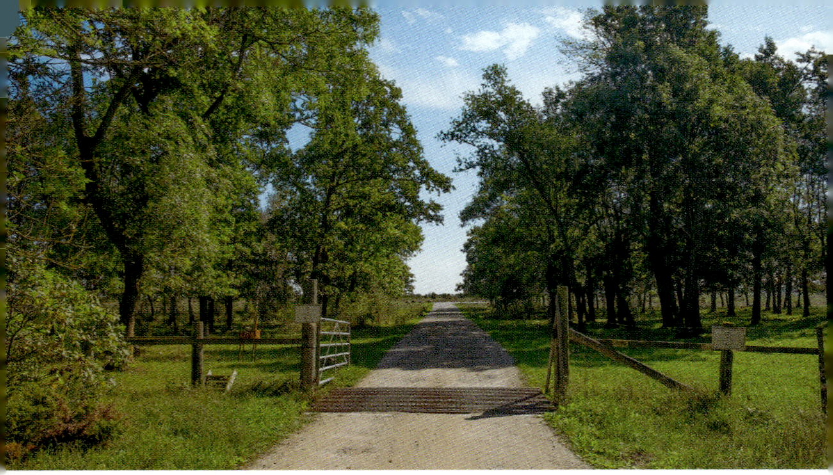

Zugang zur Halbinsel Närsholmen.

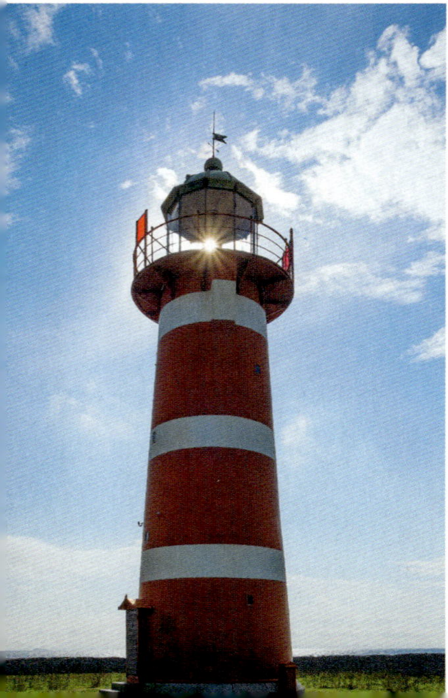

Vom **Parkplatz** ① aus betreten wir hinter einem Viehgitter das **Naturreservat Närsholmen**. Wir bleiben dem Fahrweg treu, lassen einen Grasweg und an der nächsten **Gabelung** ② einen Feldweg nach links unbeachtet und halten auf den rechten Rand eines kleinen Wäldchens zu. Wenige Meter hinter dem Wäldchen und hinter der Abzweigung eines weiteren Feldwegs nach links (den wir nicht beachten) finden wir eine schmale **Traktorspur** ③ halb rechts. Auf ihr laufen wir parallel zum Ufer um die südliche Spitze der Halbinsel **Närsholmen** herum und können an einer **Verzweigung** ④, wo wir wieder auf einen breiten Fahrweg treffen, links einen Abstecher in Richtung Leuchtturm **När Fyr** machen, dessen Grundstück wir außerhalb der Mauer umrunden.

När Fyr aus der Nähe.

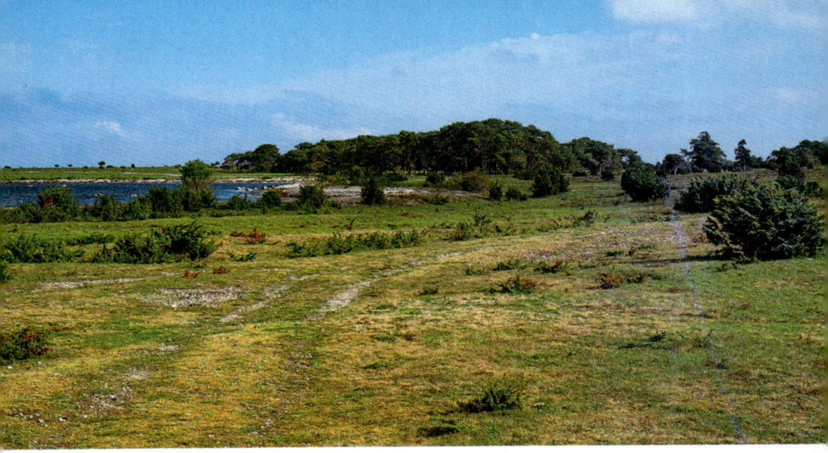

Die Vegetation der Halbinsel besteht überwiegend aus Wacholderheiden.

Anschließend geht es auf dem Feldweg mit etwas Abstand an der Ostküste entlang nach Norden. Vor einem Wäldchen finden wir eine nach rechts führende **Traktorspur** ❺; 50 m vor dem Ufer knickt sie links ab und führt als schmaler Fußpfad meerseits des Wäldchens entlang (bitte unmittelbar am Waldrand halten, denn der Strand ist mit einem Betretungsverbot belegt).

An einer **Gabelung** ❻ biegen wir auf einen querenden Feldweg rechts ab. 50 m hinter (!) der **Wendeschleife** an seinem Ende entdecken wir eine scharf links abzweigende **Traktorspur** ❼, die zunächst recht undeutlich ist, sich bald aber besser abzeichnet. Auf ihr gelangen wir auf den schon vom Herweg bekannten Feldweg und folgen ihm nach rechts. Bald erreichen wir wieder Tor und Viehgitter und damit den **Parkplatz** ❶.

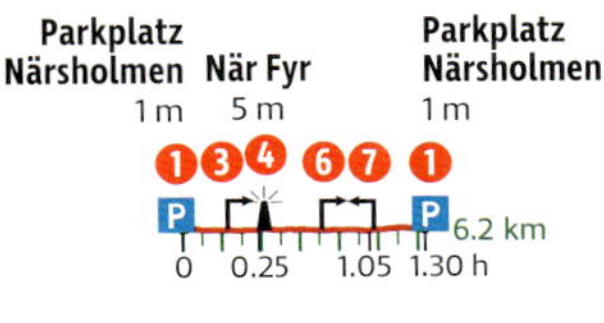

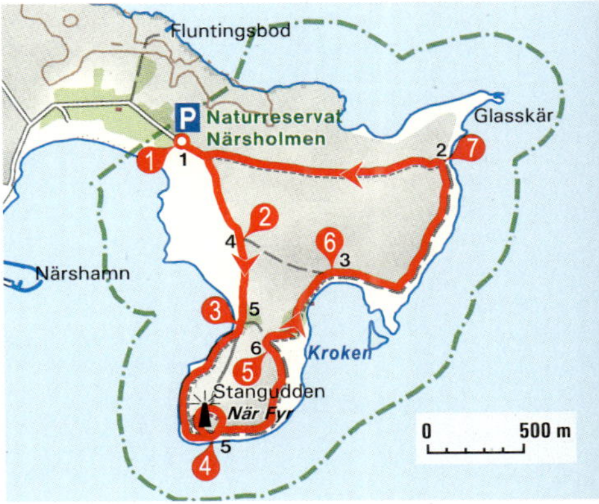

↗ 40m | ↘ 40 m | 11.9 km

3.00 h

36 Ålarve und Uggarde Rojr

Entlang einer flachen Meeresküste zur Ebene der Großhügelgräber

Die Großhügelgräber auf der Ebene südlich des Hofs Uggårde sind auf jeden Fall einen Fußmarsch wert, umso mehr als eines davon, Uggårde Rojr, mit einem Superlativ aufwartet. Es ist nämlich mit 48 Metern Durchmesser und 7 Metern Höhe Gotlands höchstes intaktes Hügelgrab. Insgesamt fünf dieser Großgräber liegen unmittelbar am Weg, weitere befinden sich in Sichtweite. Auch an anderen prähistorischen Relikten, beispielsweise einem Opferstein, kommt man vorbei, wenn man dem kleinen Lehrpfad folgt (Infotafeln auch auf Deutsch). Hin- und Rückweg führen über die flachen Küstenpartien westlich von Ronehamn mit ihren kleinen und größeren Buchten und weit ins Meer hinausreichenden Halbinseln. Sie sind ein Paradies für Wat- und Wasservögel und bieten besonders während der Zugzeit Abertausenden Vögeln einen Rastplatz. Aber nicht nur die flachen Ufer, sondern auch den Luftraum sollte man im Auge behalten, denn da erweisen sich Seeadler als gar nicht so seltene »Überflieger«.

Ausgangspunkt: Kfz: Parkplatz am südlichen Ortsrand von Ronehamn. Auf der Hauptstraße durch Ronehamn fahren, in einer Linkskurve beim »Naturreservat«-Schild rechts abbiegen und am Ende der öffentlichen Straße parken.
Anforderungen: Wanderung auf Feldwegen und Fahrspuren, jedoch auch auf schmalen Pfaden und entlang der Küste häufig ohne Wegspur, was Orientierungsvermögen und etwas Pfadfindergeist erfordert. Ein Zaun muss überstiegen, zwei Gräben übersprungen werden. Im Frühling und nach längeren Regenfällen ist die Küste flächig überstaut und die Tour nicht durchführbar.
Einkehr: Keine.
Varianten: 1) Von Ronehamn ❶ zur Halbinsel Ålarve und zurück; ca. 2,8 km, »blau«/leicht, Variante auch für Kinder geeignet) 2) Nur westliche Runde: Ab/bis Hof Uggårde ❹, ohne Ålarve; ca. 8 km, »rot«/mittel). 3) Spaziergang vom Hof Uggårde ❹ zu den Hügelgräbern und weiter bis zur Küste; auf demselben Weg zurück; ca. 5 km, »blau«/leicht, Variante auch für Kinder geeignet.
Hinweise: 1) Auf die Mitnahme von Hunden sollte verzichtet werden, da der gesamte Küstenbereich in hohem Maß für den Vogelschutz und insbesondere für Bodenbrüter und Watvögel relevant ist. 2) Im Frühjahr können die Wege aufgrund der noch vorhandenen Winternässe überflutet und nicht begehbar sein.
Karte: Sverigeserien – Topo50 (Norstedts) Blad 11 »Södra Gotland«.

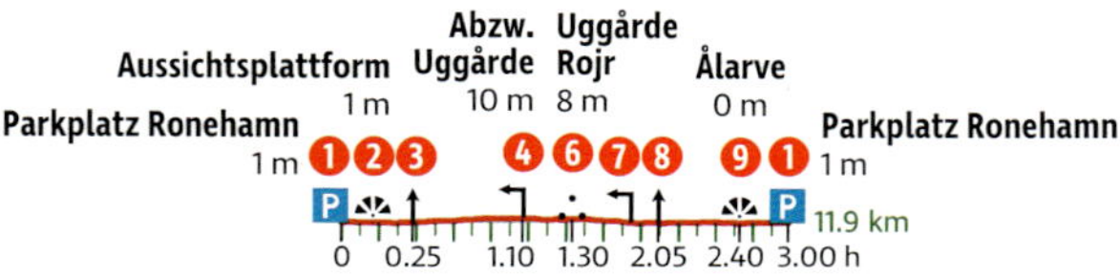

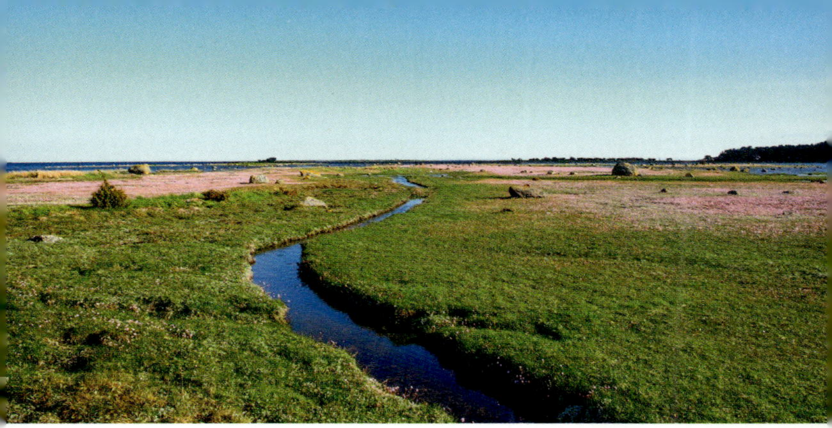

Im Frühjahr überzieht die Blüte der Strandnelke die Salzwiesen mit einem rosa Schleier.

Vom **Parkplatz** ❶ am Ortsrand von **Ronehamn** aus führt ein angelegter Weg in einem weiten Linksbogen um die Bucht herum. Hinter einem lückigen Baumbestand treffen wir auf eine kleine **Aussichtsplattform** ❷ und verlassen dort den Pfad, indem wir auf undeutlicher Wegspur halb rechts abbiegen. Mit dem Waldrand rechter Hand geht es nach Westen. Wir durchqueren einen schmalen Gehölzgürtel und überqueren dahinter ein nasses Areal geradeaus (bei sehr nassen Verhältnissen nach rechts ausweichen). Dahinter gehen wir entlang des Waldrands nach links und erreichen einen Zaun. Dort entdecken wir hinter einer vorspringenden Waldnase eine Trittleiter, die wir übersteigen. Das anschließende Pfädchen bringt uns an den Hütten von **Raudstajn** vorbei zu einem Feldweg. Eine **Abzweigung** ❸ nach links beachten wir nicht, sondern wandern auf der Fahrspur landeinwärts, d. h. nach Nordwesten.

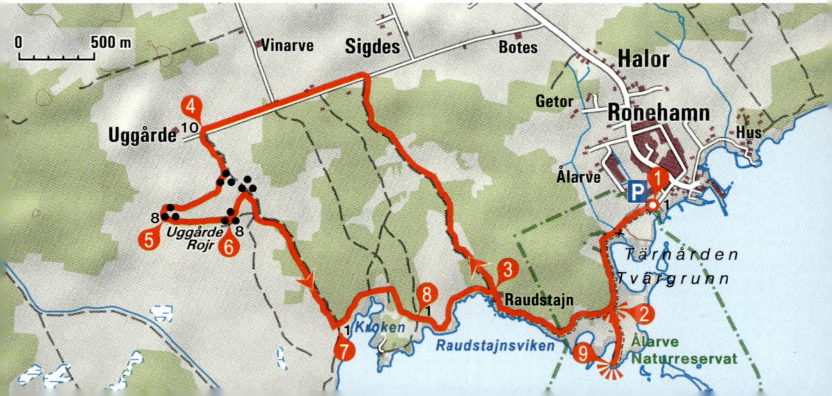

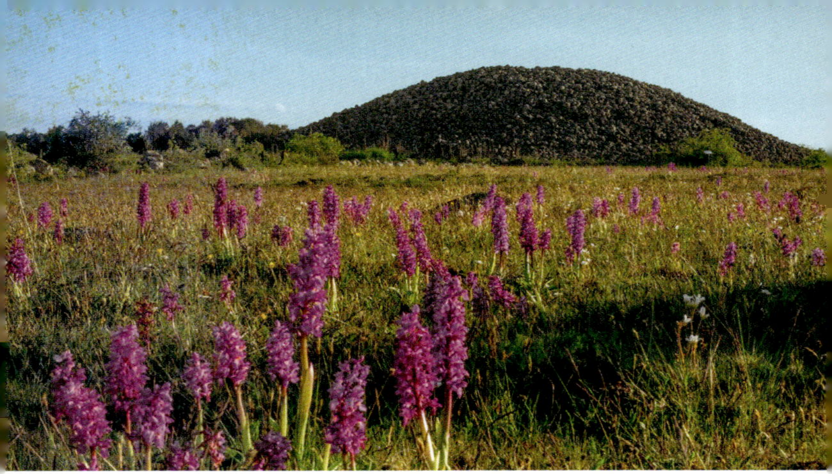

Uggårde Rojr ist das höchste intakte Rundhügelgrab Gotlands.

Nach knapp 2 km – zunächst durch Wald, dann über Weideland – kommen wir zu einer unbefestigten Fahrstraße und gehen links. Ein weiterer Kilometer bringt uns zum Hof **Uggårde** ④, vor dem wir links abbiegen (Wegweiser »Uggarde Rojr«). Hinter einer Trittleiter erwartet uns ein baumgesäumter Weg, der uns hinter einer weiteren Trittleiter auf eine Weidefläche entlässt. Sofort dahinter halten wir uns halb rechts und stehen nach wenigen Metern vor dem ersten der Groß-Hügelgräber. Dahinter folgen wir den weiß markierten Pfosten, die uns nach 50 m nach rechts lotsen. Das Pfädchen bringt uns zum westlichen **Hügelgrab** ⑤, das wir gegen den Uhrzeigersinn umrunden und nun im spitzen Winkel nach Osten marschieren. Ein weiteres Groß-Hügelgrab und ein Opferstein liegen am Weg, bevor wir dann vor dem größten aller intakten gotländischen Groß-Hügelgräber, **Uggårde Rojr** ⑥, stehen. Dort knickt der Weg etwas nach links ab und wir nehmen das östlichste der Hügelgräber am gegenüberliegenden Waldrand ins Visier. Genau davor orientieren wir uns auf einer Fahrspur rechts.
Zunächst geht es noch durch Weideland, dann durch dichten, niedrigen Wald. Wo er sich öffnet und das Meer in Sicht kommt, biegen wir – ohne Wegspur – am **Waldrand** ⑦ links ab und wandern – parallel zum Ufer – dicht am Waldsaum entlang nach Nordosten. Einen Graben überqueren wir mit einem großen Schritt und auch der Zaun macht keine Probleme, wenn wir ihn ganz links, dicht am Waldrand, übersteigen (dort ist eine Soll-Überstiegsstelle ohne Stacheldraht). Als Nächstes steuern wir eine verfallene Mauer an und gehen an ihr entlang nach rechts. Unmittelbar vor dem gegenüberliegenden Waldrand stoßen wir auf eine Traktorspur; auf ihr rechts. Nach 150 m, direkt hinter einem quer zum Weg verlaufenden Mäuerchen,

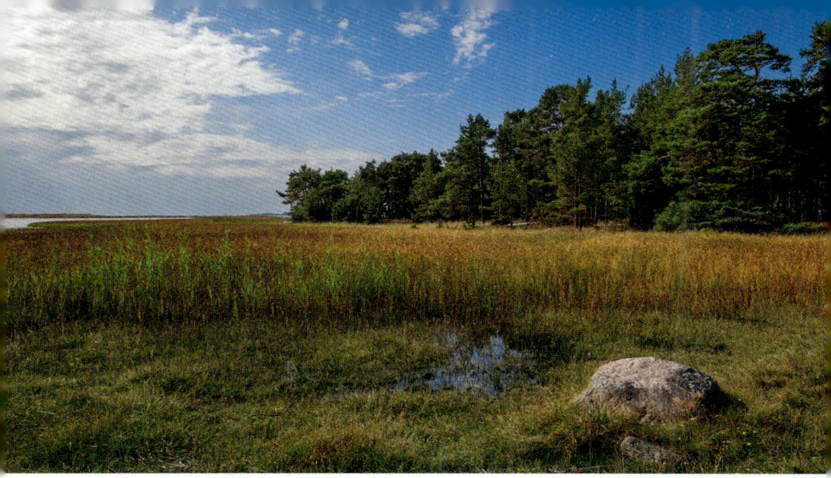

An der flachen Küste wechseln sich kleine Buchten und Halbinseln ab.

zweigt eine etwas undeutliche Fahrspur links ab. Die nehmen wir, folgen ihr dann jedoch nicht (!) mit einer Linkskurve in den Wald hinein, sondern setzen den Weg ohne Wegspur geradeaus fort (d. h. in Verlängerung der Mauer fast genau nach Osten). Nach 100 m queren wir einen **Feldweg** 8 geradeaus und befinden uns nun auf einer schmalen, grasüberwachsenen Fahrspur, die dicht am Ufer entlangführt. Nach 100 m treten wir durch einen Weidezaun und orientieren uns halb rechts, um die Halbinsel und die anschließende Bucht ufernah zu umrunden.

Hinter der Bucht treffen wir auf eine vom Herweg bekannte **Verzweigung** 3; dort rechts. Wir passieren **Raudstajn**, hinter dem wir das schon vom Herweg bekannte schmale Pfädchen finden. Hinter der Trittleiter folgen wir dem Waldrand halb links, lassen ihn nach ca. 100 m links liegen und überqueren eine nasse Senke. Durch einen Gehölzgürtel geht es geradeaus hindurch und dann am Waldrand entlang. Wo wir bei der **Aussichtsplattform** 2 auf einen breiteren Weg treffen, können wir rechts einen Abstecher zur **Halbinsel Ålarve** 9 machen. Von dort zurück, passieren wir die **Aussichtsplattform** 2 geradeaus und spazieren auf dem ausgebauten Weg in einem Rechtsbogen zurück zum Ausgangspunkt am **Parkplatz** 1.

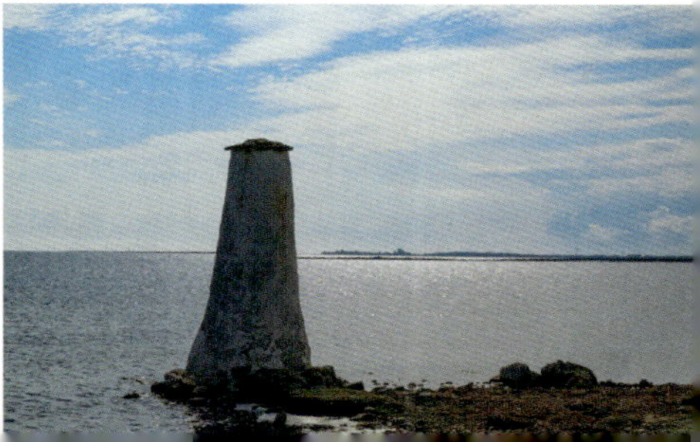

Altes Seezeichen.

↗ 40 m | ↘ 40 m | 9.2 km

37 Fide, Tubod und Burgsviken

2.15 h

In Gotlands Süden von Küste zu Küste

An jeder anderen Stelle Gotlands wäre eine Wanderung von Küste zu Küste eine mehrtägige Unternehmung, auf Höhe von Fide jedoch lässt sich diese Herausforderung in wenigen Stunden bewältigen. Zunächst geht es auf Feldwegen durch Wiesen und Weiden, bevor sich hinter einem Waldstück die östlichen Seewiesen auftun, in denen die Hütten von Tubod ein erstes Etappenziel darstellen. Der Weg von dort nach Westen führt über Ackerland und bietet mit Fides Prästänge, einer Laubwiese, ein artenreiches Intermezzo unter einem grünen Laubdach. Die Westküste, Burgsviken, ist mit ihren Lagunen und Feuchtgebieten ein Paradies für Wasser- und Watvögel, die sich von einem Aussichtsturm aus beobachten lassen.

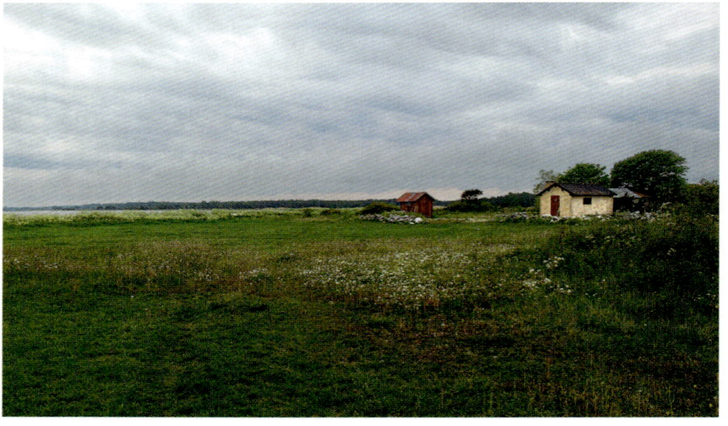

Die Fischerhütten von Tubod finden sich am östlichsten Punkt der Wanderung.

Ausgangspunkt: Kfz: Parkplatz an der Kirche von Fide. ÖPNV: Buslinien 10, 11 oder 12, Haltestelle »Fidekyrkväg«. Von der Haltestelle wenige Meter nach Norden laufen und dann bei Wegpunkt 9 die Tour starten.
Anforderungen: Einfache Wanderung auf Feldwegen, schmalen Pfaden und auf Straßen.
Einkehr: Keine.

Varianten: Ab und bis Fide Kyrka 1: 1) Nur östliche Runde, hierzu an der Kreuzung bei Rommunds links; ca. 5,5 km. 2) Nur westliche Runde, hierzu am Tourenbeginn nach dem ersten Linksbogen nicht den ersten Feldweg rechts, sondern geradeaus nach Rommunds und dort links; ca. 5,5 km.
Karte: Sverigeserien – Topo50 (Norstedts) Blad 11 »Södra Gotland«.

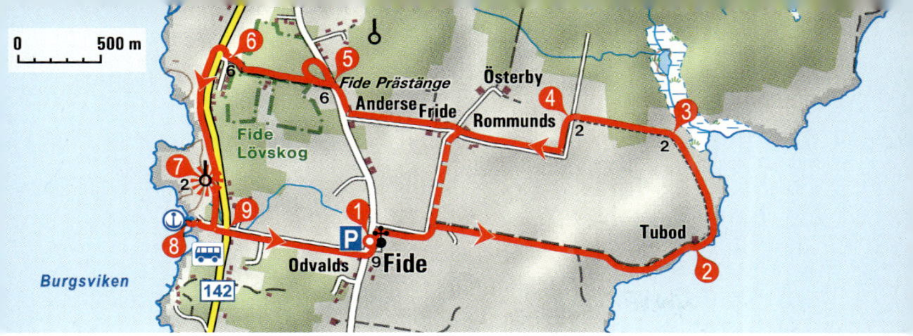

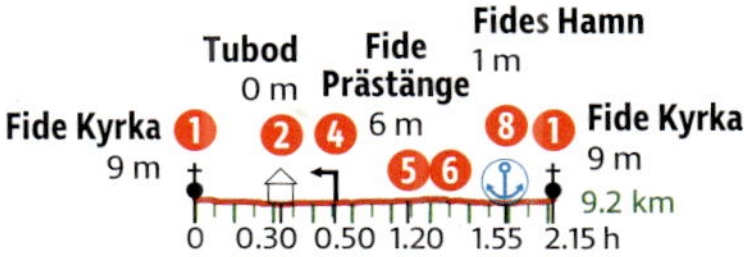

Vom Parkplatz an der **Fide Kyrka** ❶ wenden wir uns auf der Straße nach Norden und biegen nach 50 m rechts auf einen Feldweg ab. Nach einem Linksbogen wählen wir den ersten Feldweg rechts, der zunächst Feldflur, dann Wald durchquert. Hinter einem Tor geht es mit einer Linkskurve hinaus auf die artenreichen Seewiesen. Bei einer Weggabelung nehmen wir die linke Möglichkeit, wobei bald die Fischerhütten von **Tubod** ❷ in Sicht kommen. Wir laufen meerseits an ihnen vorbei und vertrauen uns einem schwach sichtbaren Trampelpfad an, der eine niedrige Mauer durchquert. Der schmale Pfad bringt uns quer über Weideland zu einem **Holztor** ❸ – es hat keine Angeln, sondern muss aus den Halterungen heraus- und wieder hineingehoben werden –, durch das wir die Weide verlassen und auf einer schmalen Fahrspur nach Westen wandern. Bei einer **T-Kreuzung** ❹ links und bei der nächsten Möglichkeit – dem Hauptweg folgend – rechts. Bei der Siedlung **Rommunds** überqueren wir eine Wegkreuzung geradeaus (hier nach Süden verläuft der Verbindungsweg der Varianten).

Auf einem unbefestigten Fahrweg erreichen wir die Straße und biegen rechts ab. Weitere 150 m bringen uns zu einem Feldweg linker Hand. Bevor wir ihn einschlagen, machen

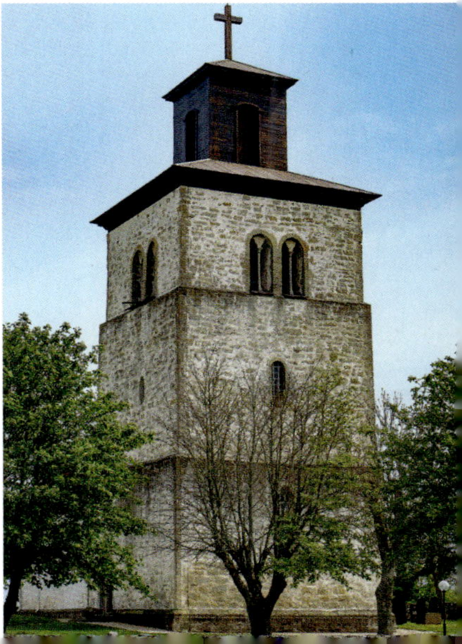

Die sehenswerte Kirche von Fide.

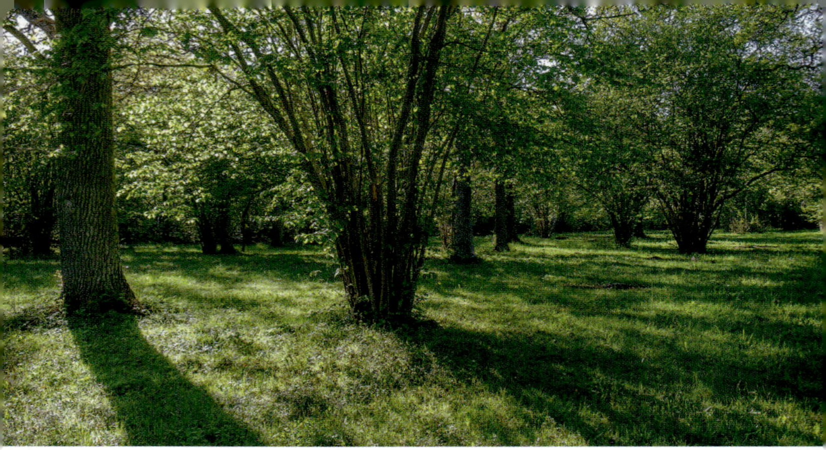

Fide Prästänge ist eine orchideenreiche Laubwiese.

wir jedoch einen Abstecher zu **Fide Prästänge**, dessen Infotafel wir vor uns sehen. Wir betreten die historische Laubwiese durch ein **Törchen** 5 und erkunden sie. Wir verlassen sie an der gleichen Stelle und nehmen nun den Feldweg in den Laubwald hinein. Wir passieren ein kleines Gehöft linker Hand und folgen 150 m dahinter dem Rechtsknick des Wegs, der bald auf einen breiten **Feldweg** 6 mündet. Dort rechts und auf der Hauptstraße links. Parallel zur Küste der Bucht **Burgsviken** wandern wir auf ihr ca. 500 m bis zu einem Parkplatz, an dessen Südrand wir eine Trittleiter übersteigen und auf einem Feldweg zu einem **Aussichtsturm** 7 (wenige Meter rechts von uns) gelangen.

Anschließend setzen wir den Weg auf dem Feldweg durch ein Tor fort und gehen bei einer Feldwegekreuzung rechts hinunter zu einem kleinen **Bootsanlandeplatz** 8 (Fides Prästänge) mit gutem Rundumblick. Auf demselben Weg geht es zurück und geradeaus an der Einmündung des Ankunftswegs vorbei. Die Hauptstraße überqueren wir geradeaus und laufen das **Sträßchen** 9 (»Fide K:a«) auf der gegenüberliegenden Seite hinein. Bei der T-Kreuzung nach 800 m orientieren wir uns links und haben den **Parkplatz** an der **Kirche von Fide** 1 nach wenigen Metern vor uns.

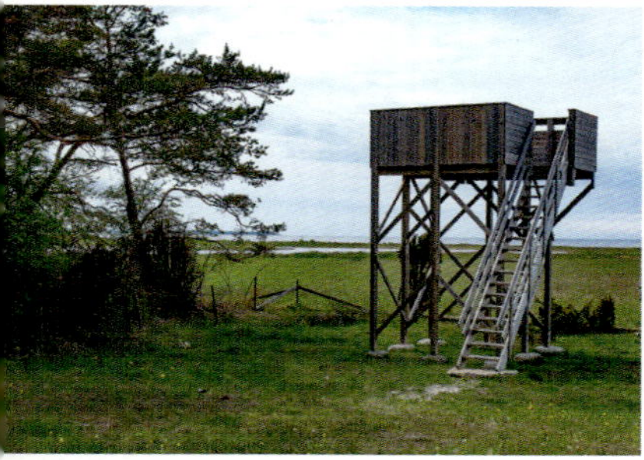

Vogelbeobachtungsturm bei Burgsviken.

↗ 30 m | ↘ 30 m | 9.0 km

2.10 h

Öja, Unghanseskär und Austerrum

Bunte Weideflächen, karge Felssteppen und ein reiches Vogelleben

Die Kirche von Öja, Ausgangspunkt der Tour, gilt als das Wahrzeichen von Storsudret, ist ein Kleinod der Gotik und weist ein sehenswertes »Innenleben« auf. Anschließend geht es hinaus zur flachen Ostküste mit ihrem Mosaik aus artenreichen Wiesen und Weiden sowie verbuschten Kalksteppen, das von einem Netz von Steinmauern überzogen wird. Was auf den ersten Blick recht einheitlich aussieht, erweist sich beim genaueren Hinsehen als Ergebnis recht unterschiedlicher Standortbedingungen: Von Felsuntergrund mit äußerst lückigem Bewuchs über verbuschte Bereiche und magere Wiesen mit reichem Orchideenvorkommen, die als extensive Weiden genutzt werden, bis hin zu dauerhaft wasserführenden Senken ist ein breites Spektrum vorhanden. Die Winternässe kann bis weit ins Frühjahr hinein dazu führen, dass große Bereiche flach überstaut sind. Das Gelände ist für viele bodenbrütende Vogelarten interessant; an der flachen Küste und in zeitweise überstauten Bereichen finden außerdem zahlreiche Watvögel ein gutes Auskommen.

Ausgangspunkt: Parkplatz an der Kirche von Öja.
Anforderungen: Wanderung auf Feldwegen, schmalen Pfaden und ohne Weg. Nur im ersten und dritten Tourdrittel sind gut erkennbare Wege vorhanden, das mittlere Drittel verläuft auf nur schwach sichtbaren Wegspuren oder ohne Weg über Weideland, in dem sich Kühe aufhalten. Orientierungsvermögen und Pfadfindergeist sind hier vonnöten.
Einkehr: Keine.
Hinweis: Aufgrund der lang anhaltenden Winternässe und der zahlreich vorkommenden Bodenbrüter Wanderung erst nach dem 15.07. durchführen und – auch wegen der weidenden Kühe – auf die Begleitung von Hunden verzichten.
Karte: Sverigeserien – Topo50 (Norstedts) Blad 11 »Södra Gotland«.

Unghanseskär heißt diese kleine Ansammlung von Fischerhütten.

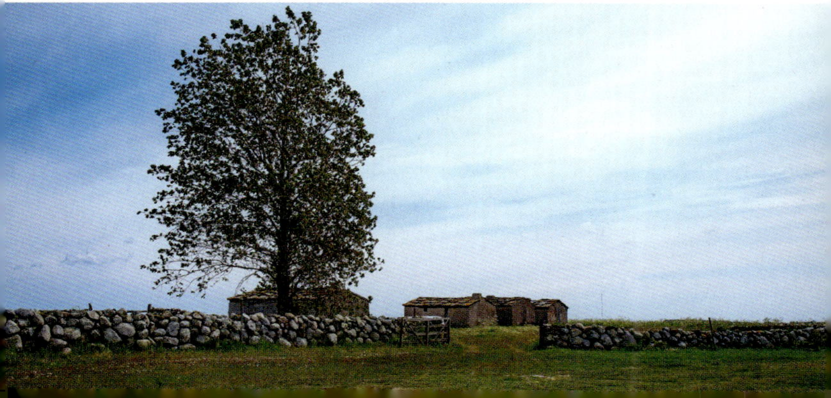

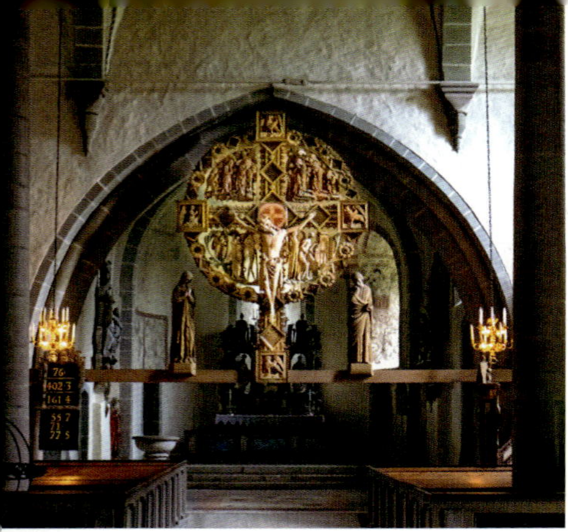

Triumphkreuz in der Kirche von Öja.

Vom **Parkplatz** an der **Öja Kyrka** ❶ folgen wir – an einer Kastalruine und einem Wohngebäude rechter Hand vorbei – der Hauptstraße 400 m nach Norden und nehmen dann vor dem Hof **Domerarve** ❷ einen **Feldweg** nach rechts. Auf geradem Weg geht es nun auf den nächsten 2,5 km nach Osten. Kurz vor der Küste knickt der Weg rechts in Richtung der Fischerhütten von **Unghanseskär** ❸ ab. Ihnen statten wir einen kurzen Besuch ab. Wieder zurück am Wegknick setzen wir unseren Weg auf einer schwach sichtbaren Traktorspur fort, die weitgehend uferparallel nach Norden führt. Wir treten durch ein Tor und bleiben weiter der Traktorspur treu, die durch Wiesengelände kurvt und nach rechts durch eine niedrige Mauer schwenkt, bevor sie hinter einer Linkskurve auf ein Tor trifft.

Wir biegen dahinter mit der Traktorspur rechts ab und bewegen uns parallel zur Mauer nach Norden, wobei sich die Spur allmählich verläuft. Am hinteren rechten Rand des Grundstücks finden wir einen primitiven **Überstieg** ❹, den wir nutzen. Anschließend behalten wir die Richtung weitere 250 m bei bis zur nächsten **Quermauer** ❺. Vor ihr schwenken wir nach links und wandern an ihr ohne Weg entlang über eine Weide landeinwärts. Nach knapp 800 m entdecken wir in einer quer verlaufenden Mauer ein **Holztor** ❻, hinter dem wir rechts abbiegen. Nach 100 m erreichen wir – auf Höhe eines weiteren Tors – eine Traktorspur, der wir nach links folgen, wobei wir das offene Weidegelände verlassen und uns nun durch

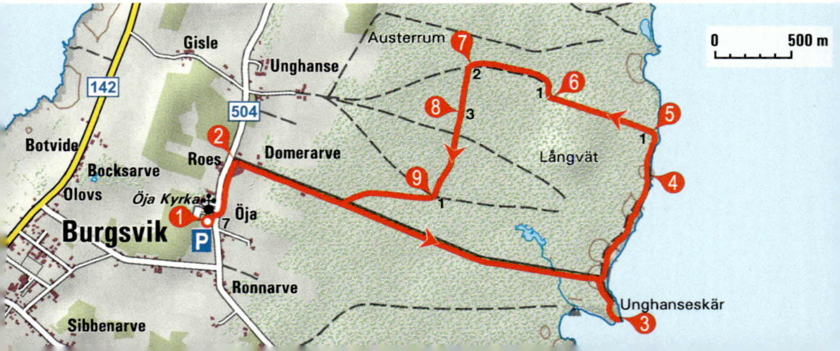

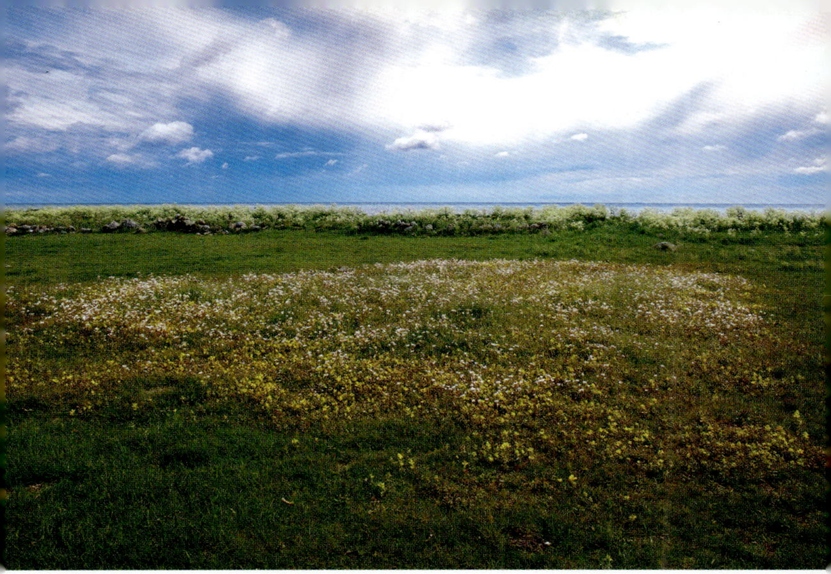

Im Austerrum findet sich ein Mosaik von unterschiedlichen Grünlandtypen.

halboffene Buschlandschaft und Felsheide bewegen. Nach 500 m durchquert der Weg eine **Mauer**. Jetzt heißt es aufpassen: Wenige Meter dahinter zweigt eine schwach sichtbare **Wegspur** ❼ links ab. Ihr vertrauen wir uns an und setzen unseren Weg mit geringem Abstand zur Mauer nach Süden fort. Bald erreichen wir ein weiteres **Tor** ❽, das etwas Bastelei beim Öffnen und Schließen erfordert.

Dahinter achten wir darauf, nicht mit den von Kühen geschaffenen Trampelpfaden nach links abzudriften, sondern vielmehr geradeaus die Südrichtung beizubehalten, auch wenn die Wegspur nur sehr schwach zu erkennen ist. Wir überqueren eine Traktorspur geradeaus und zielen ein niedriges **Kiefernwäldchen** vor uns an. An seinem **Nordrand** ❾ endet der Weg an einer Kreuzung von undeutlichen Pfaden. Wir wählen nicht den unscheinbaren Weg scharf rechts, sondern vertrauen uns dem (nicht weniger unscheinbaren) Grasweg halb rechts an und nutzen dabei den Kirchturm von Öja als willkommene Peilhilfe. Auf diese Weise gelangen wir zurück zum **Feldweg**, folgen ihm nach rechts bis zur Hauptstraße beim Hof **Domerarve** ❷ und biegen auf dieser links ab. Nach knapp 400 m erreichen wir wieder die **Kirche von Öja** ❶ und ihren **Parkplatz**.

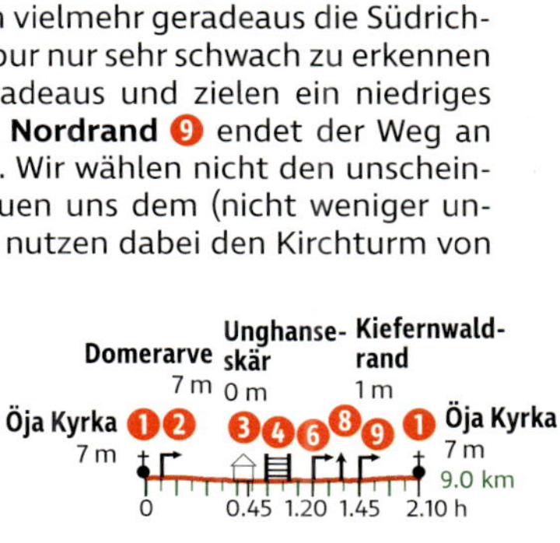

TOP

39

↗ 60 m | ↘ 60 m | 13.8 km

Austre Strand, Holmhällar und Vändburgsviken

3.15 h

Hoher Abwechslungsreichtum im Sachen Küste

Der äußerste Südosten Gotlands bietet einen hohen Abwechslungsreichtum, was Küstenformen angeht. Auf engem Raum findet man feinkörnigen Strand, schroffe Raukformationen, Strandwälle und Flachküste, verteilt auf kleine Halbinseln und hübsche Buchten. Austre Strand gehört zu den wenigen Sandstränden im Süden Gotlands, muss sich aber vor keinem seiner Vettern weiter im Norden verstecken. Gleiches gilt für die beiden Raukfelder Holmhällar und Hammarshage Hällar, für die man sich ausreichend Zeit fürs Erforschen nehmen sollte. Die Halbinsel Sallmundsudd im Nordosten der Tour steuert Flachufer bei und ist die Heimat arten- und blütenreicher Sandrasen und (!) Kalkmagerrasen, die sich dort mosaikartig ineinander verzahnen. Im Landesinneren durchquert man Kulturlandschaft, Kiefernwälder und Sandrasen, wobei kleinere und größere Höfe bunte Akzente setzen.

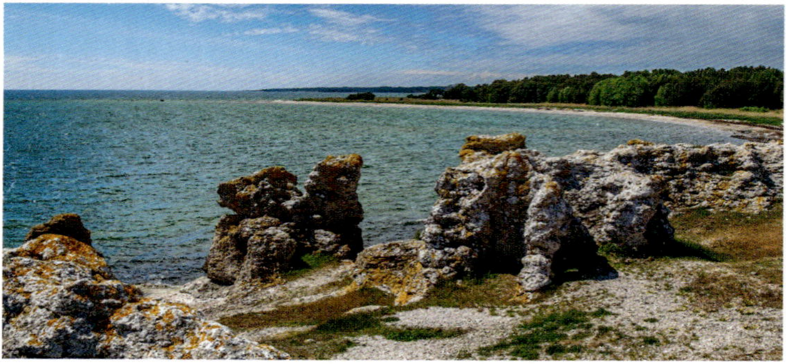

Das Raukfeld Holmhällar ist einer der Höhepunkte der Wanderung.

Ausgangspunkt: Kfz: Parkmöglichkeit an der Abzweigung des Feldwegs nach Långmyre. 2,5 km südlich von Hamra rechts auf Höhe des Feldwegs nach Långmyre auf dem Seitenstreifen parken (Achtung: Zufahrt zum Feld nicht blockieren). ÖPNV: Bus Nr. 11 bis Haltestelle »Holmhällar«. Von dort auf dem Feldweg an Holmhällars Pensionat vorbei zur Küste und Start bei Holmhällar ❼ (Bus fährt nur in der Hochaison).
Anforderungen: Einfache Wanderung auf Feldwegen, Fußpfaden und am Strand.
Einkehr: Holmhällars Pensionat (Abstecher; im Sommer tgl. 12–15.30 Uhr).
Variante: Die Tour lässt sich zwischen Wegpunkt ❾ und ❶ entlang dem Väg 504 etwas abkürzen; dann ca. 11,5 km lang.
Hinweis: Bei schönem Wetter und passenden Wassertemperaturen Badesachen nicht vergessen!
Karte: Sverigeserien – Topo50 (Norstedts) Blad 11 »Södra Gotland«.

Von der **Parkmöglichkeit** ❶ am **Väg 504** schlagen wir den Feldweg in Richtung **Långmyre** ein. Bei einer **T-Kreuzung** ❷ nach 1 km links. Auf diesem Feldweg geht es zunächst noch über die offene Feldflur, bevor er hinter einem letzten Häuschen in den Wald eintaucht. Abzweigungen nach links oder rechts lassen wir unbeachtet. Hinter einem **Tor** betreten wir eine **Waldweide**, die wir nach 300 m durch ein zweites **Tor** ❸ wieder verlassen, hinter dem sich der Weg halb rechts fortsetzt und zusehends undeutlicher wird. Wo er auf eine Lichtung mündet, orientieren wir uns im Bogen halb rechts. Bald mündet er mit einer **T-Kreuzung** ❹ auf einen querenden Feldweg, wo wir uns rechts halten. Auf der **Straße** ❺ beim **Hof Austre** links. Wo diese scharf links abknickt, wählen wir den Feldweg geradeaus. Und wo dieser eine Rechtskurve beschreibt, treten wir stattdessen geradeaus durch ein **Törchen** ❻ und folgen einem Fußpfad bis hinunter zur Küste.

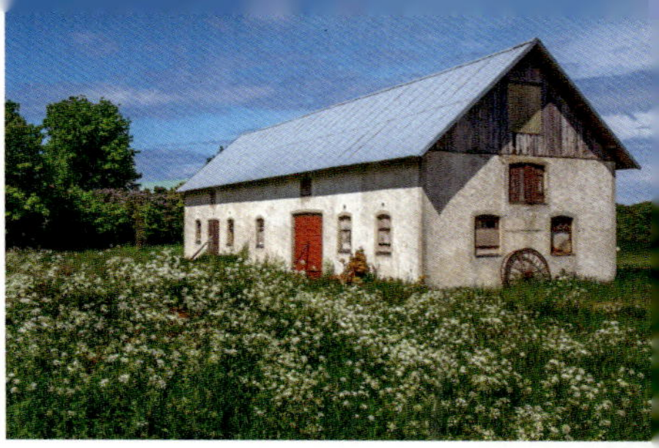

Scheune am Wegesrand.

Dort links abbiegend flanieren wir – idealerweise barfuß – am Strand entlang, passieren die Insel Helligholmen und erreichen in einer kleinen Bucht

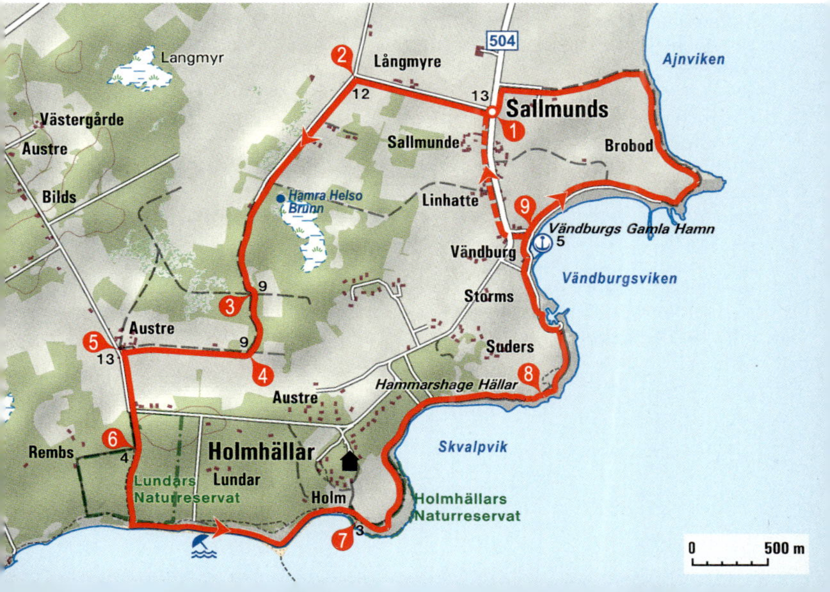

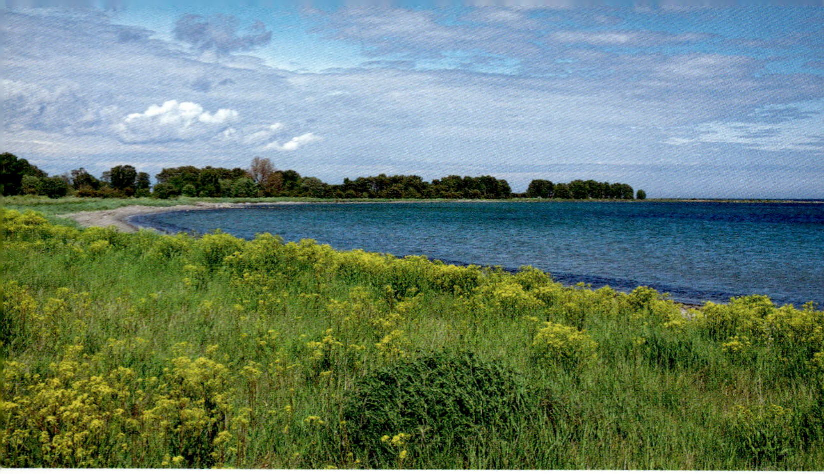

Die Bucht Vändburgviken wird im Juni von gelben Kreuzblütlern gesäumt.

die Hütten von **Holms Fiskeläge**. Hinter der letzten Hütte überwinden wir ein paar Höhenmeter und befinden uns am Beginn des Raukfeldes **Holmhällar ❼**, das wir nach Lust und Laune erkunden können. Anschließend orientieren wir uns wieder zum Feldweg hin, der uns um die nächste Bucht, **Skvalpviken**, geleitet (Abzweigungen nach links bleiben unbeachtet). An der nächsten Halbinsel erwartet uns ein weiteres Raukfeld, **Hammarshage Hällar ❽**. Auch hier nehmen wir uns Zeit, es zu entdecken.
Wieder zurück auf dem Weg, entscheiden wir uns bei einer Gabelung für die rechte Möglichkeit, sehen hinter einer Kurve den neuen Hafen von **Vändburg** vor uns und umrunden das Hafenbecken. Die Zufahrt mündet auf ein Sträßchen, auf das wir rechts einschwenken. Auch bei der nächsten Gabelung rechts. Kurz hinter **Vändburgs Gamla Hamn** lassen wir eine **Abzweigung ❾** nach links unbeachtet und spazieren geradeaus weiter, d. h. um die Bucht **Vändburgsviken** herum. Am Ende der Fahrstraße treten wir durch ein Tor und folgen dem schmalen Feldweg in einem Linksbogen um die Halbinsel **Sallmundsudd**. 500 m hinter einer Hütte knickt der Weg links ab. Landeinwärts mündet der Feldweg auf die Hauptstraße. Dort gehen wir links und erreichen nach 200 m wieder den **Ausgangspunkt ❶**.

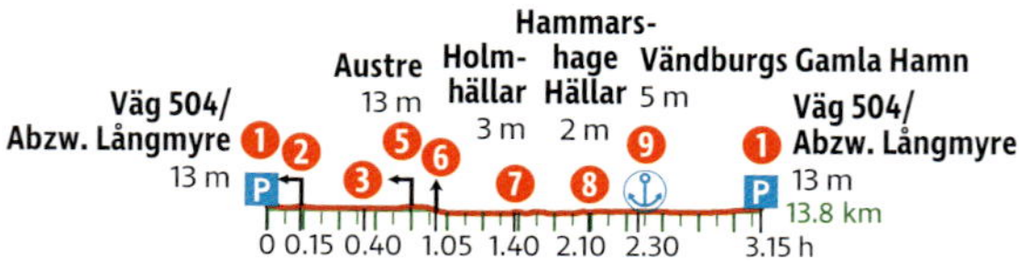

↗ 70 m | ↘ 70 m | 6.6 km

1.30 h

Rivviken und Hoburgs Fyr 40

Unterwegs ganz im Süden Gotlands

Die Südspitze Gotlands ist zwar steinig, bildet aber eine flache Küste, die während der Vogelzugzeit einer der Hotspots des Artenreichtums und folglich der Vogelbeobachtung ist. Nicht umsonst befindet sich hier auch Sundre Fågelstation, die Vogelberingungsstation, die seit 1976 »in Betrieb« ist. Doch auch außerhalb der Zugzeiten ist hier meist »vogelmäßig« etwas geboten und ein kleines Fernglas tut dabei gute Dienste. An der Ostseite von Rivviken geht es über zahlreiche Strandwälle aufwärts zum Hoburg Fyr, dem Leuchttum. So bescheiden die Höhendifferenz auch sein mag, bietet sich von dort doch ein Meerblick nach drei Seiten. Der Spaziergang schließt ab mit einem Besuch beim »Hoburgsgubb« (Hoburgskerl), einer Felsformation in Form eines Gesichts mit deutlich hervorstehender »Nase«.

Ausgangspunkt: Parkplatz am Ende der öffentlichen Straße Väg 500 (nicht vorher rechts in Richtung Hoburgen abbiegen).
Anforderungen: Einfache Wanderung auf Feldwegen und ohne Pfad (Weg dort aber einfach zu finden) auf angenehm zu begehendem, kurzrasigem Untergrund. Eine kurze Strecke auf der Straße; mehrere Trittleitern.
Einkehr: Majstregården (Café im Sommer tgl. 11–16 Uhr, Restaurantbetrieb ab ca. Mitte Juni bis Ende August).
Kombinationsmöglichkeit: Mit Tour 41, indem man bei Wegpunkt 7 rechts abzweigt; Gesamtlänge ca. 15,5 km.
Tipp: Während der Saison führt das Team der Sundre Fågelstation nach vorheriger Buchung eine Führung für Gruppen zum Thema Vogelberingung bzw. Vogelzug durch (Kosten erfragen!). Info: sundrefagelstation.se; Anfragen: Tel. +46 (0)70-5319586 od. info@sundrefagelstation.se.
Karte: Sverigeserien – Topo50 (Norstedts) Blad 11 »Södra Gotland«.

Gotlands Südspitze ist eine gefragte Location für die Vogelbeobachtung.

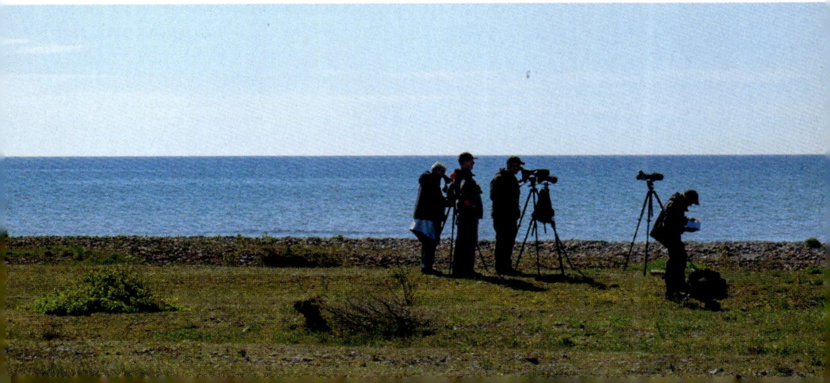

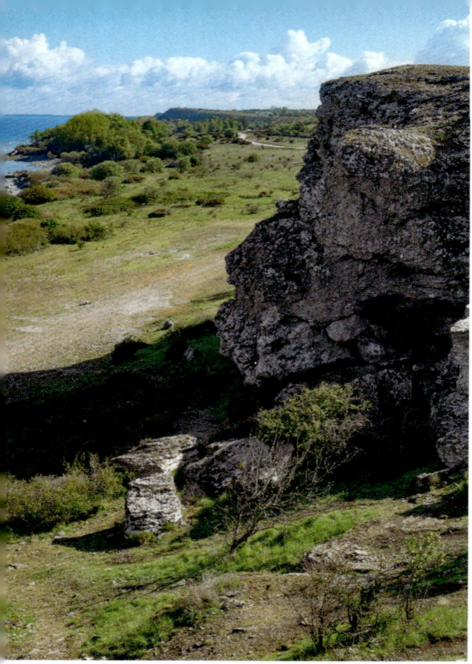

Hoburgs Raukfeld.

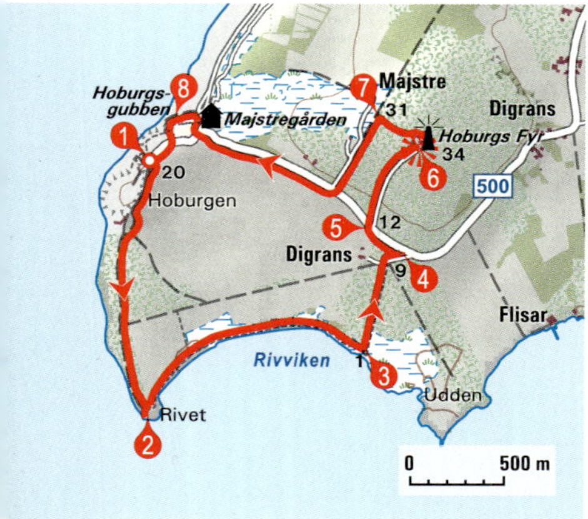

Vom **Parkplatz 1** am **Väg 500** nehmen wir den Feldweg, der in Fahrtrichtung halb links weiterführt (Schild »Sjövärnsgården«). Auf ihm wandern wir an der Vogelstation vorbei und halten uns bei der dortigen Kreuzung halb links. Alle landeinwärts abzweigenden Wege werden nun ignoriert. Der Feldweg bringt uns zur **Landspitze Rivet 2**. Dort mutiert er hinter einer Linkskurve zum Grasweg, dem wir über eine Trittleiter weiter folgen. Wo er links abbiegt, bleiben wir geradeaus der bisherigen Richtung treu, wobei nun kaum noch eine Wegspur erkennbar ist. Wir können uns aber nicht vertun, weil wir einfach das Ufer im Abstand von 20–30 m begleiten. Nur an einer Stelle zwingt uns ein Graben, etwas weiter landeinwärts auszuweichen. Hinter einer weiteren Trittleiter peilen wir einen großen Findling an. 150 m dahinter, wo gleichzeitig die niedrige Mauer links von uns endet, biegen wir von der Bucht **Rivviken** links auf eine **Traktorspur 3** ab. Sie bringt uns leicht ansteigend zu einem Querweg. Dort rechts und auf der **Straße 4** (Väg 500) links. Bei der nächsten Möglichkeit biegen wir rechts in einen

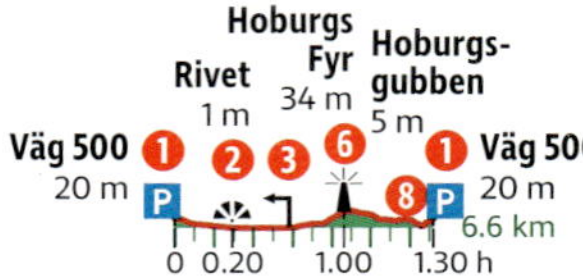

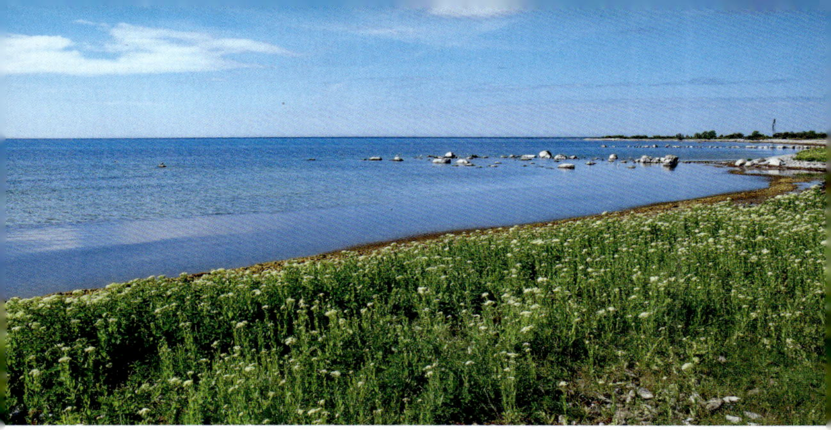

Rivviken ist eine fast halbkreisförmige Bucht mit flachen Ufern.

Feldweg ❺ ab. Dieser bringt uns hinauf zum Leuchtturm **Hoburgs Fyr** ❻. Vor dem Gebäudekomplex finden wir rechts eine Trittleiter, die wir übersteigen. Gleich dahinter links und am Zaun entlang, dann erneut links am Ende des Grundstücks. Hinter dem nächsten Zaun entdecken wir eine Fahrspur halb links, auf der wir nach 100 m zu einem **Querweg** ❼ gelangen. Dort links und auf der Straße rechts. Sie bringt uns nach 700 m zu einer Verzweigung, wo wir rechts, vorbei am Café-Restaurant **Majstregården** rechter Hand, in Richtung Hoburgen abwärtsgehen. Nach 200 m orientieren wir uns nach links und machen Bekanntschaft mit dem **Hoburgsgubb** ❽ (»Hoburgskerl«), dem bekanntesten Rauk dieses Raukfelds und erkennbar daran, dass jemand seine »Nase« rot eingefärbt hat.
Wir wandern kurz unterhalb der Felsen entlang und nehmen dann den Pfad halb links aufwärts. Wir ersteigen die Höhe und behalten die Richtung geradeaus bei. So erreichen wir wieder das Sträßchen, biegen dort rechts ab und stehen nach wenigen Schritten wieder auf dem **Parkplatz** ❶.

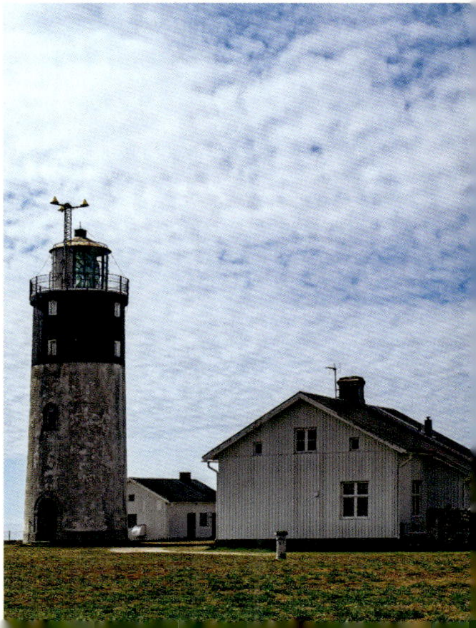

Der Leuchtturm Hoburgs Fyr.

↗130 m | ↘ 130 m | 11.2 km

41 Kättelvik, Husrygg und Hoburgen

3.00 h

Abbruchkanten mit Meeresblick, Felsheiden und ein »Goldstein«

Im Südwesten Storsudrets findet sich ein niedriges Kalkplateau, das nach Westen zu markante Abbruchkanten bildet, von denen Husrygg die bekannteste ist. Wie eine langgezogene Aussichtsterrasse erstreckt sie sich über mehr als drei Kilometer von der Bucht Kättelvik im Norden bis nach Hoburgen im Süden und bietet einen unverstellten Blick aufs Meer. Da das Gestein hier erosionsanfälliger ist und rundlichere Formen bildet, fällt sie nicht senkrecht ab wie manche der nördlichen Steilküsten. Nur ganz im Süden, am Hoburgsgubb (Hoburgskerl), wird es wieder etwas schroffer, wobei es sich hier um härtere Gesteine handelt, die aus silurischen Korallenbildungen hervorgegangen sind. Im Landesinneren schlängelt sich der Weg abenteuerlich durch ausgedehnte Felsheiden mit einer Kombination aus einem sehr lückigen und schwachwüchsigen Baumbewuchs vorwiegend aus Wacholder und Oxelbeere sowie einer oft nur niedrigwüchsigen, aber buntblütigen Krautvegetation aus Arten der trocken-warmen Säume. Mit einem Besuch beim Gullstainen, dem Goldstein (so genannt wegen seiner braunen Farbe), begeben wir uns außerdem auf die Spuren des Naturforschers Carl von Linné, der ihn in seinem Reisetagebuch, der »Gotländischen Reise« (1741), beschrieb.

Ausgangspunkt: 2 km südlich von Vamlingbo rechts in Richtung Kättelvik abbiegen. Nach ca. 3 km gerader Strecke (Abzweigungen ignorieren!) kommt eine scharfe Linkskurve. 200 m dahinter, bei einer Infotafel und einer Trittleiter, befindet sich links eine Parkmöglichkeit.
Anforderungen: Wanderung auf Feldwegen und schmalen Pfaden, die steinig sein können, stellenweise durch Gestrüpp führen und etwas Konzentration beim Verfolgen erfordern. Ein etwas ausgesetzter Bereich erfordert Trittsicherheit, kann aber umgangen werden. Kurze Strecke auf der Straße. Zahlreiche Trittleitern.
Einkehr: Majstregården (Café im Sommer tgl. 11–16 Uhr, Restaurantbetrieb ab ca. Mitte Juni bis Ende August); Körsbärgården (ab 1. Juni bis Ende August tgl. 11–15.30 Uhr).
Variante: Die Tour kann mittels des Feldwegs zwischen Wegpunkt 2 und 6 in zwei Rundwanderungen aufgeteilt werden: 1) Nördliche Runde; 6,5 km, »rot«/mittel. 2) Südliche Runde; 6,2 km, »blau«/einfach.
Kombinationsmöglichkeit: Kann mit Tour 40 über Wegpunkt 5 zu einer Rundwanderung verknüpft werden; Gesamtlänge ca. 15,5 km.
Karte: Sverigeserien – Topo50 (Norstedts) Blad 11 »Södra Gotland«.

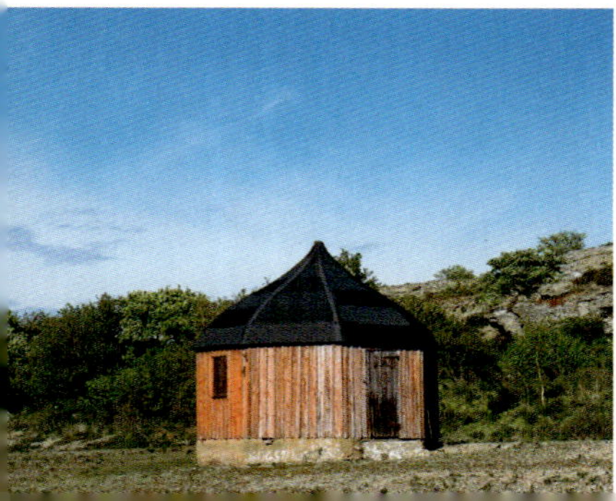

Pavillon am Tourstartpunkt.

Vom **Parkplatz** ❶ aus nutzen wir die Trittleiter, um das **Naturreservat Husrygg** zu betreten, und entern – auf Höhe eines kleinen Pavillons – den kleinen Geländerücken vor uns. An der Oberkante finden wir einen schmalen Pfad, dem wir nach rechts folgen. Wir übersteigen eine weitere Trittleiter und bewegen uns zunächst leicht ansteigend, dann mit geringem Höhenverlust links des Zauns entlang. In einem kleinen Sattel übersteigen wir eine Trittleiter, um auf die rechte Seite des Zauns zu gelangen. Dann geht es in bisheriger Richtung etwas aufwärts, bis wir die Steilkante des **Husrygg** erreichen. Dort links. (Wer allerdings das kleine Stein-Museum besuchen möchte, orientiert sich nach rechts, nutzt einen Pfad steil den Hang hinunter und erklimmt nach dem Besuch des Museums auf einem Pfad weiter südlich wieder die Höhe.)

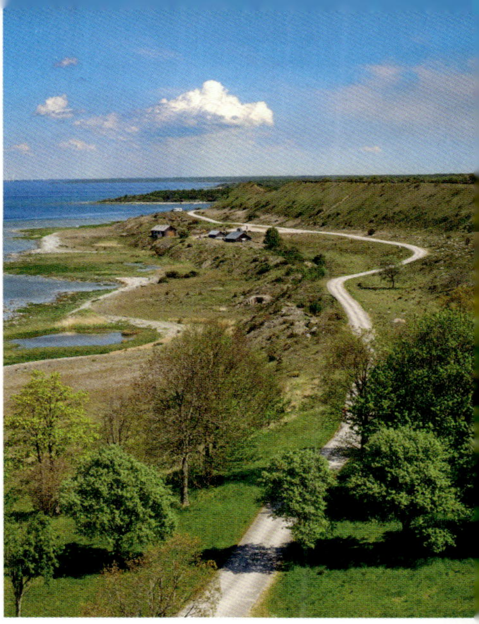

Westküste mit Geländekante Husrygg.

Wir können nun entweder das Pfädchen direkt an der Steilkante nutzen oder aber etwas zurückversetzt von der Kante am Zaun entlanggehen. Am Ende der Steilkante mutiert der Pfad zum Grasweg, auf dem wir die Richtung beibehalten und eine weitere Trittleiter finden, die uns auf einen kreuzenden **Feldweg** ❷ entlässt. Von hier aus machen wir einen Abstecher nach links: Wir folgen dem Weg hangaufwärts und entdecken auf der Höhe eine kleine Infotafel links des Wegs. Wir orientieren uns am Wegweiser »Gullstainen« und kleinen niedrigen Wegmarkierungen, die uns in einem Rechtsbogen zum **Gullstainen** ❸, dem »Goldstein«, bringen. Zurück auf demselben Weg, betreten wir den links abzweigenden **Steig** ❷ (gegenüber der Trittleiter) durch ein Tor, erklimmen den Hang und genießen von oben einmal mehr den Ausblick.

Der Pfad führt nun mit geringem Abstand an der Geländekante entlang nach Süden. Hinter einer Trittleiter halten wir uns auf einem landwirtschaftlichen Grundstück möglichst weit rechts am Rand. Eine weitere Trittleiter entlässt uns wieder in Buschgelände, das wir wenig später über weitere Trittleitern an der unteren Grundstücksgrenze verlassen. Kurz geht es

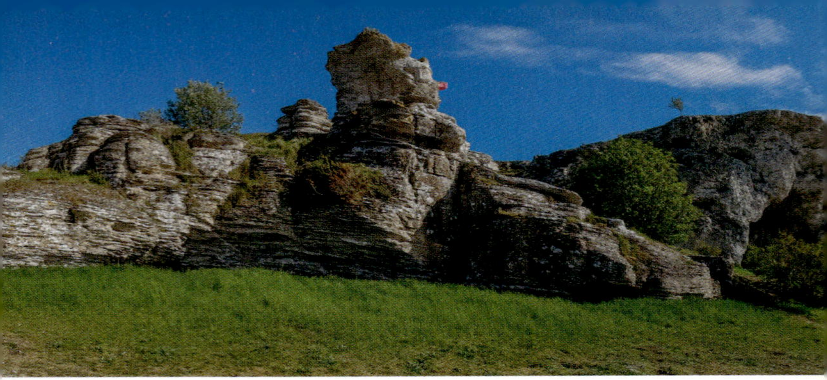

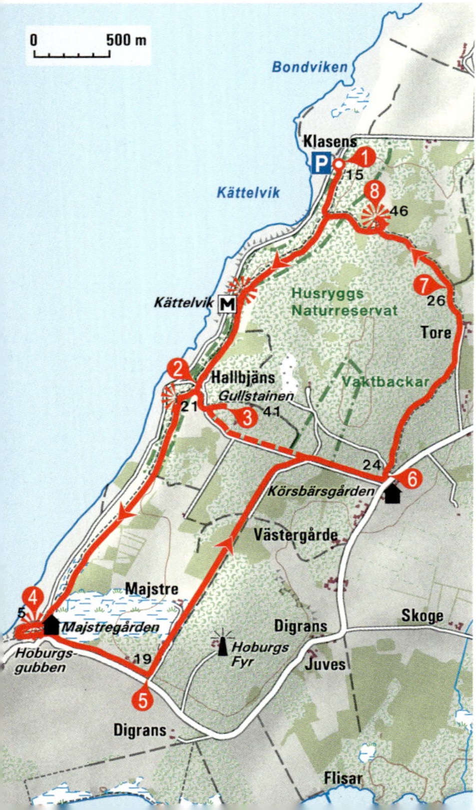

Hoburgs Raukfeld mit der Hoburgsgubb (»Hoburgskerl«) genannten Felsformation links.

auf der Straße entlang, bevor wir vor den hoch aufragenden Felsen des Hoburg-Raukareals nach rechts abbiegen (links erreicht man nach 100 m das Café-Restaurant Majstregården). Wir bewundern den **Hoburgsgubb** ❹ und eine Brandungshöhle, bevor wir auf einem kleinen Pfädchen halb links an Höhe gewinnen. Auf der Höhe geradeaus bis zu einem Sträßchen und dort links. Dieser Straße bleiben wir auf den nächsten 800 m treu. Die Abzweigung »Hoburgen« sowie eine Hauseinfahrt links ignorieren wir, sondern nehmen erst danach die nächste Möglichkeit links und biegen in einen **Feldweg** ❺ ab. Diesem folgen wir etwas hangaufwärts. Wo er nach links schwenkt, orientieren wir uns auf einem untergeordneten Feldweg geradeaus. Abwechselnd durch

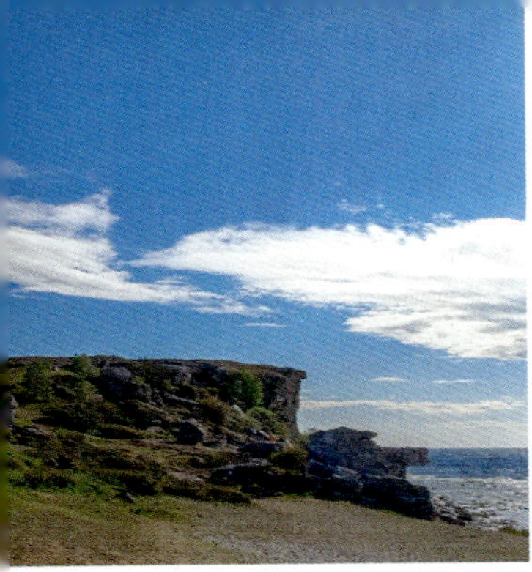

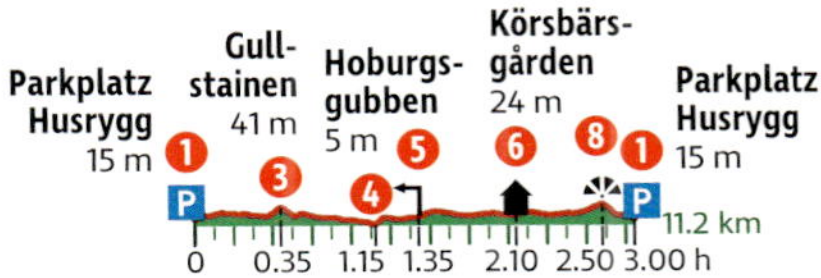

Wald und Offenland behalten wir die Richtung bei und erreichen hinter einem Rechtsschwenk einen breiten Feldweg, auf dem wir uns nach rechts wenden. Auf der Hauptstraße links. Nach nur 100 m wählen wir direkt gegenüber dem **Körsbärsgården** 6 einen kleinen Feldweg nach links. Jetzt aufpassen: Bereits nach 30 m zweigt rechts ein schmaler Fußpfad ab. Er mündet nach ca. 800 m auf einen Feldweg, dem wir nach Norden (halb links) folgen (nicht den unbefestigten Weg scharf links nehmen). Hinter einem Gehöft bleiben wir dem Hauptweg treu, allerdings nur für ca. 250 m. Bevor er eine Mauer und eine kleine Senke durchquert, biegen wir links auf eine etwas überwachsene **Traktorspur** 7 ab. Bald wird aus ihr ein schmaler Fußpfad, der nach 200 m halb links abknickt. Nun kurvt der Weg abwechselnd durch Buschland und Felsheide und gewinnt allmählich etwas an Höhe. Schließlich erreicht er einen kleinen **Geländerücken**– wo sich ein Abstecher nach rechts zu einem **Aussichtspunkt** 8 lohnt–, verliert dahinter aber sofort wieder etwas an Höhe; der Abstieg befindet sich in einem kleinen Einschnitt.

Nun geht es durch stark verbuschtes Gelände und wir müssen uns das ein oder andere Mal zwischen Wacholdern und Schlehen hindurchschlängeln. Wir kommen zu einer Trittleiter und gehen gleich dahinter links. Parallel zum Zaun verliert der Weg geringfügig an Höhe, bevor wir an der Hangkante auf das vom Herweg bekannte Pfädchen stoßen; dort rechts. Auf Höhe des Pavillons verlassen wir den Geländerücken nach links und stoßen hinter der Trittleiter wieder auf den **Parkplatz** 1.

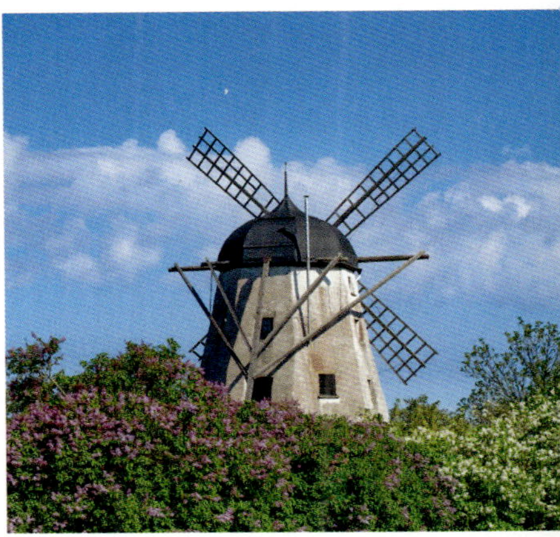

Die historische Holländer-Windmühle gehört zum Hof Tore.

↗ 30 m | ↘ 30 m | 7.6 km

42 Petesvik und Sandskallen

1.45 h

Flachküste mit Salzvegetation und Schilfbeständen

Im Bereich der Bucht Petesvik ist die Küste sehr flach und geht ganz allmählich ins Meer über. Typische Bestandteile sind flache Strände, Kiesbänke, Salzwiesen und aus dem Wasser aufragende Blocksteine. Landseits schließen sich ausgedehnte Schilf- und Riedflächen sowie Schafweiden an. Auf einfach zu begehenden Wegen (abgesehen von Situationen nach längeren Niederschlägen) lässt sich dieser Küstenabschnitt bequem erkunden. Er ist zudem ein Paradies für Wasser- und Watvögel und auch Adler lassen sich regelmäßig beobachten.

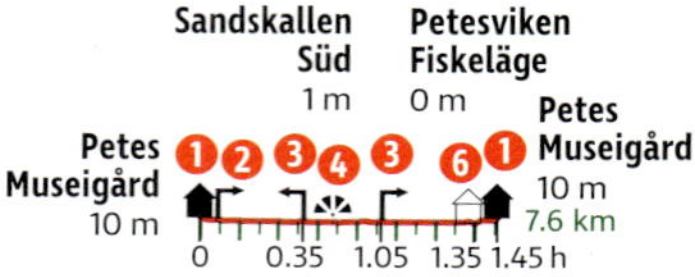

Ausgangspunkt: Parkplatz an Petes Museigård. Vom Väg 140 beim Hinweisschild »Petes Museigård« nach Westen abbiegen, nach 3 km bei einer T-Kreuzung rechts fahren. Nach 500 m befinden sich der Museumsbauernhof und sein Parkplatz rechter Hand.
Anforderungen: Entlang der Küste einfache Wanderung auf Feld- und Traktorwegen, die nach Regen nass und schmierig und nach längeren Niederschlägen überstaut sein können (dann u. U. nicht begehbar).
Einkehr: Petes Museigård (Gartencafé am Museum).
Variante: Abstecher von Wegpunkt 2 nach Südwesten zur Halbinsel Laxskär; Tour dann 2 km länger.
Hinweis: Auf die Mitnahme von Hunden sollte verzichtet werden, da der gesamte Küstenbereich in hohem Maß für den Vogelschutz relevant ist.
Karte: Sverigeserien – Topo50 (Norstedts) Blad 11 »Södra Gotland«.

Wir starten vom **Parkplatz** an **Petes Museigård** 1 in bisheriger Fahrtrichtung und biegen nach 50 m links auf einen Feldweg ab. Wo der Hauptweg links abknickt, nehmen wir einen Feldweg rechts über ein **Viehgitter** und wählen bei der gleich anschließenden **Verzweigung** 2 eine grasüberwachsene Traktorspur rechts (nicht zu den Hütten hin orientieren). Sie begleitet die Küstenlinie mit etwas Abstand in nördliche Richtung. Hinter einem Tor wird der Weg deutlicher und schwingt nach links. Bei einer Gabelung schlagen wir den linken Weg ein. Kurz nachdem sich

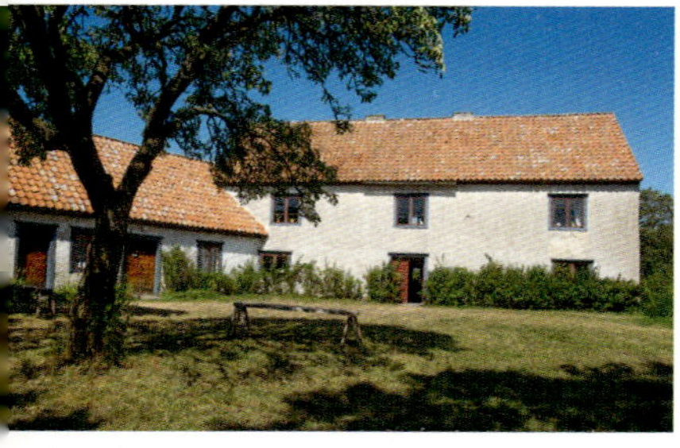

Petes Museumsbauernhof.

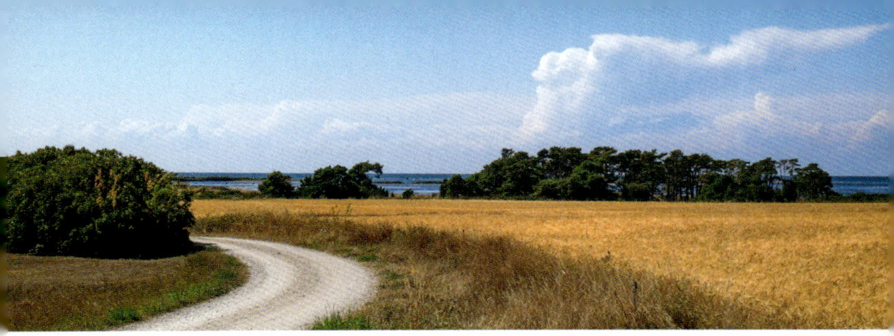

Küstenpanorama vom Ausgangspunkt am Museumsbauernhof aus.

von rechts ein Weg wieder zu unserem gesellt hat, durchqueren wir eine vorspringende Waldnase, hinter der an einer **Gabelung** ❸ eine **Fahrspur** links abzweigt. Damit erkunden wir die nach Süden ausgreifende **Halbinsel Sandskallen**. Bei einer Gabelung wandern wir geradeaus und gelangen zum **südlichsten Ausläufer** ❹ der Halbinsel. Auf dem Rückweg machen wir rechts noch einen Abstecher zu mehreren im Schilf liegenden **Hütten** auf der **östlichen Seite** ❺ der Halbinsel. Dort kehren wir um, folgen dem Feldweg nun nach Norden und haben die Erforschung der Halbinsel erfolgreich abgeschlossen.

An der schon bekannten **Gabelung** ❸ biegen wir rechts ab und wandern nun auf der Traktorspur in umgekehrter Richtung entlang. Am Südrand der Bucht angekommen, machen wir nun noch einen kurzen Abstecher zu **Petesviken Fiskeläge** ❻ nach rechts. Dort kehren wir um, erreichen hinter dem Viehgitter wieder die bekannte **Verzweigung** ❷ und nehmen den Feldweg links. Bei der nächsten Verzweigung rechts haben wir den **Parkplatz** an **Petes Museigård** ❶ wenige Meter links vor uns.

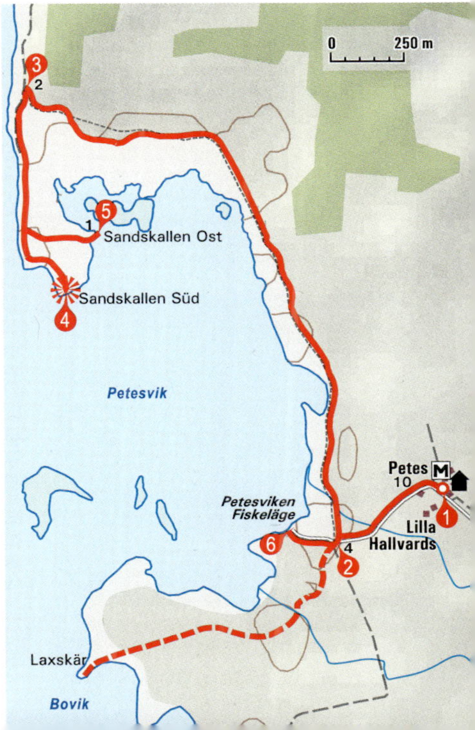

TOP

↗ 120 m | ↘ 120 m | 4.9 km

43 Stora Karlsö

1.30 h

Zu Besuch in einem der ersten Naturschutzgebiete Europas

Die Insel Stora Karlsö gilt – nach Yellowstone – als zweitältestes Naturschutzgebiet der Erde und steht seit den 1880er-Jahren unter Schutz. Auch heute dreht sich auf der Großen Karlsinsel – so der ins Deutsche übersetzte Name – alles um den Naturschutz, und das zu Recht. In den Steilküsten brüten under anderem Tordalk, Trottellumme und Mantelmöwe, auf den Kalkplateaus sind Steinschmätzer, Neuntöter und Karmingimpel zu Hause und die Küstengewässer sind – neben zahlreichen anderen Arten – Heimat von Eiderente, Samtente und Mittelsäger. Auch die Pflanzenwelt braucht sich nicht zu verstecken: Über 500 Gefäßpflanzenarten wurden hier gezählt, wobei der überwiegende Anteil auf die kargen Böden von Felsheiden und Alvarlandschaften spezialisiert ist. Eine extensive Schafbeweidung sorgt dafür, dass diese Bedingungen erhalten bleiben. Das alles spielt sich vor einer Kulisse beeindruckender Steilwände ab, die zudem spannende Brandungstore und Höhlen aufweisen. In einer der Letzteren wurden sogar steinzeitliche Werkzeuge gefunden, die zeigen, dass die Insel nicht erst seit Kurzem ein attraktives Ziel menschlicher Aktivitäten ist.

Ausgangspunkt: Landungssteg auf Stora Karlsö. Anfahrt mit dem Passagierboot M/F Stora Karlsö vom Hafen in Klintehamn; das Schiff fährt tgl. ab 2. Maiwoche bis ca. Ende August, Informationen: storakarlso.se; Vorbuchung erforderlich: Tel. +46 (0)498-240500 oder boka@storakarlso.se.

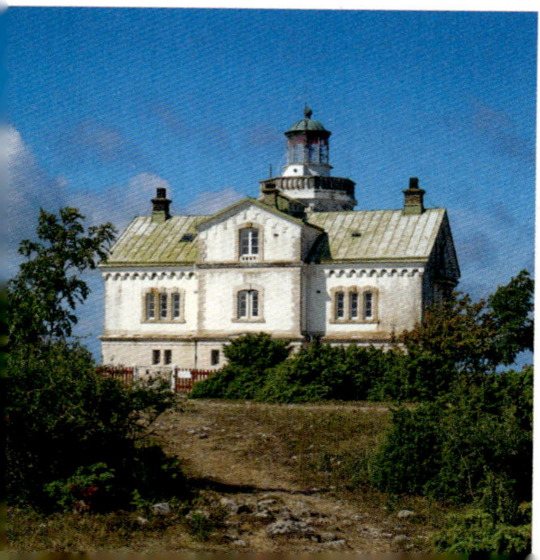

Anforderungen: Auf weiten Strecken steinig, ein steiler Aufstieg über Treppen.
Einkehr: Restaurant und Cafeteria im Jugendherbergsgebäude südlich des Landungsstegs auf Stora Karlsö.
Hinweise: 1) Stora Karlsö steht unter strengem Naturschutz, d. h. es ist u.a. nicht zulässig, Blumen zu pflücken, Fossilien zu sammeln und zu rauchen (abgesehen von einer Stelle vor der Cafeteria). Zwischen dem 15.03. und 15.08. gilt außerdem ein Wegegebot. 2) Hunde sind auf Stora Karlsö nicht zulässig, da der gesamte Küstenbereich in hohem Maß für den Vogelschutz relevant ist.
Karte: Aufgrund des kleinen Maßstabs ist Topo50 (Norstedts) Blad 11 »Södra Gotland« ungeeignet. Alternative: Karte am Anleger in Stora Karlsö abfotografieren oder Infoblatt Stora Karlsö verwenden.

Leuchtturm und Unterkunft: das 1887 fertiggestellte Fyrhuset.

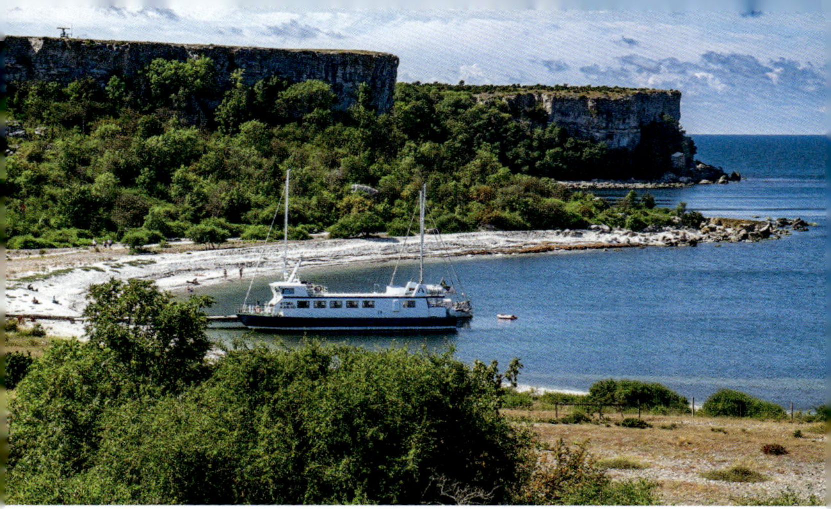

Das Ausflugsschiff legt am Landesteg im Norden von Stora Karlsö an.

Auf **Stora Karlsö** angekommen, gehen wir vom **Landungssteg** ❶ aus nach rechts und dann parallel zur Bucht nach Westen. Hinter einer Felsnase öffnet sich der Blick auf eine zweite Bucht, Hideviken, an der sich ein paar Gebäude befinden. Hinter dem dritten Haus entdecken wir links eine Treppe, auf der wir nach oben steigen. An der Oberkante folgen wir dem Pfad halb rechts und stehen bald vor dem **Fyrhuset** ❷. Direkt davor links. 50 m hinter dem letzten Haus zweigt ein Pfad (»Stornasar«) halb rechts ab. Auf steinigem Untergrund und mit leichtem Auf und Ab (bitte Pfad nicht verlassen!) erreichen wir **Stornasar** ❸, wo wir von der gesicherten Kliff-Oberkante einen Blick auf die Steilküste werfen können.
Anschließend halten wir uns weiter an den Trampelpfad: Er schwenkt bald nach links, wobei wir alle untergeordneten Pfade nach rechts nicht beachten. Schließlich mündet er auf einen schmalen Feldweg, den wir rechts entlangwandern. Hinter einer S-Kurve aufpassen: Eine schmale **Fahrspur** ❹ zweigt rechts ab, die wir für einen Abstecher nutzen. Wir gewinnen noch einmal leicht an Höhe, machen den Rechts- und den Linksknick der Fahrspur mit und verlieren dann bis zum **Söderslätt** ❺ an Höhe. Wenn wir vor dem 15.08. unterwegs sind, müssen wir am gelben Zutrittsverbots-Schild Halt machen, ansonsten können wir bis zum Strand hinunterlaufen.
Zurück geht es auf demselben Weg. Am Ausgangspunkt des Abstechers bei der **Abzweigung** ❹ folgen wir dem schmalen Feldweg

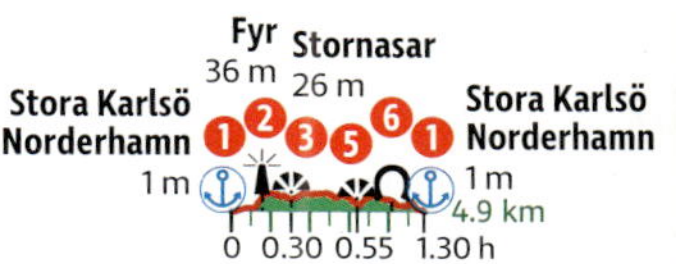

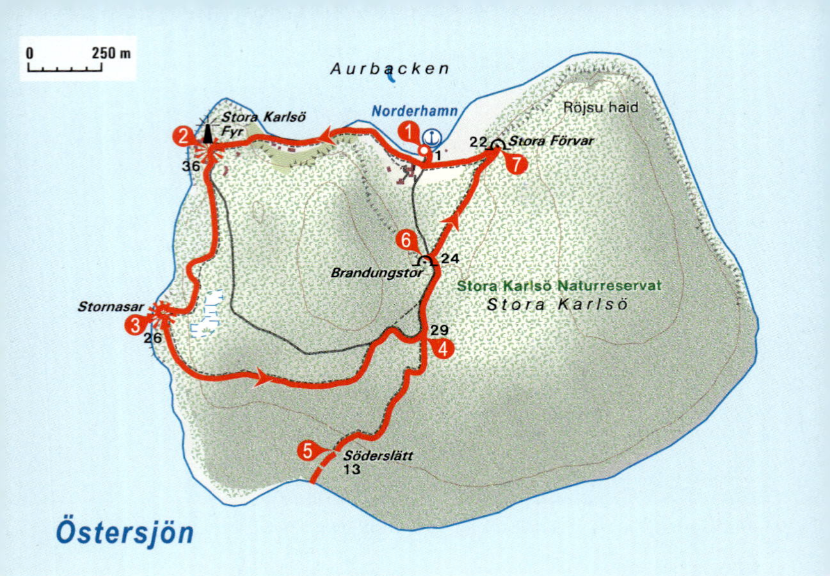

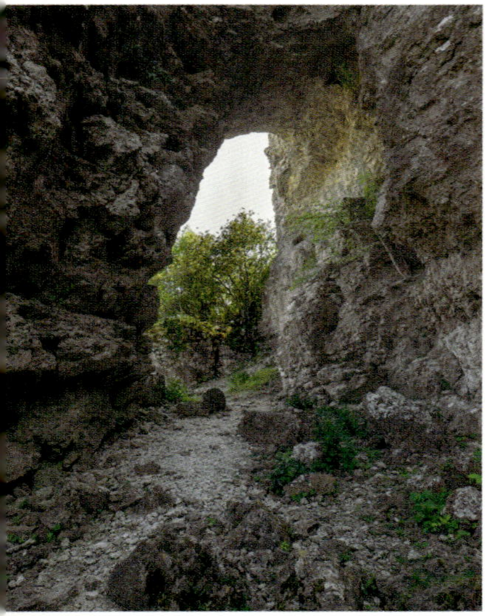

nach rechts und machen seinen Linksbogen mit. Anschließend ignorieren wir eine Abzweigung nach rechts und entdecken, beim kurzen Anstieg auf einen alten Strandwall, links ein großes **Brandungstor** ❻. Unmittelbar dahinter zweigt rechts ein Trampelpfad vom Hauptweg ab: Den nehmen wir. Er mündet in einen von links kommenden Weg, der uns hinauf zu einer großen **Höhle** ❼ (Stora Förvar) bringt. Von dort geht es zunächst auf demselben Weg zurück, bei einer Verzweigung dann aber halb rechts den Hang hinab und vorbei an steinzeitlichen Grabhügeln hinunter zur Häuseransammlung und rechts zurück zum **Landungssteg** ❶.

Links: Blick durchs Brandungstor.
Rechts: Steilküste im Westen der Insel.

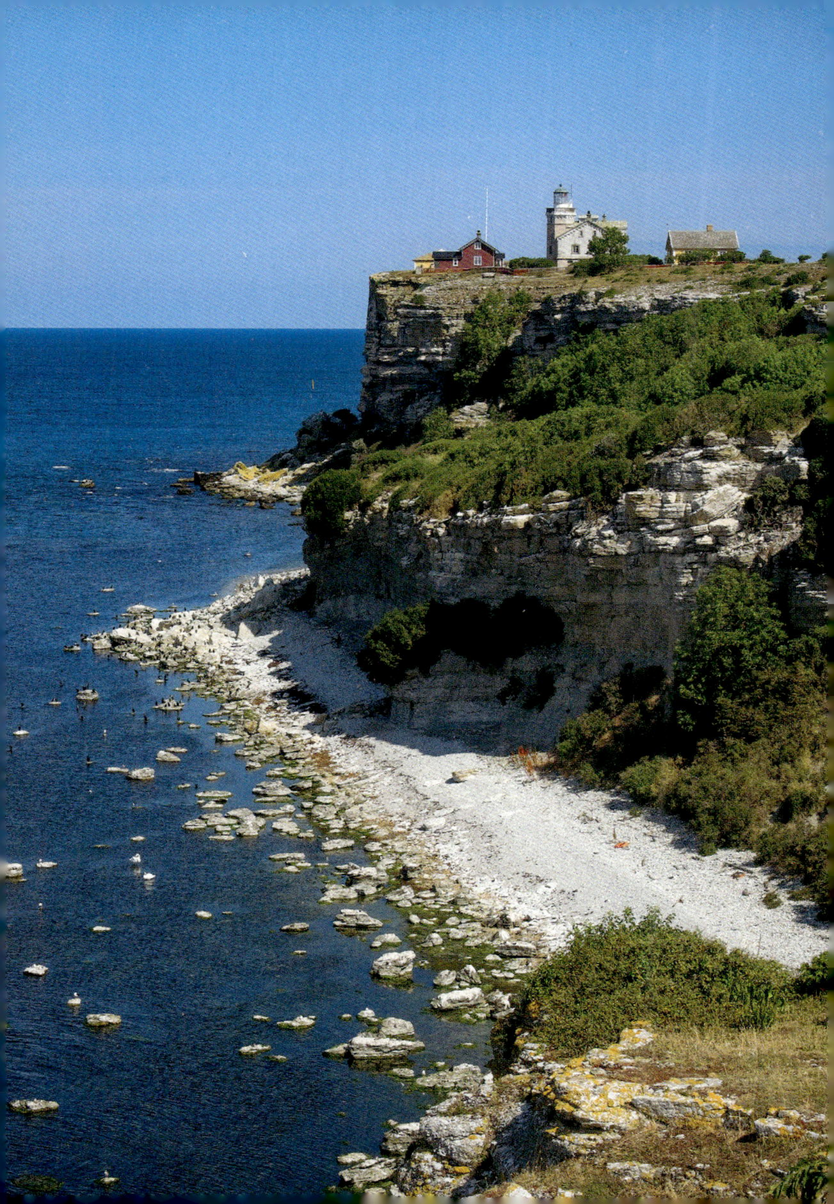

↗ 50 m | ↘ 50 m | 10.5 km

44 Braidfloar, Solsänget und Bosarve Lövskog

2.30 h

Steinsetzungen, Laubwiesen und Laubwälder im Landesinneren

Diese Wanderung hat zunächst mehrere, unter dem Namen Braidfloar bekannte Steinsetzungen zum Ziel, die in der jüngeren Bronzezeit (1100–500 v. Chr.) errichtet wurden. Dabei handelt es sich um Schiffssetzungen beachtlicher Größe, die mit bis zu 43 Meter Länge nur knapp hinter der größten original erhaltenen Schiffssetzung Gotlands (Gnisvärd, 45 Meter Länge) zurückbleiben. Der kleine Pfad mit acht beschriebenen Stationen führt außerdem zu mehreren Rundgräbern mit akkurat gesetzten Kantensteinen. Nach einer Etappe durch Wald und Feldflur und vorbei an den Hofstellen von Lajves steht die nächste Sehenswürdigkeit auf dem Programm: eine Laubwiese mit dem hübschen Namen »Sonnenwiese« (schw.: solsänget). Auf ihr zeichnen sich Hausfundamente einer Siedlung aus der Eisenzeit (0–600 n. Chr.) ab. Schließlich verläuft die Tour durch Laubwald: Zunächst stehen Haselhaine auf dem Programm, in denen die Büsche so mächtig und der Lichteinfall so gering sind, dass selbst an Sonnentagen ein grünes Zwielicht herrscht. Anschließend streift man durch einen hochwüchsigen und lichtdurchfluteten Eichen-Ulmen-Wald mit artenreicher Kraut- und Strauchschicht. Er ist umso beeindruckender, da Gotland mit Laubwäldern ja wahrlich nicht reich gesegnet ist.

Die kreisförmige Steinsetzung stammt aus der Bronzezeit.

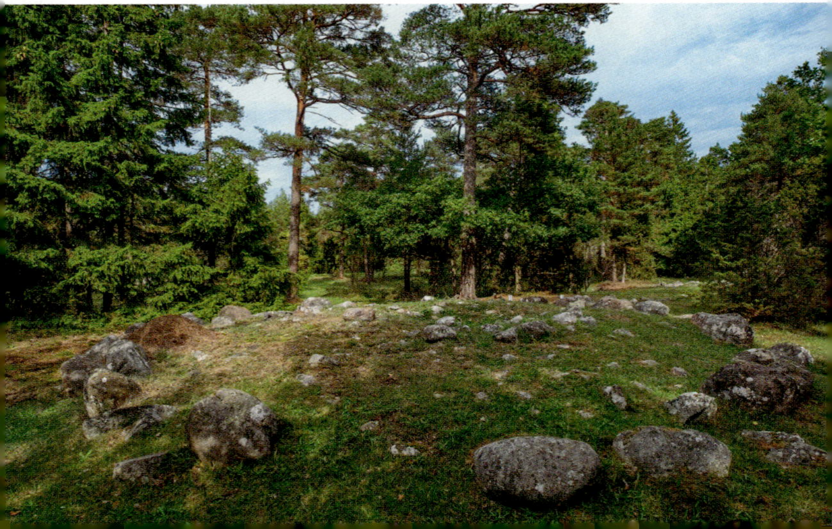

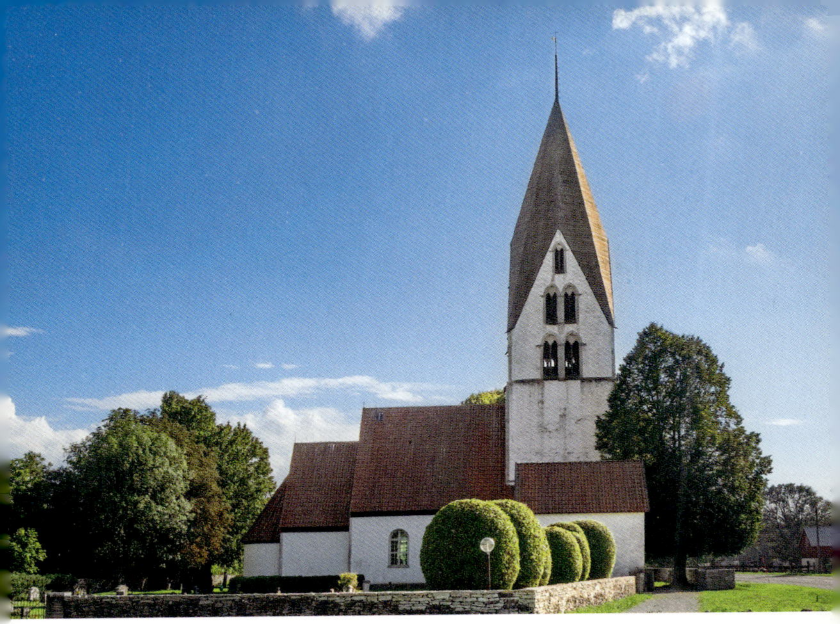

Die Kirche von Spoge markiert den Ausgangspunkt der Wanderung.

Ausgangspunkt: Kfz: Parkplatz nördlich der Kirche von Sproge, unmittelbar östlich vom Väg 140. ÖPNV: Bus Nr. 32 bis Haltestelle »Sproge«.
Anforderungen: Einfache Wanderung auf breiten und schmalen Feldwegen und Waldpfaden, Letztere durchgängig wurzelig und gelegentlich überwachsen. Feuchte Bereiche sind beplankt, wobei die Planken rutschig und schmierig sein können. Mehrere Trittleitern.
Einkehr: Keine.
Hinweis: Anti-Mücken-Mittel nicht vergessen!
Karte: Sverigeserien – Topo50 (Norstedts) Blad 11 »Södra Gotland«.

Wir verlassen den **Parkplatz** an der **Sproge Kyrka** ❶ in Richtung Norden und biegen nach 100 m rechts auf eine unbefestigte Straße ab. Eine **Abzweigung** ❷ nach rechts ignorieren wir und ebenso eine Feldweg-Abzweigung 400 m dahinter. Schließlich taucht die unbefestigte Straße in den Kiefernwald ein, wo wir nach 500 m rechts einen Parkplatz und eine Infotafel entdecken. Mit einer Trittleiter betreten wir das Gelände von **Braidfloar**, wo sich vier Schiffssetzungen, vier Rundgräber und einige weitere Steinsetzungen befinden. Wir folgen den weißen Pfosten bis zur **Station 8** ❸ und kehren auf demselben Weg zur Straße zurück.
Anschließend setzen wir den Weg auf der Fahrstraße fort (rechts sind zwischen den Bäumen weitere Steinsetzungen erkennbar), wo nach 200 m ein

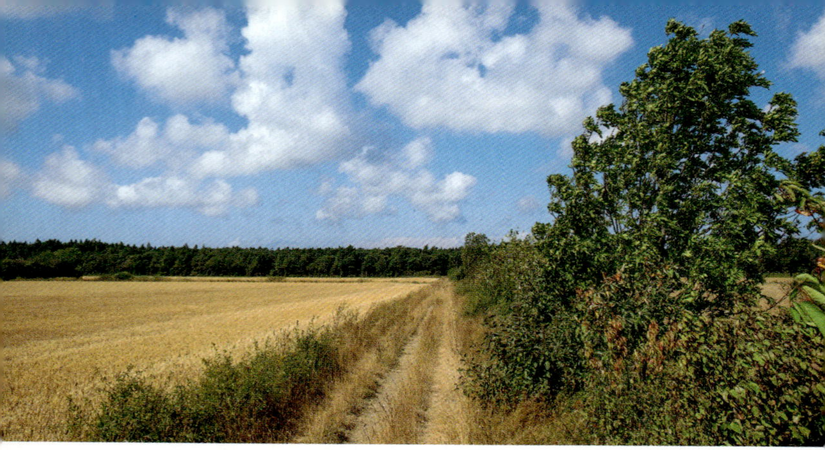

Im Offenland nutzt man einen Reitweg (und weicht aus, wenn Pferde kommen).

schmaler **Reitweg ④** rechts abzweigt und über Offenland auf einen Wald zustrebt. Wir durchqueren dieses Waldstück, hinter dem der Weg zunächst am Waldrand links, dann rechts abknickt und dann über freies Feld führt. Er mündet geradeaus (nicht zum Bauernhof links abbiegen) auf eine Straße, auf der wir uns rechts halten. Hinter der kleinen Siedlung entscheiden wir uns sowohl beim **Schild »Solsänget« ⑤** als auch bei der nächsten Verzweigung für die jeweils rechte Möglichkeit. Mit einer scharfen Kurve knickt der Feldweg vor dem Waldrand links ab und bringt uns – bald in Laubwald eintauchend – zu einem Parkplatz. Geradeaus betreten wir durch ein breites **Tor Solsänget ⑥**, eine traditionelle Laubwiese, auf der noch die Hausfundamente einer eisenzeitlichen Siedlung schwach erkennbar sind. Wir erkunden sie, indem wir sie im Uhrzeigersinn umrunden, wobei wir jeweils den Zaun unweit linker Hand haben.
Wir verlassen sie durch das schon bekannte **Tor ⑥** und wenden uns nach etwa 30 m – bei einem kleinen blauen Fußgängerschild – nach rechts (Süden). Unter mächtigen Haseln kreuzen wir eine Fahrspur geradeaus und folgen dem gut sichtbaren Waldpfad auf seinem kurvigen Verlauf. Wir erreichen eine **Kreuzung ⑦** mit einem Reitweg, überqueren sie geradeaus und kommen gleich darauf zu einer Trittleiter. Dahinter halten wir uns links und marschieren nun durch den lichteren Baumbestand einer Waldweide. An deren hinterem Rand schwingt der Pfad nach rechts und taucht hinter einer Trittleiter wieder in den Wald ein. Der Pfad schlängelt

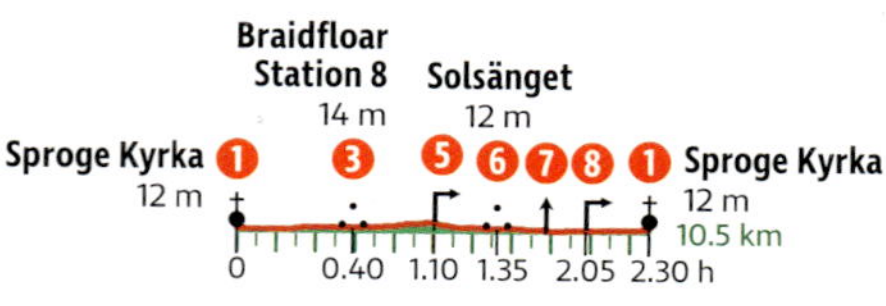

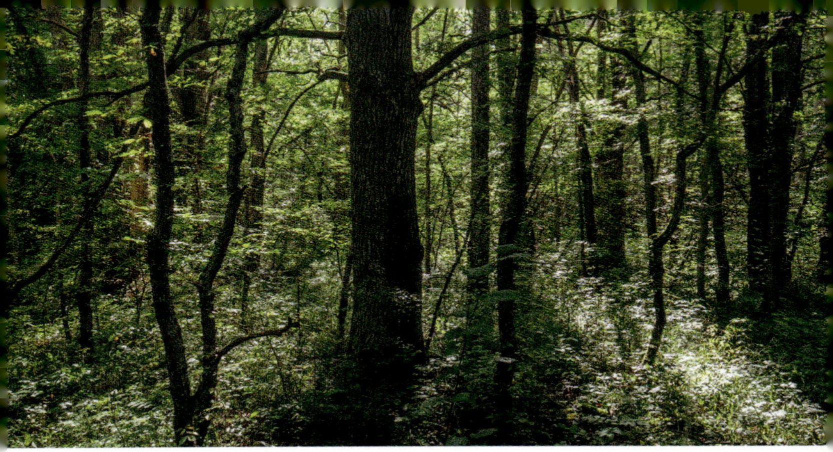

Bosarve Lövskog besteht aus einem Eichenmischwald mit artenreicher Krautschicht.

sich durch teils dichte, teils lichtere Gehölzbestände und entlässt uns auf eine Lichtung. Mit einer Mauer linker Hand behalten wir die Richtung bei, finden jenseits der **Lichtung** die Fortsetzung des Wegs und orientieren uns bereits nach wenigen Schritten – nicht an der **Abzweigung** ❽ vorbeilaufen (!) – nach rechts.
Zunächst parallel zur Lichtung, hinter einem Linksknick wieder im Baumbestand durchstreifen wir nun einen tollen Eichen-Ulmen-Wald mit einer artenreichen Krautschicht. Wir folgen dem Pfädchen bis zu einem Feldweg und biegen links ab. Nach 700 m machen wir den Rechtsknick des Wegs mit, der auf eine vom Hinweg bekannte, unbefestigte **Straße** ❷ mündet. Dort links. Nach wenigen hundert Metern sehen wir den **Parkplatz** an der **Kirche von Sproge** ❶ linker Hand in geringer Entfernung vor uns.

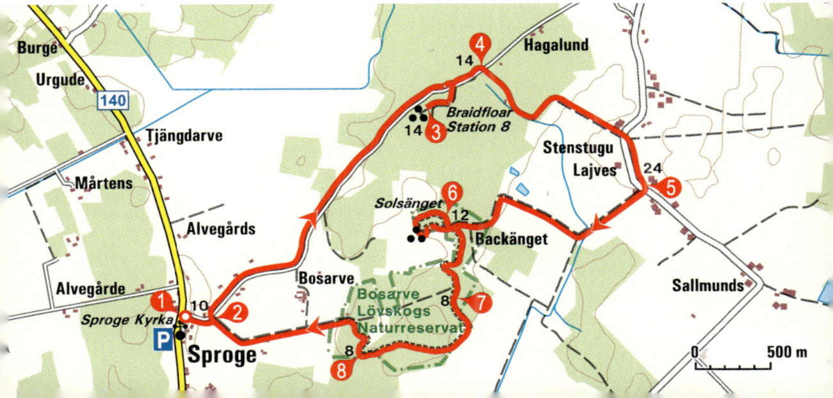

↗ 70 m | ↘ 70 m | 13.9 km

45 Lojsta Slott und Lojsta Söarna

3.15 h

Kalk-Kiefernwälder, wildromantische Seen und alte Wallanlagen

Das Etappenziel Lojsta Slott ist kein »Schloss« im mitteleuropäischen Sinn, sondern eine mittelalterliche Wallanlage inmitten einer wildromantischen Seenlandschaft. Die Wallanlagen sind nur noch stellenweise sichtbar und heute stark überwachsen, doch kann dies ihre ehemalige strategische Bedeutung nicht verbergen. Der Überlieferung nach handelte es sich um eine Fluchtburg der Vitalienbrüder (Likedeeler), die als gefürchtete Seeräuber die Ostsee unsicher machten und im 14. Jh. kurzzeitig sogar die Oberherrschaft über Gotland besaßen, bevor sie von Rittern des Deutschen Ordens vertrieben wurden. Östlich der Anlage wurde ein eisenzeitliches Langhaus rekonstruiert, das auf originalen Fundamenten steht. Auf dem Weg dorthin und wieder zurück an den Ausgangspunkt entpuppt sich diese Tour im Wesentlichen als Waldwanderung, und zwar durch Kalk-Kiefernwälder. Unter einem häufig recht lückigen Baumbestand mit niedrigwüchsigen und oft verdreht wachsenden Kiefern findet sich eine artenreiche Krautschicht trockener Säume. Ästige Graslilie, Blut-Storchschnabel, Skabiosen-Flockenblume und Echtes Labkraut sorgen – zusammen mit vielen anderen – für einen äußerst bunten Anblick. Ein weiteres Schmankerl wartet außerdem am Ende der Tour, nämlich die Laubwiese Lojsta Prästänge mit ihren alten Eichen. Nicht verpassen sollte man zudem Lojsta Kyrka, die wegen der Wand- und Glasmalereien aus dem 15. Jh. einen Besuch wert ist.

Ausgangspunkt: Kfz: Parkplatz an der Kirche von Lojsta, direkt am Väg 142. ÖPNV: Bus Nr. 12 bis Haltestelle »Bjärs«. Von dort 150 m nach Süden und dann scharf links; Start dann bei Wegpunkt ❷.

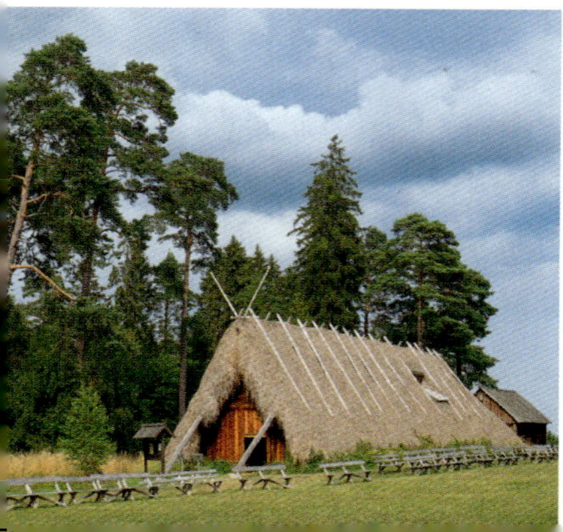

Anforderungen: Einfache Wanderung auf Forst- und Waldwegen, die stellenweise überwachsen sind. Kurz auch auf befestigtem Belag. Im südlichen Tourenteil ist aufgrund der vielen kreuzenden Wege etwas Orientierungsvermögen erforderlich (Tendenz zu »rot«).
Einkehr: Keine.
Tipps: 1) Die durch kleine Kanäle verbundenen Seen östlich von Lojsta lassen sich mit dem Kanu erkunden. Paddelboote können vor Ort gemietet werden. 2) Bei schönem Wetter und angenehmen Wassertemperaturen Badesachen mitnehmen (Badesteg am Broträsk).
Karte: Sverigeserien – Topo50 (Norstedts) Blad 11 »Södra Gotland«.

Lojsta Hall: ein nachgebautes eisenzeitliches Langhaus.

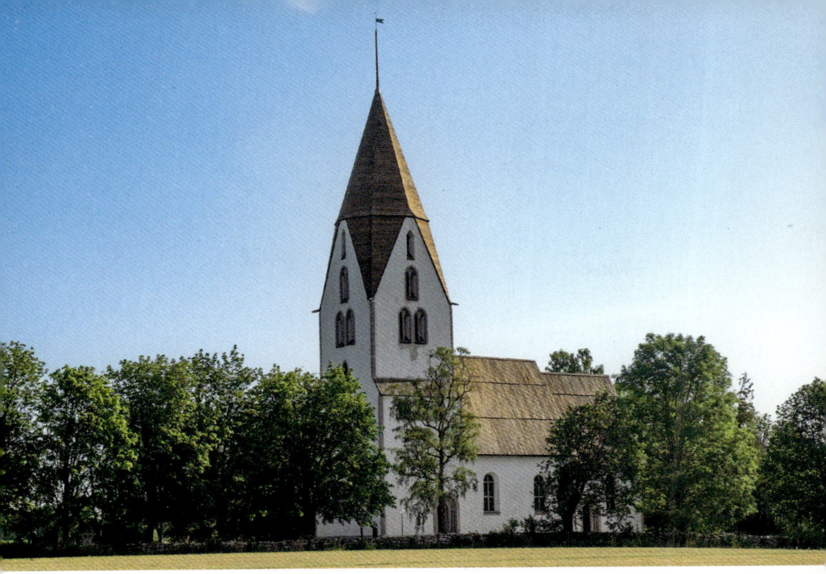

Die Kirche von Lojsta besitzt mittelalterliche Glasmalereien und einen Passionsfries.

Vom **Parkplatz** an der **Lojsta Kyrka** ❶ orientieren wir uns auf dem Väg 142 in Richtung Norden, biegen nach 150 m auf einen kleinen Feldweg links und hinter dem ersten Grundstück auf einen Grasweg rechts ab. Er bringt uns nach 500 m wieder zur Straße zurück, auf der wir weiter nach Norden marschieren. Die Abzweigung in Richtung »Lojsta Slott« beachten wir nicht, sondern nehmen erst 100 m dahinter bei **Bjärs** die nächste **Abzweigung** ❷ halb rechts. Nach ca. 700 m, vor der Ansiedlung **Fride** ❸, zweigt ein schmaler Teerweg rechts ab. Er führt in den Wald hinein, und wird dort zum Feldweg. Eine Hauszufahrt nach rechts ignorieren wir und lassen eine Scheune links liegen. Eine Abzweigung nach rechts beachten wir nicht und folgen dem klar erkennbaren Forstweg nach Nordosten, wobei uns kleine abzweigende Wirtschaftswege kalt lassen. Hinter einem kurzen Schwenk nach links setzt der Weg zu einem ausladenden Rechtsbogen

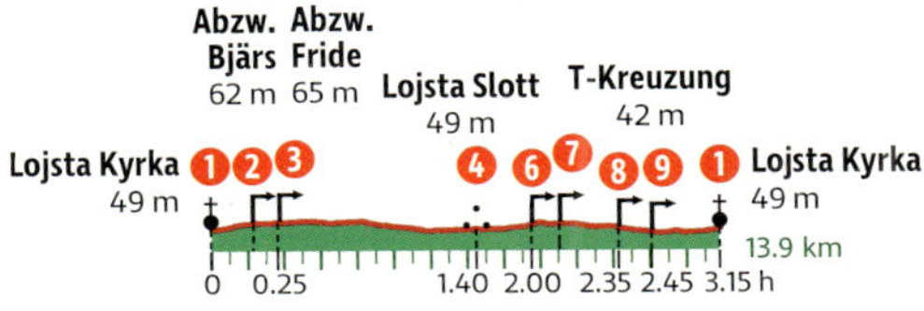

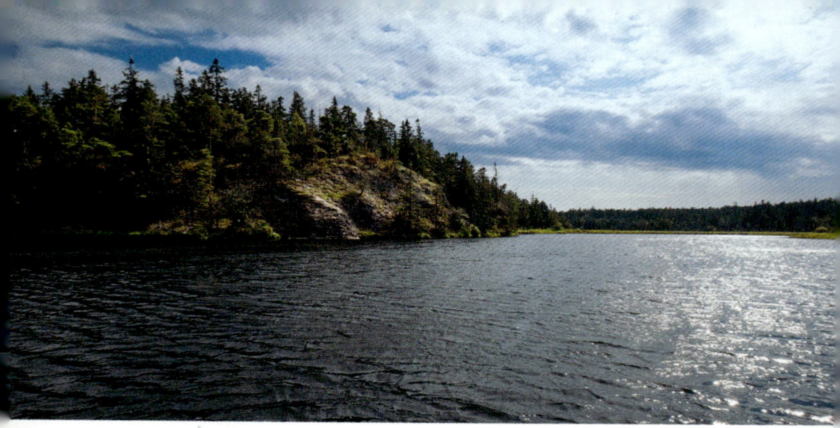

Der See Broträsk liegt wildromantisch eingebettet in die umgebende Waldlandschaft.

an, um anschließend in Richtung Südosten bzw. Süden zu führen. Auch hier heißt die Devise: einfach auf dem Hauptweg bleiben und Abzweigungen nicht beachten.

Nach etwa einer halben Stunde erreichen wir eine Straße und biegen links ab. Nach 100 m, gegenüber einem Haus, können wir rechts einen Abstecher zum Seeufer des **Slottsjön** machen und sehen die (überwachsene) Erhebung von Lojsta Slott genau gegenüber. Dann geht es auf der Straße weiter bis zum Hinweisschild »Lojsta Slott«. Dort rechts. Vom Parkplatz aus betreten wir rechts das umzäunte Gelände von Lojsta Hallen, einem rekonstruierten eisenzeitlichen Hallenhaus. Am unteren bzw. südwestlichen Rand des Grundstücks überqueren wir eine Trittleiter und gelangen auf einem Plankenweg zur historischen Befestigungsanlage. Wir ersteigen die Treppe und erkunden **Lojsta Slott** 4 entgegen dem Uhrzeigersinn. Zurück nutzen wir wieder den Plankenweg. Vom Parkplatz aus machen wir noch einen Abstecher nach rechts zum See **Broträsk** und seinem Badesteg.

Anschließend kehren wir zur Straße zurück, folgen ihr nach rechts (Osten) und nehmen die nächste Möglichkeit rechts, eine unbefestigte **Fahrstraße** 5. Etwa 100 m hinter einer scharfen Rechts-Links-Kurvenkombination zweigt ein **Forstweg** 6 rechts ab. Mit geringfügigem Auf und Ab verläuft der Weg nach Westen. Bei der **Gabelung** 7 zweier gleichberechtigter Feldwege nach 700 m wählen wir die rechte Möglichkeit. Nach weiteren ca. 350 m entscheiden wir uns bei einer weiteren Gabelung für den linken Weg und kommen nach wenigen Schritten zu einem (wenig genutzten und daher stark überwachsenen) Wendeplatz. Von dort geht es nicht geradeaus nach Westen weiter. Vielmehr knickt unser Weg links ab und mutiert zu einer überwachsenen Grasspur, die sich in Generalrichtung Südwest durch den Wald schlängelt.

Nach etwas Höhenverlust mündet sie auf einen querenden Traktorweg, den wir links entlangwandern. Der Weg führt nun etwas aufwärts und passiert einen **Sendemast** (100 m rechts von uns), dessen Zufahrt wir unbeachtet lassen. Erst an der **Gabelung** 8 50 m dahinter nehmen wir den Weg nach rechts. Bei der Kreuzung nach 500 m erneut rechts. Abzweigende Hauszufahrten und eine undeutliche Kreuzung im Wald ignorieren wir. Erst bei einer **T-Kreuzung** 9 biegen wir rechts ab. An einem weißen Häuschen mündet unser Weg auf einen breiten Feldweg, dem wir geradeaus folgen. Auf ihm gelangen wir zum Väg 142 und wenden uns auf ihm nach rechts. An einer Abzweigung marschieren wir geradeaus vorbei und betreten hinter einem bebauten Grundstück halb links **Lojsta Prästänge**. Wir orientieren uns – ohne Wegspur – parallel zur Straße und schlendern durch die hübsche Laubwiese nach Norden. An ihrem Nordende wenden wir uns vor (!) dem ersten Gebäude nach rechts in Richtung Straße, überqueren sie und erblicken schon den **Parkplatz** an der **Kirche von Lojsta** 1 schräg vor uns.

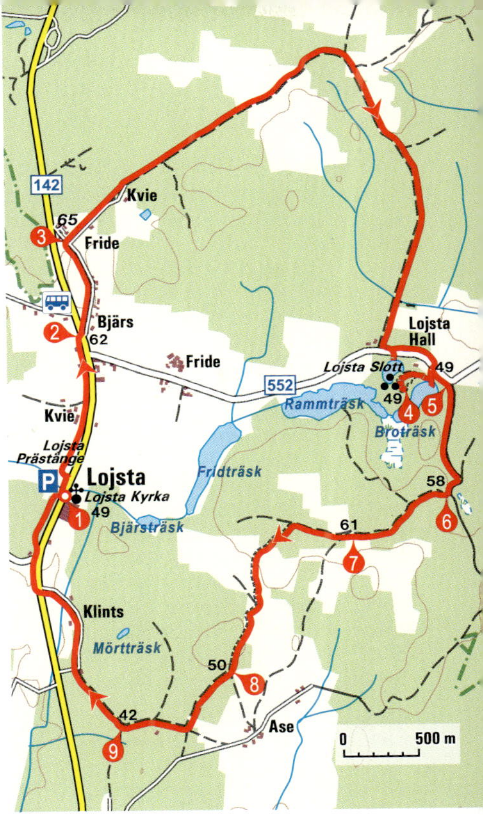

Lojsta Prästänge mit alten Eichenbeständen.

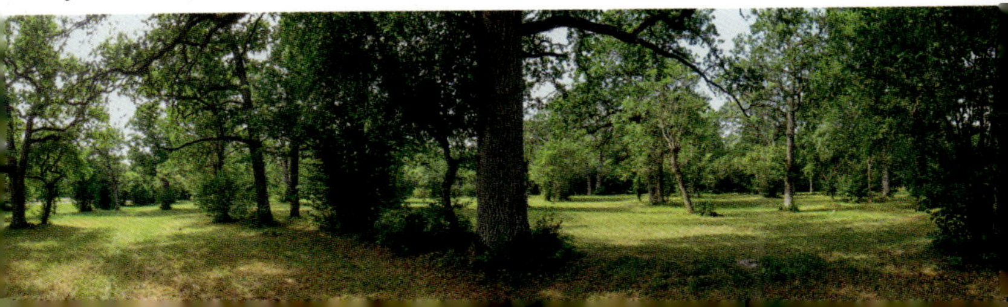

↗ 80 m | ↘ 80 m | 8.9 km

46 Russpark

2.15 h

Lojsta Hajd, die Heimat von Gotlands einheimischer Pferderasse

Gotland besitzt eine einheimische Pferderasse, das »Gotlandsruss«. Diese Rasse ist nicht besonders groß, gilt aber als sehr gelehrig. Die Herde lebt halb wild auf Lojsta Hajd (gleichzeitig die höchste Erhebung Gotlands) und wird nur an wenigen Gelegenheiten im Jahr zusammengetrieben, zum Beispiel dann, wenn die letztjährigen Fohlen verkauft werden (die Herde soll ja nicht zu groß werden) oder die Herde den Weidebereich wechselt. Der »Russpark« ist nämlich in drei Weidebereiche aufgeteilt, die im jahreszeitlichen Umtrieb genutzt werden (Sommarhage: Anfang Juni bis letzter Montag im Juli; Hösthage: letzter Montag im Juli bis Anfang November; Winterhage: Anfang November bis Ende Mai). Diese Wanderung führt durch Sommar- und Hösthage und streift den Winterhage nur am Rande. Manchmal kann man die Tiere von Weitem wiehern hören oder sie, mit etwas Glück, sogar beobachten. Allerdings ist der Russpark groß und unübersichtlich und die Herde klein (ca. 50 Stuten), d. h. es gibt keine Garantie, dass man die Pferde auch tatsächlich zu Gesicht bekommt. Die Wege und Pfade führen durch die ausgedehnten Sand-Kiefernwälder der Lojsta Hajd und berühren zwei Kalk-Quellmoore, nämlich Malgårds Källmyr im Westen und Botes Källmyr im Norden.

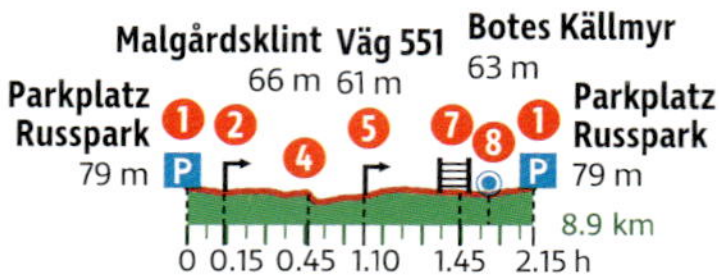

Ausgangspunkt: Parkplatz »Russparken« am Väg 551; sowohl vom Väg 141 als auch vom Väg 142 ausgeschildert.

Anforderungen: Überwiegend einfacher Spaziergang auf Forstwegen und Waldpfaden. Einige Trittleitern.
Einkehr: Keine.
Varianten: 1) Westliche Runde (nur westlicher Teil von Sommarhage) mit Beginn bei ❻, von dort auf dem Feldweg nach Süden bis ❸; ca. 4,5 km. 2) Nur nordöstliche Runde (Hösthage und östlicher Teil von Sommarhage); ca. 6 km.
Hinweise: 1) Die halbzahmen Russpferde dürfen nicht berührt oder gefüttert werden, um die Übertragung von Krankheiten zu verhindern. 2) Hunde sind im Russpark nicht zulässig.
Karte: Sverigeserien – Topo50 (Norstedts) Blad 11 »Södra Gotland«.

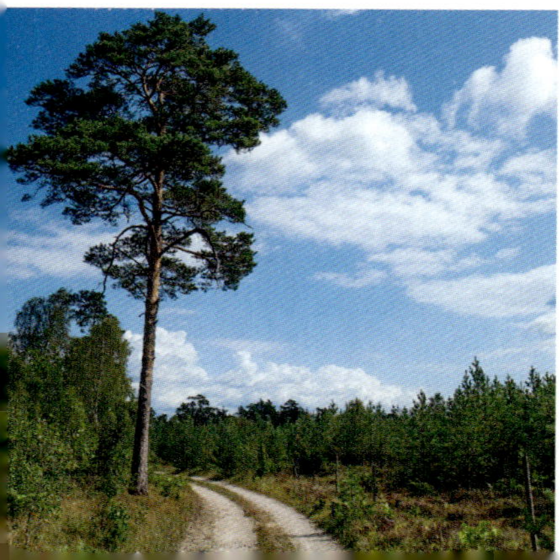

Forstweg im Russpark.

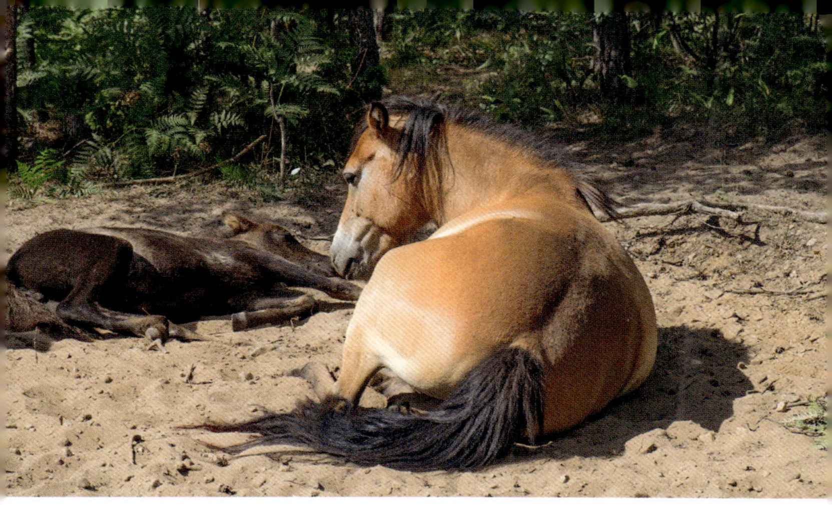

Die Pferde der heimischen Rasse »Gotlandsruss« leben ganzjährig im Russpark.

Vom **Parkplatz Russpark** ❶ betreten wir durch ein Tor das Areal des Russparks und spazieren auf dem breiten Forstweg nach Süden. Nach 1 km (bzw. 12–15 Min. Wanderzeit) erreichen wir hinter einer lang gezogenen Linkskurve einen rechts abzweigenden **Fahrweg** ❷; den nehmen wir. Wir passieren eine Abgrabung und folgen dahinter dem Hauptweg durch eine Links- und eine Rechtskurve. Bei einer T-Kreuzung links (rechts zweigt der Verbindungsweg für Variante 2/nordöstliche Runde ab). Nach 500 m – vor einem Viehgitter an der **südlichen Grenze des Russparks** ❸ – biegen wir beim Schild »Malgårdsklint« rechts ab. Kurz hinter einer scharfen Rechtskurve wenden wir uns bei einer Gabelung links (erneut »Malgårdsklint«), überqueren unweit dahinter die Schneise einer Stromleitung und finden auf der gegenüberliegenden Seite im Wald das Inlandskliff **Malgårdsklint** ❹ (leider völlig zugewachsen, daher kein Ausblick).

Links führt eine kleine Treppe die Steilstufe hinunter, an deren Fuß wir uns einem schmalen Pfad anvertrauen, der sich vom Kliff entfernt. Nach 200 m kommen wir zu einem **Querweg**; dort rechts. Bald öffnet sich eine kleine Lichtung, wo links von uns eine schwach ausgeprägte Geländemulde erkennbar ist; dabei handelt es sich um den südlichen Teil von **Malgårds Källmyr**, einem Quellmoor (bei Trockenheit Abstecher möglich). Wir folgen dem Fahrweg dann geradeaus, der uns nach knapp 1 km auf eine **Straße** ❺ (Väg 551) entlässt. Dort rechts. Nach ca. 1 km (12–15 Min. Wanderzeit) und etwas Höhegewinn zweigt gegenüber einer Kiesgrube ein breiter, geschotterter **Forstweg** ❻ links ab (rechts verläuft der Verbindungsweg für Variante 1/westliche Runde). Auf ihm geht es nach Norden.

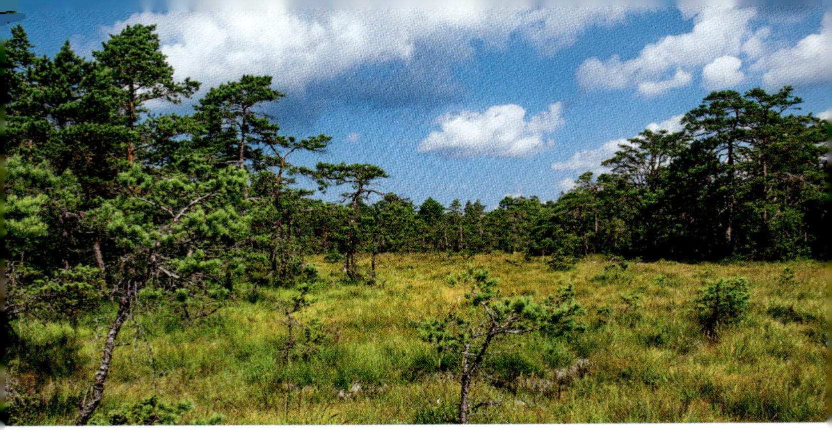

Bestandteil des Russparks sind mehrere Kalk-Quellmoore.

Etwa 200 m hinter (!) der Einmündung eines von links einmündenden Forstwegs überqueren wir eine **Trittleiter** ⑦ rechts und nehmen den Pfad im rechten Winkel ins Gelände hinein. Nach 200 m treffen wir auf einen sandigen Querweg und gehen auf ihm nach rechts. Nach knapp 500 m (bzw. 6–7 Min. Wanderzeit) heißt es aufpassen: Bei einem kniehohen »Naturreservats«-Schild führt ein ausgetretener Trampelpfad spitzwinklig nach links. Er bringt uns nach etwa 150 m zum Südrand von **Botes Källmyr** ⑧, einem Quellmoor, das gleichzeitig auch ein beliebter Aufenthaltsplatz der Pferde innerhalb des »Hösthage« ist. Von dort kehren wir zum Hauptweg zurück und folgen ihm nach links.

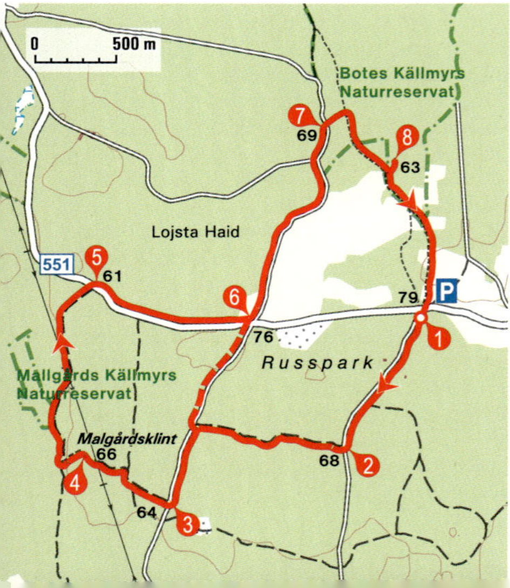

Nach 250 m ignorieren wir einen Trampelpfad nach rechts und setzen unseren Weg geradeaus fort. Erst bei einer Gabelung knapp 100 m dahinter entscheiden wir uns für die Möglichkeit halb rechts. Der Weg bringt uns in einem weiten Rechtsbogen zurück zum Ausgangspunkt. Hinter einer Trittleiter erreichen wir wieder die Straße und den **Parkplatz Russpark** ①.

↗ 140 m | ↘ 140 m | 16.8 km

4.00 h

Fröjel, Gannarve und Vallhagar

47

Durch Wald und Felder zu spannenden Etappenzielen

Viel Wald, einiges an Offenland, ein bisschen Küste und mehrere spannende Etappenziele – so lässt sich diese Tour zusammenfassen. Dabei geht es zu einer sehenswerten Kirche und einem (vermutlich) prähistorischen Labyrinth (eine sog. Trojaburg), einem Aussichtspunkt über die Westküste und zu einer großen (restaurierten) Schiffssetzung. Den Abschluss aber machen eisenzeitliche Siedlungsreste. Nicht irgendwelche, sondern die umfangreichsten Relikte eines eisenzeitlichen Dorfs auf Gotland, das außerdem – wie Ausgrabungen zeigten – nicht einfach aufgegeben, sondern unter vermutlich dramatischen Umständen durch einen Überfall zerstört wurde. Im Wald folgt man bei dieser Runde überwiegend schmalen Pfaden, die sich zwischen Kiefern dahinschlängeln, im Offenland verlaufen Teile der Strecke auf idyllischen, mauergesäumten Wegen unter Apfelbäumen oder entlang von Hecken.

Aussicht von der Kante der Haugklintar mit der Insel Lilla Karlsö links im Hintergrund.

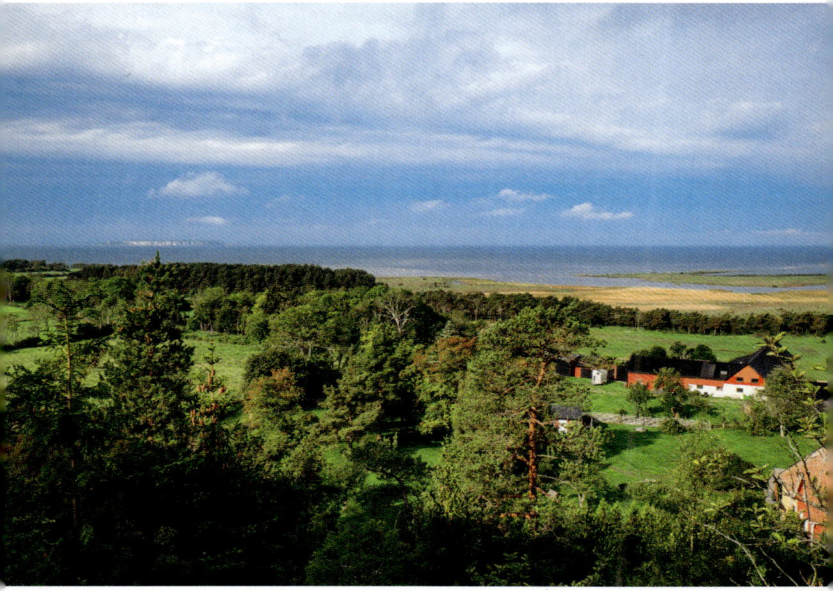

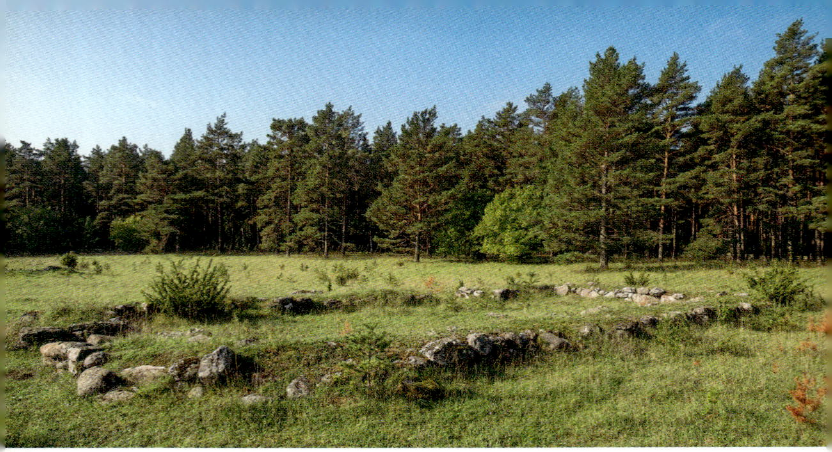

Die Hausfundamente sind Bestandteil der eisenzeitlichen Siedlung Vallhagar.

Ausgangspunkt: Kfz: Parkmöglichkeit südlich von Ansarve. Väg 141 beim Schild »Fröjel K:a« verlassen und sofort rechts abbiegen (»Ansarve«). Nach 150 m findet sich auf der rechten Seite eine von der Straße zurückgesetzte, gekieste Fläche vor einem verfallenen Gebäude. ÖPNV: Bus Nr. 10 bis Haltestelle »Puser« und nördlich davon auf die Nebenstraße nach Westen (Schild »Fröjel K:a«) einbiegen. Alternativ Bus Nr. 32 bis Haltestelle »Fröjel« und Tour bei Fröjels Kirche ❹ starten.
Anforderungen: Einfache Wanderung auf Waldpfaden, Wald- und Feldwegen sowie kurz auf der Straße. Im Wald wurzelig, punktuell steinig und gelegentlich etwas überwachsen. Zwei Trittleitern, ein Überstieg über ein Tor.
Einkehr: Café im Gannarve Gård (nur in der Hochsaison, jedoch unklar, ob dies nach 2022 fortgeführt wird).
Varianten: Die Tour lässt sich entlang eines Waldwegs westlich von Vallhagar und entlang des Väg 140 in unterschiedlich lange Runden aufteilen. 1) Östlicher Teil: Ca. 6,8 km, für Kinder geeignet. 2) Mittlerer Teil: Ca. 9,5 km, für Kinder geeignet (Parken an der Kirche von Fröjel oder bei Vallhagar). 3) Mittlerer und westlicher Teil zusammen: Ca. 12,5 km (Parken an der Kirche von Fröjel oder bei Vallhagar).
Hinweis: Im Bereich der eisenzeitlichen Siedlungsreste von Vallhagar finden sich auf den Infotafeln auch Erläuterungen auf Deutsch.
Karte: Sverigeserien – Topo50 (Norstedts) Blad 11 »Södra Gotland« oder Blad 12 »Mellersta Gotland«.

Von der **Parkmöglichkeit bei Ansarve** ❶ biegen wir links auf die Zufahrtsstraße und anschließend rechts auf das Teersträßchen ab. Auf ihm geht es an mehreren Gebäuden vorbei, bevor wir uns hinter einem kleinen Linksknick am Hof Kaupe (hinter einer großen Scheune) nach rechts wenden und zwischen den Gebäuden einen Feldweg entdecken. Wir marschieren auf ihm entlang, wobei wir Abzweigungen nicht beachten. Hinter einem kleinen Waldstück wird er schmaler, steigt leicht an und erreicht anschließend den Waldrand. Über die dann folgende Kreuzung wandern wir geradeaus hinweg und nehmen die nächste Möglichkeit, **Sprängkulleväg** ❷, links. Zunächst auf einem schmalen Waldpfad, der sich hinter einer Kreuzung zu einer Fahrspur entwickelt, laufen wir durch leicht welliges Gelände knapp 2 km (ca. 25–30 Min.) geradeaus bis zur Straße, Väg 543; dort rechts. Auf der Hauptstraße (Väg 140) erneut rechts und nach 50 m links in Richtung »Göstavs« abbiegen. Der breite Feldweg bringt uns – Abzweigungen werden ignoriert – hinunter zur Küste, wo wir uns bei den Fischerhütten von **Valbybodar** ❸ nach rechts wenden. Falls das Tor an der nördlichen Grundstücksgrenze verschlossen ist, können wir es links, an seiner niedrigsten Stelle, leicht übersteigen.

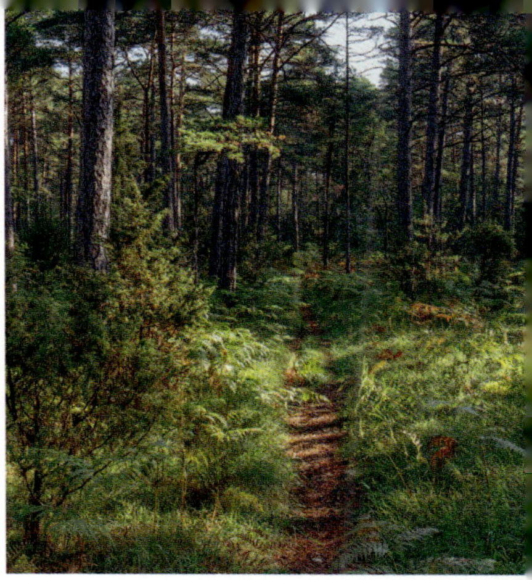

Unterwegs auf schmalen Waldpfaden.

Bei der Gabelung gleich dahinter halb links. Kurz folgen wir küstennah dem Feldweg, machen dann jedoch seinen Rechtsknick nicht mit. Stattdessen übersteigen wir geradeaus eine Trittleiter. Mit einem Zaun rechter Hand geht es ca. 400 m weglos über eine Weide bis zu einem Tor. Dort orientieren wir uns nach rechts, wandern zwischen Hecken hinauf nach **Fröjel** und gehen auf der Straße rechts. Nach 50 m erklimmen wir links auf einer

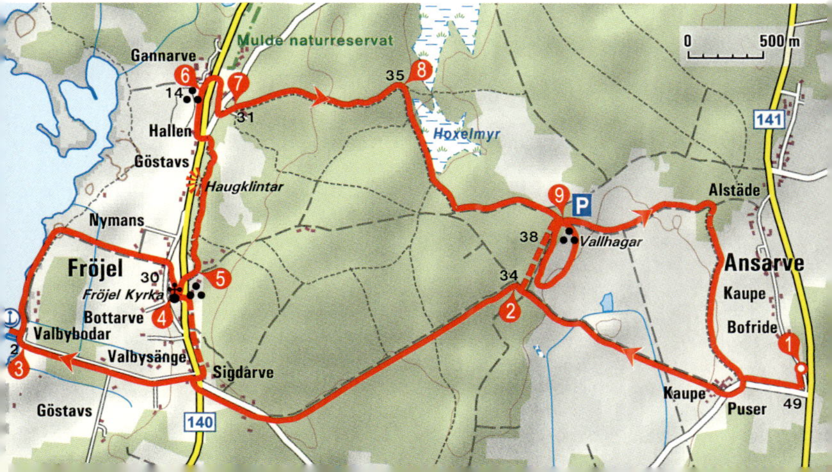

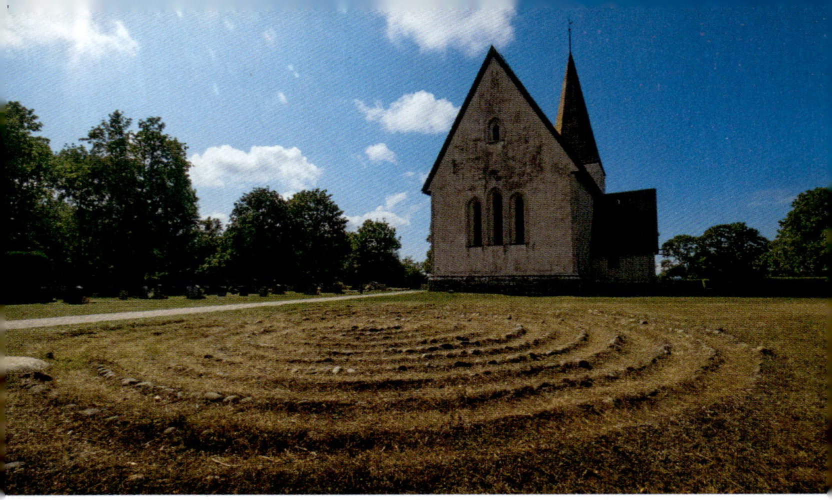

Labyrinth im Vordergrund mit Kirche von Fröjel im Hintergrund.

Treppe den Hang, und kommen – oben rechts – zur Ruine des **Kastals**. Anschließend betreten wir durch ein Tor den Kirchhof, halten uns hinter der **Kirche** 4 links und erreichen – vorbei am **Labyrinth** – die Hauptstraße. Dort links und bei der Abzweigung nach »Vallhagar« (beschildert) rechts. Nach knapp 100 m erspähen wir links einen schmalen **Waldpfad** 5; den nehmen wir. Eine Waldpfadkreuzung überqueren wir geradeaus; hinter ihr tritt der Pfad deutlicher hervor. Wir kommen am Aussichtspunkt **Haugklintar** vorbei und verlieren unweit dahinter abrupt an Höhe. Am Hangfuß folgen wir dem Pfad in einem Rechtsbogen, hinter dem er bald auf eine Straße mündet. Wir gehen wenige Schritte nach links zur Einmündung in den Väg 140 und marschieren auf dieser Straße nach Norden. Nach wenigen Hundert Metern treffen wir linker Hand auf die Schiffssetzung von **Gannarve** 6.

Nördlich der Schiffssetzung wählen wir – gegenüber der Einfahrt zu **Gannarve Gård** – einen Feldweg nach rechts und biegen nach 30 m rechts auf einen Trampelpfad ab. Wo er auf eine Straße mündet, wenden wir uns nach rechts. Nach wenigen Metern zweigt ein Feldweg links ab, der uns ansteigend zu einer Hangkante bringt. Dort erwartet uns eine **Mehrfachverzweigung** 7; wir entscheiden uns für den Waldpfad halb links (nicht den Pfad rechtwinklig nach links nehmen!), Wir passieren nach wenigen Metern ein Hausgrundstück und folgen dem Pfad in ungefähr östlicher Richtung, wobei wir abzweigende Spuren nicht beachten. Der Pfad führt über leicht welliges Gelände und abwechselnd durch ältere und jüngere Kiefernbestände. Nach 1,2 km mündet er auf einen **Querweg** 8; dort

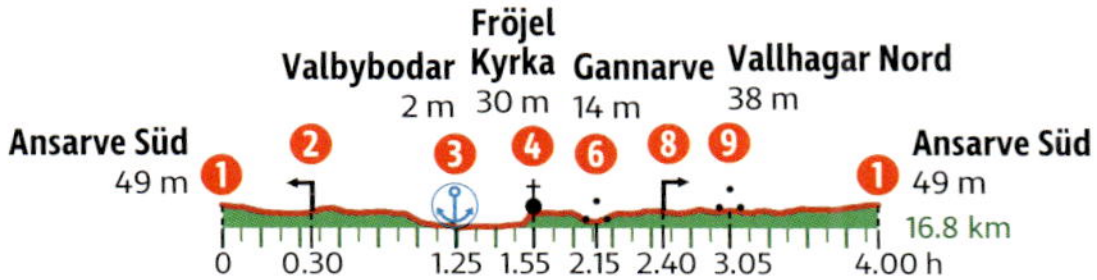

rechts. Wir marschieren auf dem Pfad nach Südosten. Er geht nach einigen Hundert Metern in eine Fahrspur über, die einen kleinen Hang erklimmt und kurz darauf auf eine ungeteerte Fahrstraße mündet. Auf ihr links marschieren wir bis zur Abzweigung »Vallhagar«, der wir halb rechts folgen. Vom **Parkplatz** 9 bei Vallhagar aus steuern wir rechts eine Trittleiter an, über die wir das Gelände von **Vallhagar** betreten. Von einer Infotafel führt ein schmales Pfädchen halb links ins Gelände und an mehreren beschilderten Stationen vorbei, wobei der Weg mit weißen Pfosten markiert ist. Bei Station 3 knickt der Pfad scharf rechts ab und geleitet uns in nördlicher Richtung wieder zum **Parkplatz** 9.
Dort entscheiden wir uns für den rechten Weg, der sich zwischen Steinmauern – mit weißen Pfosten markiert – durchs Offenland schlängelt. Abzweigungen beachten wir nicht. Wieder im Wald, erreichen wir nach 100 m die Abzweigung des Tungårdsvägs und gehen rechts. Vorbei an einem mittelalterlichen Kalkofen und einer Waldweide stoßen wir beim Hof Puser auf die Straße, biegen dort links und nach knapp 500 m ebenfalls links in Richtung **Ansarve** ab. Nach 150 m haben wir die **Parkmöglichkeit** 1 rechts vor uns.

Die restaurierte Schiffssetzung Gannarve ist ein Besuchermagnet.

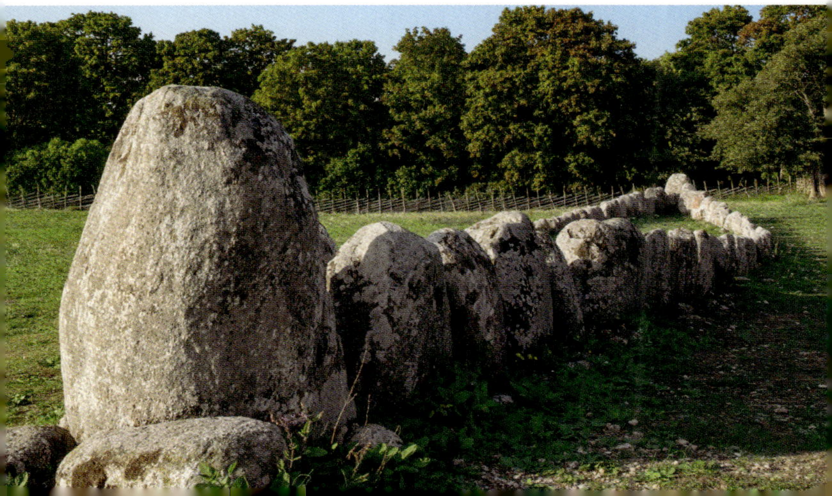

TOP

48 Västergarn und Paviken

↗ 50 m | ↘ 50 m | 6.9 km

1.45 h

Vom Hafen für Wikingerschiffe zum Hort für Wasservögel

Was sich heute als flacher See im Landesinneren darstellt, war noch zur Wikingerzeit – also noch vor 1000 Jahren – eine mit dem Meer verbundene Bucht (schw.: vik), die erst durch die Landhebung die Durchgängigkeit zum Meer verlor. Die Wikinger wussten diesen geschützten und leicht zu verteidigenden Hafen zu schätzen und siedelten v. a. an seinem Ostrand, wobei nur das geschulte Auge noch Überreste dieser Siedlungstätigkeit wahrnehmen kann. Heute beherbergt Paviken zwar keine Drachenboote mehr, auf seiner Wasserfläche und den großen Röhrichtarealen dafür aber eine spannende Vogelwelt, die von zwei Beobachtungstürmen – einer im Nordwesten, einer im Südosten des Gewässers – ins Visier genommen werden kann. Kraniche und Silberreiher, Seeschwalben und verschiedene Gänsearten sind regelmäßig zu beobachten und auch Adler sind mitunter auszumachen.

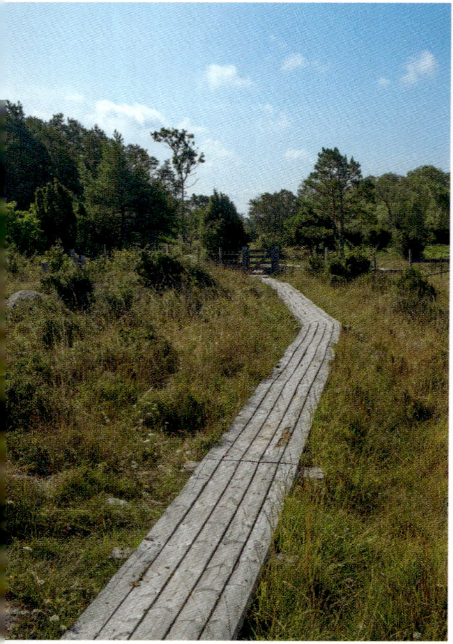

Ausgangspunkt: Kfz: Parkplatz für Pkw am nördlichen Ortsrand von Västergarn. Auf dem Väg 140 von Norden kommend, unmittelbar hinter der Brücke über einen Graben (und 50 m vor der Abzweigung nach Mafrids) links auf einen Feldweg abbiegen. Parkplätze nach 20 m links. Wohnmobile finden eine Parkmöglichkeit 500 m weiter südlich, östlich vom Väg 140. ÖPNV: Bus Nr. 10 bis Haltestelle »Stelor«; von dort 100 m nach Südosten. Start dann bei 2.
Anforderungen: Wanderung am Strand, abschnittsweise ohne Weg, auf Feldwegen und befestigtem Untergrund. Mehrere Trittleitern.
Einkehr: Keine.
Hinweis: Auf die Mitnahme von Hunden sollte verzichtet werden, da der Bereich rund um Paviken und die Küste in hohem Maß für den Vogelschutz relevant sind.
Karte: Sverigeserien – Topo50 (Norstedts) Blad 11 »Södra Gotland« oder Blad 12 »Mellersta Gotland«.

Plankenstege führen über nassen Untergrund.

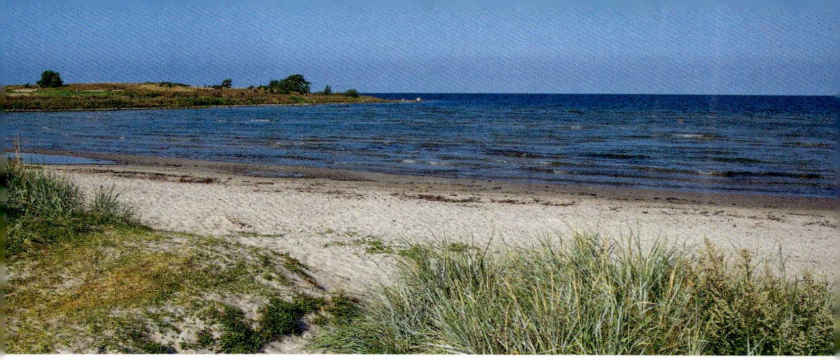

An der Bucht Bibosviken wandert man am Strand entlang.

Von der Einfahrt zum **Parkplatz** ❶ am Ortsrand von **Västergarn** laufen wir entlang des Väg 140 nach rechts (Norden), überqueren die Brücke und passieren eine Scheune (rechts von uns). 50 m dahinter nehmen wir ein schmales **Sträßchen** ❷ nach links. An seinem hinteren Ende machen wir den Rechtsknick mit und finden nach 50 m, beim Holzschild **»Golfbanan«** ❸, einen kleinen Pfad nach links – zwischen einer Hecke und der Rückwand eines Hauses. Dahinter wenden wir uns nach rechts und wandern zwischen Golfplatz und Siedlung auf einem Grasweg nach Norden. Hinter der Zufahrtsstraße zum Golfplatz setzt sich unser Weg – links versetzt – in bisheriger Richtung fort. Wir durchqueren das Tor zu **Kronholmens Gård** und nutzen unmittelbar dahinter den Plankenweg nach links. Falls das Tor geschlossen oder der Zugang nicht möglich ist, kehren wir um und weichen auf den Fußgängerweg entlang der Hauptstraße (Väg 140) aus und nehmen die übernächste Abzweigung nach links.

Wir erreichen den Strand von **Bibosviken** und flanieren auf ihm nach rechts. Vor einem roten Gebäude halten wir uns auf einem Feldweg kurz landeinwärts, wenden uns aber unmittelbar hinter dem **Haus** ❹ nach links, treten durch ein Tor und finden einen sehr schmalen Pfad, der uns wieder zur Küste lotst. Bei einem quer verlaufenden Zaun nutzen wir die Zaunöffnung halb rechts (falls verschlossen: Zaun dicht am Ufer übersteigen; dort ist er am niedrigsten). Anschließend wandern wir weiter parallel zur Küste am Ufer entlang bis zum nächsten

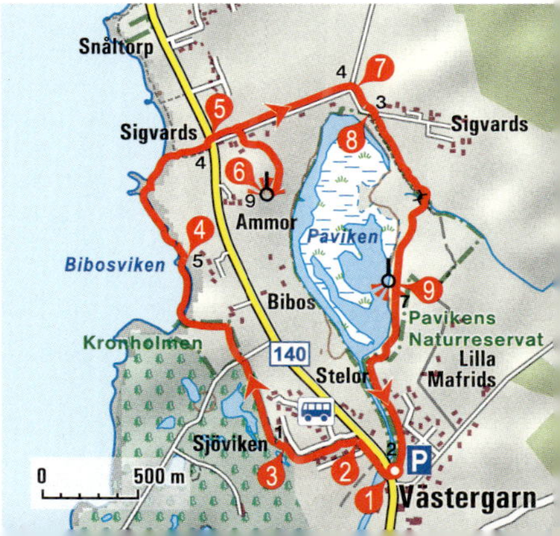

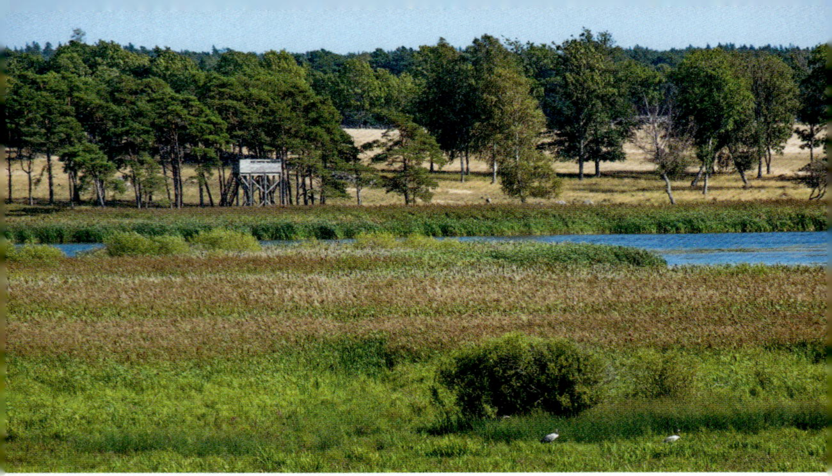

Der Blick vom nördlichen Aussichtsturm birgt schöne Überraschungen: zwei Kraniche.

Zaun. Dort biegen wir landeinwärts ab, treten durch ein breites Holztor und folgen einem Fußpfad nach rechts bis zur Straße (**Väg 140**). Dort links und gleich wieder rechts, wo das **Sträßchen nach Valve** 5 abzweigt. Gleich beim ersten Gebäudekomplex rechts bemerken wir eine Trittleiter hinten im Hof, die wir für einen Abstecher nutzen. Hinter der Trittleiter halb links. Wir steuern auf eine kleine Geländeerhebung zu und orientieren uns von dort aus halb rechts, auf eine in der Ferne sichtbare Wasserfläche zu. Hinter den Bäumen eines kleinen Wäldchens gehen wir vor einem Weidezaun rechts und erreichen nach 100 m den **nördlichen Aussichtsturm** 6 mit Blick auf **Paviken**. Zurück auf demselben Weg und dann auf dem Sträßchen weiter nach rechts. Bei einer **Gabelung** 7 nach 800 m wählen wir den Feldweg nach rechts. Nach weiteren 200 m treten wir rechts durch ein **Törchen** 8 und begeben uns auf einen breiten **Plankenweg**. Hinter einer Brücke orientieren wir uns halb rechts und zielen die untere der beiden Trittleitern an. Dahinter erwartet uns ein schmales Pfädchen, das uns dicht am Ufer von Paviken entlang zum **südlichen Aussichtsturm** 9 bringt. Anschließend setzen wir den Weg nach Süden fort, übersteigen eine Trittleiter und folgen weiter dem schmalen Pfad. Hinter einer weiteren Trittleiter betreten wir ein Gehölz, wo das Pfädchen auf einen Feldweg mündet; dort rechts. Wo der Feldweg links abknickt, behalten wir die Richtung geradeaus auf einem Grasweg bei und erreichen bald wieder den kleinen **Parkplatz** 1 bei **Västergarn**.

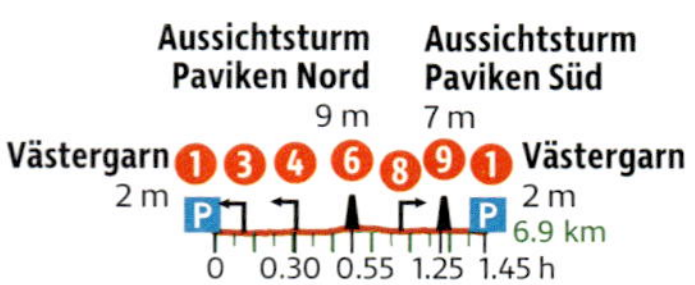

↗ 50 m | ↘ 50 m | 6.3 km

1.30 h

Mästerby und Mästerby Änge

Wo im Mittelalter die Geschicke Gotlands entschieden wurden

Rund um Mästerby ist die Landschaft alles andere als dramatisch. Ackerbau dominiert das Bild, kleine Wäldchen und Baumgruppen gliedern die Feldflur und verstreute Höfe setzen rote Akzente. Archäologisch steppt hier aber der Bär: Funde zeigen, dass dieser Landstrich seit der Bronzezeit bewohnt war. Ein Indiz dafür, dass Gotland mindestens seit der Eisenzeit kein isolierter Außenposten, sondern handelsmäßig weit vernetzt war, lieferte der Fund von mehreren arabischen Silbermünzen. Vom mittelalterlichen Wohlstand zeugt die romanische Kirche von Mästerby mit ihrem reichen Bilderschmuck (Baubeginn im frühen 13. Jh.). Im Jahr 1361 wurde dann blutige Geschichte mit dramatischen Auswirkungen für Gotland geschrieben: Exakt hier traf das Invasionsheer des Dänenkönigs Valdemar Atterdag auf das gotländische Bauernheer und schlug es in der Schlacht von Mästerby vernichtend, woran ein mittelalterliches Ringkreuz (»Grenkorset«) in der Ackerflur erinnert. Ein kurzer Rundgang durch Mästerby Änge, eine Laubwiese, schließt den Spaziergang durch diese geschichtsträchtige Landschaft ab.

Ausgangspunkt: Parkplatz wenige Meter nördlich von Mästerbys Kirche.
Anforderungen: Einfache Wanderung auf Feldwegen und auf Straßen, in Mästerby Änge auf Trampelpfaden.
Einkehr: Keine.
Tipp: Selbst wer sonst nicht an Kirchen interessiert ist, sollte an Mästerby Kyrka nicht vorbeilaufen. Im Inneren ist nämlich ein gut erhaltenes, umfangreiches Bildprogramm zu bestaunen.
Karte: Sverigeserien – Topo50 (Norstedts) Blad 11 »Södra Gotland« oder Blad 12 »Mellersta Gotland«.

Das Gedenkkreuz Grenkorset errinnert an die Schlacht von Mästerby.

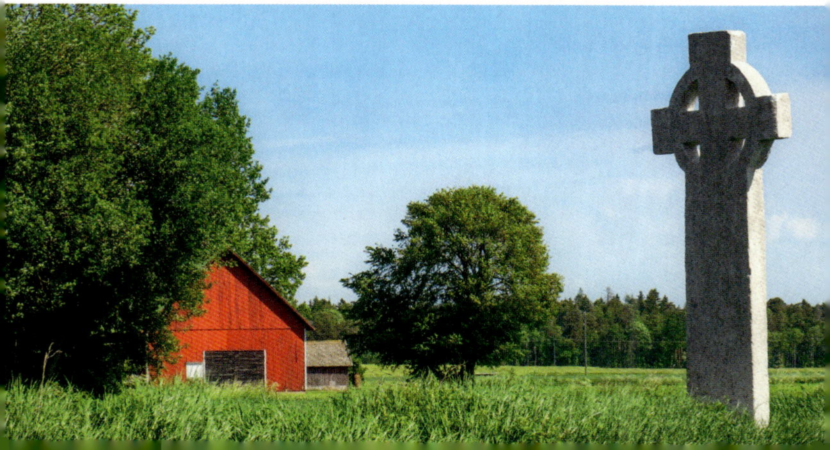

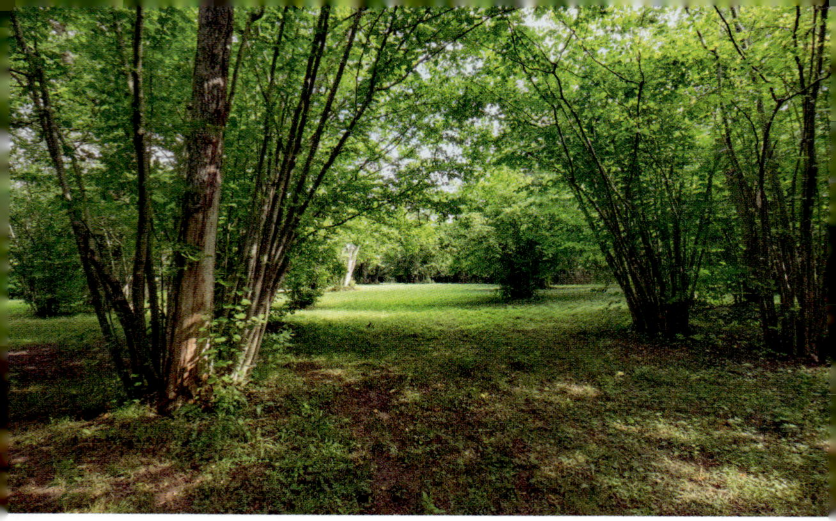

Mästerby Änge ist eine gut gepflegte Laubwiese.

Vom **Parkplatz** nördlich von **Mästerby Kyrka** 1 machen wir zunächst einen Abstecher zum Gotteshaus, bevor wir unseren Weg auf der Straße nach Süden fortsetzen. 20 m hinter einer Straßeneinmündung von rechts biegen wir links auf einen **Feldweg** 2 ab. Er knickt nach einigen Hundert Metern rechts ab. Seinen Linksknick machen wir jedoch nicht mit, sondern laufen geradeaus auf einem Grasweg entlang eines Grabens weiter. Auf der **Straße** 3 rechts. Vor einem kleinen Häuschen zweigt ein Feldweg ab, den wir zunächst jedoch ignorieren, um nach 50 m links in einem Feld das mittelalterliche Ringkreuz, **Grenkorset** 4, zu entdecken. Es erinnert an die Schlacht zwischen dem gotländischen Bauernheer und dem Heer des Dänenkönigs Valdemar Atterdag, in der Ersteres an dieser Stelle – damals übrigens noch ein sumpfiges Gelände – vernichtend geschlagen wurde.

Wir kehren um, nehmen nun den Feldweg rechts und spazieren an einem Bauernhof vorbei nach Südwesten. Wir folgen der Rechtskurve des Wegs und gelangen hinter einem kleinen Wäldchen auf einen breiten **Feldweg** 5. Dort rechts und erneut rechts auf der Hauptstraße, **Väg 578** 6. Nach 250 m weist ein Schild »Mästerby Änge« nach rechts: Hier finden wir den Hauptzugang zur Laubwiese. Wir betreten sie durch ein **Tor** 7 neben einer Infotafel und vertrauen uns dem kleinen Pfädchen an, das ins Gelände von **Mästerby Änge** hineinführt. Zunächst schlängelt es sich in

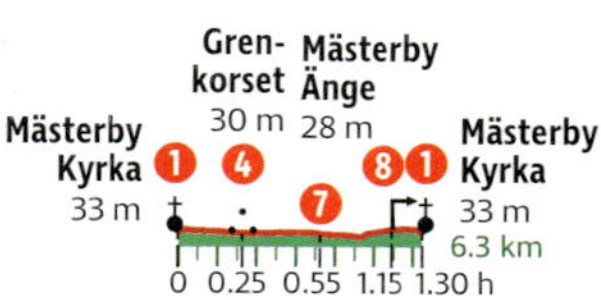

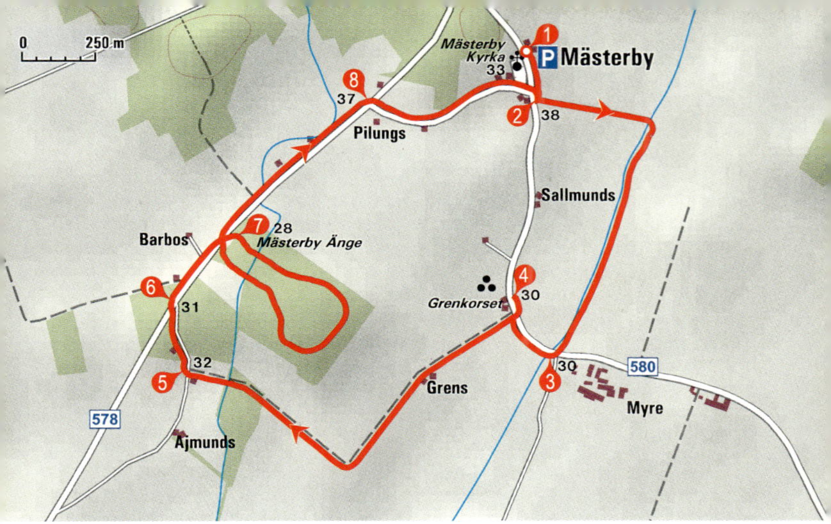

Richtung Südosten durch die anmutige Laubwiese, bevor wir einen Laubwald betreten. Im Wald beschreibt der Pfad einen weiten Rechtsbogen von 180° und entlässt uns wieder auf die Laubwiese. Ein schmales Pfädchen bringt uns zurück zum **Tor** ❼.

Auf der Straße marschieren wir nach rechts und nehmen nach 600 m das **Sträßchen** ❽ nach rechts. Bei einer T-Kreuzung südlich von Mästerbys Kirche biegen wir links ab und schließen nach 100 m die Runde am **Parkplatz** nördlich von **Mästerby Kyrka** ❶.

Die Kulturlandschaft bei Mästerby schwelgt in sommerlichen Grüntönen.

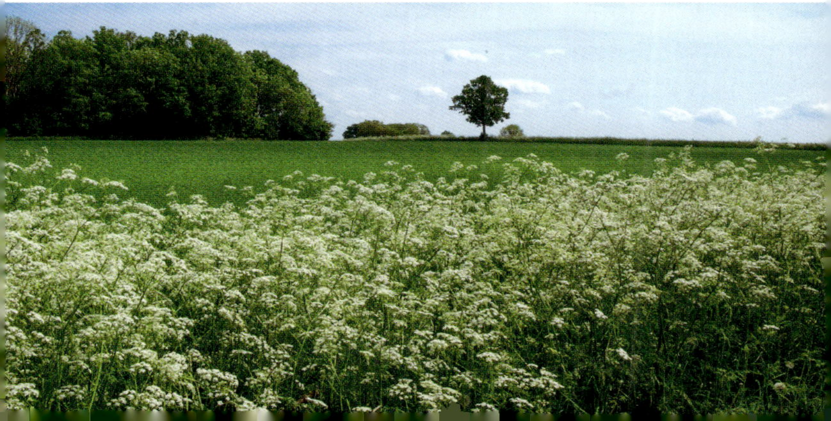

↗ 40 m | ↘ 40 m | 7.6 km

50 Norrbys i Väte

1.45 h

Zum einzigen Kulturreservat Gotlands

Gotland hat nur ein Kulturreservat: Dabei handelt es sich um den Hof Norrbys und seine Nutzflächen, die den Zustand eines gotländischen Anwesens aus den 1940er-Jahren widerspiegeln. Während Scheunen, Schober und die kleine Wassermühle mit ihrer typisch roten Farbe den Erwartungen an das ländliche Schweden völlig gerecht werden, ist das Haupthaus im Gutshausstil konzipiert und vom Geschmack der drei Geschwister geprägt, die den Hof zuletzt bewirtschafteten. Auf dem Hinweg führt der Weg durch Kiefern- und Fichtenwald, der Rückweg steht hingegen im Zeichen von offenen Acker- und Wiesenflächen und von schmucken (zeitgenössischen) Höfen.

Ausgangspunkt: Kfz: Parkplatz Norrbys Museigård. In Väte vom Väg 142 nach Nordosten in Richtung Norrbys abbiegen, dem Sträßchen 700 m folgen und hinter einer Rechtskurve links auf den großen Parkplatz fahren. ÖPNV: Bus Nr. 12 bis Haltestelle »Lunda«. Start dann bei Wegpunkt 5.
Anforderungen: Einfache Wanderung auf Forst- und Feldwegen, kurz auf der Straße.
Einkehr: Kleine Kaffeestube in Norrbys Museigård (Öffnungszeiten entsprechend Museum: letzte Juniwoche bis 2. Augustwoche tgl. 11–17 Uhr).
Karte: Sverigeserien – Topo50 (Norstedts) Blad 11 »Södra Gotland« oder Blad 12 »Mellersta Gotland«.

Rund um Norrbys i Väte wird Landwirtschaft betrieben.

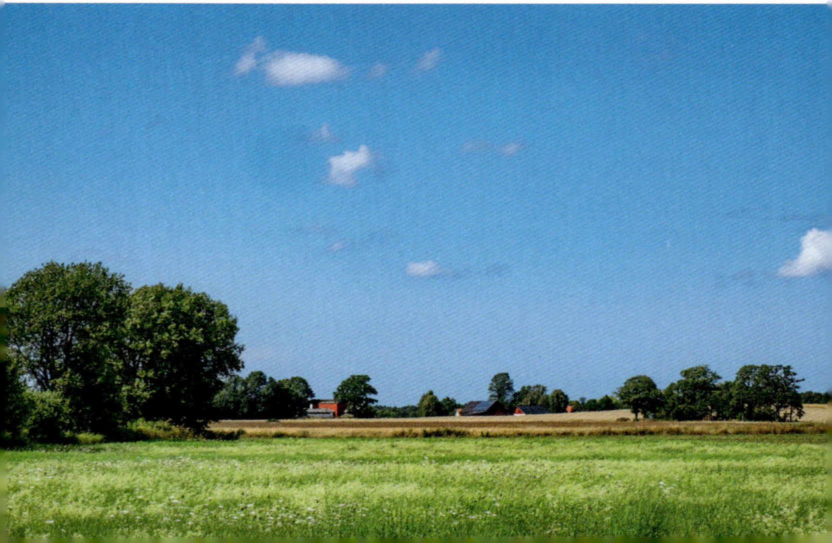

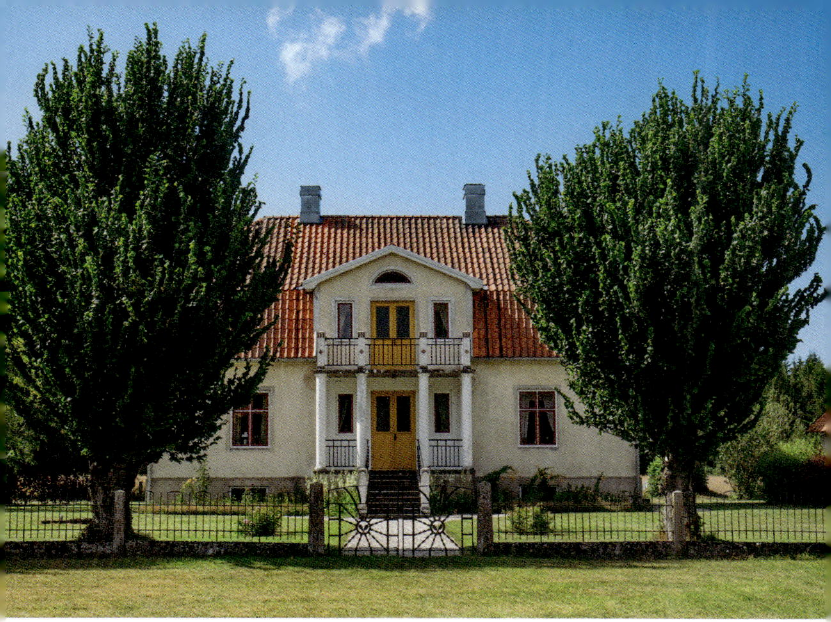

Das Gutshaus wurde im Stil der 1950er-Jahre errichtet.

Vom **Parkplatz** von **Norrbys Museigård** ❶ begeben wir uns ein paar Schritte zurück auf das kleine Ankunftssträßchen und biegen auf ihm links ab. Auf ihm gelangen wir hinter einer weiten Linkskurve (Abzweigungen nach rechts zu einem großen Hofgebäude ignorieren wir) in den Wald. Das Teersträßchen geht auf Höhe eines einsam gelegenen Hauses in einen Feldweg über, auf dem wir geradeaus die Richtung beibehalten. Der Weg führt nun über schwach welliges Gelände durch Wald, wobei wir abzweigende, untergeordnete Wege ignorieren. Wo unser Weg nach

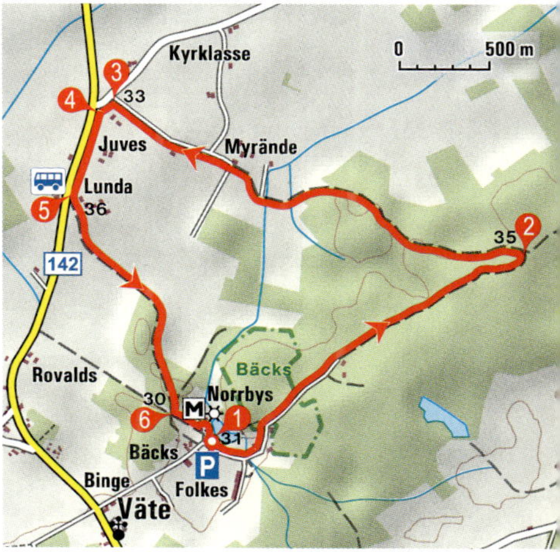

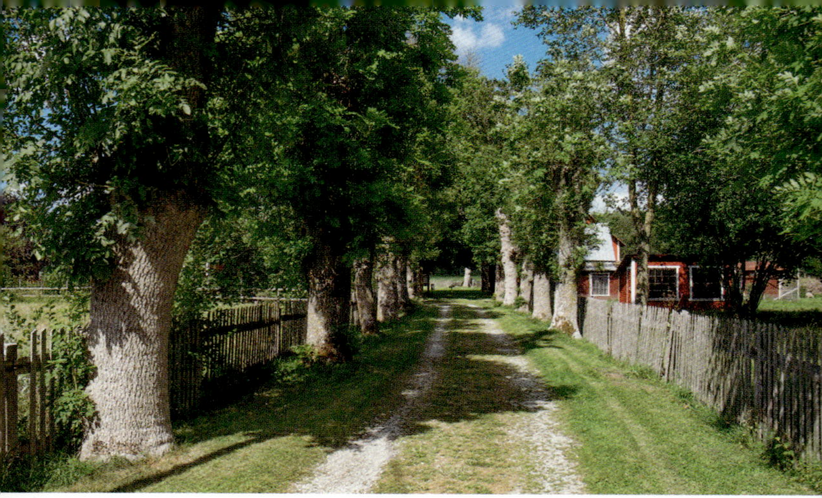

Eine Eschenallee säumt die Zufahrt zum Anwesen.

1,3 km (bzw. ca. 15–20 Min. Gehzeit) auf einen breiten **Forstweg** ❷ mündet, links. Der Forstweg schlängelt sich in Generalrichtung Westen und entlässt uns schließlich in Offenland, wo wir seinem Verlauf weiter in westlicher bzw. nordwestlicher Richtung folgen. Dabei ignorieren wir abzweigende Feldwege oder Hofzufahrten. Vorbei an mehreren Bauernhöfen erreichen wir eine **T-Kreuzung** ❸ und gehen auf der Querstraße links.
Wir treffen auf die Hauptstraße, den **Väg 142** ❹; hier ebenfalls links. Nach 500 m, direkt bei der **Bushaltestelle »Lunda«** (Bushaltestellenschild beachten), zweigt ein **Feldweg** ❺ halb links ab: Den nehmen wir. Zunächst geht es noch durch die Feldflur, bevor wir hinter einer Rechtskurve wieder Wald betreten. Nach 400 m haben wir ihn durchquert und erblicken bei einer **Feldwege-Kreuzung** ❻ eine kleine Siedlung halb links vor uns. Hier entscheiden wir uns für die linke Möglichkeit. Sie bringt uns direkt zur Gebäudegruppe des **Museums-Bauernhofs** (Eingang linker Hand). Kurz hinter dem ersten Gebäude biegen wir rechts ab, erreichen unter den Bäumen einer kleinen Allee ein Sträßchen und sehen nach wenigen Schritten links den **Parkplatz** ❶ vor uns.

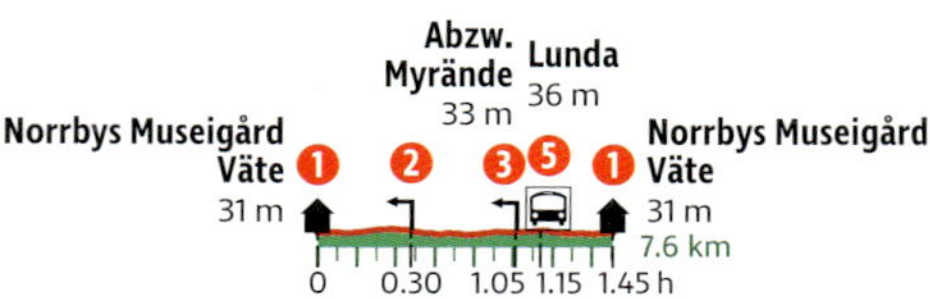

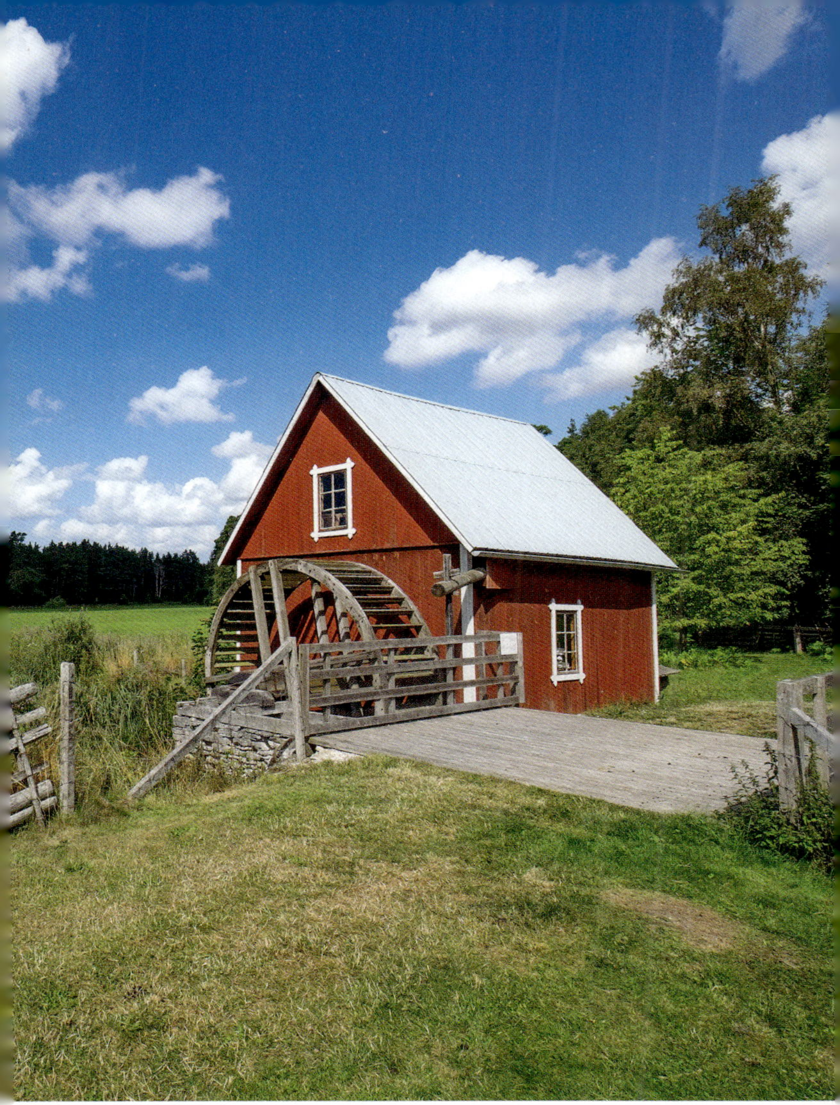

Die kleine Wassermühle ist ein echter Hingucker.

STICHWORTVERZEICHNIS

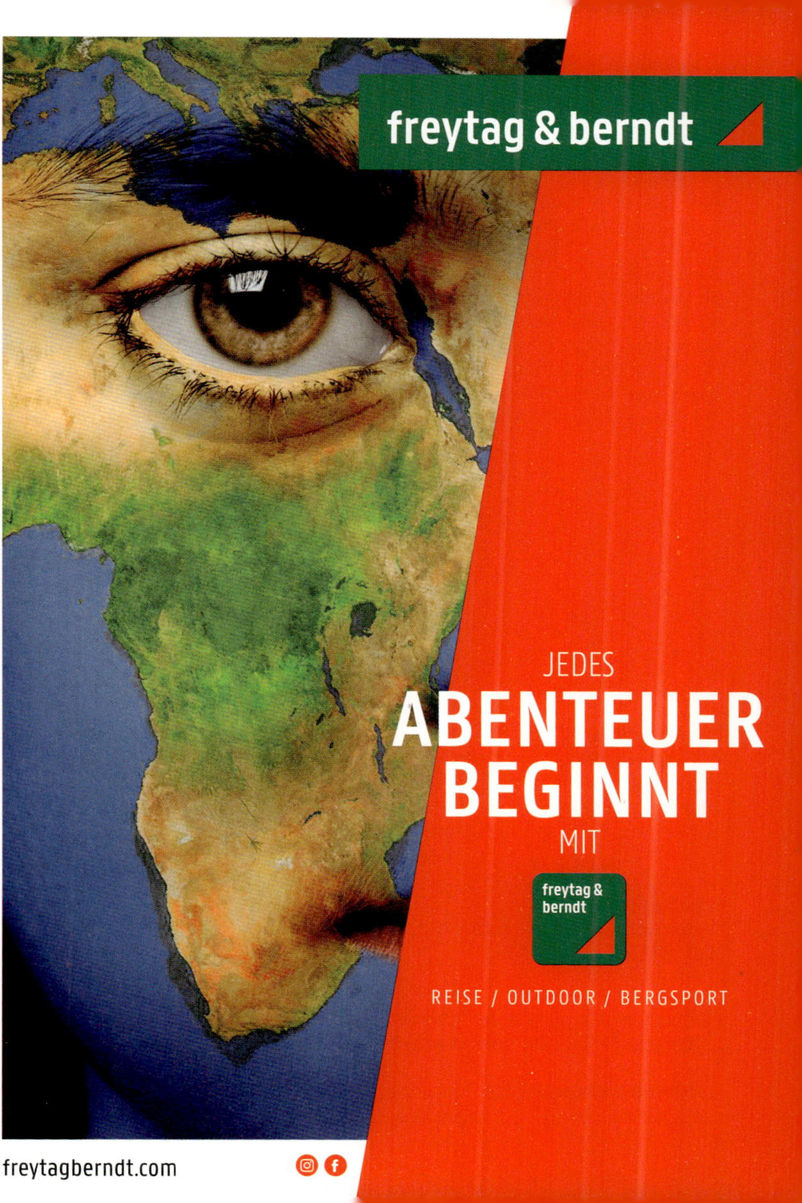
freytag & berndt
JEDES
ABENTEUER
BEGINNT
MIT
freytag & berndt
REISE / OUTDOOR / BERGSPORT
freytagberndt.com

Umschlagbild: Die Fischerhütten (Fiskeläge) von Nyhamn (Tour 4).

Bild im Innentitel: Das Raukfeld von Malms Kyllaj mit dem historischen Strandridaregården im Hintergrund (Tour 20).

Alle 255 Fotos stammen von der Autorin.

Kartografie:
50 Wanderkärtchen im Maßstab 1:50.000, 1:25.000 (Touren 1, 2, 3, 6, 42, 43, 49), 1:75.000 (Tour 4)
Geodaten © OpenStreetMap und Mitwirkende, kartografisches Design: Freytag & Berndt Prag, freytagberndt.cz
sowie zwei Übersichtskarten im Maßstab 1:825.000 und 1:1.115.000
© Freytag & Berndt, Wien

1. Auflage 2023

ISBN 978-3-7633-4619-6

FSC www.fsc.org
MIX
Papier aus verantwortungsvollen Quellen
FSC® C021956

Wir freuen uns über jeden Korrekturhinweis zu diesem Wanderführer!
Bitte per E-Mail an: leserzuschrift@rother.de

ROTHER BERGVERLAG · Keltenring 17 · D-82041 Oberhaching
Tel. +49 89 608669-0 · rother.de